2016年
国内外油气行业发展报告

刘朝全　姜学峰　主编

石油工业出版社

内 容 提 要

本书是中国石油集团经济技术研究院数十位专家和研究骨干在全面跟踪国内外油气行业发展，剖析重大事件和热点问题的基础上，形成的对年度及未来几年油气行业发展态势的基本认识和判断。

本书可为行业、政府、企业以及研究机构等了解行业状况、把握行业发展趋势提供参考。

图书在版编目（CIP）数据

2016 年国内外油气行业发展报告 / 刘朝全，姜学峰主编.
北京：石油工业出版社，2017.1

ISBN 978-7-5183-1785-1

Ⅰ. 2…

Ⅱ. ①刘… ②姜…

Ⅲ. ①石油工业—工业发展—研究报告—世界—2016 ②天然气工业—工业发展—研究报告—世界—2016

Ⅳ. F416.22

中国版本图书馆CIP 数据核字（2017）第003233号

出版发行：石油工业出版社
（北京安定门外安华里2 区1 号 100011）
网 址：www.petropub.com
编辑部：（010）64523738 图书营销中心：（010）64523633

经 销：全国新华书店

印 刷：北京中石油彩色印刷有限责任公司

2017年1月第1版 2017年1月第1次印刷
889×1194 毫米 开本：1/16 印张：24.25
字数：585 千字

定价：500.00 元
（如出现印装质量问题，我社图书营销中心负责调换）

版权所有，翻印必究

《2016年国内外油气行业发展报告》
编　委　会

主　　任：李建青　钱兴坤

成　　员：吕建中　刘朝全　姜学峰　张　宏　祁少云　李尔军
廖　钦　程显宝

指导专家：刘克雨　朱　和　周　勇　卢思忠

主　　编：刘朝全　姜学峰

副 主 编：徐建山　戴家权　林东龙　张卫忠　单卫国

编写人员：（按姓氏笔画排序）

马玉姣　王轶君　王　莹　王　婧　王　超　王新哲
石　卫　田洪亮　冯陈玥　冯　贺　朱颖超　任重远
刘月洋　刘　红　刘希俭　刘　松　刘　畅　闫　勇
江　河　孙文宇　孙依敏　孙　黎　李亚丹　李　沂
李春霞　李　然　吴春芳　吴谋远　余功铭　余　玲
汪　红　张　洁　张雅铭　张　晶　张燕云　陈发晓
陈建荣　陈　蕊　陈　璐　尚艳丽　罗　颖　岳脉健
金　云　金焕东　周红波　钟文新　段兆芳　费华伟
徐海丰　徐　博　殷冬青　郭　瑶　康　煜　程熙琼
熊　靓　樊　慧　霍丽君

前　言

作为首批入选国家高端智库建设试点单位，中国石油集团经济技术研究院自2008年以来每年组织数十位专家和研究骨干跟踪分析国内外油气行业发展，剖析重大事件和热点问题，形成对油气行业发展态势的认识和判断，以此编写出版《国内外油气行业发展报告》，为行业、政府、企业以及研究机构等了解行业状况、把握发展趋势提供参考。

2016年，我们延续《2015年国内外油气行业发展报告》的编写形式和篇幅构架，并进行了小幅的调整，以进一步提升质量。在编写形式方面，继续注重数据图表的作用，文字更加精炼，从而更加形象直观、简明扼要地展现年度特点和趋势，同时部分章节对本年度重大事件进行了回顾与分析。在篇幅构架方面，增加了中期展望篇，全书主体报告包括8篇13章和7个专题。综合篇为本书的总报告，浓缩提炼形成了对国内外油气行业发展特点和趋势的总体判断；宏观环境篇包括2章，主要分析国内外宏观经济、能源行业及油气政策的特点和趋势；油气市场篇包括4章，主要分析国内外原油、成品油和天然气市场及价格的特点和趋势，国内外油气储运的特点和趋势；油气生产篇分为2章，主要分析国内外油气勘探开发、炼油化工、工程技术等专业领域的特点和趋势，增加了中国聚烯烃发展状况与趋势；国际合作篇分为2章，主要分析中国企业在海外五大合作区的投资环境和全球油气并购市场的特点与趋势；石油公司篇包括2章，重点分析国际石油公司、国家石油公司、技术服务公司和国内石油公司的经营状况和战略动向；中期展望篇，设1章5节，主要分析和预测未来五年国内外能源行业、勘探与生产、投资和市场发展趋势；专题分析篇包括7个专题，分别对油气行业进入新常态、化石能源转型的机遇与挑战、“一带一路”油气合作进展、近10年国际石油公司投资和发展动向和并购特点、现代信息技术对油气产业转型升级的影响等进行了深入分析，提出了相关建议。

本书主编刘朝全和姜学峰组织设计了全书框架，并与副主编们共同组织编写和审定工作。李建青、钱兴坤、刘克雨、朱和、周勇、卢思忠等领导和专家指导并审核了全书内容，在此一并表示感谢。

由于时值岁末年初，许多统计数据还无法获取，部分数据为中国石油集团经济技术研究院根据日常监测估计的数据，请读者朋友在使用时注意。此外，受编者水平所限，书中难免仍存在不尽如人意之处，我们真诚地希望能够听到您的意见和建议，使我们在今后的编写中不断提高完善。

编 者

2017 年 1 月

目 录

—— 综合篇 ——

—— 宏观环境篇 ——

—— 油气市场篇 ——

第五章 国际天然气市场分析

第六章 中国天然气市场分析

—— 油气生产篇 ——

第七章 国内外油气勘探开发行业发展

第八章 国内外炼化行业发展

—— 国际合作篇 ——

第九章 海外投资环境

—— 附　录 ——

综 合 篇

2016 年国内外油气行业发展概述及 2017 年展望

核心判断： 2016 年，油气行业在再平衡进程中艰难前行。全球经济曲折复苏，《巴黎气候协定》生效加快推动世界能源消费结构转型，清洁能源发展加快。世界石油供需持续宽松，市场再平衡慢于预期，国际油价年均价较上年下跌，但价格于年初触底反弹，年内价格上涨一倍。石油输出国组织（简称欧佩克）囚徒困境凸显，无奈放弃增产保市场份额策略，年底与部分非欧佩克产油国达成减产协议。世界天然气市场供需宽松加剧，气价跌至近 10 年低位，区域市场联动性增强，三大市场价差收窄。世界油气投资持续大幅压减，油气产量油稳气增，工程技术服务市场大幅萎缩。国际石油公司经营业绩大幅下滑，短期应对措施见效，开始逐渐摆脱困境。特朗普竞选主张与国际能源发展主流理念相悖，美国能源政策面临开倒车的风险。中国能源行业“十三五”规划陆续发布，改革力度加大，能源发展思路和目标、改革的方向和路径进一步明晰。中国能源消费小幅增长，供给侧改革初见成效，能源结构持续优化。中国石油消费增速大幅放缓，成品油消费首次出现萎缩。受政策影响，地炼快速发展，国内成品油供需宽松态势加剧，竞争日益激烈，净出口猛增。中国天然气消费增速低于预期，季节性矛盾进一步加剧，市场化改革加快推进；天然气发展叫好不叫座，国家天然气发展目标面临重大现实挑战。中国油气勘探生产由重规模转向求效益，国内原油产量跌破 2 亿吨，受需求影响天然气产量被迫压减，油气对外依存度大幅攀升。国内三大石油公司积极应对低油价，抓管理调结构深化改革，生产经营逐步趋稳。

2017 年，油气行业复苏有望。世界石油市场重归平衡，国际油价将实质性回升；全球天然气供需宽松仍将加剧，天然气再平衡尚需时日，天然气现货价和长期贸易（简称长贸）合同价走势将出现分化。中国石油消费低速增长，对外依存度突破 65%，成品油供应过剩加剧，今后将出现大进大出局面；中国天然气需求稳中趋升，离政府和行业期望相去甚远，天然气持续健康发展需要强有力的政策落地支持；中国炼油能力将重回增长轨道，产能过剩形势更加严峻。油气行业市场化改革将全面深入推进，以“三去一降一补”（去产能、去库存、去杠杆、降成本、补短板）为重要任务的供给侧改革仍是政策调节的重点，油气体制改革也将稳步展开。

一、2016 年全球油气行业发展概述

1. 全球经济持续复苏，主要经济体走势分化

2016 年，世界经济估计增长 3.1%，较 2015 年放缓 0.1 个百分点。美国经济缓慢回升，经济走势逐渐向好，估计全年增长 2%；英国公投脱欧、欧洲难民危机等助推了各地贸易保护主义抬头，打乱了欧元区经济复苏步伐，但欧元区经济复苏总体逐步趋稳，估计全年增长 1.7%；日本经济复苏动力有限，仍处于筑底期，估计全年增长 0.8%。新兴经济体国家经济状况普遍有所改善，印度表现抢眼，前三个季度经济增长均在 7%以上，估计全年增速可达 7.4%；巴

西和俄罗斯经济增速降幅收窄，估计全年增速分别为-3.1%和-0.9%；中国经济增速缓中趋稳、稳中向好，估计全年增速为6.7%。

2. 全球能源消费结构转型加快，《巴黎气候协定》正式生效

2016年，全球一次能源消费估计达128.6亿吨油当量，同比增长0.8%，增速比上年提高0.1个百分点。其中，中东地区增长最快，增幅3.3%，非洲、亚太地区分别增长2.4%、0.7%，欧洲及欧亚大陆增长0.6%，北美和中南美地区分别增长0.3%和0.1%。

2016年，清洁能源消费持续增长，煤炭比重进一步下降。全球化石能源占比为85.2%；非化石能源占比为14.8%，比上一年度增加0.4个百分点，全球能源消费结构进一步优化。煤炭消费占比下降0.8个百分点，清洁能源消费增加0.7个百分点，其中天然气和可再生能源消费各增加0.3个百分点，核电上升0.1个百分点。

2016年11月《巴黎气候协定》正式生效。在中美两国的引领和推动下，迄今已有92个缔约方批准《巴黎气候协定》，其温室气体排放占全球总量的65.8%，成为史上批约生效最快的国际条约之一，向全球发出绿色低碳和可持续发展的强烈信号。

3. 国际油价触底反弹，市场再平衡慢于预期；欧佩克与部分非欧佩克产油国达成联合减产协议

2016年，布伦特原油和西得克萨斯轻质原油（WTI）期货均价分别为45.13美元/桶和43.47美元/桶，同比分别下降15.80%和10.86%。布伦特和WTI油价于年初跌至27.88美元/桶和26.21美元/桶的本轮油价最低点，随后逐步回升，年底油价比年初低点上涨一倍。布伦特和WTI价差进一步收窄，重回反映品质价差和运费差异的较窄水准。相反，反映轻质低硫原油和重质含硫原油价差的布伦特原油与迪拜原油价差有所扩大。

2016年，世界石油需求增长疲弱，欧佩克石油供应不断增加，导致世界石油市场未达到预期的平衡状态，但富余程度有所收窄，全年供大于需60万桶/日。世界经济复苏缓慢，石油需求增速放缓，全年增长130万桶/日，增量较2015年的170万桶/日明显下降。非经济合作与发展组织（简称经合组织，OECD）国家仍是需求增长的主要来源。世界石油供应小幅增长，同比提高20万桶/日。其中非欧佩克石油供应明显下降，同比减少100万桶/日，但沙特阿拉伯、伊拉克和伊朗产量增长带动欧佩克石油产量大幅提高，同比增长120万桶/日。

2016年11月30日，欧佩克达成8年来首份限产协议，12月10日，欧佩克与以俄罗斯为代表的部分非欧佩克产油国达成2001年以来首份联合减产协议，决定自2017年1月1日起，欧佩克与15个非欧佩克国家分别承诺减产116万桶/日和55.8万桶/日，为期6个月，视情况可延长。该协议的达成说明此前沙特阿拉伯增产保市场份额的策略遇到了困境，国际油价绝不仅仅是原油生产成本的简单反映，还要体现主要产油国的财政收支需求。

4．世界天然气市场依然疲弱，供需宽松；美国首次出口LNG；区域市场联动性增强，三地价差收窄，价格跌至近10年低位

2016年，全球天然气消费量为3.53万亿立方米，增速为1.8%，低于过去10年平均增速（2.2%）。进口成本降低刺激亚太地区消费回弹，增幅达2.5%；其他地区受替代能源发展强劲和年初暖冬影响，消费增速较上年有所回落。估计全球天然气产量为3.66万亿立方米，增速为2.2%，其中亚太、中东地区产量增长达5%以上，俄罗斯、美国产量同比分别微增0.7%和0.4%。全年新投产4个液化天然气（LNG）项目（5条生产线），新增液化能力2260万吨/年，新增能力是2015年的1.6倍，全球LNG液化能力升至3.1亿吨/年。

全球天然气贸易活跃，区域市场联动性增强。供需宽松、区域价差致贸易量增长，预计全球天然气总贸易量增长7%，达1.11万亿立方米。LNG进口增长主要来自亚太（除日本、韩国以外）和中东地区；欧洲LNG进口增速较上年回落。美国首次成为LNG出口国，资源流向拉美、欧洲和亚太等地区。全球LNG贸易灵活度进一步提高，目的地条款逐步放宽，现货和中短期合同比例不断增长，定价方式趋向多元化。

2016年，天然气价格同比下跌，但下半年价格触底回升，三地气价趋同。LNG在美、欧、亚三大市场间的流动性增加，三地价格联动性增强。东北亚LNG现货与美国HH、英国NBP价差为4美元/百万英热单位和0.9美元/百万英热单位，同比分别收窄42%和33%。美国HH、英国NBP现货均价、东北亚LNG现货到岸价分别为2.49美元/百万英热单位、4.64美元/百万英热单位和5.5美元/百万英热单位，同比分别下跌5%、30%和29%，东北亚LNG长贸合同价为6.8美元/百万英热单位，同比下降31%。

5．全球产量油稳气增，工程技术服务市场规模萎缩；45～55美元/桶是美国页岩油景气指标过渡区

2016年，全球油气剩余探明可采储量保持增长，估计油气剩余储量分别达2415.8亿吨和191.2万亿立方米，分别增长0.2%和0.3%。全球油气产量油稳气增，石油产量达42.54亿吨，与上年基本持平，天然气产量达3.66万亿立方米，同比增长2.1%。

2016年，受上游勘探投资减少影响，估计全年油气发现数量继续减少，新增储量也进一步下降。全球重要油气发现主要位于海上，各区均有分布。其中，美国得克萨斯州、圭亚那海北部和尼日利亚尼日尔三角洲有较大石油发现。马来西亚东部海岸、埃及尼罗河三角洲、安哥拉宽扎盆地和俄罗斯鄂霍茨克海域有较大天然气发现。美国得克萨斯州获得的23.1亿吨石油发现，以及马来西亚东部海岸获得的850亿立方米天然气发现有望成为年度最大的油气发现。

受低油价持续影响，全球上游投资连续两年下降，2016年降至3752亿美元，降幅达23%。全球工程技术服务市场规模萎缩33%，其中物探装备与服务以及钻完井业务收入下降幅度较大，降幅都超过35%。

美国页岩油开发成本继续下降，主要页岩油盆地盈亏平衡点已降至 30～40 美元/桶。分析北美地区动用钻机数与国际油价变化的关系， 45～55 美元/桶已成为当前美国页岩油景气指标过渡区。

6．世界炼油能力缓慢增长，运行状况总体不如上年；乙烯新增产能大幅减少，市场供应继续偏紧

2016 年，全球炼油能力净增 3630 万吨/年，达到 48.7 亿吨/年。其中，新增能力 7060 万吨/年，主要来自中国、伊朗和印度等国；削减能力 3430 万吨/年，主要是中国和欧洲淘汰和关停部分炼油装置。

2016 年，全球炼油业总体运行状况并未延续上年的良好态势。主要炼厂原油总加工量为 7918 万桶/日，与上年基本持平。全球炼厂开工率平均 82.5%，低于上年的 84%。全球各地区炼油毛利均出现不同程度下降，欧美地区炼油毛利降幅最为明显，西北欧地区、美国中部和美国墨西哥湾的裂化毛利分别为 4.16 美元/桶、10.01 美元/桶和 6.49 美元/桶，同比分别下降 41%、40.3%和 29.6%；代表亚洲的新加坡迪拜油裂化毛利为 4.65 美元/桶，下降 23.4%。炼油运行状况下滑的主要原因：一是由于 2015 年低油价下的高毛利使欧美炼厂加大了炼量，但油品需求没有同比例增长，库存高企，倒逼炼厂降炼量与开工率；二是亚太地区炼油能力过剩，成品油总体供过于求，区内竞争激烈。

2016 年，世界乙烯净增产能 300 万吨/年，新增产能仅为上年的一半，总产能达 1.62 亿吨/年。世界十大乙烯生产国的排位也悄然发生变化，印度从第 8 升至第 5 名，日本从第 6 降至第 9 名。全球乙烯需求增加 520 万吨，达 1.53 亿吨。由于新增产能减少，加之当年停车检修和不可抗力较多，进一步加剧了供应偏紧的态势。全年全球乙烯装置平均开工率为 89.6%，高于上年的 85%。其中，以轻烃及混合进料为原料的乙烯装置开工率较高，如北美地区保持 97%以上的水平，部分装置开工率甚至高达 100%。

7．全球成品油供需持续宽松，中国成品油出口对亚太地区影响扩大

2016 年，世界成品油供需宽松程度较上年有所扩大。估计全年需求总量为 8276 万桶/日，较上年增长 99 万桶/日；供给总量 8380 万桶/日，较上年增长 108 万桶/日；富余 104 万桶/日，较上年扩大 9 万桶/日。汽油供需基本平衡，柴油、航空煤油（简称航煤）、残渣燃料油供过于求，石脑油仍存缺口。

2016 年，世界成品油库存水平仍居高位，美国、欧洲、新加坡三大市场成品油库存较上年有所增加，1—10 月美国汽油和中质馏分油平均库存分别较上年同期增长 6.1%和 14.6%；欧洲汽油和柴油平均库存分别较上年同期增长 6.9%和 8.9%；新加坡汽油和中质馏分油平均库存分别较上年同期增长 14.5%和 5.5%。成品油价格总体低于上年同期水平，1—10 月，三大市场的汽油、柴油和航煤平均价较上年同期分别下降 15 美元/桶、18 美元/桶和 16 美元/桶左右。

全球成品油贸易规模持续扩大，流向更加多元化。美国成品油出口贸易持续活跃，在拉美为其主要出口市场的同时，正寻求扩大向其他地区的出口；俄罗斯、中东、印度对欧洲柴油出口增加，欧洲对美国汽油出口受阻，欧洲成品油市场过剩压力加大；中东汽油进口减少，柴油出口增加；亚太地区油品持续过剩，韩国和印度两大出口国的占比均有不同程度下降，但中国汽煤柴油净出口量从上年的2135万吨猛增至2016年的3255万吨，占亚太国家当年相应油品净出口总量的比例从上年的12.7%升至17.9%，超过新加坡居亚太地区出口国第三位。

8. 油气公司经营业绩继续下滑，经营措施从短期应对转向长期施策，努力摆脱困境

2016年，国际油价持续低迷，国外石油公司经营业绩继续下滑。埃克森美孚等5家国际大石油公司和俄罗斯石油公司（简称俄油）等6家国家石油公司全年利润下降40%左右，康菲等5家独立石油公司和斯伦贝谢等7家技术服务公司全面亏损，全行业经营业绩陷入谷底。前三季度，受油价下跌影响，5家国际大石油公司上游经营利润下降125%；受加工量和炼油毛利下降双重影响，下游利润下降29%。2016年，5家国际大石油公司原油产量同比增长4.3%，天然气产量（含壳牌收购BG公司的产量）增长4.6%。

2016年，国际石油公司继续优化生产运行、实现有效增产、调整资产结构、控投资压成本、裁减人员，应对低油价对公司经营的冲击，同时着眼未来、积极布局，谋划新发展。国家石油公司难以维持减薪不减员的政策，也加入了裁员行列，并为弥补财务缺口出售资产股权，获取发展资金；国际技术服务公司大力发展低成本技术和装备，在降本的同时进一步提升综合一体化服务能力。各类石油公司经过努力已逐步适应低油价情况，利润降幅收窄，亏损减少，逐渐达到新的平衡。数据显示，国际大石油公司2016年前三季度已出现扭亏为盈或盈利逐渐回升的态势。

9. 油气招标总体遇冷，伊朗招标参与者踊跃；并购市场继续低迷，俄罗斯油气资产交易活跃

资源国出台优惠政策，包括降低税收、放宽管制、引入新合同、延长合同期等方式积极吸引外资，但实际效果不明显。持续两年的低油价严重影响投资者的积极性，中东、非洲、亚太、南美及中亚俄罗斯多个资源国的油气招标被迫取消或推迟。伊朗在新版石油合同下拟推出的16个油气田和15个勘探区块国际招标，引起投资者的极大热情。目前招标活动尚未正式举行，但伊朗已与美国以外的外国公司签订了20多份谅解备忘录。

油气交易不活跃，上规模的并购交易较少。中东、拉美、亚太和非洲地区的油气资产交易冷清，均延续了2015年交易少、金额小的趋势。但俄罗斯的油气资产交易异常活跃，成为2016年的一大亮点。年内俄罗斯政府推动了巴什石油公司和俄油股份的出售，批准了俄油西布尔公司等油气公司的股份或油气项目资产的对外出售，截至12月底，上游资产交易总金额达到361亿美元。同时俄油加快海外油气资产收购，计划以130亿美元收购印度埃萨石油公

司49%的股权。此外，美国通用电气公司（GE）宣布与贝克休斯公司合并，成立一个在世界油气技术服务行业占据领先地位的全新公司，业务范围从发电电器领域延伸到油田基础数字化装备和油田服务，这种跨界整合将对油服行业的商业模式和格局带来重大影响。

10. 油气合作安全形势恶化，经营风险上升，美国能源政策可能面临重大调整

2016年，持续的低油价使油气生产国经济形势恶化，支付能力下降。伊拉克、尼日利亚等多国出现拖欠石油公司服务费和应收款事件，受财政收入锐减影响。多个资源国以破坏环境、不合理避税等经营不规范为由对石油公司开出巨额罚单。尼日利亚政府因7家国际石油公司未申报石油出口，对其提出了127亿美元的罚款，乍得要求埃克森美孚支付拖欠乍得政府8.19亿美元的矿税费，并对其处以740亿美元的巨额罚款，石油合作的经营风险上升。全球政治、经济、能源领域“黑天鹅事件”频出，欧洲难民危机和恐怖袭击的风险加大，中东大国博弈加剧，非洲产油国战乱持续，海外油气合作安全风险进一步加大。

2016年特朗普当选美国总统后，美国的能源政策可能发生重大转变：一是放松对传统化石能源发展的限制；二是调整新能源和可再生能源发展的政策与目标；三是美国对执行《巴黎气候协定》的态度将由积极变为消极。这一切将严重冲击全球能源转型和温室气体减排发展进程，开一个逆潮流而动的先河。美国能源政策的重大调整还将进一步释放其油气潜能（包括页岩油气），抵消其他产油国的限产促价努力。

叙利亚政府军在俄罗斯支持下，收复阿勒颇，标志着叙利亚打击IS取得实质性胜利，IS等武装力量将步阿富汗“基地”组织的后尘，向中亚、非洲等产油国和伊拉克南部油区扩散，上述油气合作区的安全形势将更为严峻。

二、2016年中国油气行业发展概述

1. 中国经济缓中趋稳，能源消费小幅增长，能源结构进一步优化

2016年，经济运行总体平稳，综合估计全年经济增长6.7%。中国石油集团经济技术研究院宏观经济先行指数（EFI）走势先降后升，经济增长缓中趋稳、稳中向好，产业结构调整步伐加快，转型升级稳步推进，供给侧改革“三去一降一补”效果显著，消费对经济的拉动作用更加明显，第三产业对GDP贡献提高，对外投资合作稳步增长。

2016年，中国能源消费[1]总量为43.6亿吨标准煤（折合30.5亿吨油当量），增速1.4%，能源供给侧改革初见成效，能源结构继续改善。其中，煤炭消费39.1亿吨，下降2%，占一次能源消费比重由64%降至62.4%；石油表观消费5.56亿吨，增长2.8%，占一次能源消费比重为18.1%，与上年持平；天然气消费2040亿立方米，增长6.5%，占一次能源消费比重升至

[1] 本书中除有特殊说明外，中国部分不含港澳台。

6.2%；非化石能源增长8.9%，占一次能源消费比重由12%升至13.3%。

2016年，全社会发电量为6万亿千瓦时，增速为5%，回暖明显。其中，火电、水电、核电和风电发电量分别较上年增加1.8%、7%、23%和21%；火电占发电比重下降1.5%，水电、核电、风电和其他可再生能源（包括光伏、光热、生物质能等）分别上升0.3%、0.4%、0.6%和0.2%。核电新技术受关注，光伏补贴力度逐渐减少，可再生能源发展迅速，但消纳问题突出，全年弃风、弃光率达19%，是近年来的最高值。电力供需仍然宽松，估计全年发电设备平均利用小时数为3759小时，较2015年下降210小时。

2. 石油消费增速大幅放缓，成品油消费首次出现萎缩；成品油净出口猛增，石油对外依存度大幅上升

2016年，中国石油表观消费量为5.56亿吨，同比增加0.15亿吨，增长2.8%，增速较2015年下降1.5个百分点。剔除原油库存变动因素，实际消费增速约为0.7%。石油净进口量为3.56亿吨，同比增长9.2%，增速比上年高3.3个百分点。石油对外依存度为64.4%，较上年大增3.8个百分点。

2016年，受供应侧改革效果显现、投资增速总体放缓、经济转型升级以及高铁、新能源汽车快速发展等因素的共同作用，成品油需求增长区间下移，三大油品消费增速全面放缓，汽油仍是拉动国内油品需求增长的主要动力。按国家统计局口径，估计全年成品油表观消费量为3.13亿吨，较上年下降1%，增速较2015年回落6.2个百分点。其中，汽油表观消费量为11899万吨，同比增长3.1%，增速较上年放缓7.9个百分点，主要原因是统计口径外的非标调和油大幅增加及电动车的快速发展等因素所致；柴油表观消费量首次出现负增长，估计全年柴油表观消费量为16330万吨，同比下降5.6%，增速较上年减少5.7个百分点；煤油表观消费量为3058万吨，增长10.4%。总体看，全国范围内汽油需求增速延续上年自东向西阶梯形增高的特点，柴油需求增速延续上年中部正增长、东西部负增长的分化走势。根据中国石油集团经济技术研究院和新华社联合发布的中国汽柴油批发价格指数，2016年汽油批发指数同比下降14.3个百分点，柴油批发指数同比下降4.1个百分点。

2016年，国内成品油供需宽松程度继续加剧，全国成品油产量估计为3.45亿吨，增长2.4%。全年净出口成品油约3255万吨，较2015年增加1120万吨，增幅高达52.4%。其中，汽煤柴油净出口分别为910万吨、916万吨和1429万吨。随着地炼“两权”（进口原油使用权和原油进口权）放开，中国石油市场格局正发生重大转变，在原油进口量、原油加工量、开工率和汽柴油市场份额方面，主营单位与地炼此消彼长，地炼的市场份额占比增加4.4个百分点，达到23.6%，国内石油市场的竞争越发激烈。值得注意的是，中国汽煤柴油净出口连年大增，从2013年不足1000万吨猛增到2016年的3255万吨，年均增长近50%，对亚太市场的影响急剧扩大。

3. 天然气供需总体宽松，季节性矛盾突出；市场化改革加快推进

2016年，中国天然气消费增速低于预期，估计全年表观消费量为2040亿立方米，同比增长6.5%。考虑库存变化，估计全国天然气消费量为2000亿立方米，同比增长6.4%，较2015年上升2.4个百分点。天然气占一次能源消费总量的比重为6.2%，较2015年上升0.3个百分点。需求低迷和进口气增加导致国内淡季被迫压减天然气产量，估计全年国内气产量增速低于上年3.9%；天然气进口量为733亿立方米，同比增长19.0%，较上年同期增加15.5个百分点，天然气对外依存度快速升至36.6%。中国天然气季节性供需矛盾突出，淡旺季需求差异扩大，北方供需高月日均用气量与低月的比值由2010年的1.36倍升高至1.8倍，北京市全年峰谷差达到6~8倍，由于储气库调峰能力严重不足，冬季天然气市场稳定供应压力越来越大。

2016年，中国天然气市场化改革加快推进。全面放开化肥用气价格，允许非居民用气价格以基准门站价格为基础上浮，试点天然气门站价格市场化改革，放开储气价格，加强天然气输配价格监管，上海石油天然气交易中心正式上线运行。天然气市场主体多元化趋势明显，新奥能源、广汇能源、华电集团、北京燃气等企业加快布局LNG业务。

4. 油气勘探生产由重规模转向求效益，国内原油产量大幅下降7%，跌破2亿吨，天然气产量增速继续放缓

2016年，上游勘探开发投资继续大幅缩减，但储量高峰期工程的后续效果显现，新增油气探明地质储量依然保持了10亿吨和5000亿立方米以上的较高水平。面对持续低油价，油气生产企业调整勘探思路，注重油气勘探效益与储量发现质量，重点转向老油区精细勘探。

2016年前三季度，国内油气勘探开发出现21世纪以来首次全面亏损。上游行业尊重石油生产自然递减规律和市场规律，有序调减高成本的油气产量，减少高成本增产措施，突出重点盆地和规模有效储量的开发。全年原油产量约1.98亿吨，大幅下降7.1%，其中大庆油田和长庆油田分别下降了近200万吨和近100万吨。全国天然气产量保持2.1%的增长，增速继续跌破两位数，全年产量估计为1378亿立方米。页岩气开发保持较好势头，全年产量约为70亿立方米，煤层气的地面开采量增至48亿立方米。

5. 中国炼油能力略有增加，地炼市场份额大增；乙烯产能继续增长，新增产能首次均为煤（甲醇）基烯烃

2016年，中国炼油总能力达7.5亿吨/年。其中，新增能力2110万吨/年，淘汰能力2086万吨/年。地炼获“两权”后发展加快，在淘汰部分落后产能的同时，又新建了多套装置，国内炼油装置规模和质量有所提高，但全国过剩问题依然突出。全年原油加工量估计为5.39亿吨，增长3.2%；全国炼厂平均开工率回升1.3个百分点，达76.7%。地方炼厂的崛起加剧了国内炼油业市场主体多元化的竞争。因“地板价”政策及油价的回升，炼油行业效益较好，前三季度，中石化、中石油两大集团炼油平均毛利为255.4元/吨，同比大增318%。2016年，

炼厂较好地完成了国Ⅴ车用汽柴油的升级置换工作，同时根据油品需求结构变化不断优化调整装置结构，生产柴汽比有所降低，一定程度上缓解了国内柴油过剩问题。

2016年，中国乙烯总产能达2310万吨/年，新增的三个项目计110万吨/年产能首次均为煤（甲醇）基烯烃，非石油基乙烯产能已占总产能的19%。全年乙烯产量1790万吨，增长4.4%。乙烯装置总体开工率受煤基烯烃影响下降至77.5%，较上年继续下降0.4个百分点。低油价下石油化工原料成本较低，石脑油裂解制乙烯盈利水平回升明显，竞争力相对增强。

6. 三大公司经营业绩表现各异，生产指标小幅下降；抓管理调结构深化改革，积极应对低油价，努力适应新常态

2016年，中石油、中石化和中海油根据市场需求调整产品结构，生产指标小幅下降。1—9月，三家股份公司海内外原油权益产量下降5.08%、天然气产量增长4.65%，原油加工量和成品油销售量均有所下降；受国际油价低位震荡和国内油气市场需求增长放缓等因素影响，三大石油公司经营业绩继续下滑。1—9月，中石油、中石化、中海油销售收入同比分别下降11.85%、11.25%和23.22%；中石油净利润同比大幅下降94.34%，中石化凭借下游业务优势增长11.2%，中海油上半年大幅亏损77.35亿元。

面对严峻形势，三大石油公司坚持压减支出、降本增效，加大结构调整力度，提升质量效益。中石油、中石化和中海油全年投资分别下降19.5%、34.4%和29.6%；上半年，中石油、中石化和中海油油气操作成本分别下降10.2%、9.5%和22.7%。上游主动压减高成本原油产量，下游着力调整产品结构，降低柴汽比，增产高附加值产品。

2016年，三大石油公司进一步深化体制机制改革，中石油推出总部机关改革方案，出台市场化改革和混合所有制改革指导意见，推动工程建设、金融业务重组上市，加快推进天然气销售管理体制改革，对部分企业下放经营自主权，同时扶持大庆油田可持续发展，逐步把大庆油田建设成油公司、管理局和海外公司“三位一体”的现代企业，力争到2030年海外油气权益产量占比达到50%，跨国指数达到60%；中石化出售旗下管道公司的股份，与新疆巴州政府签订了有关井区合资合作协议，加快推进混合所有制改革，启动石油工程区域化重组，加快打造金融板块业务；中海油明确了向国有资本投资公司转型的方向，启动总部职能优化和管理模式改革，并深化三项制度改革，推动科技型企业股权激励试点，推进天然气产业体制机制改革。

7. 海外油气权益产量稳中有增，三大石油公司降本增效，推进“一带一路”油气合作，民营企业和地方国企走出去取得新成效

2016年，中国的石油企业海外权益油气产量估计为1.55亿吨油当量，同比增长3%。其中，中石油、中石化和中海油权益产量分别为7800万吨、4400万吨和2300万吨。

低油价给海外项目带来了巨大挑战，为此，三大石油公司继续推进降本增效战略，提升经营效益。中石油坚持走低成本发展，向重点项目倾斜，提升开发效益；中石化更注重布局

优化，优先发展富油气大盆地、常规项目和石油项目；中海油深入开展“质量效益年”活动，改善海外资产经营，从产量驱动向效益驱动转变。国有石油公司发展重点向“一带一路”地区倾斜。其中，中石油在伊朗主导作业的北阿扎德甘项目年内顺利实现投产，并联手道达尔获得南帕斯 11 期项目开发权，参股的哈萨克斯坦特大型项目卡沙甘油田也于下半年投产，与阿尔及利亚国家石油公司签订了阿尔及尔炼厂改扩建项目，与合作伙伴共同批准了莫桑比克 LNG 开发项目最终投资决定；中石化投资的沙特阿拉伯延布炼厂年内实现生产，并与俄油共同研究在俄罗斯开展天然气加工和石化综合设施项目可行性。

民营企业和地方国有企业等中小企业抓住低油价机会全面“走出去”，全年并购金额超过 40 亿美元，呈现地域更广、领域更宽、方式更灵活的特点。合作地区扩展至非洲、中亚、俄罗斯、欧洲和拉美，合作领域延伸至中下游，合作方式从以财务投资为主转向直接运营项目，中小企业逐渐成为中国油气对外合作不可忽视的力量。

8．陆续发布能源领域“十三五”发展规划；以供给侧结构性改革为核心，以价格改革为抓手，市场化改革的方向和路径更加明晰

2016 年作为“十三五”开局之年，国家发布了能源发展“十三五”规划，以及天然气、页岩气、煤层气、石化、生物质、可再生能源、电力、水电、风电、太阳能等 14 个专项规划，指明了未来 5 年的发展思路和目标，描绘了能源发展蓝图和前景。

加快推进能源革命与油气转型升级，以供给侧结构性改革为主线，化解石化过剩产能，明确了传统产品去产能目标，不再审批产能过剩行业新增项目用地。增强国内天然气供应能力，制定天然气发展目标、税收优惠和补贴政策，继续执行进口天然气增值税先征后返，提高煤层气的财政补贴，页岩气继续实施分阶段补贴递减政策。

推进油气价格市场化，天然气按照“管住中间，放开两头”价格改革的总体思路，国家核定管道运价率，改变管道运输价格“一线一价”的定价管理方式，调整为按照“准许成本+合理收益”，加强管道运输费率的监审。强制油气管网基础设施信息公开，为管道向第三方开放创造条件。全面放开化肥用气价格，启动储气价格改革，以及在福建省启动天然气门站价格市场化改革试点。上海石油天然气交易中心投入运营，推出中国汽柴油和 LNG 价格国家指数，为油气市场化创造条件。

综合性改革陆续实施，混合所有制改革成为国有企业改革的重要突破口，按照完善治理、强化激励、突出主业、提高效率的要求，在石油、天然气等领域迈出实质性步伐；年底通过的《矿业权出让制度改革方案》以及《矿产资源权益金制度改革方案》从顶层设计上指明了中国探矿权改革方向；原油进口使用权和进口资质扩大放开，新增 9 家地方炼厂获得原油进口配额共 2668 万吨，5 家企业获得原油非国营贸易进口资质。加快推进油气体制改革，支持新疆推进能源综合改革，有序支持重庆、江苏、上海、河北等省市开展天然气体制改革试点。

三、2017年国内外油气行业发展展望

1. 世界石油市场重归平衡，国际油价将实质性回升

世界石油需求温和增长。2017年全球GDP预计增长3.2%，较2016年小幅回升0.1个百分点。世界石油需求达9700万桶/日，同比增长110万~130万桶/日，增量与上年基本持平。印度有望超越中国成为世界石油需求增长最快的国家。

石油市场供需重归平衡。欧佩克和非欧佩克达成联合减产协议，鉴于产油国平衡市场的决心，预计本次减产协议执行效果好于以往，扣除尼日利亚和利比亚增产潜力，预计本次实际削减产量可达130万~150万桶/日。美国的页岩油革命使其成为新的机动生产国，完全的市场化机制可使页岩油生产及时做出反应，预计2017年美国石油产量将增加50万~60万桶/日。加之近3年勘探开发投资大幅下降，以及近两年低油价对高成本产量的挤出，常规石油生产需要一定的反应期，因此其他国家石油产量增加有限。综合估算2017年石油供应减少20万桶/日，市场供需趋于平衡，在极端情况下甚至出现供需缺口100万桶/日。值得注意的是，特朗普就任美国总统后的施政走向或给国际石油市场和油价带来不确定性。另外，预计2017年美国加息影响美元汇率走势，对油价构成一定打压。

油价迎来实质性回升。预计2017年布伦特年均价为53～58美元/桶，全年油价可能会小幅快频震荡。如果资源国动荡导致世界石油供应大幅下降、美国原油生产复苏乏力、伊朗石油出口重新遭遇制裁，则全年油价可能进一步反弹；如果欧佩克未有效执行减产协议，同时美国原油生产强势复苏，特朗普新政拖累全球经济复苏，中国经济下行风险加大，则全年油价水平回升受限。此外，由于世界石油市场供需形势好转将为布伦特油价提供较强支撑，而美国原油产量反弹可能令WTI油价承压，2017年布伦特－WTI价差可能有所扩大。

2. 全球天然气供需宽松加剧，现货价与长贸合同价涨跌不一，天然气再平衡尚需时日

预计2017年全球天然气需求3.59万亿立方米，增长1.7%；天然气产量为3.73万亿立方米，增长1.9%。美国需求增速减缓至1.5%左右，油价和钻机数回升提振天然气生产，但受管道运输能力限制，美国天然气产量增长1%左右；欧洲受煤价和碳排放费走高影响，发电行业将继续提升用气需求，但俄罗斯管道气和LNG进口来源持续充裕；亚洲天然气需求保持相对低速增长，在进口成本降低和环保力度加大的推动下，中国、印度、巴基斯坦等国需求有望继续回弹；受核电重启和与煤电竞争等影响，日本、韩国需求继续下降。

全球LNG供应富余进一步扩大，LNG市场全球化趋势凸显。全年将有6个百万吨级LNG液化项目投产，设计产能3310万吨/年，全球LNG液化产能同比增长11%，至3.4亿吨/年。如贸易增速按7%计算，全球LNG供应富余能力将同比扩大16%，至4300万吨/年。预计美国LNG出口量大幅增长186%，至890万吨/年，日本、韩国LNG长贸供应充足，现货需求疲弱，全球LNG供应余量流向中东和欧洲。

预计2017年，美国HH、英国NBP现货均价、东北亚LNG现货到岸价约为2.9、4.3和5.3美元/百万英热单位，同比分别上升17%、下跌7%和下跌4%，东北亚LNG长贸合同进口平均价格约为7.8美元/百万英热单位，同比上升15%。

3. 世界炼油和乙烯能力将继续增长，炼油毛利继续下降，乙烯供需偏紧状况得到一定缓解

预计2017年世界炼油能力净增2000万吨/年，其中新增能力4200万吨/年，淘汰能力2200万吨/年，总能力达48.9亿吨/年。全球炼油毛利预计总体将低于2016年的水平。

预计2017年全球乙烯将迎来装置集中建成投产年，产能将出现较大幅度增长，当年新增乙烯产能将超过750万吨/年，其中美国新增产能600万吨/年，全球总产能将达1.7亿吨/年。全球乙烯产量将继续较快增长，乙烯供需偏紧的情况将有所缓解。

4. 中国石油对外依存度突破65%；三大油品供应过剩加剧，净出口超过4000万吨，终端销售竞争更加激烈

随着中国经济增速缓中趋稳，结构调整加快，产业转型不断升级，成品油需求对经济增长的弹性总体下行，加之替代能源快速发展，中国成品油需求将进入平台期。同时，由于近两年国际油价低位运行，中国加快原油进口，导致原油库存高企，未来原油需求增长空间有限。预计2017年中国石油表观需求量为5.68亿吨，同比增长2.1%，增速较2016年下降约0.7个百分点。国内原油产量仍将低于2亿吨，中国石油对外依存度将升至65.1%。

2017年，中国成品油需求增速由上年的负增长转为缓慢增长，汽柴煤油需求表现继续分化。预计2017年国家统计局口径成品油需求量为3.20亿吨，较2016年增长2.2%。其中，汽油需求量为1.25亿吨，增长5.3%；柴油需求量为1.61亿吨，下降1.5%；煤油需求量为3361万吨，增长9.9%。预计2017年中国原油加工量为5.57亿吨，较上年增加1800万吨；成品油产量为3.6亿吨；成品油净出口量将超过4000万吨。国内成品油价格有望全面放开，在国内成品油供大于求的情况下，终端销售环节的市场竞争将更加激烈。

5. 中国天然气需求稳中趋升，市场总体宽松，季节性供需矛盾加剧；国家有望全面放开非居民用气价格

2017年，受环保政策和天然气价格竞争力提升的拉动，中国天然气需求稳步增长。预计天然气表观消费量为2162亿立方米，同比增长5.9%，天然气在一次能源消费结构中的占比达6.5%；考虑库存因素，预计天然气消费量为2130亿立方米，同比增长6.5%。城市燃气需求保持快速增长，发电用气稳步增加，工业燃料用气有望回暖，化工用气低迷。预计城市燃气需求927亿立方米，同比增长13.2%；发电用气373亿立方米，同比增长7.0%；工业燃料用气589亿立方米，同比增长2.1%；化工用气241亿立方米，同比下降5.8%。国家提出了

2017年天然气消费占比6.8%和2020年天然气消费占比10%的规划目标，当前政策情景下实现这些目标面临较大挑战，需要国家强有力的政策支持和引导。

预计2017年国内天然气产量为1380亿立方米（含煤制气），同比增长2.9%；天然气进口量为815亿立方米，同比增长11.2%，对外依存度升至38.3%。淡季天然气市场供应仍然宽松，旺季供应紧张局面将进一步加剧。按照国务院发布的《关于推进价格机制改革的若干意见》，国家将加快推进能源价格市场化改革，力争到2017年，基本放开竞争性领域和环节价格。按照"管住中间、放开两头"的总体思路，国家将尽快全面理顺天然气价格，加快放开天然气气源和销售价格，建立主要由市场决定天然气价格的机制。

6. 中国炼油能力重回增长轨道，过剩形势更加严峻，炼厂开始新一轮油品质量升级工程

中国炼油能力将由前两年的减少和略增恢复为较快增长，预计2017年全国炼油能力净增3500万吨/年，达到7.9亿吨/年，增长4.6%。其中，新增炼油能力4600万吨/年，淘汰落后产能1100万吨/年，增量主要来自云南石化、惠州炼厂二期等。2017年，预计全国原油加工量为5.57亿吨，同比增长3.3%；成品油产量为3.60亿吨，同比增长4.3%；成品油净出口将会继续增加，预计将超过4000万吨，石油大进大出格局开始显现，中国炼油能力过剩形势更加严峻。预计炼厂开工率下滑，由76.7%下降至75%，原料成本回升使炼油毛利低于上年但仍保持较好水平。2017年，在全面完成国Ⅴ汽柴油质量升级的基础上，国内炼油企业将在未来两年实施国Ⅵ升级改造，炼厂面临实现低投入高效益的油品质量升级、碳排放约束下进一步节能减排、系统优化升级提高资源综合利用水平和国际竞争力等诸多挑战。

2017年，中国乙烯总产能将达到2480.5万吨/年，新增产能170万吨/年，增长7.4%。惠州乙烯二期的投产将带来油基乙烯产能继续增长。随着油价的回升，煤（甲醇）基乙烯效益将有所改善，开工率回升，煤基乙烯产量增长。预计2017年，全国乙烯产量增至1860万吨，乙烯自给率将进一步提高。

7. 油气行业市场化改革将全面深入推进

2017年，油气行业以"三去一降一补"为重要任务的供给侧改革仍是政策调节的重点，油气体制改革也将快速展开。《石油天然气体制改革总体方案》预计将于2017年内推出，相关实施细则和配套政策也将加紧制定。

以放开准入为重点的行业改革将在试点基础上加快推进。上游勘探开发领域将围绕矿权制度推进改革，重点集中在加快油气矿权竞争性出让、征收矿产资源权益金、建立健全勘探开发监管体系等方面；油气储运领域，按照网运分开的既定思路，推动管道业务分离分立，扩大第三方公平准入。围绕放开成品油价格，天然气价格管住中间、放开两头，严格管道运输费的监管等推进价格形成机制的改革；围绕石油和天然气交易中心的投用，加快市场体系建设。

国有企业改革将进入实施阶段，三大石油公司的改革将务实深入推进。在总部改革方面将明确定位、调整功能，压缩机构和人员；在体制机制改革方面，将加快业务整合和专业化重组，推进混合所有制改革，同时加快剥离社会服务功能，启动“三供一业”（供水、供电、供暖和物业管理）等企业办社会职能移交地方的工作。

宏观环境篇

第一章　国内外能源行业发展状况

2016 年，世界经济仍处于低速增长期，全球贸易政策收紧，贸易增速低于 GDP 增速，大宗商品价格触底回升，全球性通缩风险仍然存在。中国经济坚持稳中求进，供给侧改革正在标明新方位，经济缓中趋稳、稳中向好趋势已逐渐显现。

在全球经济持续缓慢复苏的背景下，2016 年，全球能源需求增长缓慢，化石能源市场供需宽松，能源转型推动新能源快速发展。中国能源消费总量微幅增长，能源结构继续改善，《能源发展“十三五”规划》为能源行业发展明确了目标和方向。

第一节　国际宏观经济与能源行业发展状况

一、世界经济状况与前景分析

2016 年，全球经济增速进一步放缓，主要经济体走势分化。发达国家经济缓慢复苏，新兴经济体国家经济状况有所改善；全球贸易复苏十分乏力，贸易保护主义抬头；大宗商品价格触底回升，全球仍面临通缩风险。2017 年，全球经济将延续缓慢复苏，但特朗普上台后，美国经济在其新政下可能加快增速，但也将成为世界经济发展不确定之源。

1. 2016 年全球经济增速略降，复苏步伐缓慢

2016 年，全球经济增长无大起色，综合估计增长 3.1%，较 2015 年放缓 0.1 个百分点（图 1-1-1）。以美国为代表的发达国家经济缓慢复苏，新兴经济体国家经济增速有所改善，部分陷入负增长的国家逐步摆脱萎缩泥潭。

1）发达国家经济复苏缓慢，新兴经济体国家经济增长有所改善

2016 年，发达国家经济增长仍不均衡。美国经济增长 2%，经济走势逐渐向好；尽管英国公投脱欧和难民危机等助长了贸易保护主义，但欧元区经济仍增长 1.7%，复苏逐步趋稳；日本经济增长 0.8%，仍处于筑底期（图 1-1-2）。

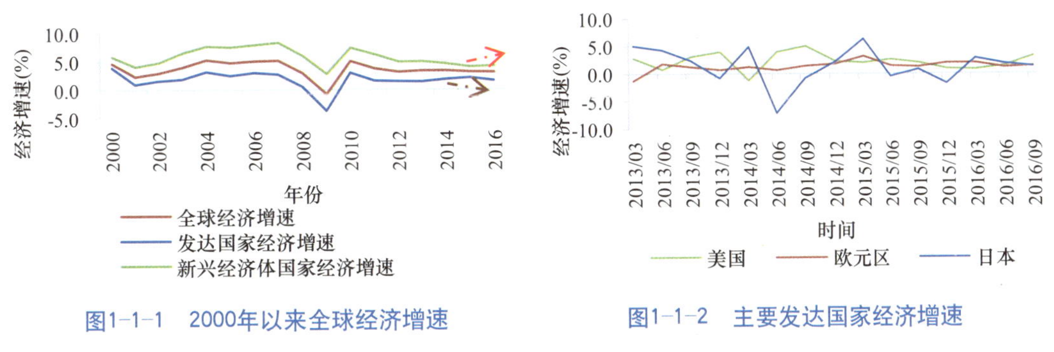

图1-1-1　2000年以来全球经济增速

数据来源：国际货币基金组织（IMF）官方网站

图1-1-2　主要发达国家经济增速

数据来源：wind资讯

2016年，新兴经济体国家经济状况普遍有所改善。印度表现抢眼，前三个季度经济增长均在7%以上，估计全年增速可达7.4%；巴西和俄罗斯经济降幅收窄，全年经济增长分别为–3.1%和–0.9%，逐渐进入恢复期；中国经济缓中趋稳、稳中向好，全年经济增长可达6.7%（图1-1-3）。

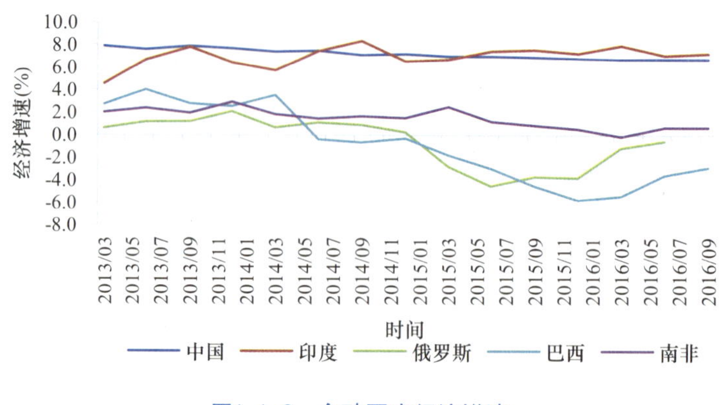

图1-1-3　金砖国家经济增速

数据来源：wind资讯

2）贸易保护抬头，全球贸易复苏十分乏力

贸易需求增长显著放缓，贸易保护主义势力抬头，全球贸易更加低迷。据OECD估计，2016年全球贸易增速为2.1%，低于全球经济增速，同比下降0.4个百分点。2016年以来，波罗的海干散货指数（BDI）呈现震荡上行趋势，由当年2月的年内低点290逐渐震荡回升至1000点以上，临近年底又小幅回落至960点左右，较2015年底回升101%，但与2008年6月的历史高位11689相比仍相去甚远（图1-1-4）。

除了美国、印度、俄罗斯贸易活动有明显上行趋势外，多数国家贸易活动呈现震荡走势，全球贸易复苏十分乏力（图1-1-5、图1-1-6）。

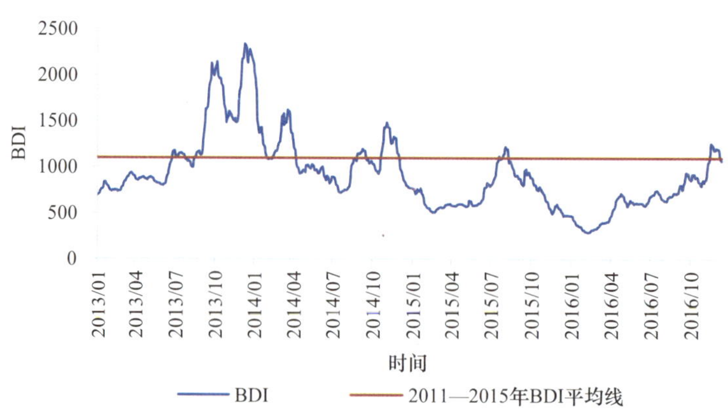

图1-1-4　波罗的海干散货指数(BDI)

数据来源：路透社

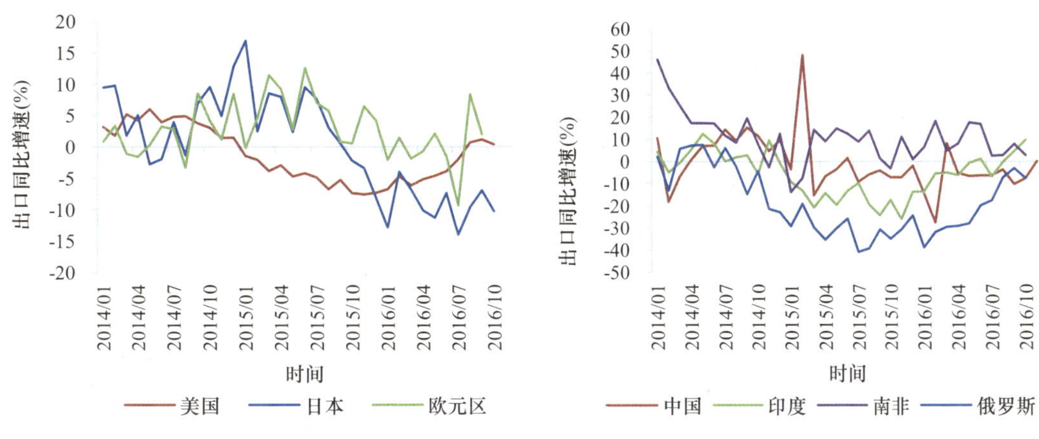

图1-1-5　主要发达国家出口同比增速

数据来源：wind资讯

图1-1-6　主要新兴经济体国家出口同比增速

数据来源：wind资讯

3）大宗商品价格触底反弹，全球性通缩风险仍存

2016年以来，全球大宗商品价格触底反弹，但仍在中低位运行（图1-1-7）。截至12月27日，2016年CRB综合现货指数平均为180，较2015年平均降13.3%。尽管个别商品价格有回暖迹象，但全球性通缩风险仍然存在。

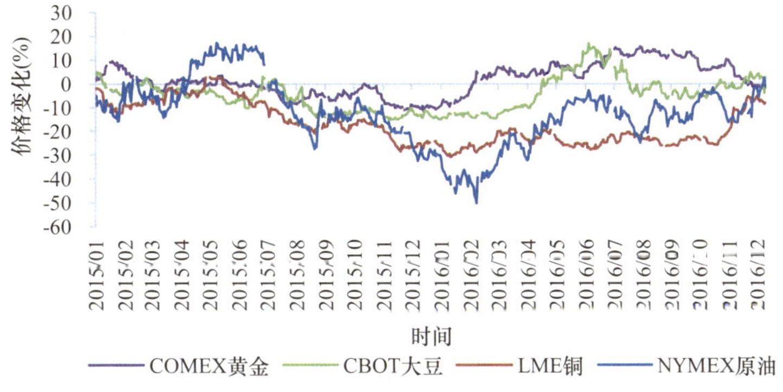

图1-1-7　2015年以来大宗商品价格变化情况

数据来源：路透社

2. 2017年全球经济将延续缓慢复苏，不确定性风险因素增加

2017年，世界经济复苏仍较为缓慢，美国和部分新兴经济体国家是拉动全球经济复苏的主要动力。综合预计，2017年全球GDP增速为3.2%，低于IMF和OECD的预测值，较2016年小幅回升0.1个百分点（表1-1-1）。

2016年末美国大选落幕，新当选总统特朗普主张减税和拉动基建可能进一步刺激美国经济，但同时也可能带动美国赤字上升，其奉行的贸易保护主义短期内可能有利于该国内经济，预计2017年美国经济温和反弹。欧元区随着英国公投脱欧带来的一系列问题以及区内结构性问题仍待解决，预计地区经济继续维持缓慢增长步伐。日本经济复苏乏力，“安倍经济学”的“三支箭”对于推动经济稳定增长作用有限。

表1-1-1 主要国际机构对2016年经济增长估计和2017年预测 单位：%

国家或地区	联合国		IMF		世界银行		OECD		平均值	
	2016	2017	2016	2017	2016	2017	2016	2017	2016	2017
全球	2.9	3.2	3.1	3.4	2.4	2.8	3	3.3	2.9	3.2
美国	2.6	2.8	1.6	2.2	1.9	2.2	1.8	2.2	2.0	2.4
欧元区	1.9	2	1.7	1.5	1.6	1.6	1.6	1.7	1.7	1.7
日本	1.3	0.6	0.5	0.6	0.5	0.5	0.7	0.4	0.8	0.5
中国	6.4	6.2	6.6	6.2	6.7	6.5	6.5	6.2	6.6	6.3
巴西	-0.8	2.3	-3.3	0.5	-4	-0.2	-4.3	-1.7	-3.1	0.2
俄罗斯	0	1.2	-0.8	1.1	-1.2	1.4	-1.7	0.5	-0.9	1.1
印度	7.3	7.5	7.6	7.6	7.6	7.7	7.4	7.5	7.5	7.6
南非	2.2	2.6	0.1	0.8	0.6	1.1	0.7	1.4	0.9	1.5

2017 年，部分新兴经济体国家有望走出经济萎缩困境，经济将逐渐转向缓慢复苏。巴西在处理国内一系列腐败丑闻后，国内矛盾有所缓解，经济也将摆脱衰退，重回增长，预计增长率将在 1%左右；俄罗斯在经历两年国际制裁影响下的经济衰退以后，经济已经开始趋稳，2017 年随着联合减产带来的国际油气价格回升，以及特朗普上台可能出现的美欧关系改善，制裁力度减弱，俄罗斯经济将进入新一轮增长周期，预计经济增速有可能突破 2%；印度将是金砖国家中经济增长最快的国家，2017 年 GDP 增长率仍将在 7%以上；中国在坚持稳中求进工作总基调下，经济增长率预计将达到 6.6%。

但随着美欧贸易保护主义、民粹主义抬头，反全球化的兴起，世界经济复苏仍将面临较大风险。2017 年，美国经济政策将发生重大转变，美联储可能再次加息，如果特朗普实施减税政策，将进一步促使美元回流和经济增长动力加强，美国经济增长速度可能接近 3%。

二、世界能源行业发展状况

2016 年，全球经济增长持续疲软,全球能源需求缓慢增长；新能源快速发展、核能复苏，均冲击化石能源,世界能源消费的结构性变化继续朝清洁化方向发展。

1. 世界能源消费增长放缓，能源消费结构清洁化明显

2016 年，全球一次能源消费估计达 128.6 亿吨油当量，同比增长 0.8%（图 1-1-8）。其中，亚太地区、欧洲及欧亚地区、北美地区作为传统能源消费市场，能源消费增长率分别为 0.7%、0.6%和 0.3%，均低于全球平均水平（图 1-1-9）。

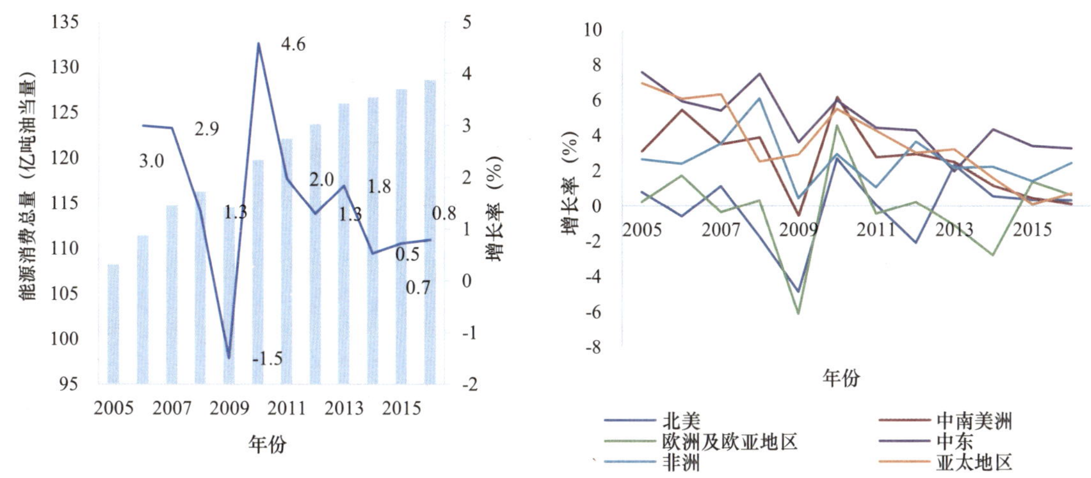

图1-1-8 2005—2016年全球能源消费总量及增长率

数据来源:中国石油集团经济技术研究院

图1-1-9 2005—2016年世界不同区域能源消费增长率

数据来源:中国石油集团经济技术研究院

2016 年，清洁能源持续增长，化石能源消费占一次能源消费比重比 2015 年下降了 0.4 个百分点。其中，能源消费结构中，煤炭比重下降了 0.8 个百分点，清洁能源占比增加明显，天然气、核能和其他可再生能源占比分别上升了 0.3 个百分点、0.1 个百分点和 0.3 个百分点（图 1-1-10）。

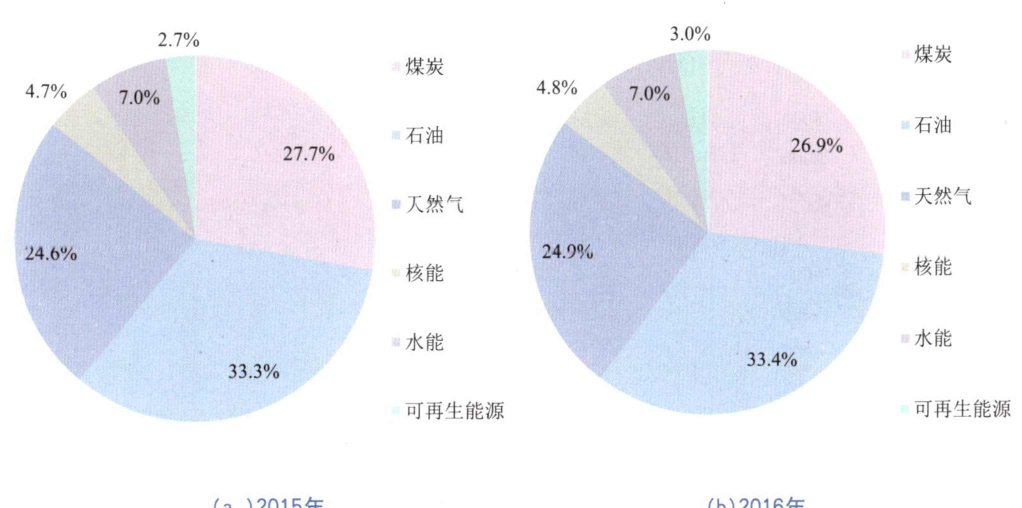

(a)2015年 (b)2016年

图1-1-10 2015年和2016年世界能源消费结构

数据来源：中国石油集团经济技术研究院

2. 煤炭需求降速放缓，价格震荡上行

煤炭市场在历经数年的沉寂后，2016 年市场需求增加，消费降速放缓。2016 年，世界煤炭消费 34.6 亿吨油当量，同比下降 2.5%，降速比 2015 年上升 0.9 个百分点。煤炭主要消费地区消费下滑的趋势均有不同程度的放缓。其中，北美地区消费下降 9.1%，降速比 2015 年

上升 1.3 个百分点；亚太地区煤炭消费下降 1.8%，降速比 2015 年提升 1.1 个百分点；但是欧洲及欧亚大陆消费下降 1.0%，降幅比 2015 年扩大 0.5 个百分点。

2016 年，国际煤价开始震荡上行，主要动力煤市场基准价格涨至 60 美元/吨以上，涨幅达到 75%左右。中国作为最大煤炭进口国，进口增速近 20%。同时，印度尼西亚、哥伦比亚等产煤国都削减产量，极大地缓解了市场供应过剩，甚至出现了供应紧缩的苗头。

国际煤炭现货三大价格指数步入上升通道。2016 年初，澳大利亚纽卡斯尔港 BJ 动力煤价格、南非理查德港 RB 动力煤价格和欧洲 ARA 市场动力煤价格分别为 49.1 美元/吨、49.4 美元/吨和 48.2 美元/吨，截至 12 月底，分别升到 92.7 美元/吨、86.5 美元/吨和 96.4 美元/吨，分别上涨 89%、75%和 100%。

3. 非化石能源继续快速发展，发电经济性不断提高

2016 年，以太阳能、风能和核能为代表的非化石能源延续了 2015 年高速发展态势，发电成本不断下降，经济性持续提高，与传统化石能源相比竞争优势逐渐显现。

太阳能发电累计和新增装机容量再创新高，中国和美国继续领跑。2016 年，全球新增光伏装机容量将超过 65 吉瓦，增长 32%；累计装机容量接近 300 吉瓦，增幅达 35%。估计美国太阳能市场同比增长约 78%。2016 年上半年，中国光伏建设规模出现“井喷”，光伏发电新增装机容量超过 20 吉瓦，估计全年新增装机达到 30 吉瓦（图 1-1-11）。受光伏发电硬件设备厂商竞争影响，光伏发电成本进一步降低，估计 2016 年光伏的平准化度电成本（LOCE）将在 100 美元/（兆瓦·时）左右，比 2015 年下降 18%。

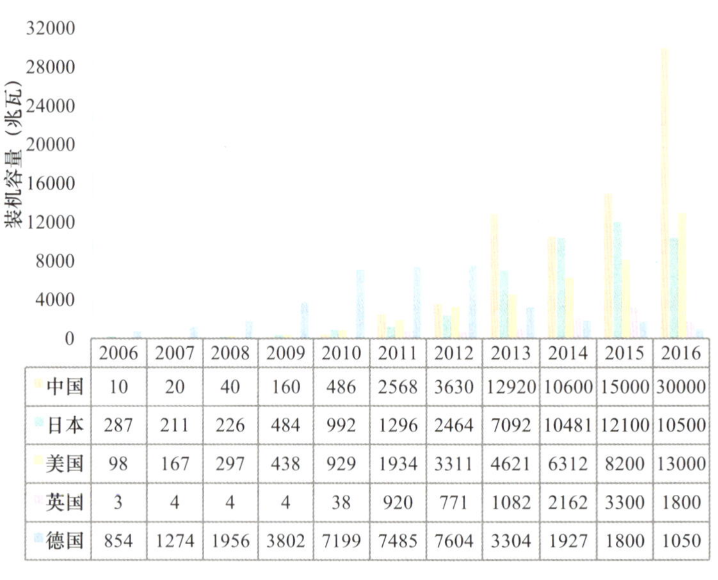

	2006	2007	2008	2009	2010	2011	2012	2013	2014	2015	2016
中国	10	20	40	160	486	2568	3630	12920	10600	15000	30000
日本	287	211	226	484	992	1296	2464	7092	10481	12100	10500
美国	98	167	297	438	929	1934	3311	4621	6312	8200	13000
英国	3	4	4	4	38	920	771	1082	2162	3300	1800
德国	854	1274	1956	3802	7199	7485	7604	3304	1927	1800	1050

图1-1-11　2006—2016年全球主要国家新增光伏装机容量

数据来源：彭博新能源财经、中国石油集团经济技术研究院

全球风电装机增速减缓，风电成本下降。2016 年，全球风电新增装机容量开始呈现下降

趋势，估计新增装机容量为 54.7 吉瓦，比 2015 年新增装机容量减少 3.5%。其中，海上风电新增装机容量为 1.9 吉瓦，远低于 2015 年的 4.1 吉瓦；陆上风电方面，欧洲和美国受生产商抓政策抢市场的影响，新增装机容量分别为 11 吉瓦和 9.9 吉瓦；而同期，拉美地区装机容量出现负增长，比 2015 年下降 3%；亚洲市场风电增速明显放缓，估计 2016 年新增装机容量为 27 吉瓦，比 2015 年下降 15%。

全球风电平准化度电成本正在迅速下降。海上风电经济性正在迅速提高，北海项目建设技术提升，欧洲项目招标竞价，这一切都在推动海上风电项目成本不断下降。估计 2016 年全球海上风电的度电成本（加权平均）为 126 美元/（兆瓦·时），比 2015 年下降 28%；估计 2016 年陆上风电全球平准化度电成本达到 68 美元/（兆瓦·时），比 2015 年下降 18%。在许多国家，陆上风电甚至已经具备同煤电、气电并驾齐驱的成本竞争力（表 1-1-2）。

表1-1-2　2016年部分地区发电成本对比　单位：美元/（兆瓦·时）

平准化度电成本	美国	欧洲	亚太地区
煤电	55	88	51
气电	53	78	99
陆上风电	47	73	65

数据来源：彭博新能源财经、中国石油集团经济技术研究院。

核电进入重启阶段，核能发电量较快增长。世界核电 2014 年开始复苏，2015 年和 2016 年实现快速增长。截至 2016 年 6 月底，全球运行中的核反应堆达到 431 座，总装机容量达到 212.9 吉瓦；在建的有 46 座，装机容量也将达到 48.2 吉瓦（表 1-1-3）。目前已运营的反应堆主要分布在欧洲、北美和亚太地区，三个地区分别占全球反应堆数量的 42.6%、27.6%和 28.1%，分别占全球核电总装机容量的 43.2%、29.8%和 25.3%。

表1-1-3　2016年世界核反应堆基本情况（截至6月底）

地区	反应堆数量和装机规模					
	运行反应堆		在建反应堆		拟建反应堆	
	数量（座）	装机容量（兆瓦）	数量（座）	装机容量（兆瓦）	数量（座）	装机容量（兆瓦）
欧洲	183	162000	14	13880	46	51500
北美	119	111590	5	6218	5	6263
中南美洲	5	3528	2	1432	2	1950
亚太	121	95033	39	40501	83	97337
中东	1	915	0	0	5	5400
非洲	2	1830	0	0	2	2400
世界	431	212896	46	48151	97	113350

数据来源：世界核能协会、中国石油集团经济技术研究院。

尽管在欧洲多个国家，核电事业面临公众质疑及消极政策影响，但全球核电发展已出现上升态势。估计 2016 年世界核能发电量为 27050 亿千瓦时，比 2015 年增长 2.8%。

4. 全球储能市场分布相对集中，抽水蓄能技术独领风骚

全球储能市场呈健康发展态势，项目招投标规模与频率均有所提升。储能装机容量从2005年的115.9吉瓦增长到2016年的168.8吉瓦，增长46%，年均增长4%（图1-1-12）。全球累计在运储能项目装机167.24吉瓦（共1227个项目），其中抽水蓄能161.23吉瓦（316个），约占全球的96%；储热3.05吉瓦（190个），约占全球的1.8%；其他机械储能1.57吉瓦（49个），约占全球的0.9%；电化学储能1.38吉瓦（665个），约占全球的0.8%；储氢0.01吉瓦（7个），约占全球的0.01%（图1-1-13）。

抽水蓄能独领风骚，其他储能技术快速发展。相比于其他储能方式，抽水蓄能电站设备具有寿命长、储能规模大、转换效率高、技术成熟、运行条件简便、清洁环保等特点，因而得到了快速发展和广泛应用。随着近年来新的储能技术的不断发展，以及抽水蓄能建设的地理选址受限等因素影响，抽水蓄能装机容量增长逐渐趋缓。储热技术近几年越来越受到重视，发展非常迅速。其中，西班牙装机规模最大，领先全球。储热技术应用于光热电站已经成熟，其在未来全球光热发电项目开发中将被更加重视。电化学储能则是全球发展最为迅速、增速最快，也是在运项目数最多的技术，是各国储能产业研发和创新的重点领域。电化学储能中锂电池和钠硫电池的占比比较大，装机比例接近，而锂离子电池的增速较快，无论在运行项目中，还是在建、规划项目中，均占据装机比例第一的位置。钠硫电池技术是目前唯一同时具备大容量和高能量密度的储能电池，但由于成本高，尚未在全球实现大规模应用。除此之外，储氢、石墨烯储能等新技术的发展更加引人注目。

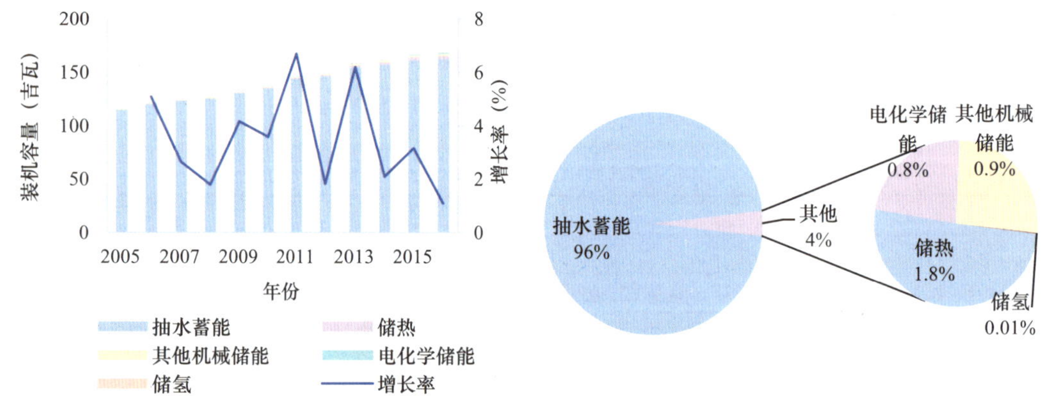

图1-1-12　2005—2016年全球储能装机容量及增长率

数据来源：美国能源部全球储能数据库

图1-1-13　2016年世界不同储能技术装机规模占比

数据来源：美国能源部全球储能数据库

全球储能项目装机主要分布在亚洲、欧洲和北美地区。其中，亚洲主要是中国、日本和韩国，欧洲主要是西班牙、德国、意大利和法国，北美地区主要是美国。按照装机总量，中国位列第一，日本和美国次之，三国的装机容量分别为32.1吉瓦、28.5吉瓦和24.1吉瓦，共占全球装机总量的50%。

5．化石能源二氧化碳气体排放继续下降，减排压力依然巨大

全球温室气体减排效果明显，主要国家化石能源温室气体排放强度连续下降。《巴黎气候协定》正式生效，成为遏制全球气候变暖的新起点，但二氧化碳减排压力依然巨大。

全球化石能源二氧化碳排放增速继续下降。2016 年，全球化石能源二氧化碳排放量比 2015 年降 0.1%，达到 345 亿吨，连续第二年实现化石能源排放量负增长。燃煤排放二氧化碳比 2015 年减少 2.7%。石油和天然气的排放分别增长 1.4%和 2.0%，但是增长率比 2015 年分别下降 0.4 个百分点和 0.7 个百分点。

主要国家化石能源二氧化碳排放强度下降。世界主要的能源消费国和地区同时也是温室气体排放最多的国家和地区，其中，中国、美国、印度和欧盟的二氧化碳排放接近全球排放总量的 60%。美国的化石能源二氧化碳排放强度一直稳步下降，近两年保持 3%的降幅，2016 年排放下降 3%。中国近年大力发展可再生能源，加快能源转型，二氧化碳排放强度快速回落，2016 年下降 0.6%。印度化石能源消费快速增长，二氧化碳排放强度呈快速增长态势，估计 2016 年增长 12.5%。

6．2017 年世界能源行业展望

2017 年，世界能源需求将会继续增长，但是增速会进一步放缓，预计一次能源消费增速会继续保持在 0.8%左右。随着《巴黎气候协定》全面生效，化石能源消费将继续下降，预计 2017 年煤炭消费增速下降 2.8%左右。印度、东南亚国家煤炭可能会继续保持消费增长态势。虽然欧佩克成员国已经达成限产协议，但是全球石油供应过剩的局面没有改变，石油消费将继续低速稳定增长，预计 2017 年全球石油消费增长 1.4%左右。作为清洁能源的天然气需求会继续增加，预计 2017 年天然气消费增长 1.7%。

全球电力市场继续向清洁化转型，可再生能源新增装机容量会继续增长，太阳能发电和风电继续比翼双飞。在中国尚未有效解决弃风弃电和新能源发电上网等不利因素影响下，2017 年全球太阳能发电和风电的新增装机容量增速将会放缓，预计增长 2%。

特朗普上台以后，其奉行的“能源独立”的能源政策将对全球能源格局产生深刻影响。一是取消煤炭、石油等化石能源发展的限制，重振石油、天然气离岸开采，摆脱对中东国家石油的依赖，获得美国能源安全，同时美国低价页岩油气将继续保持对市场的冲击，石油和煤炭价格将长期受到压制。二是美国鼓励发展燃煤电厂，从而增加污染气体排放。三是新能源未来发展不确定性增加。美国有可能会通过国会减少新能源的部分补贴，短期内势必对新能源发展造成一定的负面影响。四是美国对《巴黎气候协定》的态度将由积极转向消极。特朗普已明确表示不提供美国已经承诺的每年 10 亿美元经费，美国态度的变化将为《巴黎气候协定》顺利实施蒙上一层阴影。

（本节撰写人：李春霞　闫　勇）

第二节　中国宏观经济与能源行业发展状况

一、中国经济状况与走势分析

2016年，中国宏观经济运行总体平稳，四个季度增速较为均衡，估计全年GDP增长6.7%。2017年，内外部需求难有实质性改善，改革红利释放仍需时日，中国经济增速仍将继续放缓，预计GDP增速为6.6%左右。

1．2016年中国经济增长走势平稳

2016年，中国经济运行总体呈现缓中趋稳、稳中向好的态势，前三季度GDP为53万亿元，按可比价格计算，同比增长6.7%。前三季度，第一、第二、第三产业对GDP增长的贡献率分别为4.1%、37.6%和58.3%，第三产业成为经济增长的最主要驱动力。预计，四季度经济发展势头仍将延续，全年经济增长率有望达到6.7%（图1-2-1）。

1）投资增速总体下行，年内止跌企稳

2016年1—11月，国内完成固定资产投资538548亿元，同比增长8.3%，增速较上年同期回落1.9个百分点。制造业、基建和房地产投资增速均有下行，拖累固定资产总投资增速放缓（图1-2-2）。2016年下半年以来，受民间投资增速有所回暖和制造业投资增速低位回升影响，固定投资增速止跌企稳，但企稳回升的基础尚不牢固。

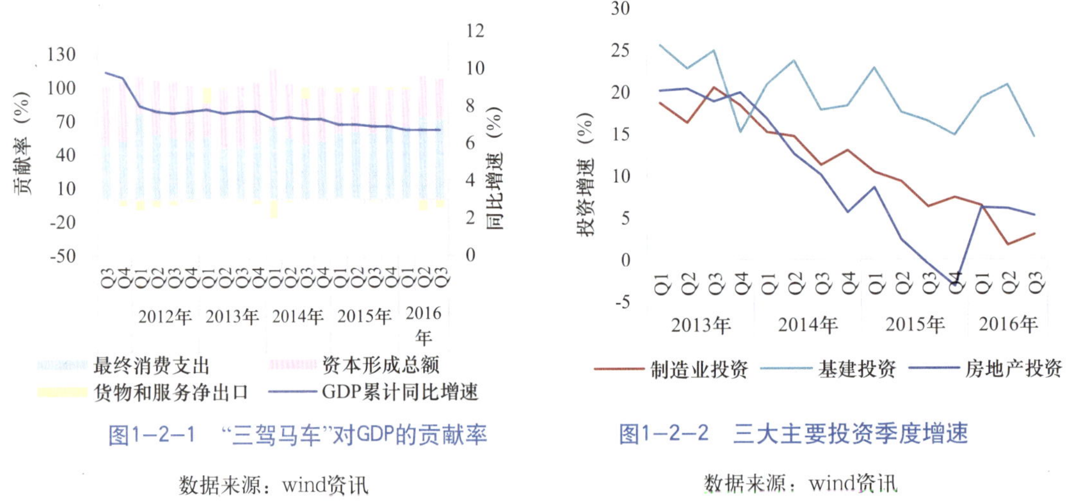

图1-2-1　"三驾马车"对GDP的贡献率

数据来源：wind资讯

图1-2-2　三大主要投资季度增速

数据来源：wind资讯

2）外贸形势总体改善

2016年1—11月，全国进出口总额218288亿元，同比下降1.2%，降幅比上年同期收窄6.6个百分点（图1-2-3）。其中，出口124700亿元，下降1.8%，收窄0.4个百分点；进口93589亿元，下降0.3%，收窄14.1个百分点。进出口相抵，顺差31111亿元。同期，中国对

传统市场贸易情况明显分化。前三季度，中国与美国双边贸易下降3.3%，对其出口下降1.9%；与欧盟、日本双边贸易分别增长2.7%和2.9%，对其出口分别增长1.8%和0.5%；与东盟双边贸易下降0.8%，对其出口下降1.9%（图1-2-4）。这五个贸易伙伴的情况对中国进出口总值影响较大，分别占中国出口值的60%以上、进口值的40%。值得注意的是，前三季度，中国与“一带一路”沿线国家进出口超过4.53万亿元，占外贸总值约25%，“一带一路” 国家成为中国愈发重要的贸易伙伴。

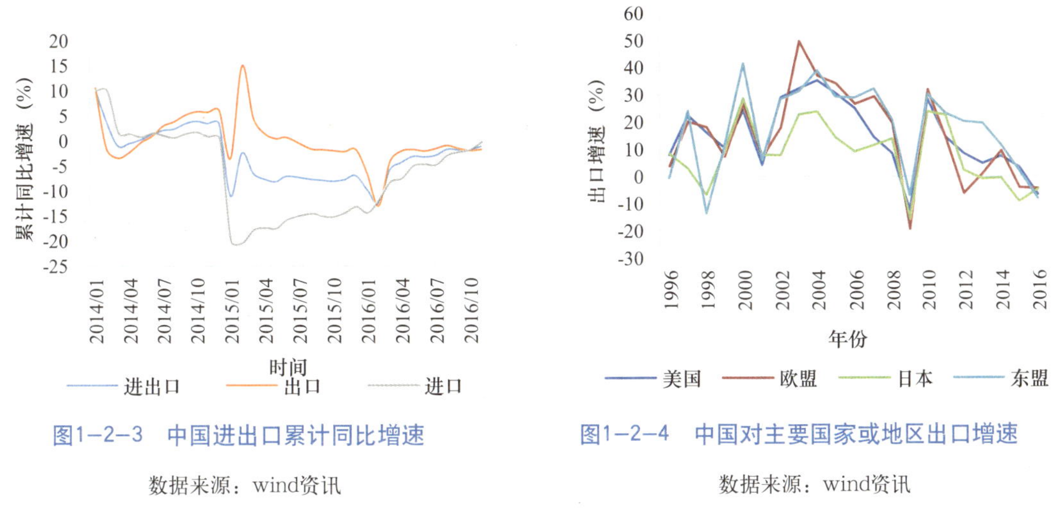

图1-2-3　中国进出口累计同比增速

数据来源：wind资讯

图1-2-4　中国对主要国家或地区出口增速

数据来源：wind资讯

3）　消费增速总体上行

2016年，消费品市场保持较高增长态势。1—11月，社会消费品零售总额300560亿元，同比增长10.4%。网上零售额同比增长26.2%，连续三年保持较高增长速度。消费对经济增长的贡献率不断提高，估计全年最终消费支出对经济增长的贡献率为71.0%，较上年提高11.1个百分点。

4）价格水平总体温和，分化缓解

2016年以来，居民消费价格温和上涨，中国物价总水平全年CPI上涨2.4%，居民消费价格走势较为平稳，涨幅比2015年略有扩大。2016年以来，供给侧改革继续推进，国内工业行业供需矛盾有所缓解，工业生产者出厂价格指数（PPI）同比上涨3.3%，同比涨幅持续扩大。价格运行反映了国内市场供求形势总体上呈现积极变化，折射出中国经济发展总体平稳的良好态势。

5）　货币政策总体稳健，财政政策基调积极

2016年央行坚持实施稳健的货币政策，根据2016年出现的部分城市房价快速上涨、资金向实体经济传导不利等情况，灵活、适度、适时微调政策，增强针对性和有效性；配合供给侧结构性改革需求营造中性适度的货币金融环境，在保持流动性合理充裕的同时，注重抑

制资产泡沫和防范经济金融风险。在财政政策方面，全面实施营改增、提升出口退税率、降低各项费用等措施，降低企业成本，增强企业活力和国际竞争力。但财政收支矛盾也进一步凸显，财政压力有所增大。1—11 月，全国一般公共预算收入累计 148250 亿元，同比增长 5.7%；在收入增速趋缓的背景下，支出一直持续两位数增长，1—11 月，全国一般公共预算支出累计 165839 亿元，同比增长 10.2%。

2. 2016 年中国经济呈现积极变化

2016 年，中国经济结构调整进程有所加快，消费结构继续升级，产业结构调整步伐加快，供给侧改革“三去一降一补”效果显著。

1) 消费结构升级继续进行

网络消费继续保持快速增长。1—11 月，全国网上零售额同比增长 26.2%，其中实物商品网上零售额增长 25.7%，增速高于社会消费品零售总额增速 15.3 个百分点，拉动社会消费品零售总额增速 3 个百分点左右。受居民消费结构升级、购置税减半优惠政策即将到期等因素影响，汽车类销售增速有所加快，1—11 月，限额以上单位汽车类同比增长 9.5%，比上年同期加快 4.5 个百分点。其他消费升级相关商品销售较好。

2) 供给侧改革“三去一降一补”效果显著

供给侧结构性改革成效逐步显现，“三去一降一补”在工业领域取得积极进展。钢铁、煤炭行业已提前完成 2016 年去产能任务，分别压减粗钢产能 4500 万吨左右，退出煤炭产能 2.5 亿吨以上。水泥、钢铁、有色金属、冶铝、平板玻璃等行业的库存同比继续下降（图 1-2-5）。10 月，工业企业资产负债率为 56.1%，同比下降 0.7 个百分点；规模以上工业企业每百元主营业务收入成本为 85.73 元，同比下降 0.13 元（图 1-2-6）。

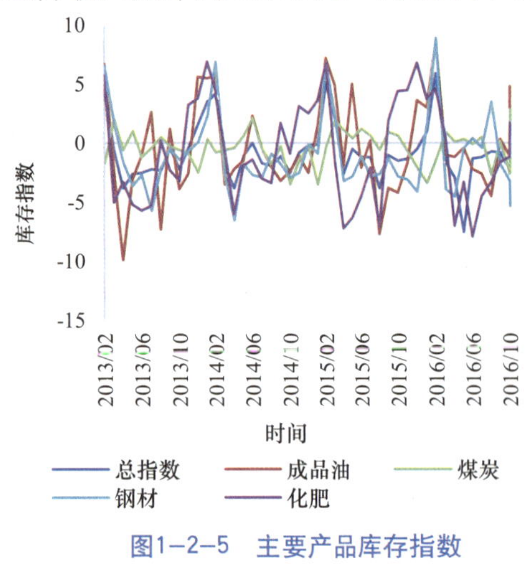

图1-2-5 主要产品库存指数

数据来源：wind资讯

图1-2-6 工业企业产成品库存

数据来源：wind资讯

3） 对外投资大幅增加，人民币国际化取得重大进展

2016 年 1—11 月，实际使用外资 7318 亿元人民币，同比增长 3.9%。同期，中国境内投资者共对全球 164 个国家和地区的 7500 多家境外企业进行了非金融类直接投资，累计投资 10696.3 亿元，同比增长 55.3%；对外承包工程新签合同额 12731.7 亿元，同比增长 18.1%。中国对外投资合作呈现出投资并购领域广泛，对外直接投资的主要参与者多元，围绕“一带一路”相关国家投资活跃的特点。人民币在国际货币体系中的地位不断上升，国际化进展显著。人民币于 2016 年 10 月 1 日正式加入由国际货币基金组织（IMF）创设的特别提款权（SDR）篮子，人民币在特别提款权篮子里面所占的比重达到 10.93%。使用人民币开展贸易的国家持续增加，目前已有 101 个国家使用人民币作为其贸易货币之一。

3. 2017 年中国宏观经济延续缓中趋稳，预计全年 GDP 增长 6.6%

预计 2017 年消费仍将是经济增长的主要驱动力。2017 年，受地产周期下行以及全球贸易低迷的影响，投资与进出口难以大幅提振，消费仍将是经济增长的主要动力。预计 2017 年社会消费品零售总额同比增长 10.4%，对 GDP 增长贡献率为 71.1%；固定资产投资累计同比增长 8.6%，对 GDP 增长贡献率为 36.5%；出口增速同比下降 4.5%，对 GDP 增长贡献率为-7.6%（表 1-2-1）。

表1-2-1 2016年和2017年“三驾马车”GDP贡献率及其增速预测 单位：%

	2016年		2017年	
	贡献率	增速	贡献率	增速
GDP	—	6.7	—	6.6
消费	71	10.7	71.1	10.4
投资	36.8	8.2	36.5	8.6
净出口	-7.8	-6.7	-7.6	-4.5

中央经济工作会议明确，2017 年是推进供给侧结构性改革的深化之年。在深入推进“三去一降一补”取得实质性进展的同时，继续推进国有企业深化改革，加快政府职能转变，深化价格、财税、金融、社保等领域基础性改革。随着相关改革的深入推进，市场与政府关系的不断理顺，企业运营成本、个人税负均可有不同程度降低，从而对工业再生产和个人消费均形成较大激励。2017 年投资增速总体持稳。房地产投资在 2017 年上半年仍对固定资产投资形成支撑，但随着投资下行，房地产投资对固定资产投资拉动作用逐步减弱。货币政策基调稳健，抑制资产泡沫与防范金融风险有助于改善实体经济资金面，预计民间投资增速有所回升。财政政策持续发力，加之 PPP 项目落地增加，预计基建投资也将支撑固定资产投资增长。进出口额增速延续低迷，2017 年，全球经济仍在缓慢复苏，贸易活跃程度总体下降，中国进出口增速将小幅下行，净出口对经济的拉动作用有限。消费延续稳步增长，预计 2017 年社会消费品零售总额增长 10.4%，随着“互联网+”继续推进，预计消费对 GDP 贡献率继续上升。

综合预计2017年国内经济增长6.6%。中国经济面临的人口、效率、制度等问题短期内难以解决，2017年中国经济主要难题在于消化2015年房地产和信贷"微刺激"的结果。一方面，房地产周期下行通道打开，投资需求增速回落，工业增速下行；另一方面，价格水平上升，货币政策空间收窄，消费需求受到挤压。但是，随着"一带一路"战略的不断推进，一些标志性项目的不断落实既能够扩大需求，又能够化解过剩产能，实际效果值得期待。年度前期经济运行惯性回升。中国石油集团经济技术研究院开发的经济景气指数（包括先行指数和一致指数）加入了反映能源行业和用油行业发展的指标，如发电量、煤炭产量、乙烯产量、汽车产量等，可以反映能源行业面临的经济景气状况（图1-2-7）。中国石油集团经济技术研究院的宏观经济景气指数显示，2017年上半年经济增速总体有望维持平稳（图1-2-8）。

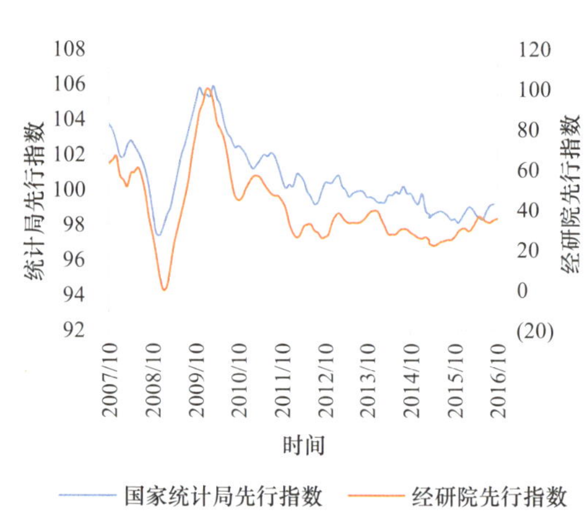

图1-2-7　国家统计局与经研院经济先行指数

数据来源：中国石油集团经济技术研究院

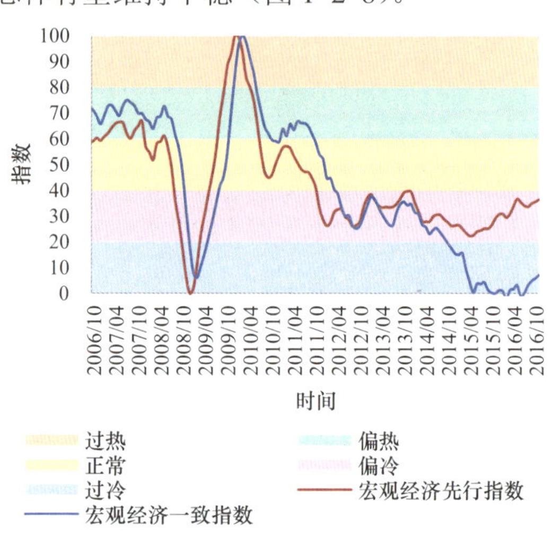

图1-2-8　经研院宏观经济先行指数与一致指数

数据来源：中国石油集团经济技术研究院

二、中国能源行业状况与走势分析

2016年，能源消费总量微幅增长，电力消费增速较2015年明显回暖，煤炭消费继续下降，天然气和可再生能源比重进一步上升，能源结构继续改善。

1. 能源消费微幅增长，能源结构持续优化

2016年，估计中国能源消费总量为43.6亿吨标准煤（折合30.5亿吨油当量）（表1-2-2），增速为1.4%。其中，煤炭消费39.1亿吨，下降2%；石油表观消费5.56亿吨，增长2.8%；天然气消费2040亿立方米，增长6.5%；非化石能源增长8.9%。煤炭占一次能源消费比重下滑较快，由64%降至62.4%；天然气所占比例升至6.2%；非化石能源所占比例升至13.3%，较上年提高了1.3个百分点（图1-2-9）。

表1-2-2　中国能源消费总量及能源结构

年份	能源消费总量（亿吨标准煤）	能源结构（%）			
		煤炭[①]	石油	天然气	非化石能源
2011	38.7	70.2	16.8	4.6	8.4
2012	40.2	68.5	17.0	4.8	9.7
2013	41.7	67.4	17.1	5.3	10.2
2014	42.6	65.6	17.4	5.7	11.3
2015	43.0	64.0	18.1	5.9	12.0
2016（估计）	43.6	62.4	18.1	6.2	13.3

① 未考虑煤炭热值的变化。

数据来源：国家统计局、中国石油集团经济技术研究院。

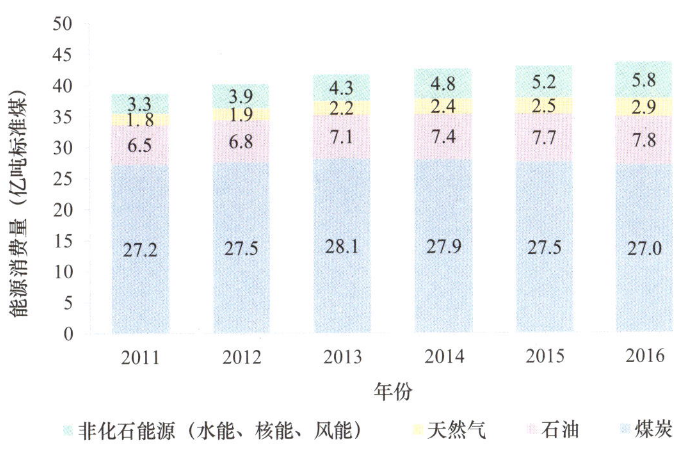

图1-2-9　2011—2016年中国能源消费量

数据来源：国家统计局

2. 煤炭产销持续下滑，价格有所回暖

2016 年，估计全国煤炭产量为 36.7 亿吨，较上年下降 2.1%；煤炭消费量为 39.1 亿吨，较上年下降 2%（图 1-2-10）。

2016 年，煤炭价格回暖明显（图 1-2-11），1—4 月，秦皇岛 5500 大卡动力煤价格延续上年低位行情，在 370～390 元/吨之间徘徊；5 月起，煤炭价格进入上升通道，11 月中旬升至 610 元/吨。煤炭价格的回升有效缩小了行业亏损面。

2016 年 1—10 月，全国规模以上煤炭企业实现利润 573.1 亿元，较上年同期增加 278.1 亿元。亏损企业由 2062 个减少为 1717 个，行业亏损面缩小，行业运营状况有所好转。

中国煤炭清洁利用在产业化技术方面已经走在世界前列，在煤制油气等领域取得了一系列技术成果，具有相当强的国际竞争力。

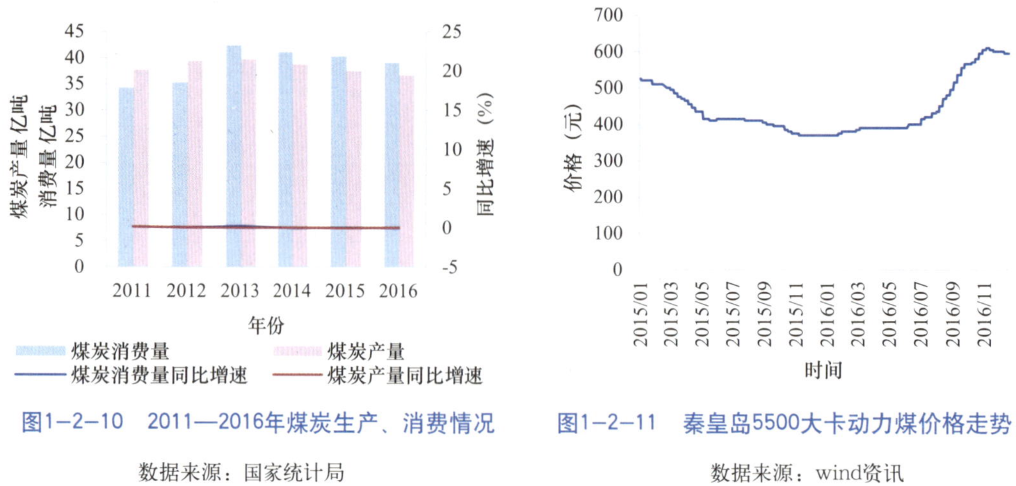

图1-2-10　2011—2016年煤炭生产、消费情况

数据来源：国家统计局

图1-2-11　秦皇岛5500大卡动力煤价格走势

数据来源：wind资讯

3. 发电结构优化，用电增速回暖

2016年，估计中国全社会发电量为6万亿千瓦时，较2015年增加5%，增速较2015年增加4.9个百分点，回暖明显。发电结构明显改善，其中火电占比下降1.5%，水电、核电、风电和其他可再生能源占比分别上升了0.3%、0.4%、0.6%和0.2%。

2016年，全国新增发电设备装机容量估计为1.27亿千瓦，较上年减少3.44%。其中，新增火电设备装机容量5130万千瓦，同比减少30%；非化石能源新增发电设备容量合计7560亿千瓦，同比增加15%。2016年，全年火电发电小时数较上年减少约200小时，水电利用小时数增加约80小时，核电和风电分别减少92小时和78小时。

2016年，估计全国用电量为5.9万亿千瓦时，较上年增长4.6%。第一产业用电量较上年增加5%，用电所占比例为1.5%；第二产业用电量较上年增加3.7%，用电所占比例为71.1%，较上年减少1.1%（图1-2-12），其中高耗能行业（化工、水泥、钢铁、有色金属）用电量占比29.40%，同比下降0.84%；第三产业用电量增幅最大，估计较上年增加12%，增速提升7个百分点，占全国用电量的13.43%（图1-2-13），较上年增加0.53%。

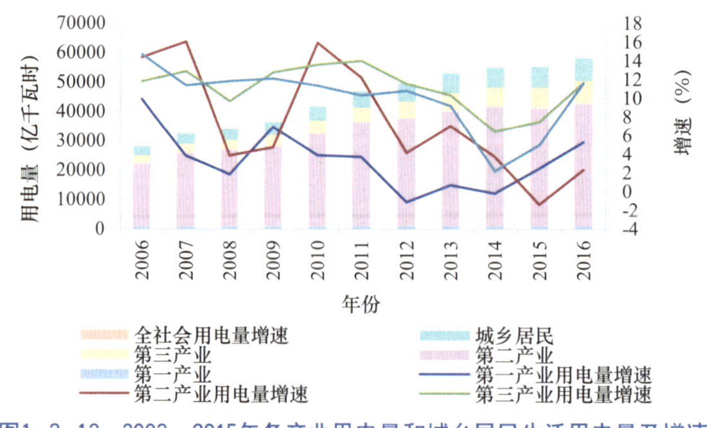

图1-2-12　2003—2015年各产业用电量和城乡居民生活用电量及增速

数据来源：国家统计局

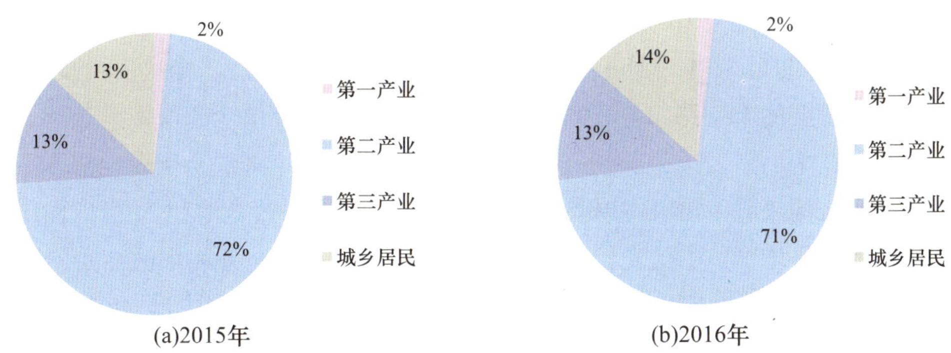

图1-2-13 2015—2016年中国用电结构比较

数据来源：国家统计局

4. 新能源行业挑战与机遇并存

1） 提高风电消纳能力面临挑战

2016 年，估计全国风能发电量为 2050 为亿千瓦时，同比增加 5%；平均利用小时数为 1650 小时，同比下降 78 小时；风电弃风电量为 403 亿千瓦时，同比增加 255 亿千瓦时；平均弃风率为 19%，同比上升 9.5 个百分点，是近 10 年来的最高值。

自 2010 年起，中国风电装机容量保持世界首位，但弃风现象严重。造成中国弃风现象严重主要有以下因素：一是风电配套的系统调峰能力不足，影响风电消纳；二是风电电网发展滞后，风电送出和跨省跨区消纳受限；三是缺少适应高比例风电的配套运行和消纳机制。中国风电“十三五”规划中明确提出了降低弃风率的目标，降低弃风率将成为电力系统改革重点。

2）重大技术突破为核电发展注入新活力

2016 年，全国核能发电量估计为 2010 亿千瓦时，占全国发电量的 3.56%。近年来，中国核电发展保持世界前列，中国核电的创新技术不断受到世界关注。在 2016 年 9 月召开的国际原子能大会上，继核华龙一号后，又一款中国自主研发的小型反应堆 ACP100 成为会议关注的焦点之一。ACP100 具有体积小、模块化设计、建设周期短、节约用地、用途广泛等特点，能应对极端环境条件和多重故障，其设计还参考了福岛核事故后的经验反馈。该反应堆可被建设在大型核电机组难以安装的地区，如受地形限制难以发展大型核电设备的地区。

3） 增强市场竞争力是光伏发电面临的重大挑战

光伏行业的起伏向来由政策主导。2015 年底，国家发改委颁发《调整陆上风电光伏发电上网标杆电价政策》，指出在 2016 年 6 月 30 日之前，中国一类、二类、三类资源区的光伏上网电价分别降低 10 分钱、7 分钱和 2 分钱，即在 2016 年上半年安装并投运的光伏装机可享受较大的补贴。受此影响，2016年上半年，中国光伏发电新增装机容量超过20吉瓦，是2015年同期（7.7吉瓦）的近3倍；而进入下半年，由于价格竞争激烈，光伏新增装机规模锐减，行业已经站在了发展的十字路口。光伏行业补贴逐步下调，直至全部取消是趋势。面对这一挑战，倒逼行业技术创新发展，加快光伏关键技术研发应用，降低光伏发电成本。从下半年新增装机的产品结构来看，PERC单晶技术、黑硅、MWT高效电池和N型双面电池等有显著优势的新技术明显增加。中国光伏发电也存在装机容量不能充分利用的弃光问题，2016年弃光率约为19%，为2010年以来的最高值，提高利用效率是降本增效的重点。

5. 中国能源行业2017年运行水平预测

2017年，中国经济在螺旋式上升的发展历程中进入了一个新状态、新阶段，预计经济整体企稳回升迹象更为明显，高新技术产业和服务业比重进一步增加。在此背景下，预计能源需求增速继续呈现小幅回升态势，增速约为1.5%；煤炭消费下滑3%，石油消费维持小幅增长态势，天然气和非化石能源消费快速增长。2017年，预计全社会用电量增速在6%左右，未来五年，中国电力消费增速预计保持在5%左右，电源结构进一步优化，用电重心继续向高新技术产业和第三产业转移。

2017年是实施“十三五”规划的重要一年和推进供给侧结构性改革的深化之年，能源行业将深入推进“三去一降一补”的结构性改革。煤炭行业是供给侧改革的主抓领域之一，预计2017年去产能1.5亿~2亿吨。继续推进电力改革，以“监管中间，放开两头”为主，深化电价改革；伴随着电力改革，能源结构优化和新能源产业发展将有更大的空间。

（本节撰写人：吴春芳　刘　畅　罗　颖）

第二章　国内外油气政策分析

2016年，受油价持续低位运行影响，资源国政府加快推进能源行业结构调整，扩大开放油气领域，吸引对外投资。清洁能源发展仍是各国支持发展的方向，但支持方式有所转变。中国油气行业加强供给侧结构性改革、价格形成机制改革和油气体制改革，继续扩大市场公平准入，加快绿色低碳发展。2017年，预计国内油气行业将继续围绕供给侧改革，着力调结构、去产能。此外，《石油天然气体制改革总体方案》及相关配套政策的出台也将是行业关注的重点。

第一节　世界主要国家油气及相关能源政策分析

2016年，油气资源国继续推进油气行业改革，调整产业结构，积极扩大开放。为应对低油价的影响，出售战略性资产，各国政府转变清洁能源发展方式的意图更加明显。

一、资源国政府加快推进能源行业的结构性调整

近年来，资源国政府充分意识到国有石油公司需要股份制改造，增强市场竞争力，同时油气行业需要摆脱过度依赖上游的局面。因此，积极推动油气行业改革就成为政府政策导向的主基调。

1. 推进油气行业改革，国有企业和战略资产股权多元化步伐加快

自2014年7月油价暴跌以来，全球石油生产国的经济遭遇了严重冲击，如2015年沙特阿拉伯财政赤字高达980亿美元。在当前油价难见回暖、资源国政府财政压力加大的背景下，各主要资源国纷纷加快改革步伐。

2016年，沙特阿拉伯推出“2030愿景”。该计划中经济领域的目标是推进经济多元化，支持非油气产业，到2030年沙特阿拉伯经济实现不再依赖石油的目标。该计划指出，沙特阿拉伯将实行私有化，积极推进国有企业上市，其中包括沙特阿美石油公司上市并出售5%的股份。继沙特阿拉伯之后，科威特政府2016年7月表示，考虑向公众出售部分石油部门的股份，增强私营部门参与度。俄罗出售俄油和巴什石油的股份，到2016年底这两项工作已完成。5月，俄油以12.7亿美元的价格将万科尔油田15%股份出售给了印度石油天然气公司(ONGC)。交易完成后，印度各国有企业在万科尔油田中的持股总比率达到了49.9%。这些资源国出售战略资产不仅加快了国有企业的股份制改革，也给外国投资者提供了新机遇。

2. 深度调整产业结构，积极发展下游，延伸产业链

油价疲软令很多依赖于石油出口的国家收入下降，财政压力加大。资源国意识到过度依

赖油气、过度依赖上游的资源型经济难以实现可持续发展，因此更加注重产业结构的调整。

以沙特阿拉伯为例，2016 年沙特阿拉伯公布的“2030 愿景”中，决定提高非油产业发展水平。该计划预计，到 2030 年，将非油外贸出口占比从 16%提升至 50%，将非油政府财政收入从 1630 亿里亚尔提高至 10000 亿里亚尔，非石油收入提高 6 倍。“2030 愿景”还提出要利用其上游优势，扩大产业链布局。近年来，沙特阿拉伯完成了延布、拉斯塔努拉炼化项目的建设。2016 年 3 月，沙特阿美与壳牌结束合伙关系，沙特阿美分得 3000 万吨/年炼能的美国最大炼厂——亚瑟港炼厂，还获得了 26 个分销终端，以及在得克萨斯州、密西西比河谷大部、东南以及中部大西洋市场上的壳牌品牌独家使用权。沙特阿美计划在完成分拆后，继续扩大收购美国炼化企业，进一步加强在美国市场的地位。与此同时，沙特阿美积极收购亚洲现有炼厂股权或参与开发数个新建炼油项目。

二、扩大开放油气领域，增加对国内外资本吸引力

1. 供给端总体保持减税

油价低迷影响了油气企业的生产积极性，公司利润受到挤压，各主要资源国都面临着油气稳产问题。为保证本国油气生产，2016 年多个资源国出台政策，降低部分税种的税率或给予政策优惠，通过调整税收政策减轻企业负担，鼓励油气领域增加投资。

2016 年，哈萨克斯坦改革石油出口关税，新政策实行与国际油价挂钩的原油出口关税浮动税率，原油基本价格依据乌拉尔和布伦特混合油价的基准值每月调整。具体税率见表 2-1-1。改革后石油出口关税更加透明，也缓解了油价下行对企业带来的税负压力。

表2–1–1　哈萨克斯坦石油出口关税表　　单位：美元/桶

基准油价	出口税	基准油价	出口税	基准油价	出口税
＜25	0	65~70	8.90	115~125	17.81
25~30	1.37	70~75	9.59	125~135	19.86
30~35	2.74	75~80	10.27	135~145	21.92
35~40	4.79	80~85	10.96	145~155	24.11
40~45	5.48	85~90	11.64	155~165	26.16
45~50	6.16	90~95	12.33	165~175	28.22
50~55	6.85	95~100	13.01	175~185	30.27
55~60	7.53	100~105	13.70	≥185	32.33
60~65	8.22	105~115	15.75		

数据来源：IHS。

此外，巴西、阿根廷和英国出台税收政策，对资本货物税、股息分配有效税率、石油天然气附加费、石油收入税等税种的税率进行调整，旨在降低企业负担，增加企业盈利能力，如图 2-1-1 所示。阿根廷为增加企业应对低油价的能力，还对产自巴塔哥尼亚地区 San Jorge 盆地的重质原油出口企业提供每桶 7.5 美元的补贴。

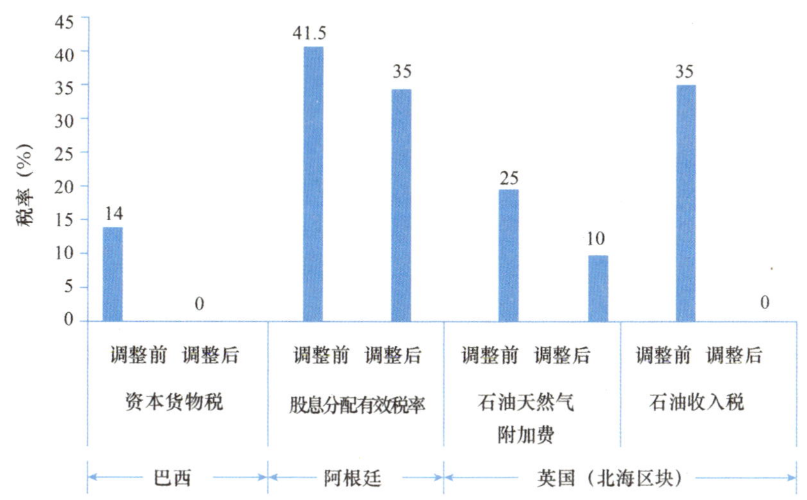

图2-1-1 资源国调整油气行业税种税率

税收是政府调节的重要工具。在高油价时期通过增税压缩油气企业获取高额利润的空间，在低油价时期减税增加油气企业盈利性，保护生产者的积极性，已成为资源国政府的政策基调。

2. 消费端税负有所增加

2016年油价低位运行，多国政府面临赤字压力。为增加政府收入，多国政府纷纷提高能源的终端消费价格。俄罗斯两次提高汽柴油消费税，10月份国会杜马批准法案，在今后3年，进一步提高汽柴油消费税（图2-1-2），按该法案，2019年汽柴油消费税均比2015年近乎翻了一倍；乌兹别克斯坦自2016年1月1日起将汽油和柴油消费税税率提高16%，车用液化气和压缩气消费税税率提高15%；尼日利亚从2016年1月起取消燃料补贴；印度尼西亚向汽油和柴油征税，具体税率为汽油每升0.0147美元，柴油每升0.0218美元；阿根廷继削减电力补贴后表示，还将取消天然气补贴。在全球经济缓慢复苏、油价持续低迷的情况下，未来消费端税负可能仍然呈现上升态势。

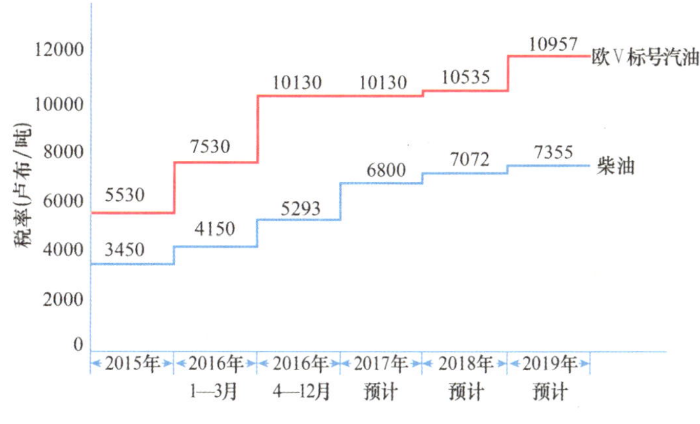

图2-1-2 俄罗斯汽柴油消费税税率变化情况

数据来源：Interfax

3．扩大开放，改善投资环境

1）推出更有吸引力的合同模式

为吸引投资，激发国内外投资者的投资热情，许多国家政府纷纷推出新合同模式。2016年1月4日，伊朗政府监管小组批准了新版石油合同，新合同更加接近于产量分成合同，划定了31个油田开展对外招标，其中包括15个勘探区块和16个油气田。3月10日，印度内阁批准了一系列新的油气勘探开发许可政策，新政策将发放“统一许可”证书，允许公司勘探和生产各种形式的碳氢化合物，包括煤层气、页岩气、页岩油、致密气、天然气水合物等；给予深海和超深海区块7年矿区使用费豁免期，并调低所有海上区块矿区使用费率。巴西为吸引马里（Marlim）和沃岛（Voador）两个海上区块投资，计划修改这两大潜力区块合同模式，目前这两个区块均为特许权经营模式，将于2025年到期。

2）加大特定区域开放力度

油价低迷使得许多资源国出台更加优惠的政策（表2-1-2），提高一些特定区域项目的吸引力，这些大多是深海、极地、偏远地区等资源开采难度大的区块。

表2-1-2　各国鼓励开放政策示意表

国别	适用对象	优惠方式
俄罗斯	远东地区	自其收到第一笔利润起10年内免缴2%的联邦预算利润税，上缴地方预算的利润税在第一个5年期间不高于10%。10年内向联邦财政免缴利润税，前5年向地方财政缴纳利润税适用0~10%的低税率，自首次获得利润之日起执行；矿产开采税前2年免缴，后8年优惠幅度每2年减少20%
乌兹别克斯坦	除塔什干外地区的外商直接投资者	外商直接投资，持股大于33%，50%净收入用于再投资的企业，免征企业所得税、财产税、社会基础设施发展税、道路基金等
乌克兰	陆上天然气区块	矿区使用费率降低一半左右（累计深度<5000米时，出售给国家天然气公司分销、用于公共需求的天然气以及其他购买商或用于其他用途的天然气的矿区使用费为29%，石油和凝析油的矿区使用费为45%；累计深度>5000米时分别为14%和21%）
印度尼西亚	油气勘探	取消油气勘探税
印度	海上油田、边际油田	免除在印度销售和储存石油的联邦所得税；简化边际油田许可证获取程序，延长勘探期限和合同期，放宽油气定价限制
伊朗	产品20%出口的外商公司	5年内公司税减免50%的政策

三、政府转变支持清洁能源发展的方式

油价下行客观上降低了发展清洁能源的动力。在油价持续低迷、电力需求增长停滞以及政府政策变更的情况下，据彭博新能源财经公布的数据预测，2016年全球可再生能源投资将低于2015年。

发展清洁能源是方向，有共识，也有阻力或障碍。美国候任总统特朗普声称将会取消清

洁能源领域的全部财政补贴，这给清洁能源未来的发展蒙上了阴影。虽然短期来看，受油价低位运行影响清洁能源发展速度可能减缓，但从长期来看，仍然是全球共同的发展方向。当前各国政府将继续支持清洁能源的发展，但支持的方式正在发生变化。

1. 用目标和政策导向方式，引导社会投资，支持清洁能源发展

随着清洁、可持续发展理念得到国际社会的广泛认同，世界各国都积极响应，提出清洁能源发展目标，推动能源绿色发展（表 2-1-3）。挪威提出到 2020 年汽车二氧化碳每千米排放量平均控制在 85 克，到 2050 年将成为二氧化碳排放量极低的国家。此外，荷兰、印度、德国等国提出了未来 10~15 年停售燃油汽车的类似计划。虽然这些提案并不一定能成为现实，但其对投资的政策导向作用不容小觑。长期来看，会有更多的国家扩大低碳方面的投资与创新，传统的化石能源行业将会受到冲击。

表2–1–3 部分国家达成的清洁目标

国家或国际组织	目标国家或地区	清洁目标
北美三国峰会	北美地区	2025年前，北美地区清洁能源消费占比达到50%
阿根廷	阿根廷国内	启动“可再生能源计划”首期项目招标。计划涉及风电、太阳能、生物质能和小型水电等项目，首期发电容量1000兆瓦，总投资约21亿美元
瑞典	瑞典国内	2040年实现100%的绿色能源
德国	德国国内	提出《可再生能源法案(RESA) 》的修正案：2025年可再生能源发电量需占总用电量40%~45%；2035年提高到55%~60%
智利	智利国内	到2035年，50%的电力来自新能源；2050年，70%的发电来自新能源
科威特	科威特国内	到2030年，可再生能源发电量将占国家电力需求的15%

2. 开征环境税支持清洁能源发展

通过出台环境税支持绿色能源的发展已成为趋势。2016 年，多个国家开征或准备开征环境税。2 月，美国总统奥巴马在提交国会的预算中提议征收每桶 10 美元的石油税，为美国发展绿色交通提供资金，虽然国会未通过此项提案，但充分显示了奥巴马政府对环境保护的决心。5 月 24 日，加拿大艾伯塔省政府宣布，自 2017 年 1 月 1 日起将对每吨碳排放征收 20 加元（约 15 美元）的税。7 月 15 日，法国政府宣布将从 2017 年开始对火力发电征收碳税。

开征环境税对传统工业和化石能源领域造成冲击，必然产生阻力，尤其是在正处于加快工业化阶段的发展中国家。因此，开征环境税将首先从发达国家开始，逐渐扩大到发展中国家。开征环境税将给清洁能源发展带来更多的发展机会。

3. 优惠政策逐渐退出，让清洁能源在无优惠条件下自我发展

为了促进清洁能源的发展，不少国家对清洁能源制定了形式多样的补贴与税收减免政

策。这些优惠政策多集中于基础设施建设和研发等领域，体现政府在公共事业方面的支持。例如，加拿大财政部公布了2016年财政预算案，扩大对新能源的税收支持力度，对电动汽车充电站、电能存储和排放交易计划给予新的税收优惠；南非政府宣布，自2016年4月1日起，满足条件的大型可再生能源项目的基础设施可加速折旧；2016年7月，美国宣布给“加快普及电动汽车”计划提供45亿美元贷款担保，以支持和推动电动汽车充电基础设施的革新；2016年11月，英国政府宣布将拿出3.9亿英镑(约4.84亿美元)的资金，用以支持电动汽车基础设施建设。

过去10年全球可再生能源领域经历了突飞猛进的发展，清洁能源在成本、技术方面都获得了显著的提高。2016年11月，丹麦能源署公布了Kriegers Flak海上风电项目的投标结果，瑞典能源企业Vattenfall Vindkraft A/S以0.372丹麦克朗/（千瓦·时）[约合人民币0.37元/(千瓦·时)]的电价中标，这也是世界海上风电史上的最低纪录；同月，澳大利亚清洁能源委员会表示，可再生能源已成为澳大利亚最便宜的新建电源形式。随着技术进步和市场成熟，清洁能源竞争能力不断提升，现有的优惠政策也将逐渐退出，将清洁能源发展交由市场决定。

优惠政策极大地促进了清洁能源的发展，但也产生了两大问题。一是靠优惠政策生存，清洁能源难成气候。二是持续补贴极大地增加了政府的财政压力，也受到了纳税人的反对。2016年6月，德国议会正式通过终止可再生能源上网电价优惠政策。今后，随着可再生能源技术的发展以及成本的降低，将会有更多国家选择逐步退出优惠政策。

四、2016年大事件

1. 《巴黎气候协定》生效

2016年10月5日，联合国秘书长潘基文宣布包括中国、美国等在内的72个缔约方批准了《巴黎气候协定》，它们的碳排放量在全球碳排量中的比例超过56%，跨过了《巴黎气候协定》生效所规定的两个门槛（不少于55个《联合国气候变化框架公约》缔约方签署并加入，且其温室气体排放量占全球排放总量至少约55%）。2016年11月4日，具有历史意义的《巴黎气候协定》正式生效。

《巴黎气候协定》坚持了共同但有区别的责任，即发达国家应该承担更多责任来帮助发展中国家减缓和适应气候变化。它的生效为2020年后全球应对气候变化建章立制奠定了基础，并做出了行动安排，指导和帮助各国充分利用可再生能源，用自然和生态的方法应对气候变化威胁。《巴黎气候协定》对世界能源转型必将产生积极和重要的影响，它将推动能源从高碳向低碳转型，给可再生能源、核能、智能电网技术、高级输电系统，以及低碳能源相关产业带来重大发展机遇。

这次《巴黎气候协定》正式生效距离巴黎气候变化大会结束还不到一年的时间，一项涉及多国的国际协议在全球范围内获得如此快的批准速度，显示出各国政府应对气候变化的积极态度和坚定决心。其中，作为全球最大的两个经济体，中美两国批准了《巴黎气候协定》，极大地推进了协定的生效和实施。

2. 美国未来能源政策出现极大的不确定性

美国东部时间2016年11月8日，共和党总统候选人、纽约地产大亨特朗普战胜希拉里，赢得美国总统大选。这位从未涉足政坛的地产大亨在能源政策和应对气候变化的态度都与现任总统奥巴马有着巨大分歧，这种差异将会给美国未来能源政策带来很大的不确定性。

特朗普将其能源计划命名为《美国第一能源计划》，是以美国能源独立为核心，贯穿传统能源、清洁能源、气候变化等各方面。他认为美国应该“独立”起来，不再从欧佩克或其他“敌对国家”进口能源；美国本土应当增加化石能源勘探开发，减少环境监管，提高煤炭和油气在美国能源中的所占比例；清洁能源经济性差，成本太高，政府不应再增加补贴；“全球变暖”是不存在的，主张美国退出《巴黎气候协定》并撤销美国对联合国气候变化项目的资金支持等。

特朗普上台执政将给美国的能源政策走向带来极大变数。美国可能会改变对化石能源发展设限的做法，化石能源、煤炭、石油等行业都可能从新政中获益。离开政策支持，新能源未来的发展前景增添了不确定性。可以肯定的是，在特朗普“拔一毛利天下而不为”的商人思维指导下，美国履行国际减排义务的积极性将大大降低。

总之，特朗普上台，美国的能源政策一定会发生改变。考虑到总统竞选中的言论与当选后的做法会存在较大差距，另外，在美国现有的政治制度下，总统的意图未必能完全转变为现实政策，估计美国的能源政策发生重大转向面临较大的不确定性。

（本节撰写人：康 煜 陈建荣）

第二节 国内油气政策分析

2016年，围绕习近平总书记关于能源革命“四个革命，一个合作”的重要论述，油气行业继续加快改革步伐。深化供给侧改革，化解与防范产能过剩，提高天然气等清洁能源有效供给，构建能源技术创新体系；不断深入价格形成机制改革，成品油、管道运输、储气库与化肥用气定价机制均有重大调整；加快市场准入，在勘探开发、管道运输、原油进口等领域鼓励各投资主体进入；促进绿色低碳发展，环保立法进程提速；加快推进油气行业体制改革，部分省区先行启动油气改革试点。

一、深化油气行业供给侧结构性改革

在当前低油价、新常态环境下，中国大力推进能源革命与供给侧结构性改革，着力调结构、去产能，以技术创新带动行业发展。

1．优化能源结构，增加清洁能源供给

为构建清洁低碳、安全高效的现代能源体系，中国加快清洁能源开发利用、加速油品结构转型升级，从而调整能源产业结构，构建多元化的能源供给体系。

一是“拓增量”，提高天然气在能源消费中的比重。与发达国家相比，天然气在中国能源结构中所占比例较低。增加天然气供给，是实现能源体系多元化发展、优化能源结构的有效途径。除常规天然气外，中国拥有丰富的页岩气、煤层气等非常规天然气资源，开采潜力巨大。大力推进非常规天然气开发，符合能源发展大趋势。但是，非常规天然气开发在中国仍处于起步阶段，面临开发难度大、开采成本高、实施周期长、投资回收慢等挑战。为此，国家出台一系列财税优惠政策，以促进行业健康发展（表2-2-1）。

表2-2-1 “十三五”期间天然气等清洁能源发展目标和财税支持政策

类型	发展目标	“十三五”期间主要财税支持政策
天然气	2020年在一次能源消费中的比重达到10%，2030年达到15%	进口天然气增值税先征后返：2016年1月1日起再次调整液化天然气和管道天然气销售定价，有利于提高石油企业进口环节增值税返还数额
煤层气	“十三五”期间，新增煤层气探明地质储量4200亿立方米，建成2~3个煤层气产业化基地；2020年，煤层气抽采量达到240亿立方米，利用率90%以上	“十三五”期间，补贴标准从0.2元/米^{3}提高到0.3元/米^3。 “十三五”期间，煤层气勘探开发项目进口物资免征进口税收
页岩气	2020年力争实现产量300亿立方米，2030年实现产量800亿~1000亿立方米	2016—2018年的补贴标准为0.3元/米^3； 2019—2020年补贴标准为0.2元/米^3

二是“优存量”，提速油品质量升级（图2-2-1）。近年来，为减少汽车尾气污染物排放、

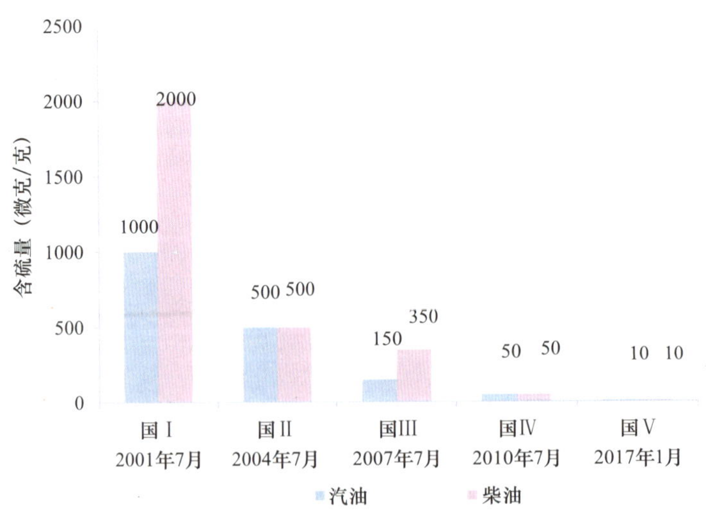

图2-2-1 各阶段汽柴油含硫量对比

改善大气环境质量，中国加快油品升级步伐。一方面，油品升级的应用范围由部分省市扩展到全国。2016 年 2 月，国家发布《关于进一步推进成品油质量升级及加强市场管理的通知》，重申 2016 年 1 月 1 日起东部地区 11 省市全面供应国Ⅴ标准车用汽柴油；2017 年 1 月 1 日起全国全面供应国Ⅴ标准车用汽柴油，停止销售低于国Ⅴ标准车用汽柴油。另一方面，油品质量标准将进一步升级。6 月，中国能源局对外发布国Ⅵ车用汽柴油两项国家强制性标准的征求意见稿，该标准主要技术指标已经达到甚至严于欧盟现行的车用汽柴油标准。新标准实施后，将促进国内炼油行业技术进步和装置改造，进一步提升油品质量。

2. 化解石油化工产业过剩产能

近年来，中国石化行业快速发展，经济总量和发展质量均有较大进步，但也面临诸多挑战。一是国内成品油市场由供不应求转为供过于求，炼油产能过剩问题日益突出。截至 2015 年底，中国炼油产能过剩 1 亿吨/年以上。二是化工产业面临产能结构性过剩问题。一方面，传统化工产品产能过剩，远超国内市场需求；另一方面，资源类和高端化工产品则短缺突出，需大量依赖进口。在此背景下，去产能已成为石化行业供给侧改革的重点。2016 年，国家加强规划引领，相继发布《关于石化产业调结构促转型增效益的指导意见》和《石化和化学工业发展规划（2016—2020 年）》，均明确了化解传统产品过剩产能的目标，标志着中国石化行业去产能全面开启。

2016 年以来，中国采用市场手段和行政手段相结合的方式，退出或消化过剩产能。在市场手段方面，通过税收杠杆作用鼓励国内成品油出口。2016 年 11 月，财政部、国家税务总局印发《关于提高机电、成品油等产品出口退税率的通知》，十年来首次恢复车用汽油及航空汽油、航空煤油、柴油等产品一般贸易出口退税率，并将增值税出口退税率提高至 17%（表 2-2-2）。加大成品油出口力度，成为国内炼油行业化解过剩产能、确保成品油产销平衡的重要手段。

表2-2-2　近年来中国成品油出口退税政策调整情况

政策规定时间	产品	调整内容
2004年1月1日起	柴油	取消
	航空煤油	取消
	汽油	调低至11%
2005年9月1日—2015年12月31日	车用汽油及航空汽油	暂停
	石脑油	
2006年1月1日—2006年3月14日	车用汽油及航空汽油	恢复
	石脑油	
2006年3月14日起	车用汽油及航空汽油	暂停
	石脑油	
2016年11月1日起	车用汽油及航空汽油	恢复并提高至17%
	航空煤油	
	柴油	

在行政手段方面，不再审批产能过剩行业新增项目用地。2016年，国土资源部发布《关于落实国家产业政策做好建设项目用地审查有关问题的通知》，对于过剩行业新增产能以及未纳入《石化产业规划布局方案》的新建炼化项目，一律不再受理用地预审；对于已核准的石化项目，项目所在地省级人民政府尚未公布已经实行等量或减量置换、完成淘汰落后产能和化解过剩产能任务的，不再受理建设项目用地申请。

3. 构建能源技术创新体系，提高行业效益

技术创新是供给侧改革的关键环节。以技术创新引领产业升级，是提高油气行业发展质量和效率、改变能源格局的重要手段。2016年3月，国家发改委和国家能源局组织编制《能源技术革命创新行动计划（2016—2030年）》，明确能源安全、清洁能源、低碳能源、智慧能源、关键材料装备5项战略需求，提出15项技术实现重大突破（表2-2-3）；并明确在2030年建成完善的能源技术创新体系，技术水平整体达到国际先进水平。在上述15项技术突破中，煤炭清洁高效利用、非常规油气和深层、深海油气开发等技术着眼于优化现有能源体系，突破当前生产技术瓶颈，其中煤炭无害化开采、煤炭清洁高效利用等技术创新具有典型的中国特色；而储能、现代电网等智能技术则着眼于未来能源体系建设，足以使中国能源格局发生根本性改变。

表2-2-3　15项技术突破分类表

类别	重点技术
化石能源清洁高效利用	煤炭清洁高效利用技术创新 煤炭无害化开采技术创新 节能与能效提升技术创新 现代电网关键技术创新 高效燃气轮机技术创新 非常规油气和深层、深海油气开发技术创新
新能源发展	氢能与燃料电池技术创新 高效太阳能利用与技术创新 大型风电技术创新 生物质、海洋、地热能利用技术创新 先进核能技术创新 乏燃料后处理与高放废物安全处理处置技术创新
未来能源体系建设	二氧化碳捕集、利用与封存技术创新 先进储能技术创新 能源互联网技术创新

二、完善价格形成机制

价格机制改革是中国能源改革中的重要环节。2016年，中国继续以油气价格改革为抓手，推动行业市场化改革，包括完善成品油定价机制，设定成品油价格调控下限；稳步推进天然气价格改革，相继出台化肥用气、管道运输、储气等价格改革措施。

1. 成品油定价机制进一步完善

为适应低油价环境下新的市场需要，国家发改委于2016年1月进一步完善成品油价格形成机制，并下发《石油价格管理办法》。新价格机制的最大特点是在原来规定国际油价在超过130美元/桶时国内成品油价格不提或少提的基础上，相应规定了国际油价低于40美元/桶时，国内成品油价格不再下调。同时建立油价调控风险准备金，国际油价低于40美元/桶的调控下限时，成品油价格未调金额全部纳入风险准备金，主要用于节能减排、提升油品质量及保障石油供应安全等方面。

除设定价格调控下限外，此次成品油价格机制改革还明确放开液化石油气出厂价格，并简化成品油调价操作方式，国家发改委不再印发成品油价格调整文件，改为以信息稿形式发布调价信息（图2-2-2）。这意味着中国成品油价格形成中的行政化色彩在进一步淡化。综合来看，市场化仍是中国成品油定价机制的主要改革方向，成品油价格放开是必然趋势。根据国家发改委计划，“十三五”期间将实现成品油价格完全市场化。

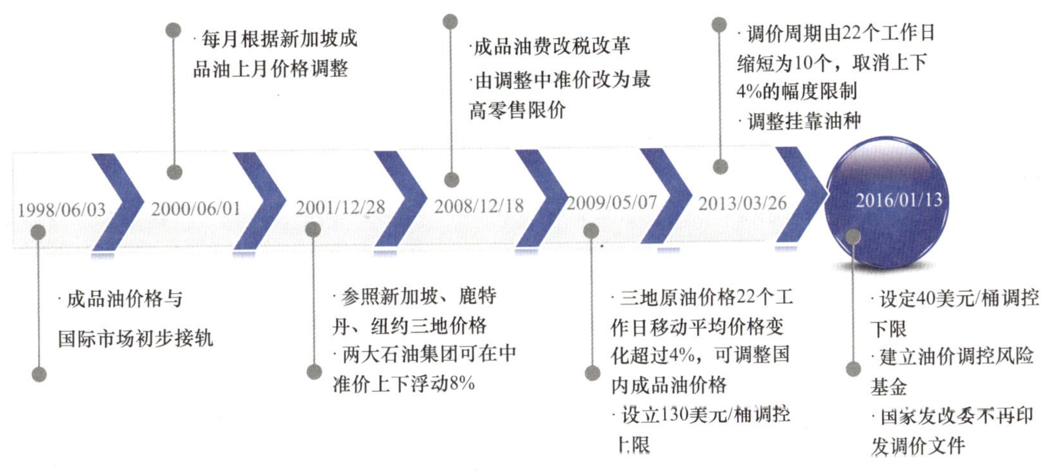

图2-2-2 中国成品油价格机制改革

2. 天然气价格机制改革加速

2016年，中国继续加快天然气价格形成机制改革步伐，市场化进程提速。11月，国家发改委发布《关于推进化肥用气价格市场化改革的通知》，明确全面放开化肥用气价格，由供需双方协商确定；鼓励化肥用气进入石油天然气交易中心等交易平台，通过市场交易形成价格，实现价格公开透明。中国自2013年以来先后放开了页岩气、煤层气、煤制气、LNG以及除化肥企业用气外的直供用户用气价格，储气价格也于2016年10月放开。鉴于化肥市场不景气等因素，化肥用气价格在2013—2015年并未放开。此次化肥用气价格全面放开，意味着除少量涉及民生的居民用气外，占消费总量80%以上的非居民用气门站价格均实现企业自主协商决定，中国天然气价格市场化改革迈出关键一步。

2016年10月，国家发改委下发《关于福建省天然气门站价格政策有关事项的通知》，决定在西气东输三线即将向福建省供气之际，在福建省开展天然气门站价格市场化改革试点，西气东输供福建省天然气门站价格由供需双方协商确定。此次试点意味着全面放开非居民天然气门站价格的改革正式启动，待试点成熟后或将向全国推广。

3. 推进管道运输价格市场化改革

天然气价格改革的总体思路是"管住中间，放开两头"，即放开气源和销售价格，政府只对属于自然垄断环节的管网输配价格进行监管。由于历史原因，目前中国对天然气管道运输价格管理仍延续"一线一价"的定价管理方式。"一线一价"管理方式是在"单气源、单管道"的供气方式下建立的，随着越来越多的管道连接成网，现行定价方式已不能适应形势发展需要。管输定价机制已成为制约天然气发展的瓶颈因素。

在此背景下，国家发改委于2016年10月印发《天然气管道运输价格管理办法（试行）》（以下简称《管理办法》）和《天然气管道运输定价成本监审办法（试行）》（以下简称《监审办法》），明确管道运输价格按照"准许成本+合理收益"原则制定，即通过核定管道运输企业的准许成本，监管准许收益，考虑税收等因素确定年度准许总收入，核定管道运输价格（表2-2-4）。准许成本即为定价成本，包括折旧及摊销费、运行维护费；准许收益按有效资产乘以准许收益率计算确定，综合考虑中国天然气管道发展现状、未来管道投资建设需要，以及下游用户承受能力，准许收益率按管道负荷率不低于75%取得税后全投资收益率8%的原则确定。

表2-2-4　天然气管道运输价格机制改革主要内容对比表

内容	改革前	改革后
定价方法	运用建设项目财务评价原理监管管道运输价格	按照"准许成本+合理收益"的原则
价格监管对象	监管单条管道，"一线一价"	监管管道运输企业，"一企一价"
价格公布方式	国家公布具体价格水平	国家核定管道运价率，企业测算并公布具体价格水平

《管理办法》和《监审办法》的出台，有利于调动投资积极性，激发社会资本；鼓励管道向第三方开放，提高负荷率，从而获得准许收益；有利于倒逼管道运输企业降低管道运输成本，进而降低管道运输价格。值得注意的是，此次《管理办法》和《监审办法》针对的是跨省输气管道，未对省内管道运输价格做出明确规定，而是建议参照《管理办法》和《监审办法》对本省内短途管道运输价格进行管理。由于省内天然气管道运输费用标准的制定权基本由地方掌握，实际上破坏了管网统一定价原则，导致省内标准不统一且普遍较高，因此无法使下游终端用户真正享受到市场化改革带来的政策红利。

4. 储气价格改革启动

中国天然气业务快速发展，调峰需求逐年增加，但储气库调峰能力不足，远远不能满足天然气需求，导致近年来中国冬季用气高峰时部分北方城市天然气供应出现短缺。为鼓励储气库投资建设，增强天然气供应保障能力，国家发改委于 2016 年 10 月发布《关于明确储气设施相关价格政策的通知》，明确储气服务价格由储气设施经营企业根据储气服务成本、市场供求情况等与委托企业协商确定；储气设施天然气购销价格由市场竞争形成；鼓励城镇燃气企业投资建设储气设施。作为市场化的一项手段，通知还鼓励储气设施对外销售气量进入上海石油天然气交易中心等交易市场挂牌交易，实现价格公开透明。这是继天然气管道运输价格两个办法出台后，天然气价格改革的又一重要新政。

储气价格改革前，中国储气设施经营企业购销天然气的价格由政府根据不同的项目统一决定。政府定价一般较低，严重阻碍了储气库的商业化运营发展。由政府制定价格，也难以做到和市场自主形成的淡旺季价差完全吻合。储气价格形成机制已成为制约储气库建设的重要因素。

购销价格由市场竞争形成，意味着购销价格均不受现行管道气门站价格限制，企业可通过市场竞争形成调峰气价，实现盈利。储气服务价格与委托企业协商确定，意味着企业除赚取峰谷差价外，还可以提供代储服务，收取储气费。储气价格机制的改革，能够促进市场自发合理调节用气。

按照天然气改革“放开两头，管住中间”的总体思路，管道运输价格机制改革成为“管住中间”的突破；储气价格改革则是“放开两头”的重要举措。储气价格的放开，将进一步提高天然气气源价格市场化程度，成为全面放开天然气源头价格的关键举措。

5. 上海石油天然气交易中心正式运行

2015 年 7 月 1 日，上海石油天然气交易中心投入试运行；2016 年 11 月 26 日，正式投入运行。交易中心是开展多种能源品种现货交易的市场化交易平台。自试运行以来，交易中心对衔接供需双方、形成合理市场价格发挥了重要作用。交易中心的建设，有助于加快中国天然气价格改革步伐，以市场化手段发现天然气真实价值并解决供需矛盾，是中国油气价格市场化改革的重要成果。

三、扩大市场准入

2016 年，国家继续放开油气行业市场准入，鼓励社会资本投资油气领域，油气市场主体更加多元化。主要举措包括研究放宽油气资源勘探开发市场准入，推进油气管网信息公开，有序放开原油进口权。

1. 持续深化矿权改革

中国油气上游勘探开发市场实行的是资质管理基础上的备案制。2012 年，中国向全社会公开招标出让页岩气开发权。2015 年，在新疆试点首次公开招标常规油气区块勘查，包括国有石油企业、地方能源公司、民营石油化工相关企业在内的 13 家企业参与竞标。

在2015年新疆试点的基础上，2016年中国继续深化矿权改革。11月，国家发布实施《全国矿产资源规划（2016—2020)》，明确“十三五”期间，中国将有序开放油气勘探开发市场，加快新疆改革试点及经验总结推广，稳步推进油气勘探开采体制机制改革，逐步放开上游勘探开发市场，引入社会资本，加快勘探开发进程。作为中国矿产资源管理改革的总体蓝图，规划从顶层设计上指引了中国的探矿权改革方向。12月30日，中央深改领导小组第三十一次会议审议通过《矿业权出让制度改革方案》《矿产资源权益金制度改革方案》，要推进矿业权竞争性出让，严格限制矿业权协议出让，建立符合中国特点的新型矿产资源权益金制度。

2. 油气管网信息公开

2016年9月，国家能源局发布《关于做好油气管网设施开放相关信息公开工作的通知》，要求中石油、中石化、中海油以及各省内运营承担运输功能油气管网设施的地方企业，在10月31日以前，以主动公开和依申请公开的形式公开其油气管网设施基本情况、准入条件等相关信息。通知出台后，“三桶油”相继公开全部油气管网资产信息，并明确第三方参与运行的相关标准（表2-2-5）。此外，地方政府也陆续公开了其省内管网资产信息。

表2-2-5 “三桶油”公开的油气管网信息

<table>
<tr><th colspan="2">企业</th><th>公开信息</th></tr>
<tr><td rowspan="6">中石油</td><td>管道分公司</td><td>15条原油管道，7条成品油管道，26条天然气管道</td></tr>
<tr><td>西气东输管道公司</td><td>9条天然气管道</td></tr>
<tr><td>北京天然气管道公司</td><td>6条天然气管道</td></tr>
<tr><td>西南管道公司</td><td>1条原油管道，3条成品油管道，18条天然气管道</td></tr>
<tr><td>西部管道公司</td><td>7条原油管道，6条成品油管道，11条天然气管道</td></tr>
<tr><td colspan="2">3家LNG接收站</td></tr>
<tr><td>中石化</td><td colspan="2">22条原油管道、14条天然气管道、2个LNG接收站</td></tr>
<tr><td>中海油</td><td colspan="2">8家接收站企业（其中4家含天然气管道业务）、5家天然气管道企业</td></tr>
</table>

中国油气管网设施建设和运营主要集中于“三桶油”，主干油气管网处于高度垄断经营状态。2014年，国家曾出台《油气管网设施公平开放监管办法（试行)》和《天然气基础设施建设与运行管理办法》，对油气管网等基础设施第三方公平开放做出了明确规定。但是两年多来，仅有个别接收站实现开放。此次要求“三桶油”及地方企业公开管网信息，为油气管网真正实现向第三方公平开放做了铺垫，标志着中游环节引入第三方竞争，是逐步实现管网独立的重要举措。

3. 继续放开原油进口权及使用权

地炼企业进口原油应获得“两权”：一是具备原油进口使用权；二是获得原油进口资质。2015年2月，国家发改委发布《关于进口原油使用管理有关问题的通知》，允许符合条件的地炼企业在淘汰一定规模落后产能或建设储气设施前提下使用进口原油。2015年8月，商务部发布《关于原油加工企业申请非国营贸易进口资格有关工作的通知》，明确符合条件的原油加工企业可获得原油进口资质。放开“两权”后，中国地炼企业将获得更加公平的竞争地位，有助于形成竞争有序、主体多元、透明公开的市场。同时，地炼企业进口的原油品质提升，有利于提高成品油质量。

2016 年，共有 9 家企业获得进口原油使用权资质，共计获得进口原油配额 2668 万吨/年，合计淘汰落后产能 2256 万吨/年；5 家企业获得原油非国营贸易进口资质。商务部 11 月 30 日发布公告显示，2017 年原油非国营贸易进口允许量保持 8760 万吨不变，但明确了分批下达、追加调整以及严格考核的分配新原则，即拥有进口原有加工权的地炼企业 2016 年 1—10 月的原油进口实际情况将作为 2017 年第一批进口允许量，此后根据实际情况适时追加和调整允许量。国家严格分配原则，一方面确保进口原油能够进行合理的资源配置，另一方面防止剩余的进口原油被转卖到其他炼厂。总体来看，国家放开“两权”的大趋势不会改变，但是分配和监管环节将更加严格。无法按时按量完成配额的地炼企业，将会被削减额度。

4. 鼓励社会资本投资能源领域

2016 年 3 月 31 日，国家发布《关于在能源领域积极推广政府和社会资本合作模式的通知》（以下简称《通知》），明确在能源领域积极推广政府和社会资本合作模式（PPP），主要适用电力及新能源类项目、石油和天然气类项目和煤炭类项目。其中，石油和天然气类项目包括油气管网主干/支线、城市配气管网和城市储气设施、LNG 接收站、石油和天然气储备设施等。国家将简化 PPP 项目审批，推进能源价格改革，探索创新财政补贴机制，加强金融合作，适时开展第三方评估，给予此类项目政策保障。

由于能源行业具有垄断属性，社会资本难以进入。《通知》的出台，有利于打破社会资本进入能源基础设施和公共服务领域的不合理限制，理顺政府与市场的关系；有利于能源行业吸收社会资本，形成多元化的投融资渠道；能够有效提高能源领域公共服务水平，创新能源领域公共服务供给机制，是供给侧改革的重要内容。但是，《通知》中的导向性配套政策尚需进一步明确和细化，才能真正推动能源行业 PPP 项目的实施。

四、加快绿色低碳发展

习近平总书记在巴黎气候大会上的重要讲话指引了低碳、绿色的能源革命方向。2016 年，中国加快环保立法、推进市场化碳排放机制建设，取得显著成效。

1. 加大环保领域立法力度

2016 年 8 月，《中华人民共和国环境保护税法（草案）》（以下简称《环境保护税法》）提请人大审议，提出在中国开征环境保护税；12 月，提请人大进行二次审议。12 月 25 日，第十二届全国人民代表大会常务委员会第二十五次会议表决通过了《环境保护税法》，自 2018 年 1 月 1 日起施行。草案按照“税负平移”的立法原则，将现行排污费制度平移至环境保护税，根据现行排污费项目设置税目，以现行排污费收费标准作为环境保护税的税额下限。同时，给予地方一些授权的规定，地方可在授权范围内确定具体税额。

《环境保护税法》作为落实税收法定原则的第一部税法，具有重要意义：一是可通过市场机制倒逼企业节能减排，提高纳税人环保意识；二是避免排污费制度存在的执法刚性不足、地方政府干预等问题，减少不规范现象；三是有利于构建促进经济结构调整、发展方式转变的绿色税制体系。

2．构建市场化的碳减排机制

根据《国务院关于"十三五"控制温室气体排放工作方案的通知》，中国将于2020年实现单位GDP二氧化碳排放比2015年下降18%，推动二氧化碳排放2030年左右达到峰值并争取尽早达峰。推行碳排放权交易可以充分发挥市场在资源配置中的决定性作用，利用市场倒逼机制，促使企业加强碳排放管理，是中国应对气候变化、促进绿色低碳发展的一项重要举措。2016年3月，国家发改委完成《碳排放权交易管理条例（送审稿）》。此次送审稿拟作为行政法规提请国务院审议，其法律效力和层级较之前以部门规章形式发布的《碳排放权交易管理暂行办法》高，在各级管理部门职责分工、企业减排义务、相关处罚手段等方面具有较强的法律约束力，能够有效保障碳排放权交易市场的建立和运行。

《关于印发"十三五"控制温室气体排放工作方案的通知》明确，中国将在2017年启动全国碳排放交易市场。按照国家发改委计划，全国统一的碳市场将覆盖20亿~30亿吨二氧化碳排放量。届时，中国国将取代欧盟成为全球最大的碳市场。

五、加快推进油气体制改革

作为油气行业改革的纲领性文件，《石油天然气体制改革总体方案》至今仍未出台，但改革思路已基本明确。2016年围绕深化油气体制改革，已有部分省区进行先期试点。此外，石油企业积极响应改革部署，在企业内部积极落实改革方案，释放改革红利。

1．《石油天然气体制改革总体方案》或于年底出台

自改革开放以来，中国油气行业经历了4次改革。其中，第4次改革即为目前正在进行的改革。根据2015年5月国务院批转国家发改委的《关于2015年深化经济体制改革重点工作的意见》，要求研究提出石油天然气体制改革总体方案，在全产业链各环节放宽准入。

此次油气改革早在2014年已开始酝酿，然而，受中国经济放缓、国际油价走低等多重因素影响，改革难度增加。此外，改革受多方因素制约，需兼顾各方利益，改革阻力大，方案经过数轮修改仍未获批出台，社会各界翘首以盼。2016年8月，国家能源局确认改革方案将在2016年内出台。

2. 先行启动改革试点

尽管总体改革方案迟迟不能出台，但2016年能源行业改革试点工作已经开始。其中，既有单一领域改革的试点，也有综合配套改革的试点。

10月，国家能源局印发《关于支持新疆推进能源综合改革的复函》，选择新疆开展能源综合改革试点，并采取六大措施：一是放宽能源领域市场准入，逐步放开竞争性领域，推动投资主体多元化；二是推动管网第三方公平接入，推进输配电网无歧视开放，推动投资主体多元化；三是促进完善能源价格机制；四是推进能源市场体系建设，组建新疆电力、煤炭及油气交易机构；五是强化能源监督管理，建立政府制定规划、规划确定目标和布局、市场选择业务的能源开发新机制；六是加强政策引导，推动“电化新疆”“气化新疆”工作。上述内容基本就是此前猜想的《石油天然气体制改革总体方案》主要内容。12月，国家能源局发布《关于加快推进天然气利用的意见（征求意见稿）》，提出推进试点、示范先行，有序支持重庆、江苏、上海、河北等省市开展天然气体制改革试点。此次四省市天然气体制改革试点不仅从价格角度考虑，更关注下游应用的推进以及天然气运营体制改革。

各领域试点工作的启动，为《石油天然气体制改革总体方案》的推进做足准备。以“试点先行”的办法进行改革探索，有助于打破现阶段改革瓶颈。如试点效果良好，2017年或将在全国进一步推广。

3. 石油企业加快专业化重组步伐

2016年以来，石油企业积极贯彻落实国家国有企业改革的决策部署，加快业务结构调整，着力破解体制机制障碍，有效激发经营活力。中石油工程建设业务借壳*ST天利上市；中油资本置入*ST济柴，实现金融资产业务独立上市；天然气销售业务实行“天然气销售分公司—区域天然气销售分公司”两级管理架构，其中天然气销售分公司负责公司天然气业务的管理和运营，按直属企业管理；组建北方、东部、西部、西南、南方五大区域天然气销售分公司作为其所属机构，按分公司设置。中石化启动石油工程区域化重组，将华东石油工程公司和江苏石油工程公司重组为新的华东石油工程有限公司，将华北石油工程公司和河南石油工程公司重组为新的华北石油工程有限公司；中国人寿和国投交通拟认购中石化川气东送天然气管道有限公司50%的股权，中石化全资子公司天然气公司将持有管道有限公司50%的股权，管道有限公司不再纳入中石化的合并财务报表。中海油新炼化公司整合了7家炼化企业，销售系统成立华北、华东、华南3个销售大区公司。

石油企业进行专业化重组分拆上市，顺应了石油体制改革和混合所有制改革方向，有助于优化企业内部结构，提高整体盈利能力，是“十三五”期间国有企业改革的主要方向。

六、2017年展望

（1）供给侧改革。2017年，推进油气行业供给侧改革仍是政策调节的重点。油气行业将加强在汽柴油国Ⅴ标准推动中的监管。此外，淘汰炼化落后产能，严格规划指导，严防受地方利益驱动导致炼油产能过快增长也将成为政策调节的着力点。

（2）油气体制改革。2017年，继续关注《石油天然气体制改革总体方案》，预计改革的主要方向是实行全产业链的公平准入。《石油天然气体制改革总体方案》或将采取“1+N”的模式，即在出台原则性总体方案的同时，制定实施细则和相关配套政策。

（3）油气价格改革。《天然气管道运输价格管理办法（试行）》和《天然气管道运输定价成本监审办法（试行）》出台后，核定管道运输定价成本将是一大难点。此外，两个办法未对省内部短途管道运输价格进行硬性规定，因此如何合理制定省内天然气管网输配价格将是下一步重点解决的问题。

（4）油气行业准入。矿权改革方面，将在新疆试点的基础上，进一步开发油气开发市场，扩大矿业权竞争性出让，对于矿权流转的市场化改革也将成为重要的改革领域。原油进口方面，将继续对地炼企业放开进口权和使用权，但将严格分配和考核原则。油气管网方面，细化第三方准入的配套制度，逐步推行第三方公平准入。

（5）国有企业改革。根据国务院国有资产监督管理委员会计划，2017年将是国有企业改革建设年，石油企业改革应包括以下方面：一是进一步加快业务整合及专业化重组，提升业务盈利能力；二是落实总部机构改革，压缩管理层级，优化精简集团总部，做实专业化公司；三是清理治理亏损源，加快“僵尸企业”重组整合或退出市场；四是“三供一业”等企业办社会职能移交地方的工作也将逐步展开。

（本节撰写人：江　河　陈建荣）

油气市场篇

第三章　国际石油市场分析

2016年，国际油价探底后有所回升，但年均价仍较上年下跌，布伦特和WTI原油期货年均价分别为45.13美元/桶和43.47美元/桶，同比分别降8.47美元/桶和5.29美元/桶。2017年，世界石油市场有望重归基本平衡，支撑油价进一步回升，预计2017年国际油价同比上涨，布伦特原油期货年均价为53～58美元/桶，WTI原油期货均价比布伦特低1～3美元/桶。

第一节　国际石油市场回顾与展望

一、2016年国际石油市场回顾

1．国际油价探底后小幅回升，总体仍在低位徘徊，年均价较上年下跌

2016年，布伦特原油期货年均价为45.13美元/桶，同比降8.47美元/桶，降幅达15.80%；全年油价最高56.82美元/桶（12月30日），最低27.88美元/桶（1月20日）。WTI原油期货年均价为43.47美元/桶，同比降5.29美元/桶，降幅达10.86%；全年油价最高54.06美元/桶（12月28日），最低26.21美元/桶（2月11日）（图3-1-1）。

2016年，国际油价总体"前低后升"。上半年呈触底反弹走势，布伦特和WTI原油期货均价分别为41.21美元/桶和39.78美元/桶；下半年国际油价总体呈震荡走势，布伦特和WTI原油期货均价分别为48.99美元/桶和47.10美元/桶，高于上半年。年初油价反弹主要因产油国"冻产"的提出而拉开序幕，冻产协议流产后尼日利亚、加拿大等国意外供应中断的情况多发等为油价上涨提供动力。下半年市场供应过剩忧虑依旧重压油价，但产油国从"口头限产"到最终达成限产协议，几度提振市场乐观情绪，对油价构成支撑。11月30日，欧佩克达成8年来首份限产协议；12月10日，欧佩克与非欧佩克达成2001年以来首份联合减产协议，受此支撑，国际油价于12月底创下2015年7月底以来最高。

2．布伦特—WTI原油价差持续收窄、轻重质—高低硫原油价差有所扩大

2016年，布伦特原油与WTI原油期货价差平均为1.71美元/桶，同比进一步收窄3.09美元/桶。二者价差最高3.92美元/桶（2月12日），最低-0.48美元/桶（1月15日）。美国原油出口解禁是二者价差收窄的根本原因。布伦特原油主要反映全球市场的供需情况，而WTI原油的区域性特征较为明显，相当程度上反映美国市场的供需形势。美国原油出口解禁后WTI原油的区域性瓶颈解除，从而使得布伦特与WTI原油价差得以逐渐回归到反映品质价差和运费差异的较窄水准（图3-1-1）。

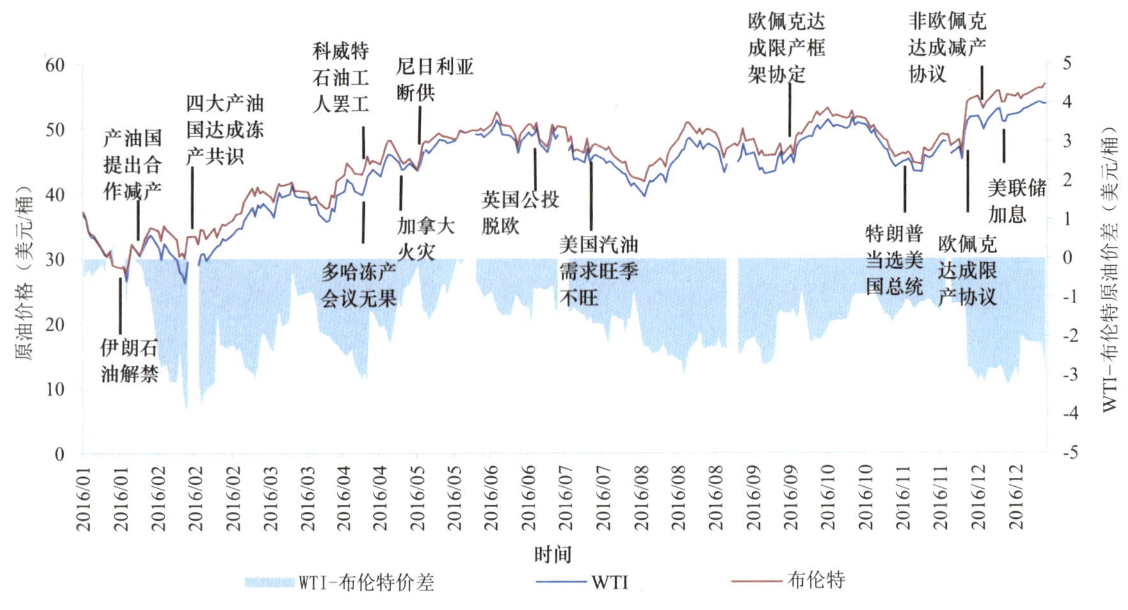

图3-1-1　2016年国际油价走势

数据来源：汤森路透

2016年，布伦特原油与迪拜原油价差平均为2.45美元/桶，较2015年扩大0.95美元/桶。二者价差扩大的原因是轻质低硫原油与中重质含硫原油的供需基本面发生了不同变化。一方面，低油价导致轻质低硫的美国页岩油产量大幅减少，北海轻质原油供应同样受到冲击，与此同时，主要生产轻质油的尼日利亚因武装分子袭击原油产量大幅下降；另一方面，欧佩克中东成员国为了捍卫市场份额不断加大原油生产，新增产量以中重质含硫原油为主。轻质低硫原油供应减少，中重质含硫原油供应大增，从而导致轻重质、高低硫原油之间的价差有所扩大（图3-1-2）。

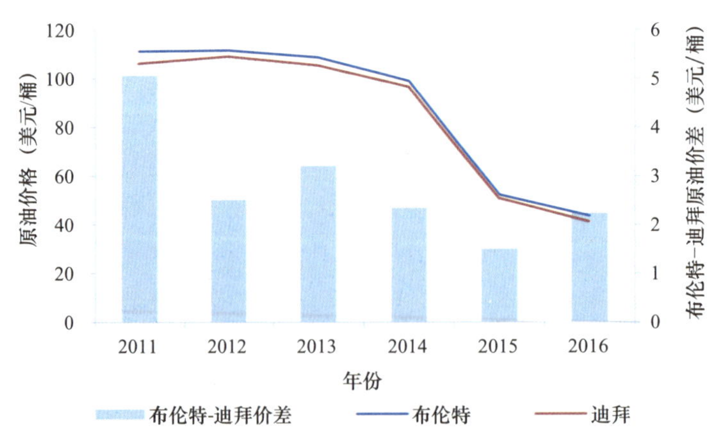

图3-1-2　2016年轻重质原油价差比较

数据来源：普氏统计

3. 世界石油需求增速放缓

2016 年，全球经济增长 3.1%，较上年放缓 0.1 个百分点，与此同时低油价对石油需求拉动的边际效应递减，世界石油需求增速放缓。估计 2016 年世界石油需求为 9570 万桶/日，同比增长 130 万桶/日，增量较 2015 年的 170 万桶/日有所下降（图 3-1-3、图 3-1-4）。

1）OECD 国家石油需求小幅增长

2015 年以美国为代表的发达国家经济复苏较为强劲，加上低油价刺激石油需求增长，使 OECD 国家石油需求增速得以由负转正。2016 年，美国经济复苏缓慢，英国“脱欧”加剧欧洲经济下行风险，日本经济继续低速增长，加上低油价对需求的刺激作用进一步减退，OECD 国家石油需求增速放缓，同比仅增 15 万桶/日，至 4620 万桶/日，增量较 2015 年的 50 万桶/日明显减少。其中，2016 年美国石油需求同比仅增长 13 万桶/日，而 2015 年增长 42 万桶/日。

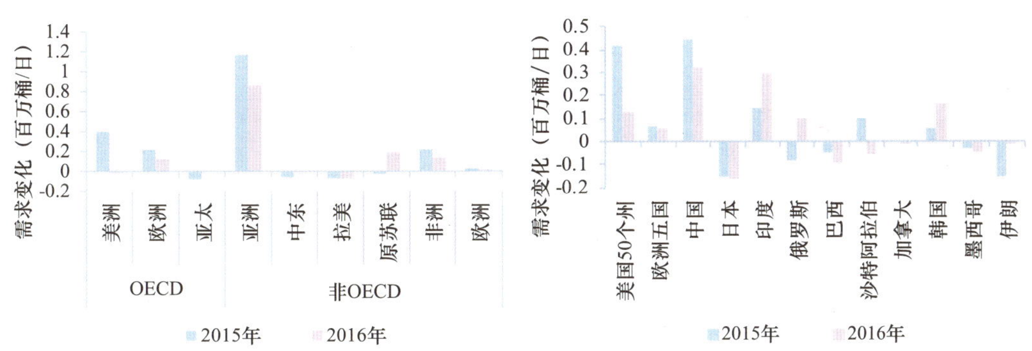

图3-1-3　2015—2016年世界主要地区石油需求增长

数据来源：IEA、中国石油集团经济技术研究院

图3-1-4　2015—2016年世界主要国家石油需求增长

数据来源：IEA、中国石油集团经济技术研究院

2）非 OECD 国家继续引领世界石油需求增长

2016 年，非 OECD 国家石油需求为 4950 万桶/日，同比增长 115 万桶/日。其中，中国石油需求为 1144 万桶/日，同比增长 31 万桶/日，增量较 2015 年的 47 万桶/日明显减小；印度石油需求增量逼近中国，2016 年石油需求达 430 万桶/日，同比增长 30 万桶/日，这主要由政府持续推动的制造业发展以及汽车化趋势所带动。

4. 世界石油供应略有增长，欧佩克原油产量大幅提高，非欧佩克石油供应明显下降

2016 年，世界石油供应量为 9630 万桶/日，同比增长 20 万桶/日，增量较 2015 年的 260 万桶/日大大缩小。其中，欧佩克石油供应增加 120 万桶/日，非欧佩克石油供应减少 100 万桶/日。

1）欧佩克石油供应进一步大幅增长

欧佩克2014年底放弃限产保价策略并开始坚决捍卫市场份额。随后该组织原油产量大幅增长，2015年增长115万桶/日，2016年进一步增长100万桶/日。2016年欧佩克原油产量增长主要来自伊朗、伊拉克和沙特阿拉伯。2016年初，西方国家取消对伊朗石油出口的制裁，伊朗原油重返国际市场，产量逐渐恢复至制裁前水平，年均产量达353万桶/日，同比增长68万桶/日。同时，伊拉克和沙特阿拉伯原油产量同比分别增长40万桶/日和33万桶/日。2016年，欧佩克石油供应为4020万桶/日，同比增长120万桶/日。其中，原油产量为3335万桶/日，同比增长100万桶/日；凝析油产量为685万桶/日，同比增长20万桶/日（表3-1-1）。

表3-1-1　欧佩克国家石油产量变化情况

国家与地区		产量（百万桶/日）				
		2014年	2015年	2016年	2015年与2014年产量差	2016年与2015年产量差
沙特阿拉伯		9.53	10.11	10.44	0.58	0.33
伊朗		2.81	2.85	3.53	0.04	0.68
伊拉克		3.33	4.00	4.40	0.67	0.40
阿联酋		2.76	2.89	2.98	0.13	0.09
科威特		2.61	2.74	2.85	0.13	0.11
中立区		0.38	0.07	0.00	-0.31	-0.07
卡塔尔		0.71	0.65	0.65	-0.06	0.00
安哥拉		1.66	1.76	1.71	0.10	-0.05
尼日利亚		1.90	1.88	1.57	-0.02	-0.31
利比亚		0.46	0.40	0.39	-0.06	-0.01
阿尔及利亚		1.12	1.11	1.11	-0.01	0.00
加蓬		0.22	0.23	0.22	0.01	-0.01
厄瓜多尔		0.55	0.54	0.55	-0.01	0.01
委内瑞拉		2.46	2.44	2.22	-0.02	-0.22
印度尼西亚		0.70	0.68	0.73	-0.02	0.05
欧佩克	原油产量	31.20	32.35	33.35	1.15	1.00
	凝析油产量	6.50	6.65	6.85	0.15	0.20
	石油产量	37.70	39.00	40.20	1.30	1.20

数据来源：IEA、中国石油集团经济技术研究院。

2）非欧佩克石油供应总体大幅下降

油价暴跌导致石油行业投资大幅减少。据统计，全球前十大油气公司和两大油服公司2014年、2015年、2016年同比分别削减投资6%、15%、20%；2016年，非欧佩克上游支出相比2014年减少27%。由于投资减少对产量的影响存在滞后效应，因此2016年非欧佩克石油供应同比才开始大幅下降。2016年，非欧佩克石油供应为5610万桶/日，同比减少100万桶/日，而2015年仍增长130万桶/日。2016年，非欧佩克石油供应减少主要来自美国，其次为中国（图 3-1-5、图 3-1-6）。美国原油产量减少主要来自非常规的页岩油，中国产量下降则主要来自常规资源。在非欧佩克少数原油产量增长的国家中，俄罗斯为了克服西方制裁和低油价带来的经济困难，不断加大原油出口，成为非欧佩克国家中供应量增幅最大的国家；巴西为了举办奥运会，缓解国内经济压力，也实现了原油产量的小幅增长。

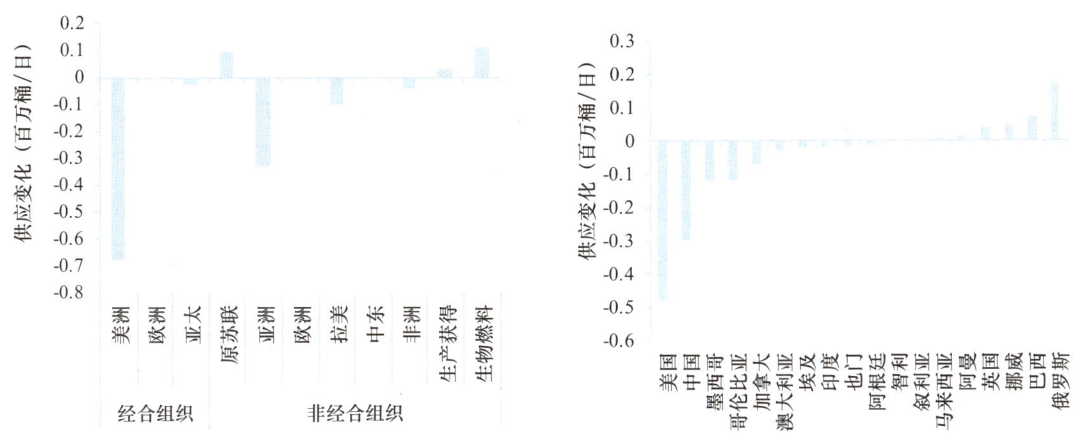

图3-1-5　2016年非欧佩克分地区石油供应同比变化　图3-1-6　2016年非欧佩克主要国家石油供应同比变化

数据来源：IEA、中国石油集团经济技术研究院　数据来源：IEA、中国石油集团经济技术研究院

（1）美国原油产量大幅减少，年底出现反弹势头。2016 年，美国原油产量降至 886 万桶/日，同比减少 56 万桶/日；美国石油在用钻机数最低于 5 月 27 日当周降至 316 台，相比 2015 年底减少 220 台，相比 2014 年 10 月高点减少 1293 台。因技术进步和油服价格下降，美国页岩油盈亏成本大幅回落，因此随着油价出现一定程度反弹，许多页岩油生产商重新获得生产动能，石油钻探活动再度增加。12 月 30 日当周，美国石油在用钻机数回升至 525 台，相比最低点提高 209 台（图 3-1-7）。钻机数的反弹使美国原油产量触底回升。从月度情况来看，2016 年 1—9 月美国原油产量总体持续下滑，并于 9 月降至 858 万桶/日的阶段性低点，随后开始小幅回升，12 月达到 878 万桶/日（图 3-1-8）。

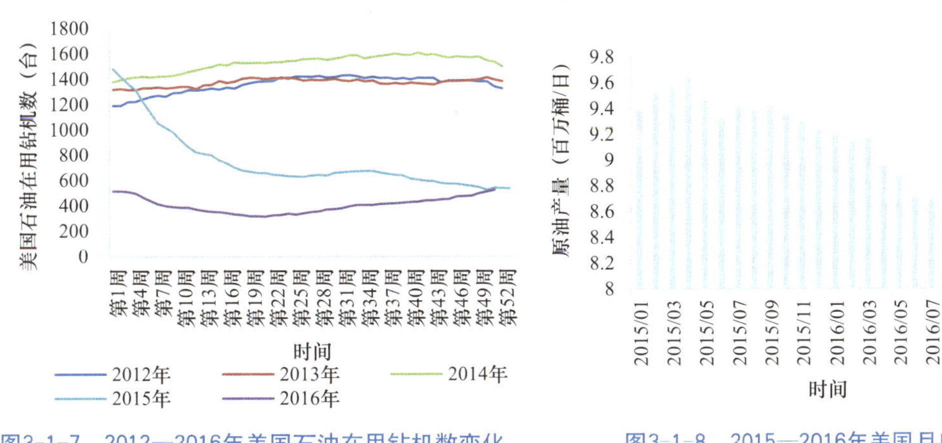

图3-1-7　2012—2016年美国石油在用钻机数变化　图3-1-8　2015—2016年美国月度原油产量

数据来源：贝克休斯公司　数据来源：EIA

（2）中国原油生产同样受到巨大冲击。根据国家发改委口径，2016 年中国原油产量为 1.982 亿吨，同比减少 1510 万吨，降幅达 7.08%。从月度原油产量看，9 月中国原油产量降至 1592.1 万吨，创 2013 年 3 月以来最低月度水平。

5. 经合组织和美国商业石油库存再创新高，下半年略有回落

2016 年 1—8 月，经合组织包括美国商业石油库存仍在不断增长，继续刷新近年高位，并突破 30 亿桶，临近年底库存水平有所回落。从绝对量看，2016 年 OECD 国家商业石油库存最高达到 30.62 亿桶，年底降至 30.57 亿桶，同比进一步提高 0.9 亿桶，比过去 5 年平均水平高 10.6%；美国商业石油库存最高达 13.68 亿桶，年底降至 13.11 亿桶，同比提高 0.22 亿桶。从可满足需求天数看，2016 年 OECD 国家商业石油库存可满足需求天数平均为 65 天，比 2015 年提高 3 天，远高于 52～53 天的合理水平；美国商业石油库存可满足需求天数为 68 天，比 2015 年进一步提高 5 天（图 3-1-9、图 3-1-10）。

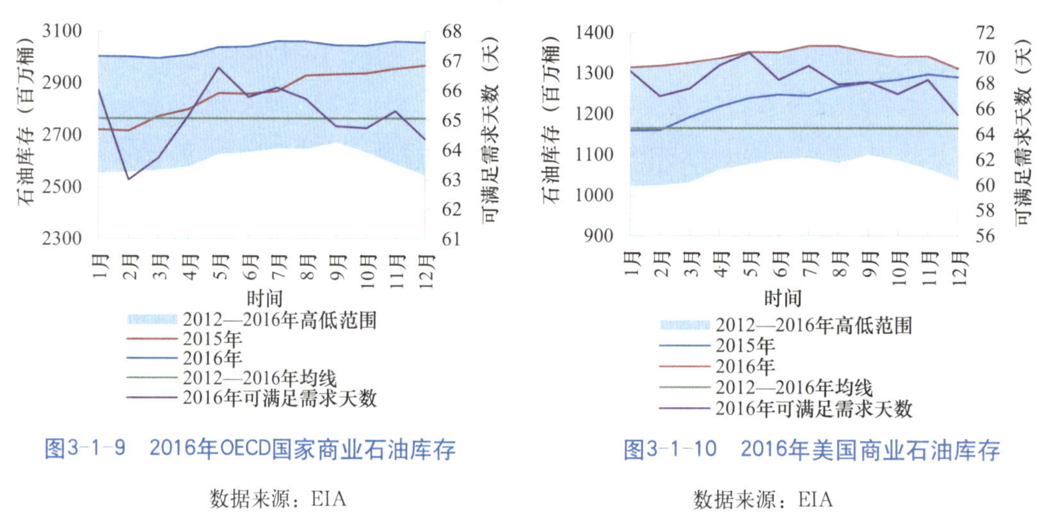

图3-1-9　2016年OECD国家商业石油库存

数据来源：EIA

图3-1-10　2016年美国商业石油库存

数据来源：EIA

二、2016 年国际石油市场基本特点

1. 世界石油市场基本面再平衡过程慢于预期

2016 年，世界石油供应富余 60 万桶/日，宽松程度较 2015 年的 170 万桶/日明显收窄（图 3-1-11）。此前市场普遍预期 2016 年下半年世界石油市场将重回平衡，然而由于世界石油需求增长疲弱、加之欧佩克原油产量超预期增长，下半年国际石油市场仍处于供过于求的状态。世界石油市场持续供应过剩，仍是制约油价反弹的主要因素。

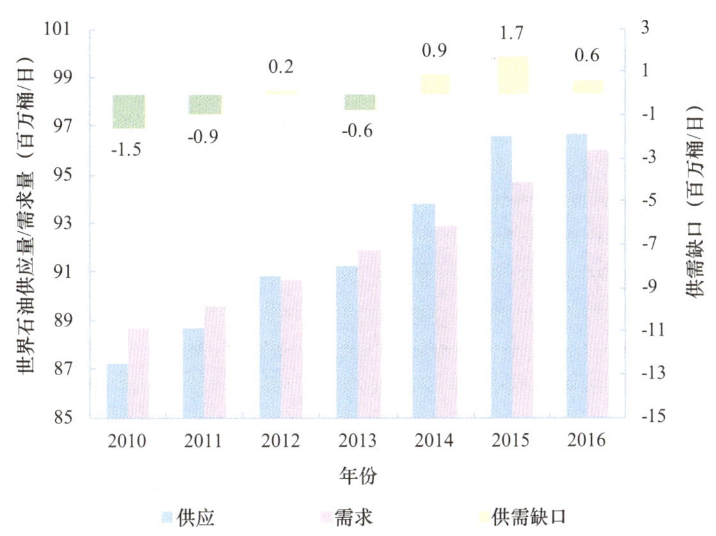

图3-1-11 2010—2016年世界石油供需基本面情况

数据来源：IEA、中国石油集团经济技术研究院

2. 欧佩克市场策略发生转变

由于低油价已持续两年有余，同时产油国财政普遍难以承受，尤其是对石油收入依赖程度较高的产油大国压力日渐明显，从而迫使其更愿意采取稳定市场和抬升油价的策略。例如，2015 年沙特阿拉伯财政赤字高达 980 亿美元，2016 年估计进一步达到 1000 亿美元，为应对低油价带来的冲击，沙特阿拉伯甚至首次通过发行债券来缓解财政压力；伊拉克 90%以上的财政收入来自石油销售，油价低迷使得该国收入大幅缩水，同时与 IS 作战也消耗了大量财力，财政形势日益严峻。与此同时，沙特阿拉伯、伊拉克、伊朗等欧佩克主要成员国的原油产量不断提高，“限产保价”时机相对日趋成熟，因此欧佩克的市场策略在 2016 年开始逐步转变，再度试图管理市场和油价。2016 年初，欧佩克提出与非欧佩克合作“冻产”以改善市场形势。9 月 28 日，欧佩克在阿尔及利亚非正式石油会议上达成限产框架协议。11 月 30 日，欧佩克第 171 届部长级会议在奥地利首都维也纳召开，会上达成 8 年来首个限产协议，欧佩克同意自 2017 年 1 月起将原油产量削减至 3250 万桶/日，减产幅度为 120 万桶/日，持续时间 6 个月，如有必要可以延长（表 3-1-2）。欧佩克限产协议的达成意味着自 2014 年 12 月放弃“限产保价”转而坚守“市场份额”之后，欧佩克市场策略再度转向。该协议的达成说明此前沙特阿拉伯的增产保市场份额的策略遇到了困境，国际油价绝不仅仅是原油生产成本的简单反映，还要体现主要产油国的财政收支需求。

另外，为促进石油市场再平衡，欧佩克与非欧佩克产油国之间合作有所增强。12 月 10 日，非欧佩克产油国于维也纳达成减产协议，决定自 2017 年 1 月起减产 55.8 万桶/日，协议有效期为 6 个月。签署协议的国家包括阿塞拜疆、巴林、文莱、赤道几内亚、哈萨克斯坦、马来西亚、墨西哥、阿曼、俄罗斯、苏丹和南苏丹。其中，俄罗斯承担的减产份额最大，目标是减产 30 万桶/日。此外值得注意的是，2016 年主要产油国表态及言论对油价走势影响较大（图 3-1-12）。年内欧佩克主要产油国和俄罗斯不断发表关于减产的言论，几度对油价构成阶段性支撑，随后市场预期落空致油价随之回落，导致全年油价形成多轮波浪起伏状态。

表3-1-2　欧佩克各成员国原油产量配额及调整幅度　　单位：万桶/日

成员国	2016年10月产量水平	产量调整	2017年1月起产量配额
阿尔及利亚	109	-5	104
安哥拉	175	-8	167
厄瓜多尔	55	-3	52
加蓬	20	-1	19
印度尼西亚	—	—	—
伊朗	371	9	380
伊拉克	456	-21	435
科威特	284	-13	271
利比亚	—	—	—
尼日利亚	—	—	—
卡塔尔	65	-3	62
沙特阿拉伯	1054	-48	1006
阿联酋	301	-14	287
委内瑞拉	207	-10	197

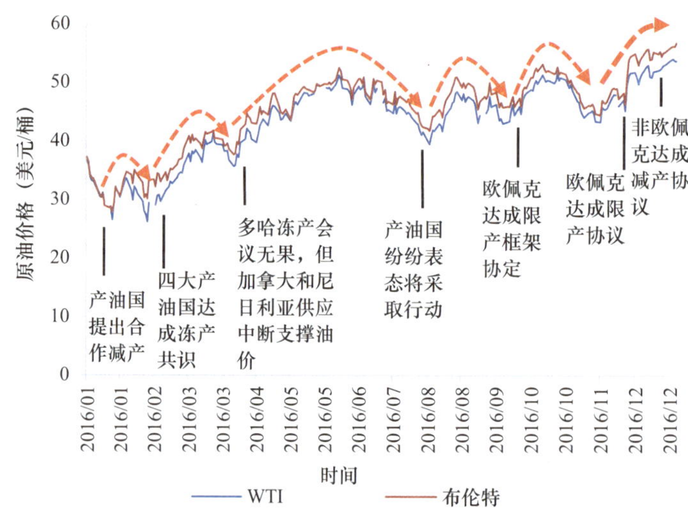

图3-1-12　主要产油国表态对油价影响

3. 美国页岩油生产成本降低、效率提高，生产灵活性得以提升

2016 年，美国页岩油生产成本进一步降低，生产效率进一步提高。2014 年美国页岩油井口盈亏成本平均为 70～80 美元/桶，由于技术进步导致单井产量大幅提升及采购和服务成本下降，2015 年降至 55～65 美元/桶，2016 年进一步降至 30～40 美元/桶；2016 年美国油井从

钻井到完井的周期由2014年时的平均6个月缩短为3个月，单井生产效率提高50%～100%。此外，美国成熟的资本市场也为石油生产商提供了更多灵活性。页岩油生产的灵活性和效率进一步提高使得美国原油生产的机动能力进一步增强，油价反弹后产量能较快回升，成为欧佩克“减产”及油价回升的重要阻碍。

4. 美元对油价的影响减弱

美联储自2015年12月首次加息以来，第二次加息直到2016年12月中旬才开启，导致2016年年内美元总体在区间范围内呈震荡走势。美联储加息步伐缓慢原因有四：一是美国经济形势并不十分稳定；二是外部经济风险较多，包括英国脱欧、金砖国家发展减速、低油价大幅挫伤产油国经济等；三是美联储加息与全球大部分央行的宽松货币政策背道而驰；四是美国大选带来政治不确定性。数据分析显示，2016年油价与美元指数的相关性有所弱化，2014年两者负向相关系数高达-0.9，而2016年则降至仅-0.1，在2016年5月和10月、11月甚至明显呈同向变动，表明美元对油价的影响作用减弱。油价与美元短期内同向变动的原因主要是石油市场基本面对油价走势的主导作用远远盖过了计价货币美元的影响（图3-1-13）。

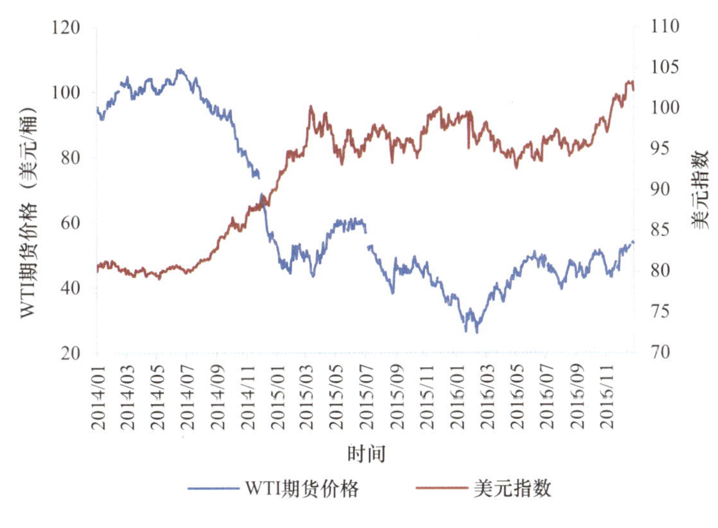

图3-1-13 WTI原油期货价格与美元指数

数据来源：汤森路透

5. 重大事件对油价短期走势影响加大

过去两年世界石油市场供应过剩形势严峻，重大事件对油价的影响弱化。然而，随着欧佩克原油产量不断提高，该组织剩余产能大幅下降，市场应对突发供应中断的能力也随之减弱。2016年，突发事件频频发生，加拿大野火导致油砂供应中断、尼日利亚断供、英国脱欧公投、特朗普当选美国总统、美联储加息等事件均对油价短期走势带来了重要影响。预计随着未来市场逐渐重回基本平衡状态，突发性地缘政治事件增多，对油价的影响将进一步加大。

三、2017年国际石油市场展望

2017 年，世界石油市场基本面的进一步好转将支撑国际油价水平有所提高，与此同时，欧佩克产量政策、限产协议是否能得到切实遵守、地缘政治事件、美国新任总统的政策走向、美元走势、市场投机等因素仍将对油价走势产生重要影响。

1. 2017年影响国际油价的因素分析

1）世界石油需求继续温和增长

2017 年，全球经济延续缓慢复苏，经济增速从 2016 年的 3.1%提高至 3.2%，但存在美联储加息、英国脱欧继续发酵、新兴经济体国家经济下行等风险因素，同时低油价对需求的边际拉动效应将继续减弱。预计 2017 年世界石油需求将继续温和增长，达 9700 万桶/日，同比增长 130 万桶/日，与 2016 年增幅基本持平。非 OECD 国家仍将是需求增长的主要来源，同比增长 110 万桶/日，印度有望超越中国成为世界石油需求增长最快的国家，同比增长 30 万桶/日。2017 年，中国经济增长将企稳，同比增长 6.6%，石油需求增速放缓，同比增长 25 万桶/日。

2）非欧佩克石油供应同比有所增长

2016 年 12 月 10 日，非欧佩克产油国达成减产协议，以俄罗斯为首的 11 个非欧佩克国家决定自 2017 年 1 月起减产 55.8 万桶/日，协议有效期为 6 个月。如果该协议能够有效执行，则 2017 年非欧佩克石油供应将得到一定抑制，但减产效果有待观察。与此同时，未参与减产协议的巴西和加拿大两国新增项目的投产将带动这两个国家石油产量增长，一定程度上弥补其他国家产量的下降。还需注意的是，欧佩克和非欧佩克产油国双双决定减产给油价带来一定支撑，从而为未参与签订协议的美国的页岩油生产商提供了较强的增产动能，进而有利于加速美国原油生产的复苏。综合判断，预计 2017 年非欧佩克石油供应为 5630 万桶/日，同比增长 20 万～30 万桶/日。其中，加拿大和巴西石油产量同比分别提高 25 万桶/日和 30 万桶/日；美国作为新的机动生产国，将对油价的升跌及时做出反应，油价反弹可能加速美国页岩油生产的复苏步伐，但由于美国原油产量上限最大可能为 1000 万桶/日，将限制其产量增长空间，预计最大年均增长 50 万～60 万桶/日，并不会影响市场再平衡进程。

3）欧佩克石油产量同比有所下降

2016 年 11 月 30 日，欧佩克达成限产协议，同意自 2017 年 1 月起将原油产量削减至 3250 万桶/日，持续时间 6 个月，如有必要可以延长。2017 年 5 月 25 日，欧佩克将开会检讨协议执行情况。为监督限产执行，欧佩克成立了专门的部长级监督委员会，凸显其限产决心。无论欧佩克自己本身的减产还是和非欧佩克的联合减产，都体现了资源国希望通过平衡市场重塑形象的决心，预计本次减产协议执行力度可能高于历史水平，削减产量 100 万桶/日左右。

值得注意的是，如果俄罗斯等非欧佩克产油国的减产情况以及美国原油产量的复苏形势等外部因素影响欧佩克限产协议的执行效果，不排除2017年欧佩克会达成进一步协议，加大减产力度。总而言之，2017年欧佩克限产协议较好执行将导致欧佩克石油产量下降30万～50万桶/日，但欧佩克协议中豁免的尼日利亚和利比亚增产潜力将在一定程度上影响减产效果。

4）世界石油市场供需基本面重归平衡，但供应端的不确定因素仍较多

2017年，时隔3年后世界石油市场将重回基本平衡状态。但仍要看到，石油供应端除了限产协议能否切实遵守外，仍有较多不确定因素。一方面，低油价导致产油国政治经济形势动荡，不稳定因素增加，预计2017年中东北非地区地缘政治事件仍将频发。另一方面，随着国际市场逐渐回归平衡，富余石油供应的不足或将导致未来突发地缘政治事件或供应中断发生时油价的波动加剧。

5）美元将呈温和升值态势，对油价构成一定打压

2016年12月14日，考虑到美国经济的强劲复苏，美联储在年内最后一次货币政策会议上宣布了继2015年首次加息以来的第二次加息。随着美国就业形势稳步好转、通胀水平明显回升，2017年加息环境将更加成熟。特别是特朗普上任美国总统后，其积极的财政政策有望推动美国经济实现更强劲的增长，同时其贸易保护主义政策也有望进一步推升美国通胀水平，预计2017年美联储将会加快步伐，进行2～3次加息。另外，特朗普主张压制美元以提高国内企业的出口竞争力，因此将可能采取措施限制美元过度强势。总体预计，2017年美元将呈现温和升值态势，对油价构成一定打压，但影响相对有限。

6）特朗普就任美国总统后的施政走向或给石油市场和油价带来不确定性

2016年11月8日，共和党候选人特朗普击败希拉里当选第58届美国总统，并将于2017年1月20日宣誓就职。短期来看，特朗普上任后的施政走向可能改变美国乃至全球的经济、政治格局，给投资者带来巨大不确定性。长期来看，特朗普青睐石油、天然气等化石能源，预计他上任后可能会减少对石油开采的限制，弱化环境监管，加快非常规能源发展，这可能会给美国石油行业带来新机遇。不过，对于国际石油市场而言，美国原油产量回升将使得供需再平衡之路遇阻，不利油价回升。另一方面，值得注意的是，共和党一向与石油行业交好，不排除特朗普上台后会采取一些有利于石油业并使油价抬升的举措。例如，特朗普反对伊核协议，他上台后伊核协议前景堪忧，不排除伊朗石油行业或许重新遭遇制裁，从而加剧国际石油市场和油价的波动。

2.2017年国际油价走势预测

1）国际油价中枢上移，布伦特原油期货年均价为53～58美元/桶

通过对影响国际油价的主要因素进行定性分析和定量测算，基准情景下，预计2017年布伦特年均价为53～58美元/桶，全年油价可能会小幅快频震荡。如果资源国动荡导致世界石油供应大幅下降、美国原油生产复苏乏力、伊朗石油出口重新遭遇制裁，则全年油价可能进一步反弹；如果欧佩克未有效执行减产协议，同时美国原油生产强势复苏，特朗普新政拖累全球经济复苏，中国经济下行风险加大，则全年油价水平回升受限（表3-1-3）。

表3-1-3　2017年国际油价预测情景分析

项目		基准情景	高情景	低情景
需求	世界石油需求	世界经济增速较2016年有所提高，石油需求保持增长，同比增长130万桶/日	世界经济复苏步伐加快，石油需求大幅增长，同比增长180万桶/日	世界经济复苏步伐放缓，石油需求较慢增长，同比增长50万桶/日
	中国经济	中国经济继续中高速平稳运行	中国经济企稳且其经济增速有所加快	中国经济下行风险突出，经济增速大幅回落，石油需求大幅减少
供应	非欧佩克产量	非欧佩克石油供应同比有所增长	非欧佩克石油供应继续下降	非欧佩克石油供应大幅回升
	欧佩克产量	欧佩克石油供应小幅下降	欧佩克严格落实减产，石油供应较大幅度回落	欧佩克石油产量增幅超预期增长
供需平衡	世界石油市场供需平衡	石油市场基本面达到基本平衡状态	世界石油市场基本面供不应求	世界石油市场基本面仍供应过剩
其他	美元	美元温和升值	美元升值幅度较低，甚至出现回落	美元强劲升值
	地缘政治	中东地区地缘政治局势持续动荡，但维持在可控范围内	特朗普上台后世界政治形势发生变化，地缘政治紧张，伊朗重遭制裁；中东地区局部战争或资源国局势动荡造成供应中断	中东地区地缘局势归于稳定
	投机	投机者行为扰动油价走势，增加油价波动性	世界石油经济和供需基本面大幅改善，投机者看多情绪增加，利多油价	世界经济和市场基本面形势恶化，投机者悲观情绪加大，利空油价
布伦特均价（美元/桶）		53～58	—	—

2）布伦特原油与WTI原油价差可能有所扩大

2017年，世界石油市场基本面好转将为主要反映全球市场供需情况的布伦特原油价格提供较强支撑，欧佩克减产及中东地缘政治事件频发也将提振布伦特油价，而美国的原油产量反弹可能令WTI油价承压较大，因此二者价差可能有所扩大，同时波动加剧，预计2017年

布伦特-WTI 原油价差均值为 1～3 美元/桶，价差波动范围为-3～5 美元/桶。

（本节撰写人：霍丽君　王　婧　陈　蕊）

第二节　国际成品油市场回顾与展望

2016 年，世界油品供需总体宽松，各主要油品在各地区的具体供需情况各异，亚太地区汽煤柴油全面过剩；全球主要地区成品油库存总体居高不下；成品油价格走势与国际油价走势基本一致，总体低于上年；美国成品油出口贸易持续活跃，中东炼油扩能的影响已逐步显现，中国出口连年大增已对地区市场带来较大影响。

2017 年，全球油品供需总体仍将宽松，原油过剩正走向油品过剩，中国成品油对外出口继续增加，对地区市场影响将进一步加大，中东成品油总体过剩致成品油净出口继续扩大，亚太地区成品油贸易规模持续扩大，汽油供需将基本平衡。

一、世界主要成品油供需

2016年，世界油品供需宽松程度总体较上年有所扩大（图3-2-1），估计全年成品油消费总量为8276万桶/日，供给总量8380万桶/日，富余104万桶/日。主要油品消费情况各异：石脑油供不应求，汽油供需基本保持平衡，柴油、航煤、残渣燃料油均供过于求。分地区看，俄罗斯中亚地区、中东和北美总体呈过剩状态，亚太地区、拉美和非洲供需总体缺口较大，欧洲仍存少量缺口。各主要油品在各地区的具体供需情况各异（表3-2-1）。

1．世界主要油品供需总体宽松

（1）汽油：2016 年，全球汽油消费量（含乙醇汽油）估计为 2446 万桶/日，同比增长 2.3%；汽油供给量为 2445 万桶/日，同比增长 3.1%，全球汽油供需由过去的短缺转为基本平衡。全球汽油消费呈分化走势：一方面在低油价推动下，美国及亚太地区新兴市场国家汽油消费增长较快；另一方面，欧洲受经济增长低迷的影响消费增速持续下降。总体看，在低油价带动全球汽油产量较快增长的同时，汽油消费增速仍将保持较快增长。

（2）柴油：2016 年，全球柴油消费量为 2757 万桶/日，同比仅增长 0.7%，全球柴油供给量估计为 2797 万桶/日，同比增长 1.3%，供大于需 40 桶/日。亚太地区受中国经济增速放缓、柴油需求下降的影响，柴油产销均呈不同程度下降趋势，对外出口大量增加。美国受工业部门消费放缓影响，柴油消费持续下降，出口量持续上升。欧洲由于区内供应不足，仍需从俄罗斯、美国和中东进口大量柴油，柴油贸易规模占全球比重上升至 42%。非洲的炼油能力难以满足其经济发展的需要，供需缺口高达 85 万桶/日。

（3）航煤：2016 年，全球航煤（含部分煤油和灯油）消费量估计为 722 万桶/日，同比增长 4.8%；全球航煤供给量估计为 770 万桶/日，同比增长 3.1%，供大于需 48 万桶/日。欧洲仍是航煤最主要的净进口地区，其他各地区基本能自给自足。近年来随着全球能源消费结构转型，煤油消费比例逐步下降，仅占航煤消费总量的 12%，预计随着全球最主要的消费地亚太地区需求逐步回落，煤油过剩局面将进一步加剧。

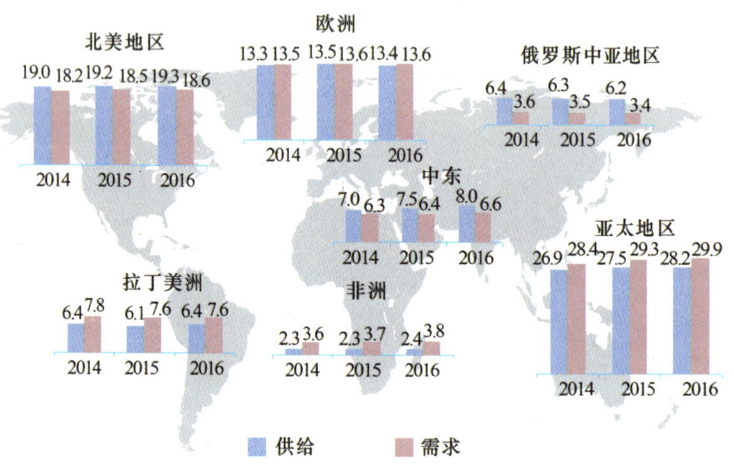

图3-2-1 2014—2016年世界主要成品油供需平衡（单位：百万桶/日）

表3-2-1 2016年世界主要成品油供需平衡 单位：万桶/日

地区	汽油		柴油		煤油		石脑油		残渣燃料油	
	供给	消费	供给	消费	供给	消费	供给	消费	供给	消费
北美	952	974	568	467	167	164	30	29	53	23
欧洲	279	205	553	646	110	134	91	109	117	97
亚太	677	650	984	894	314	272	324	474	162	266
俄罗斯中亚	124	110	191	108	28	26	43	14	155	31
非洲	55	109	74	159	21	26	32	11	55	42
拉丁美洲	180	209	196	260	38	41	28	28	133	100
中东	178	189	231	223	92	59	94	23	170	154
全球合计	2445	2446	2797	2757	770	722	642	687	845	713

数据来源：中国石油集团经济技术研究院、IHS能源。

（4）石脑油：2016 年，全球石脑油消费量估计为 687 万桶/日，同比增长 2.0%；全球石脑油产量估计为 642 万桶/日，同比增长 3.1%，供需缺口 45 万桶/日。受低油价的影响，下游炼油化工利润增加推动石脑油消费持续上涨，亚太地区供需缺口高达 120 万桶/日。近年来随着乙烯原料轻质化进程的推进，液化石油气（LPG）成为石脑油的重要替代品，但自 2015 年以来两者价差逐步缩窄，石脑油消费再次回升。预计 2020 年前，亚太仍将为全球最主要的石脑油消费地区，年均净进口 130 万桶/日。

（5）残渣燃料油：2016 年，全球残渣燃料油消费持续回落，消费量估计为 713 万桶/日，同比下降 4.8%；全球残渣燃料油产量估计为 845 万桶/日，同比下降 1.9%，供大于需 132 万桶/日。除非洲和中东消费量各增长 1.6%和 1.4%外，其他各地区均出现回落，其中北美消费量大幅下滑 17.5%，而作为世界主要进口国的中国，由于地方炼厂逐步获得原油进口权导致燃料油消费大幅下滑，亚太地区消费增速也随之回落。

2. 亚太地区汽柴煤油过剩进一步加剧，石脑油、燃料油仍存缺口

2016 年，亚太地区油品消费总量为 2917 万桶/日，同比增长 1.9%；油品供应总量为 2823 万桶/日，同比增长 2.1%。其中，汽油、柴油和航煤全面过剩，石脑油、燃料油仍分别存在 150 万桶/日和 104 万桶/日的供需缺口（图 3-2-2、图 3-2-3、表 3-2-2）。尽管中国经济增速放缓、主要工业部门柴油消费下降将影响亚太地区油品消费增长，但随着区内新兴经济体国家经济增长逐步带动居民生活水平提高，交通运输需求增加将持续推动亚太地区油品消费增长。

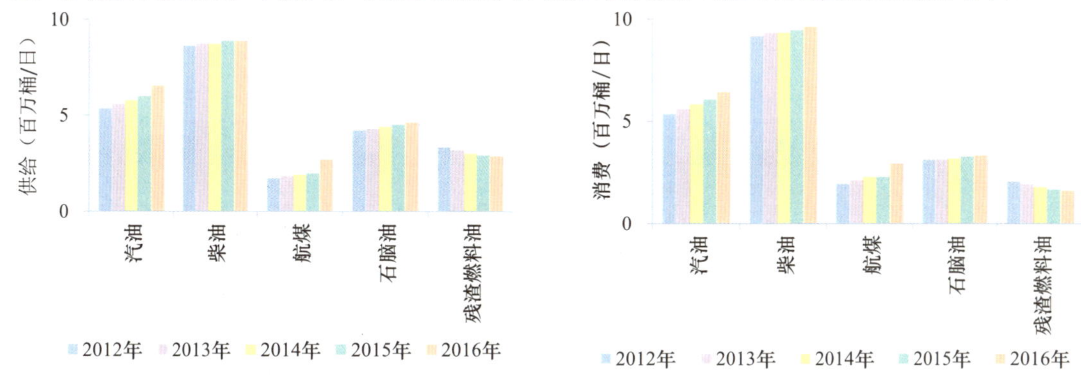

图3-2-2　2012—2016年亚太地区主要成品油消费　　图3-2-3　2012—2016年亚太地区主要成品油供给

（1）汽油：2016 年，亚太地区汽油消费量估计为 650 万桶/日，同比增长 6.8%；供给量估计为 677 万桶/日，同比增长 7.6%，供大于需 27 万桶/日，较上年扩大 7 万桶/日。尽管受经济持续增长、居民收入增加的影响，占区内汽油消费需求一半以上的中国和印度仍保持较快增长，加之低油价的刺激作用，包括澳大利亚、韩国及日本等发达经济体汽油消费增速也有所上升，但过快的供应增长抵消了消费增长幅度，汽油过剩较上年有所加剧。然而随着区内新兴经济体市场发展推动汽油消费持续增长，加上近两年亚太区内新建炼能增速暂时有所放缓，未来两三年内亚太地区汽油供需将可能出现短期稍紧的局面。

（2）柴油：2016 年，亚太地区柴油消费量估计为 894 万桶/日，同比下降 0.6%；供给量估计为 984 万桶/日，同比下降 0.4%，供大于需 90 万桶/日，较上年扩大 2 万桶/日。柴油约占亚洲总石油产品消费的 30%，近两年由于工业部门增速下降，使能源相关性较高的行业需求增速大幅回落，其中中国柴油消费增速由 2007—2011 年的年均 7.5%下滑至近两年的-2.8%，柴油过剩明显。尽管中国柴油消费下降，但随着印度及区内其他新兴经济体国家经济不断发展，将带动柴油消费继续增长，加上中国柴油产量持续下降，预计未来亚太地区柴油供需过剩局面有望有所缓解。

（3）航煤：2016 年，亚太地区航煤（含部分煤油和灯油）消费量为 272 万桶/日，同比

增长5.2%；供给量为314万桶/日，同比增长3.1%，供大于需42万桶/日。低油价带动亚太地区各国居民航空出行需求增加，航煤消费保持良好的增长态势，但由于区内炼厂开工率居高不下，供应仍保持较高水平，预计亚太地区航煤仍将保持过剩，净出口量将继续增长。

（4）石脑油：2016年，亚太地区石脑油消费量为474万桶/日，同比增长2.6%；供给量为324万桶/日，同比增长2.0%，总体供给小于需求。亚太地区过去十几年在中国巨大的消费带动下石脑油产量大幅上升，但随着中国炼油业发展，石脑油供给有所提升，韩国等主要出口国对华贸易量将下降，而印度随着国内经济的快速发展，未来有望取代中国成为亚太地区石脑油的主要消费国，预计未来区内石脑油供需缺口仍将持续。

（5）残渣燃料油：2016年，亚太地区残渣燃料油消费量为266万桶/日，同比下降1%；供给量为162万桶/日，同比下降4.1%，总体仍供不应求。受中国燃料油进口下降，日本和韩国发电结构逐步向天然气、核能及煤炭转换的影响，亚太地区燃料油消费持续下降，供需缺口将进一步收窄。

表3-2-2　2016年亚太地区主要国家及地区成品油供需平衡（供给-需求）　单位：万桶/日

国家和地区	汽油	柴油	航煤	石脑油	燃料油	合计
中国	21	29	20	-16	-3	51
中国台湾	10	19	2	-29	-1	1
日本	5	15	2	-43	9	-12
韩国	23	48	31	-49	-7	46
新加坡	25	28	7	-18	-77	-34
印度	40	48	12	8	3	111
泰国	1	6	3	-1	3	13
印度尼西亚	-32	-13	-2	-4	4	-47
马来西亚	-15	5	—	1	2	-7
巴基斯坦	-10	-7	—	2	-13	-28
菲律宾	-5	-9	-2	-1	-2	-19
越南	-10	-12	-3	—	-5	-29
澳大利亚	-12	-28	-10	—	—	-50
亚太其他地区	-14	-39	-18	—	-17	-88
过剩/缺口总量	27	90	42	-150	-104	-94

数据来源：FGE能源、中国石油集团经济技术研究院。

二、世界主要国家和地区成品油库存

2016年，世界主要地区成品油库存水平仍居高位，美国、欧洲、新加坡三大市场成品油库存水平较上年均有所增加。受国际原油价格处于相对低位的影响，下游炼化毛利上升带动成品油产量增加，市场供应充足，而消费的增长不足以全部消化产量的增加，导致主要地区成品油库存居高不下，预计将会给2017年成品油价格带来一定压力。

美国2016年1—10月汽油和馏分油平均库存较上年分别增加1372万桶和1998万桶（图

3-2-4、图 3-2-5），同比分别增长 6.1%和 14.6%。受美国原油进口量增加及上年炼油毛利较高的影响，2016 年美国炼厂成品油产量大幅上升，导致汽油和馏分油库存均创下了近 6 年的新高。虽然美国汽油大量出口至拉美等地带动库存有所下降，但总体仍维持近年来的最高水平。

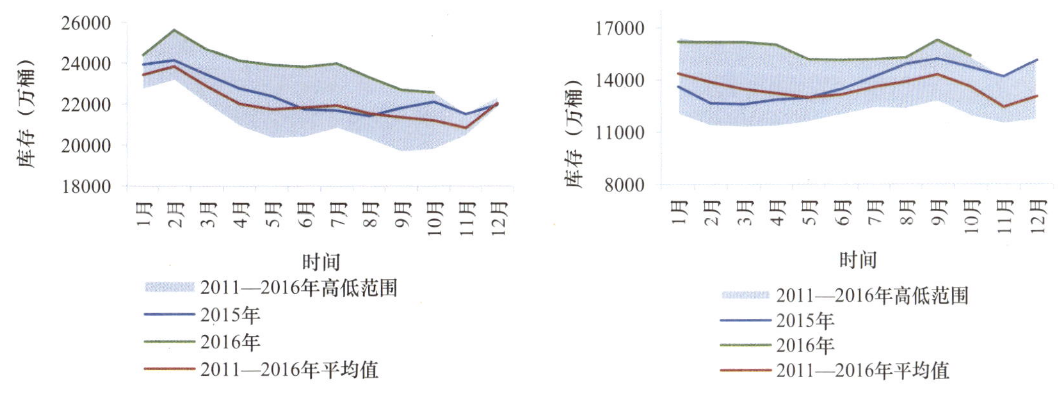

图3-2-4　2016年美国普通汽油库存　　图3-2-5　2016年美国普通馏分油库存

欧洲2016年1—10月汽柴油平均库存较上年同期分别大增781万桶和3652万桶(图3-2-6、图 3-2-7)，同比分别增长 6.9%和 8.9%。尽管自 5 月以来向北美和西非出口增加,使欧洲汽油库存有所下降，但总体库存水平仍较往年偏高。欧洲柴油跨区进口贸易表现活跃，来自美国、俄罗斯及中东的柴油进口持续增加,使2016年以来欧洲柴油库存一直保持近6年来的最高水平。

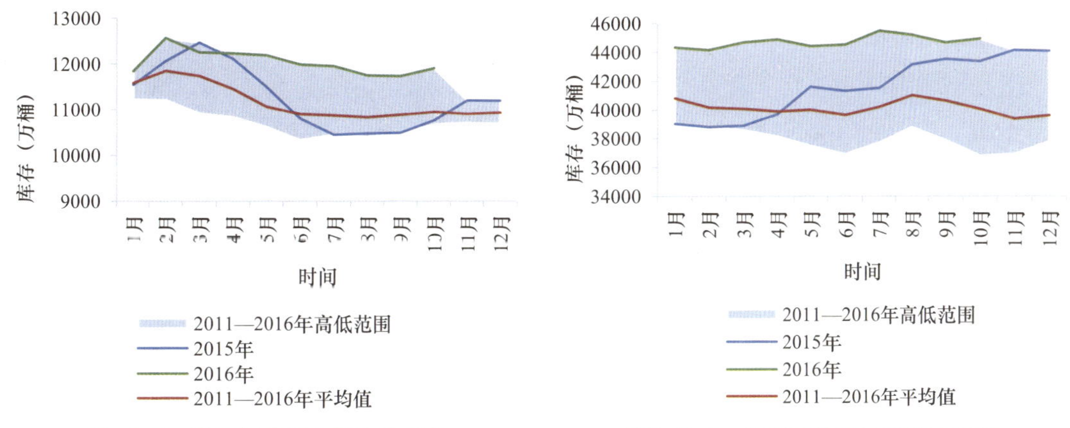

图3-2-6　2016年欧洲16国汽油库存　　图3-2-7　2016年欧洲16国柴油库存

新加坡2016年1—10月轻质馏分油和中质馏分油平均库存较上年同期分别增加177万桶和 64 万桶（图 3-2-8、图 3-2-9），同比增长 14.5%和 5.5%。受炼厂产量及套利船货供应双增加影响，亚太地区汽油库存 2016 年持续保持近年来高位，9 月以来炼厂加大中质馏分油生产，从而使汽油库存水平大幅回落。中质馏分油库存水平波动较大，尽管总体水平较上年偏高，但仍未超出近年来的最高水平。

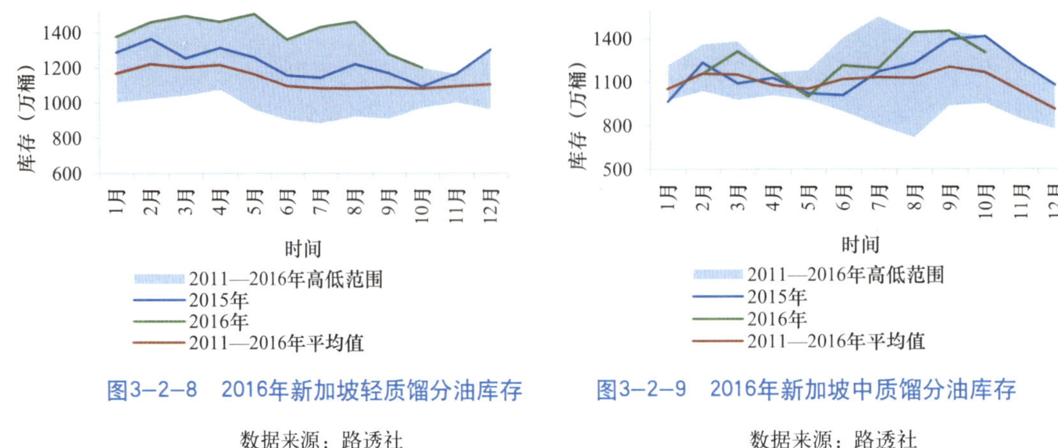

图3-2-8　2016年新加坡轻质馏分油库存

数据来源：路透社

图3-2-9　2016年新加坡中质馏分油库存

数据来源：路透社

三、世界主要地区成品油价格

2016年受国际原油全年均价下降影响，世界主要地区成品油价格总体低于上年同期,除纽约港主要油品价格波动幅度较大外，其余地区油品价格波动相对平稳。但成品油与原油价格差距较上年有所缩小，2016年成品油零售价较上年有所下降，但降幅同比收窄。

1. 三大市场成品油现货价与国际油价走势基本一致，总体低于上年

三大市场2016年1—10月成品油现货价格水平整体降幅较上年有所收窄，平均降幅为24%，较上年同期减小17个百分点；而同期布伦特原油期货降幅为21%，WTI原油期货价降幅为16%，成品油价格降幅整体稍大于原油价格降幅（表3-2-3）。

表3-2-3　2016年1—10月三大市场成品油平均价格　　单位：美元/桶

品种	成品油价格						原油价格			
	美国纽约港	同比	欧洲鹿特丹	同比	亚洲新加坡	同比	WTI	同比	Brent	同比
汽油	61.87	-15.12	55.24	-14.46	54.93	-16.08				
柴油	50.56	-19.07	51.76	-18.41	50.67	-16.69	42.37	-8.15	43.98	-11.87
航煤	53.11	-17.44	52.02	-17.86	51.50	-16.09				

美国2016年1—10月年纽约港成品油均价较上年下降，下半年价格水平总体高于上半年。汽油价格波动幅度相对较大（图3-2-10），汽油价格自3月起逐步攀升，6月达到年内高点后逐步回落，9月受产量减少、库存下降及美国最大燃料承运商Colonial Pipeline泄漏事故导致关停的影响，汽油供应量减少，汽油价格再次回升。柴油和航煤价格总体保持平稳态势。

欧洲鹿特丹2016年1—10月成品油均价较上年下降，下半年价格水平总体高于上半年，主要成品油间的价差进一步缩小，柴油和航煤价格走势基本一致（图3-2-11）。2016年，欧洲明显过剩的汽油库存给价格带来一定压力，随着检修季节来临，西北欧炼厂的检修有望缓解价格下行压力。作为全球最大的柴油进口地区，欧洲柴油价格2016年保持了平稳上涨态势。进入10月以来，由于莱茵河水位较低阻碍了柴油船货运输至德国及中欧等主要需求地，价格

有所上升。

新加坡 2016 年 1—10 月成品油均价较上年下降，下半年价格水平总体高于上半年（图 3-2-12）。值得注意的是，汽油与柴油之间的价差较往年大幅缩窄，受区内主要国家减少柴油供应影响，柴油价格一度高于汽油。进入 10 月，柴油受炼厂检修及库存下降的影响，价格大幅上涨 6.61 美元/桶，但由于亚太及全球市场柴油持续过剩，价格上涨幅度有限，后期供应可能将有所回落。亚太市场汽油消费持续增长，夏季受高库存影响，汽油价格未出现大幅上升，进入 10 月以来随着炼厂转而大量生产中质馏份油，汽油供应收窄带动其价格回升。

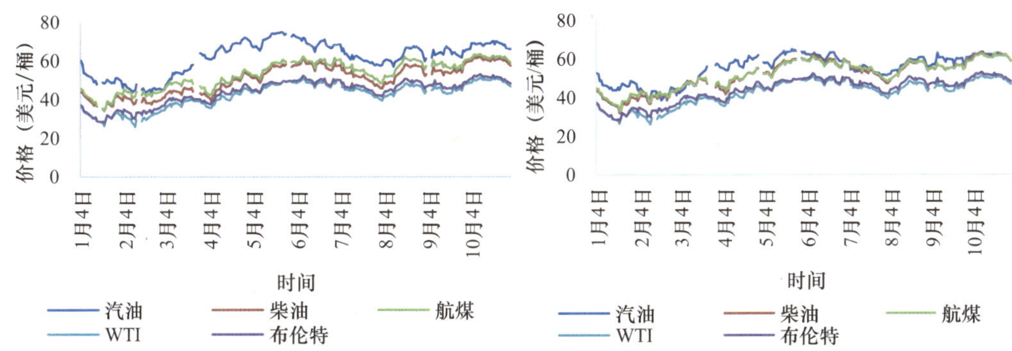

图3-2-10　2016年纽约港市场成品油价格走势

数据来源：路透社

图3-2-11　2016年鹿特丹市场成品油价格走势

数据来源：路透社

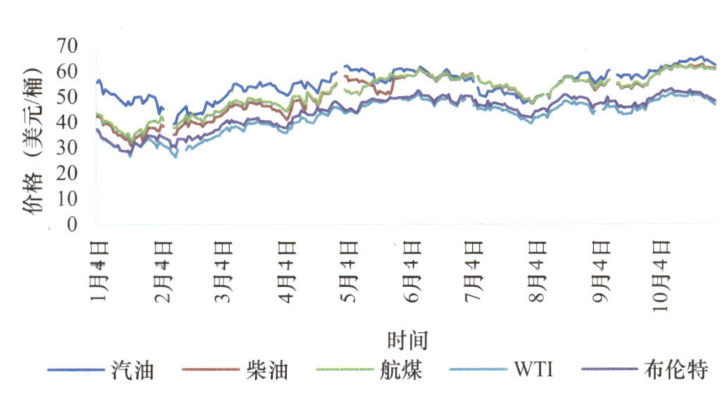

图3-2-12　2016年新加坡市场成品油市场价格走势

数据来源：路透社

2. 世界有代表性国家和地区成品油零售价格总体下降

2016 年，世界有代表性国家和地区成品油零售价格受国际原油价格影响总体下降，但具体国家和地区表现各异（表 3-2-4）。

欧美发达国家和地区的成品油不含税价与原油价格下降幅度基本保持一致，但含税零售价降幅明显低于不含税价降幅；亚太主要国家和地区成品油不含税价和零售价下降幅度均远低于原油价格降幅。从税负水平看，2016 年中国汽油价格中税收占比约 43%，低于英国（71%）、韩国（63%）和日本（54%），高于美国（24%）和新加坡（29%）；中国柴油价格中税收占比约 39%，与日本持平，高于美国（25%）和新加坡（7%），低于英国（70%）和韩国（54%）。目前世界零售汽柴油价格最便宜的三个国家分别是委内瑞拉、沙特阿拉伯和土库曼斯坦，最贵的三个国家和地区分别是挪威、冰岛和中国香港。由此可见，中国成品油价格总体处于世界中等水平。

表3–2–4　2016年1—10月有代表性国家和地区汽柴油平均零售价

国家和地区	品号		不含税价（元/升）		含税价（元/升）	
			汽油	柴油	汽油	柴油
中国（北京）	92# V	0# V	3.30	3.32	5.82	5.43
韩国	92#	超柴	2.99	3.07	7.97	6.70
日本	91#	柴油	3.34	3.77	7.33	6.20
新加坡	95#	超柴	6.36	4.95	8.93	5.30
美国	普通	柴油	2.95	2.97	3.90	3.97
英国	95#	柴油	2.86	2.89	9.74	9.78
中国台湾	92#	超柴	2.89	2.98	4.50	3.98
中国香港	汽油	柴油	6.56	6.32	11.71	7.25
平均价格	汽油	柴油	3.91	3.78	7.49	6.08

注：汇率采用中国人民银行公布数据。

四、世界主要国家和地区成品油贸易情况

2016 年，世界主要地区成品油贸易规模持续扩大。从总的油品供需平衡看，俄罗斯中亚地区、北美及中东为主要的油品净出口地区，亚太地区、非洲、拉美及欧洲为主要的油品净进口地区。分油品看，汽油主要流入北美、非洲、拉美、中东地区以弥补供应缺口；柴油主要从过剩的北美、亚太、中东及俄罗斯中亚地区流出；航煤受亚太地区过剩影响向外流出。与此同时，成品油的跨区套利活动不断增加。

1. 美国成品油出口贸易持续活跃，拉美为其主要出口市场

2016 年，美国汽煤柴油净出口量预计将达到 125 万桶/日，较上年增长 7.8%（图 3–2–13）。美国汽油主要出口至拉美，占其出口总量的 88%，剩余少量出口至加拿大和非洲。2016 年以来，由于墨西哥、巴西及委内瑞拉原油加工量下降，汽油进口需求持续增加，使美国向拉美地区汽油净出口量增至 56 万桶/日，与此同时美国本土汽油消费保持较快增长，汽油净进口量达 65 万桶/日，带动美国汽油呈现进出口两旺局面。2016 年，美国柴油出口达 129 万桶/日，较上年增长 4.2%，主要出口至拉美及欧洲，少量出口至非洲和加拿大。受美国国内经济增长分化、工业部门柴油消费持续下降影响，美国柴油持续过剩，预计将导致出口规模进一步扩大。

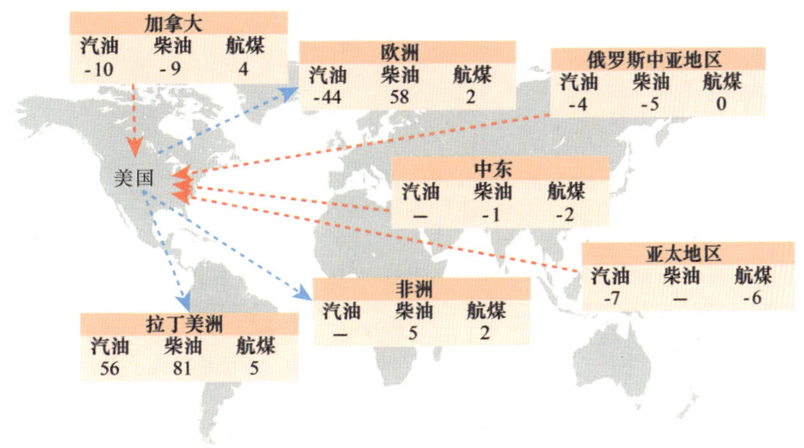

图3-2-13　2016年美国成品油净出口（单位：万桶/日）

2. 欧洲成品油市场过剩压力不减

欧洲受区内缓慢的经济增长影响及来自美国和中东大量进口油品的冲击，区内汽油资源供应持续过剩，其炼油商仍在努力寻找海外目标市场以解决油品过剩问题。2016 年上半年，尽管欧洲向北美及亚洲汽油出口有所上升，但与此同时，受中东、北美出口冲击的影响，欧洲向西北非洲、中南美洲及中东出口大幅下降，导致汽油过剩明显。估计 2016 年全年欧洲向中东、拉美及俄罗斯中亚地区汽油出口将分别下降 28%、17%和 16%。欧洲柴油贸易主要在区内各国之间展开，少量出口至非洲。区内需求前景不佳导致炼油商减少柴油产量，进一步增加从美国、俄罗斯及中东的进口力度，加上跨区套利船货增多，使之与高库存一起保持了区内柴油供应的充足。

3. 中东汽油进口减少，柴油出口增加

中东地区炼油能力扩张的影响已逐步显现：一方面中东区内成品油自给能力继续提升，区内除汽油存在周期性的少量缺口外，其他油品均有过剩；另一方面，中东油品跨区出口贸易活动表现活跃，对全球其他地区影响不断扩大。2016 年，中东地区汽油净进口量明显减少，为 21 万桶/日。主要来自欧洲和印度对中东的出口量，同比分别下降 39%和 23%。随着区内伊朗和阿联酋等炼厂的扩建，中东汽油进口预计将持续下降。尽管区内柴油消费表现强劲，但由于区内炼厂产量大幅上升，在满足区内消费的同时仍导致出口规模增加，2016 年中东柴油出口量达 70 万桶/日，较上年增长 13.2%。目前受区内炼厂改建主要集中生产柴油的影响，未来中东柴油净出口规模将进一步扩大。

4. 中亚五国油品贸易规模有望进一步扩大

中亚地区近年来随着人口增长和经济的持续发展，主要国家成品油消费保持稳定增长。

分国别看，受各国资源禀赋及炼厂产能不均的影响，中亚五国中土库曼斯坦为汽柴油净出口国，哈萨克斯坦为柴油净出口国、汽油净进口国，乌兹别克斯坦、塔吉克斯坦及吉尔吉斯斯坦为汽柴油净进口国。分油品看，汽油为中亚地区最为紧缺的石油产品，2016年中亚五国汽油净进口量达1374万桶（表3-2-5）；柴油通过区内各国间贸易基本能满五国需求。尽管中亚地区成品油贸易主要在区内成员国之间进行，但随着中国"一带一路"战略的逐步实施，未来中亚地区油品贸易规模有望进一步扩大。

表3-2-5　2000—2016年中亚五国汽柴油净进口　　单位：万桶

国家	2000年	2005年	2010年	2015年	2016年
哈萨克斯坦	1124	-496	-650	-197	-183
乌兹别克斯坦	380	1212	942	796	708
塔吉克斯坦	37	73	204	234	299
吉尔吉斯斯坦	88	58	241	584	635
土库曼斯坦	-876	-949	-1431	-1095	-1168
合计	752	-102	-694	321	292

数据来源：中国石油集团经济技术研究院。

5. 亚太地区汽煤柴油持续过剩，中国出口连年大增对地区市场影响扩大

2016年，亚太地区包括汽煤柴油、燃料油和石脑油的成品油净进口达94万桶/日，同比增长4.1%。其中，燃料油、石脑油需进口，汽油、柴油和航煤持续过剩。近年来中国受经济转型增速放缓、消费结构转换、油品替代等因素的影响，成品油消费增速放缓，加上前一段时期炼厂改扩建、新建热潮带来的后续惯性影响，使炼油能力明显过剩，导致出口连年大增。2016年，中国汽柴煤油净出口估计分别达到21万桶/日（910万吨/年）、29万桶/日（1429万吨/年）和20万桶/日（916万吨/年），分别较上年增长1.6倍、1.6倍和1.4倍，估计2016年中国汽煤柴油净出口量占亚太地区净出口总量（396万桶/日）的17.9%，较上年（371万桶/日）增长5.2个百分点，成为亚太地区仅次于韩国和印度的第三大汽煤柴油净出口国（表3-2-6）。目前中国成品油主要出口目标市场为新加坡、印度尼西亚、马来西亚、菲律宾等国家，随着中国地炼逐步放开"两权"，未来将扩大出口，进一步影响亚太成品油供需平衡和贸易流向。

1）印度国内消费增长导致成品油出口增速下降

2016年，印度汽煤柴油净出口量估计为100万桶/日，同比增长4.2%，增速较上年降5.3个百分点。2016年以来，印度经济持续快速增长，国内基础设施建设速度加快，居民生活水平提高使成品油消费快速上升，从而拉低了成品油出口增速。但印度仍是亚洲居第二位的成品油出口国，2016年其汽煤柴油净出口量占亚太净出口总量的25.3%，较上年下降0.9个百分点。分地区看，亚太仍是印度最大的出口市场，占其出口份额的37%，非洲迅速增长为其

第二大成品油出口市场，占 24%，对欧洲、拉美、美国出口占比都有所上升。中东由于炼能增长使印度对其出口减少，占比下降至 13%，较上年下降 15 个百分点。

表3-2-6　2016年亚太各国和地区汽柴煤油净出口情况　　单位：万桶/日

国家和地区	汽油	柴油	航煤	合计
澳大利亚	-12	-28	-10	-50
中国	21	29	20	71
印度	40	48	12	100
印度尼西亚	-32	-13	-2	-47
日本	5	15	2	22
马来西亚	-15	5	0	-10
巴基斯坦	-10	-7	0	-17
菲律宾	-5	-9	-2	-15
新加坡	25	28	7	60
韩国	23	48	31	101
中国台湾	10	19	2	32
泰国	1	6	3	10
越南	-10	-12	-3	-25
亚太其他地区	-14	-39	-18	-70
合计	27	90	42	162

数据来源：FGE能源、中国石油集团经济技术研究院。

2）韩国出口转向东南亚、澳大利亚，日本通过炼厂合并促进对澳出口

目前韩国是亚太地区汽煤柴油净出口量最多的国家，2016 年净出口量达 101 万桶/日，占亚太总净出口量的 25.5%，较上年下降了 1.4 个百分点。尽管低油价带动韩国国内成品油消费需求有所增加，但产量增长较快导致汽煤柴油出口仍较上年增长 3.5%。目前由于东北亚地区的中国和日本油品市场持续供过于求，韩国调整出口策略转向东南亚地区和澳大利亚。目前，东南亚市场成品油出口量占韩国出口份额已上升至 41%，成为韩国最大的成品油出口市场。日本炼油能力持续过剩迫使炼厂通过合并来减少炼能，在日本公平贸易委员会（FTC）的批准下，作为日本成品油主要的出口商 JX 与东燃通用的合并，预计将在 2017 年 4 月前完成，预计东燃通用与澳大利亚炼油商之间的合作将促进其对澳大利亚的汽油出口。

3）澳大利成品油净进口量持续增加，柴油进口占比上升

近年来澳大利亚国内油品消费结构不断变化，汽油车份额由 2009 年的 84%下降至 2016 年的 77%，直接导致汽油在交通运输燃料中的占比下降，汽油消费逐步回落，2016 年汽油净进口量与上年持平。与此同时，SUV 车型备受消费者青睐，带动柴油车份额持续上升，1—8 月销量份额达到汽车总销量的 37%，导致柴油供应缺口持续扩大。2016 年，澳大利亚汽柴煤油净进口量达 50 万桶/日，同比增长 13.6%，是亚太地区净进口最多的国家，其中柴油占比

达56%。随着澳大利亚国内炼厂持续关闭，预计汽柴煤油净进口量将进一步扩大，其中汽油占比下降，柴油、航煤占比将持续提升。

4）印度尼西亚汽油进口增加，柴油进口下降

印度尼西亚是亚太地区第二大汽柴煤油净进口国。2016年，印度尼西亚经济保持较快增长，汽油消费增加带动进口持续上升，估计2016年汽油净进口量为32万桶/日。值得注意的是，低标号的RON88汽油市场占比已由2014年的96%降至2016年的79%，高标号的RON90和RON92汽油占比分别上升了9%和12%，这将有利于印度尼西亚进口汽油品质的进一步提升。受政府在电力设施建设中推广使用煤的影响，发电用柴油的消费有所下降，导致柴油净进口量同比下降23%。但随着交通运输需求的增长，预计2017年柴油进口需求将有所回升。

5）马来西亚汽油净进口国地位稳固，越南成品油净进口量有望减少

尽管马来西亚在2014年底取消对汽油价格的补贴，但其汽油零售价格仍处于亚太区内最低水平。低廉的汽油价格推动国内汽油消费增长，2016年汽油净进口量达15万桶/日，是亚太区内仅次于印度尼西亚的第二大汽油净进口国。越南在国内制造业繁荣发展下经济增长保持良好态势，汽车消费增加和道路建设带动汽柴油需求上升，2016年汽柴煤油净进口量达25万桶/日，但随着2017年中宜山炼厂的投产，净进口量可能减少。

五、2017年世界成品油市场展望

2017年，全球成品油需求将继续增长，但供需总体仍将保持宽松。预计2017年中国炼油能力过剩压力将加大，成品油出口将持续攀升，对亚太地区成品油贸易局面的影响将加大；美国成品油出口规模持续扩张，对全球市场争夺更加激烈。预计2017年全球原油过剩正逐步转变为油品过剩，亚太地区成品油供需表现各异，汽油有望实现供需基本平衡；中东富余产能将推动成品油净出口规模持续扩大；国际海事组织推进船用燃料油标准提升，全球柴油过剩局面有望在2020年得到部分缓解。

（本节撰写人：马玉姣）

第四章　中国石油市场分析

2016 年，中国石油消费增速放缓，国内原油产量出现负增长，导致石油对外依存度大幅提高至 64.4%。国内原油加工量平稳增长，成品油市场资源供过于求，净出口猛增。成品油消费首次出现萎缩，汽油和煤油消费增速显著放缓，柴油消费继续不振。随着对地炼继续放开“两权”，国内石油市场格局正在发生重大变化。2017 年，石油需求仍将维持中低速增长，石油进口继续扩大。2017 年，中国成品油需求增速由上年的负增长转为缓慢增长，原油加工量增加，成品油净出口还将进一步扩大，国内市场竞争加剧。

第一节　中国石油市场回顾

2016 年，中国石油消费增速放缓，柴油消费首次出现负增长，汽油和煤油消费不及预期，增速均大幅放缓，国内成品油过剩加剧，主要油品净出口猛增。同时，中国石油市场格局正发生重大转变，呈现出“四增四减一加剧”的特点，即地炼的原油进口量、原油加工量、开工率和汽柴油市场份额增加，而主营单位相对减少，市场竞争愈加激烈。

一、石油消费增速放缓，石油和原油对外依存度大幅攀升

2016 年，中国石油消费的“新常态”特征愈加明显，增速延续中低速走势，估计全年石油表观消费量为 5.56 亿吨，同比增加 0.15 亿吨，增速为 2.8%，较 2015 年下降 1.5 个百分点（图 4-1-1）。下降的原因主要有二：一是近两年新能源汽车销量呈指数型增长，进一步加剧了对汽油的替代；二是工业、电力、房地产等行业虽有所改善，但交通运输、制造业增长放缓，给石油消费增速带来了一定的回落压力。

分季度看，前三季度石油表观消费增速依次回落，增速分别为 5.3%、3.8%和 1.1%。一季度国际油价处于历史地位，国内补库和地炼进口的原油需求得到释放，原油进口量同比大幅增加 13.9%，导致石油表观消费增速较上年同期高 1.7 个百分点。二、三季度终端市场需求不及预期，且受上年同期基数较大的影响，石油消费分别较上年同期回落 1.8 个百分点和 5.6 个百分点。四季度受季节性变化等因素影响，石油消费支撑不足，增速约为 1.1%（图 4-1-2）。全年石油表观消费量约增长 2.8%。值得注意的是，2016 年原油加工量增速回落，保障生产企业运行所需的原油库存量随之减少，但用于战略储备和商业储备的库存量持续增加。剔除上述原油库存的变化，估算 2016 年中国石油实际消费增速约为 0.7%，较表观消费增速低 2.1 个百分点。

2016 年，中国原油消费持续中速增长，全年原油表观消费量为 5.74 亿吨，同比增长 5.2%，增速较上年回落 0.4 个百分点。从年内走势看，原油进口对国际油价更加敏感，国际油价成为影响国内原油表观消费最主要的因素。2016 年 1—6 月，国际油价处于快速上升通道，由

于原油进口和石油产品炼制较国际油价变化存在滞后期，加之国内出台“地板价”保护政策，上半年国内炼油毛利提高，原油进口因此受到提振，导致2月、3月和5月原油表观消费创下15.4%、11.3%和18.9%的高增速。6月国际油价开始呈现趋势性下降，6月和7月原油进口放缓，同时受上年同期基数过大的影响，原油表观消费出现负增长，增速分别为-1.2%、-2.4%。油价连续下降两个月，至5月以来最低点，再次为原油进口创造时机，8月和9月原油净进口同比分别增长23.7%和16.9%。10月国际油价反弹，原油净进口量与消费量增速双双回落。年末，地方炼厂为了完成原油进口配额，原油进口量或将维持在较高水平，但其增量将不及原油产量的降幅，原油消费增速仍会有所放缓。

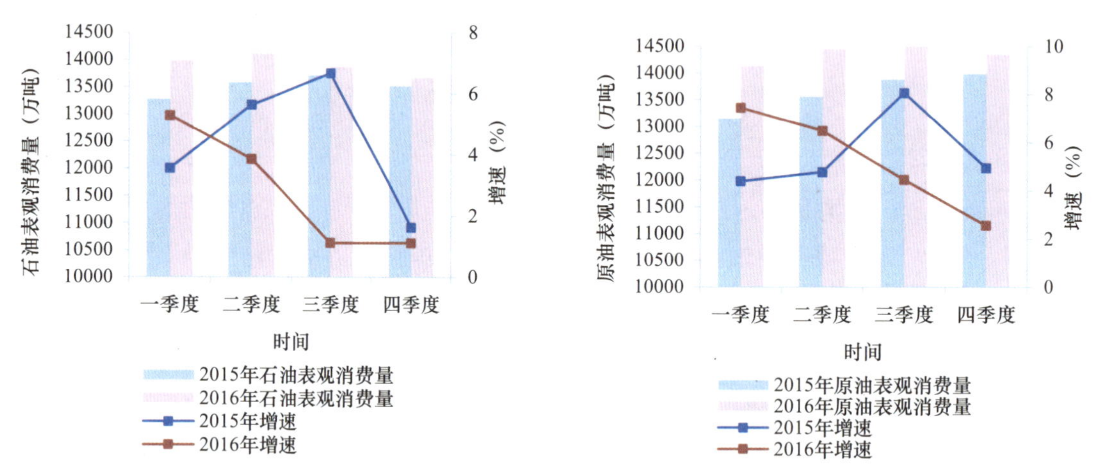

图4-1-1　2015—2016年中国石油表观消费量及增速　　图4-1-2　2015—2016年中国原油表观消费量及增速

2016年，国内原油产量跌破2.0亿吨，同比下降7.1%。由于国内原油产量明显下降，而地炼原油进口需求增加，导致2016年原油净进口量约为3.76亿吨，同比增长13.1%，增速较上年高5.0个百分点。全年石油净进口量为3.56亿吨，同比增长9.2%，增速比上年高3.3个百分点。2016年，石油和原油对外依存度分别为64.4%和65.5%，较上年分别上升4.6个百分点和3.8个百分点（图4-1-3、图4-1-4）。

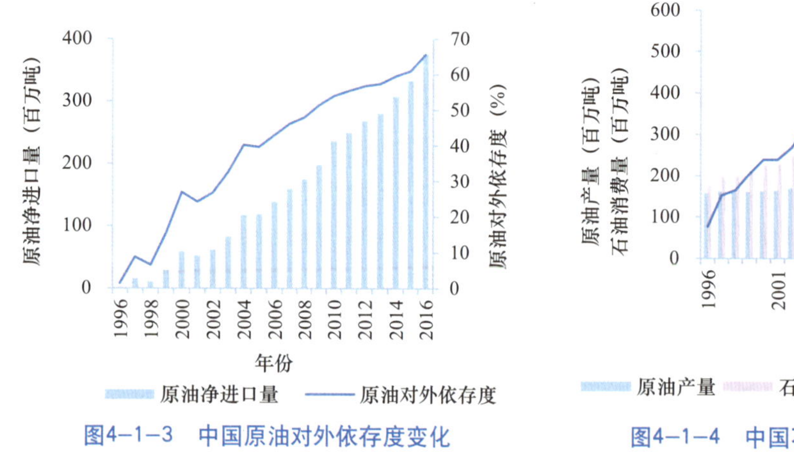

图4-1-3　中国原油对外依存度变化

图4-1-4　中国石油对外依存度变化

二、国内成品油资源过剩加剧，销售景气指数总体下行，出口猛增

1. 成品油产量平稳增长，消费总量略有减少，市场供需更加宽松

1）成品油消费量增长区间下移，消费首次出现萎缩

2016 年，受供应侧改革效果显现、投资增速总体放缓、经济转型升级以及高铁、新能源汽车快速发展等因素的共同作用，成品油消费增长区间下移。估计全年成品油表观消费量为 3.13 亿吨，较上年增长-1.0%，增速较 2015 年回落 6.2 个百分点。分季度看，一季度，由于上年同期柴油消费基数较大，导致其增速大幅下滑，但汽油、煤油消费平稳，减少了国内成品油消费的跌幅，总体微幅下降。二、三季度假日较多，汽油、煤油消费稳中有升，而柴油的终端消费仍无起色，柴油增速继续下行，成品油增速总体呈深度下探态势。四季度，国内大宗商品价格和消费均有所改善，物流运输总体向好，估计柴油消费增速有所回暖，成品油消费增速止跌回升（图 4-1-5）。

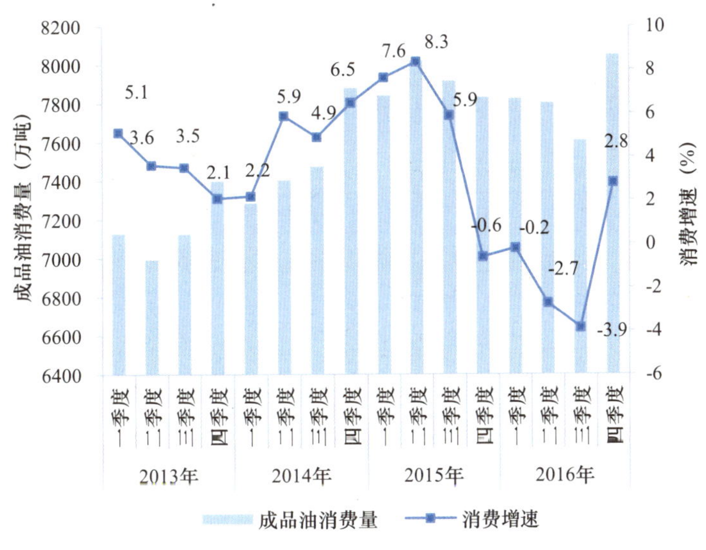

图4-1-5　2013年以来分季度成品油消费量及增速

2）成品油供应增速放缓

2016 年，原油加工量估计为 5.39 亿吨，同比增长 3.2%，较上年增速降 0.6 个百分点（图 4-1-6）。2016 年，炼油利润同比增加促进炼厂开工率总体提升，中国炼厂平均开工率为 76.7%，同比上升 1.3 个百分点。估计 2016 年全国成品油产量为 3.45 亿吨，同比增长 2.4%，较上年回落 4.6 个百分点。其中，受经济增速下滑、柴油基本面需求疲软等影响，柴油产量出现负增长，估计全年生产柴汽比为 1.39，同比降低 0.1。

3）成品油出口量猛增，增速翻番

2016 年，三大油品净出口量持续增加。1—11 月，三大油品净出口 2964 万吨，同比增长

60.4%，估计全年净出口成品油 3255 万吨，较上年增加 1120 万吨，增长 52.4%（表 4-1-1）。其中，汽油净出口 910 万吨，较上年增加 337 吨，增长 58.9%；柴油净出口 1429 万吨，较上年增加 755 万吨，增长 112.1%；煤油净出口 916 万吨，与上年基本持平。

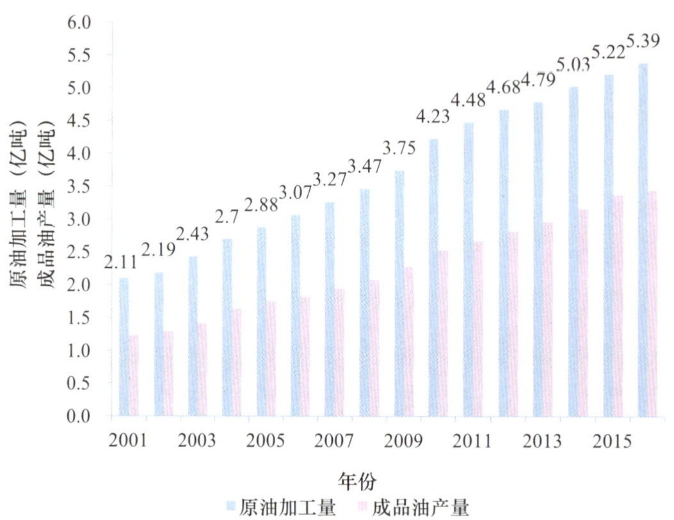

图4-1-6　2001年以来原油加工量、成品油产量

表4-1-1　2016年1—11月汽煤柴油进出口情况

产品名称	进口		出口		净出口	
	1—11月（万吨）	同比增速（%）	1—11月（万吨）	同比增速（%）	1—11月（万吨）	同比增速（%）
汽煤柴油合计	424	13.6	3389	52.5	2964	60.4
汽油	21	24.4	874	74	853	75.7
煤油	323	1.5	1153	4.7	830	6
柴油	81	108.5	1362	120.4	1281	121.2

2. 价格调整频度降低，价格到位率先抑后扬，销售景气指数总体下行

1）受“地板价”制约，国内成品油价格调整频度降低

2016 年，国内汽柴油价格调整较为频繁，至 12 月 29 日，已经历 25 轮调价周期。在 1 月 14 日至 12 月 29 日 25 次调价周期内，因挂靠原油不足 40 美元/桶临界线的“地板价”而一再暂缓调整共有 6 次，因调幅不足 50 美元/桶而搁浅共有 4 次，调价窗口正常开启 15 次，5 次下调、10 次上调。

2）价格到位率总体下行，年内呈 U 形走势

2016 年，汽柴油批发价到位率先抑后扬，受局部资源偏紧和国际油价回升的影响，汽柴油批发价到位率均于 9 月开始回升（图 4-1-7、图 4-1-8）。据中国石油集团经济技术研究院监测，截至 12 月 26 日，主营单位 93#汽油批发平均价到位率为 86.6%，较上年下降 8.6 个百

分点；0#柴油批发平均价到位率为88.2%，较上年下降2.3个百分点。社会单位93#汽油批发平均价到位率为78.3%，较上年下降9.8个百分点；0#柴油批发平均价到位率为84.9%，较上年下降7.6个百分点。

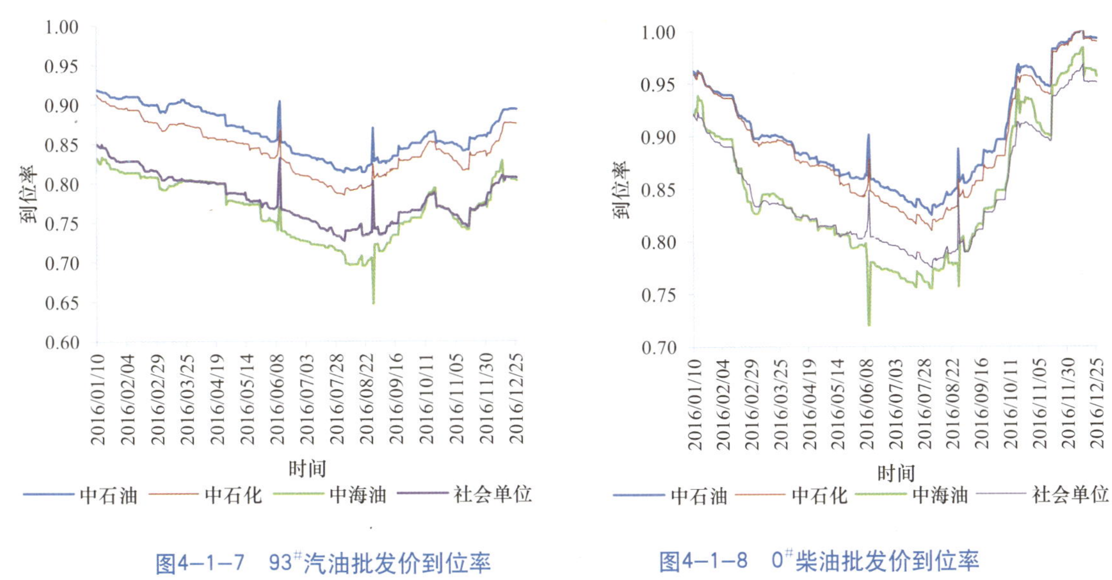

图4-1-7　93#汽油批发价到位率　　图4-1-8　0#柴油批发价到位率

3）销售景气指数总体震荡上行，分项指数走势分化

为反映国内成品油市场景气程度，把握市场需求的变化趋势，中国石油集团经济技术研究院建立了成品油销售景气指数系统（Market Boom Index，MBI）。通过对全国671家销售分公司销售部门进行问卷调查，构建了国内成品油市场销售景气指数及8个分项指数，分别为综合经营指数、批发销量指数、零售销量指数、汽油库存指数、柴油库存指数、汽油价格指数、柴油价格指数和经济走势指数。另外，2016年11月，中国石油集团经济技术研究院、新华社、上海石油天然气交易中心联合对外发布中国汽柴油批发价格指数。从2016年分项指标看，除批发销量指数和汽柴油批发价格指数有所下降外，其他分项指数全年均不同程度震荡上行。

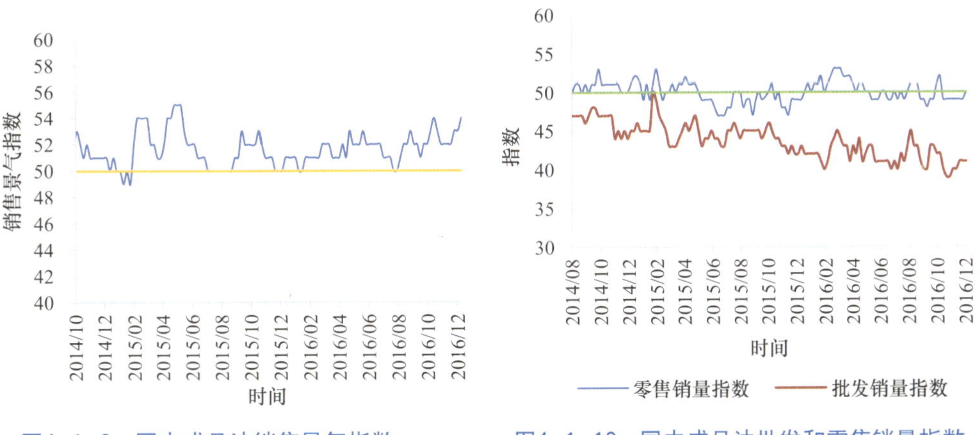

图4-1-9　国内成品油销售景气指数　　图4-1-10　国内成品油批发和零售销量指数

截至12月28日，2016年成品油销售景气指数平均为51.6，较上年回升0.2个百分点（图4-1-9）。其中，批发销量指数全年平均值较2015年回落2.9个百分点至41.7；零售销量指数全年平均值较上年回升0.7个百分点至50.2（图4-1-10）。

三、地炼“两权”放开，市场竞争加剧

2016年，地炼“两权”继续放开，地炼崛起使中国石油市场格局发生重大转变。其中，资源量、加工量、开工率、市场份额等都发生了巨大的变化，使2016年石油市场呈现“四增四降一加剧”特征。地炼的“四增”：一是地炼突破原料瓶颈，1—11月进口原油由2015年同期的110万吨猛增至3894万吨，增量占全国原油进口增量的73.9%；二是1—11月地炼原油加工量达到9126万吨，占国内原油加工总量的18.5%，较上年同期增加3.3个百分点；三是地炼开工率为51.8%，较上年同期大幅增长10.7个百分点，创历史高位；四是地炼汽柴油产量的绝对数量和相对占比均大幅增加，其中1—11月汽柴油产量增加1369万吨，达到6627万吨，其市场份额占比增加4.4个百分点，达到23.6%（图4-1-11）。与之相反，主营单位受到地炼的冲击，体现为“四降”：一是主营单位的原油进口占比由99.6%下降至88.2%；二是主营单位1—11月原油加工量为4.02亿吨，同比下降0.5%；三是2016年主营单位开工率为82.9%，较上年同期下降3.3个百分点；四是主营单位汽柴油产量同比下降3.2%。总体看，国内石油市场的竞争正在加剧。

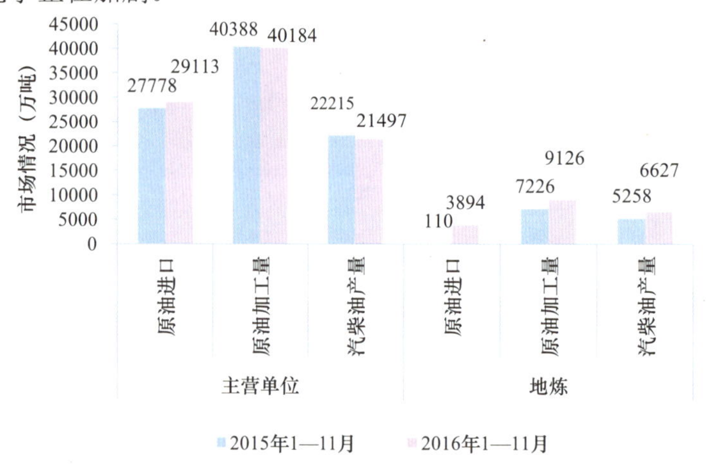

图4-1-11 前11个月主营单位与地炼的市场情况

四、主要油品均供大于求，汽煤油消费增速显著下滑，柴油消费量首次出现负增长

1. 汽油消费增速显著回落

2016年1—11月，汽油表观消费量为10867万吨，同比增长2.8%，增速较上年同期下降9.1个百分点。1—11月，汽油产量为11720万吨，同比增长6.0%，产大于需853万吨。

在2015年低基数效应及小排量乘用车实施购置税减半的影响下，2016年乘用车市场走强。

1—11 月，乘用车产销分别完成 2167 万辆和 2162 万辆，比上年同期分别增长 15.7%和 15.8%。2016 年，乘用车市场呈现出“前低中高后稳”的走势特征（图 4-1-12）。目前，中国乘用车市场发展势头良好，且仍处于汽车消费的普及阶段，将继续支撑汽油消费刚性平稳增长。估计全年汽油表观消费量为 11899 万吨，同比增长 3.1%，但增速较 2015 年下降 7.8 个百分点（图 4-1-13）。估计全年汽油产量为 12809 万吨，同比增长 5.7%，产大于需 910 万吨。

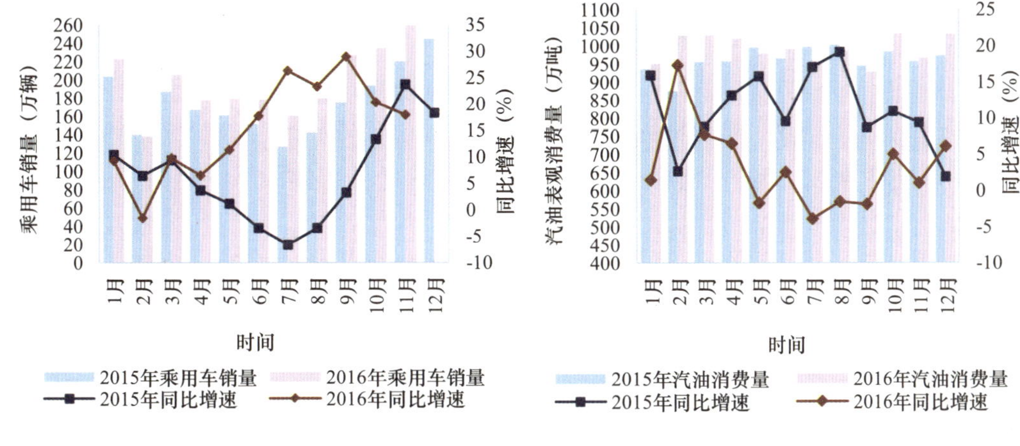

图4-1-12　2015—2016年乘用车销量及增速　　图4-1-13　2015—2016年汽油消费量及增速

1）小排量汽车购置税减半政策有效抑制单车油耗

受小排量汽车购置税减半的影响，2016 年小排量汽车（1.6 升以下）销售占比较上年明显上升，1—11 月，小排量汽车增速占比升至 72.8%，较上年同期增加 3.6 个百分点。1.6～2.5 升排量汽车占比持续下降，大排量汽车（2.5 升以上）占比明显下滑（图 4-1-14）。乘用车销量结构有向小排量汽车转移的趋势，抑制了单车耗油量的增加。

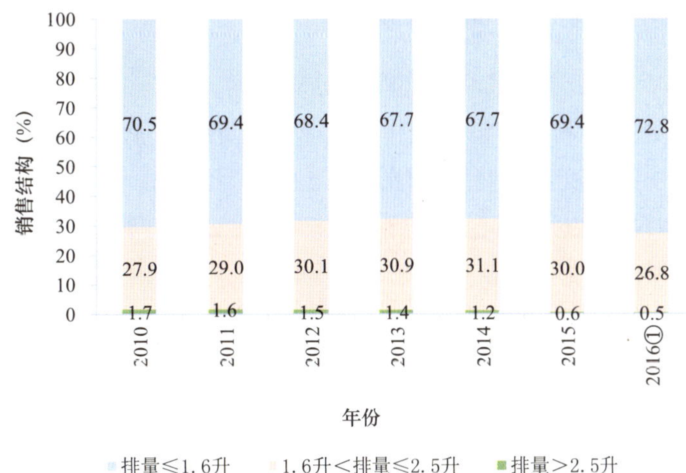

图4-1-14　2010年以来分排量乘用车销售结构

①2016年数据为1—11月数据

2）新能源车高速发展继续挤压汽油消费

以纯电动汽车、插电式混合动力汽车和燃料电池电动汽车为主的中国新能源汽车持续爆发式增长。2016 年 8 月，国家发改委发布《新能源汽车碳配额管理办法（征求意见稿）》，将通过碳配额政策让不愿意生产新能源汽车的传统车企付出更高的处罚或购买配额成本，通过市场调节激励新能源汽车的发展。

2016 年 1—11 月，新能源汽车产量 42.7 万辆，销售 40.2 万辆，比上年同期分别增长 61.4%和 62.7%（图 4-1-15、图 4-1-16）。其中，纯电动汽车产销分别完成 34 万辆和 31.6 万辆，比上年同期分别增长 75.6%和 77.8%；插电式混合动力汽车产销分别完成 8.7 万辆和 8.6 万辆，比上年同期分别增长 16.2%和 18%。新能源汽车的快速增长将加大对汽油消费的替代。

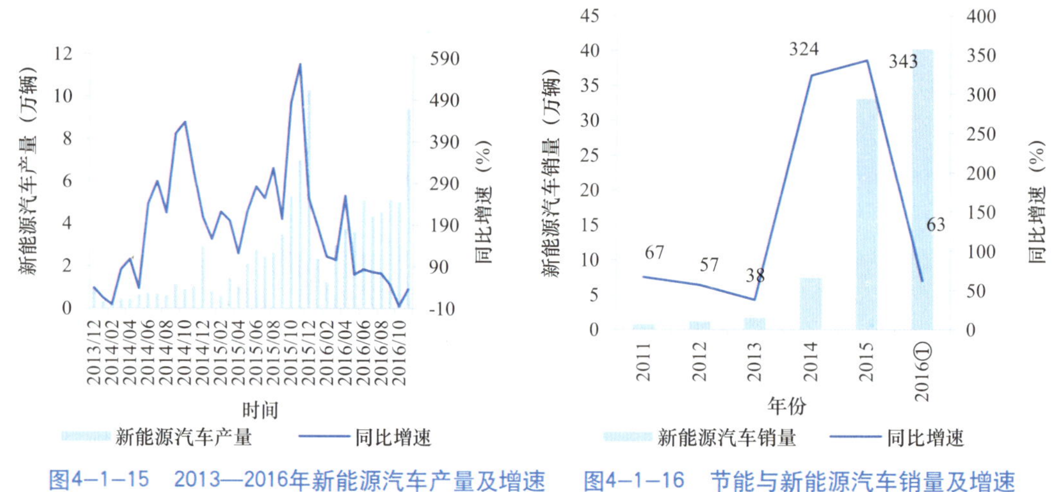

图4-1-15　2013—2016年新能源汽车产量及增速　　图4-1-16　节能与新能源汽车销量及增速

①2016年数据为1—11月数据

3）汽油消费增速由东向西梯次增加

2016 年，东、中、西部地区汽油消费增速呈梯次增加之势，西部地区增速最快，其次是中部，东部地区因限购限行和汽车销量放慢等因素影响增速垫底。东部 11 省区汽油消费平均增速为 3.6%，中部 8 省区汽油消费平均增速为 3.9%，西部 12 省区（含重庆、贵州、四川、甘肃、陕西、宁夏等省市区）汽油消费平均增速为 4.2%（图 4-1-17）。从区域消费比重看，东部 11 省区汽油消费占全国比重超过一半，中部 8 省区占比为 21%，西部 12 省区占比为 25%（图 4-1-18）。

2. 柴油消费首次负增长

2016 年，国内经济承压，传统工业运行情况持续不振，柴油市场下游需求疲软。柴油表观消费量首次下降，出现负增长。估计全年柴油表观消费量为 16330 万吨，同比下降 5.6%，增速较上年降低 5.7 个百分点（图 4-1-19）。各行业柴油表观消费占比如图 4-1-20 所示。估计全年柴油产量 17759 万吨，同比降低 1.2%，增速较上年降低 3 个百分点，全年柴油供大于

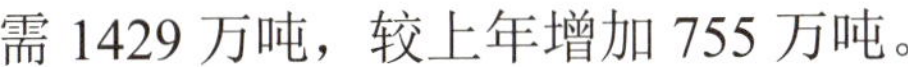
需 1429 万吨，较上年增加 755 万吨。

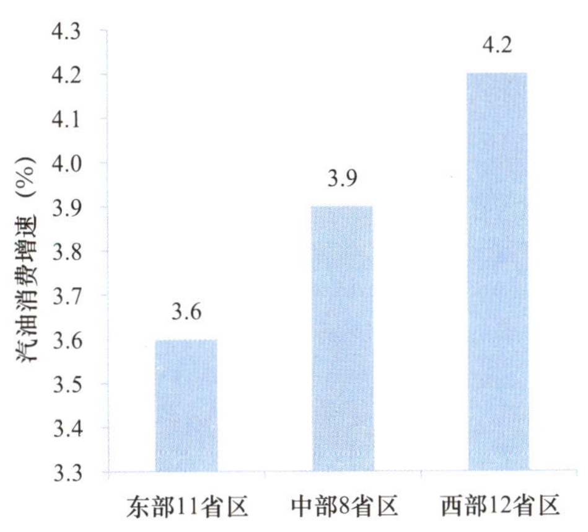

图4-1-17 2016年中国分省区汽油消费增速

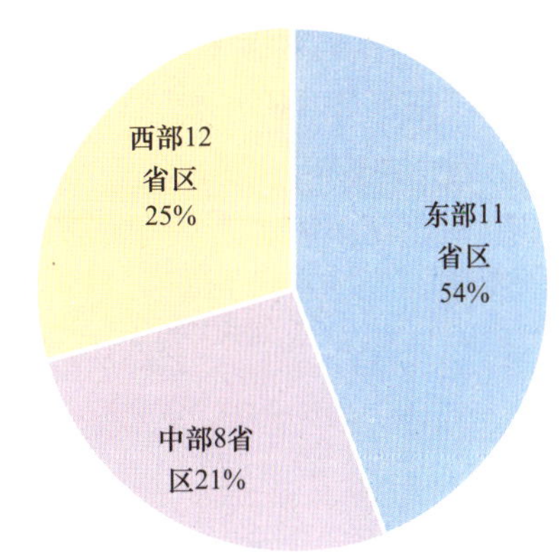

图4-1-18 2016年中国分省区汽油消费占比

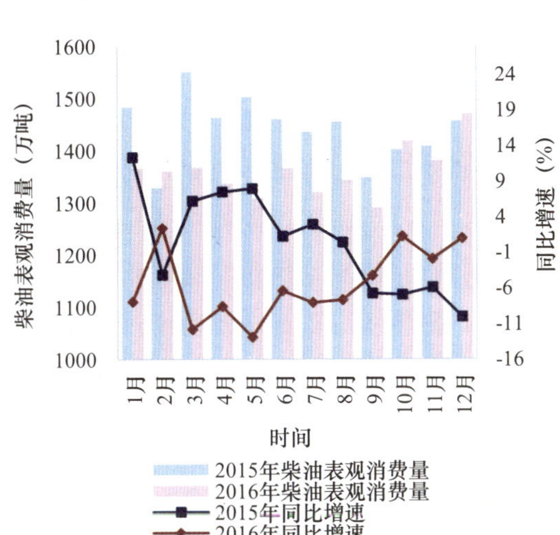

图4-1-19 2015—2016年柴油表观消费量及增速

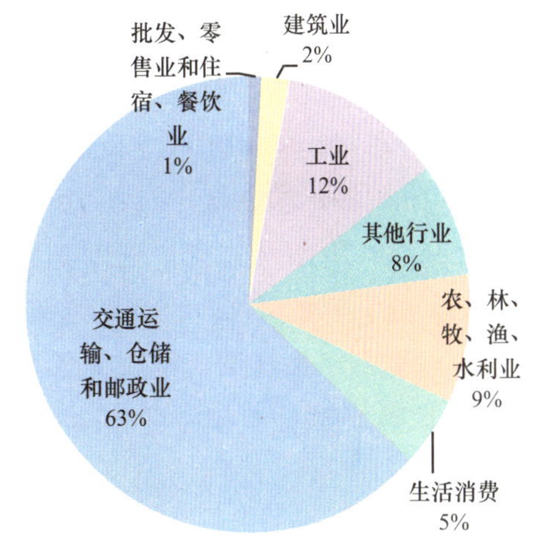

图4-1-20 各行业柴油表观消费量占比

2016 年，柴油增长的主要动力来自中部。东部地区柴油消费下降主要是因产业转型升级和经济结构调整；中部地区受产业向内地转移影响，柴油消费呈正增长；西部地区受内蒙古、山西等资源输出省区经济下滑严重，以及天然气和电力替代较大共同影响，消费下降。东部 11 省区柴油消费平均增速为-5.2%，中部 8 省区柴油消费平均增速为 1.1%，西部 12 省区（含重庆、贵州、四川、甘肃、陕西、宁夏等省市区）柴油消费平均增速为-5.3%（图 4-1-21）。从区域消费比重看，东部 11 省区仍是柴油消费主体，占全国比重 43%，中部 8 省区和西部 12 省区占比分别为 28%和 29%（图 4-1-22）。

分部门看，2016 年基建、工业用柴油小幅增长，交通运输、电力用柴油回落。

（1）交通运输用油消费增速略有下降。受经济疲软和传统产业生产乏力拖累，大宗商品货运需求增长放缓。五部委联合发文治理货车非法改装和超限超载，对重型卡车市场产生积极影响。2016 年 1—11 月，商用车销量同比增长 5.3%，增速较上年大幅回升 15.2 个百分点。

2016年1—11月，公路客运周转量为9490亿人千米，同比下降5.0%，较上年同期增速降低7.0个百分点；公路货运周转量为55257亿吨千米，同比增长5.1%，较上年同期增速降低0.8个百分点。中国石油集团经济技术研究院对238个公路运输企业监测点抽样调查结果（图4-1-23）显示，截至2016年12月22日，公路运输用油比上年同期减少6%。估计全年运输业柴油消费量较2015年下降1%。

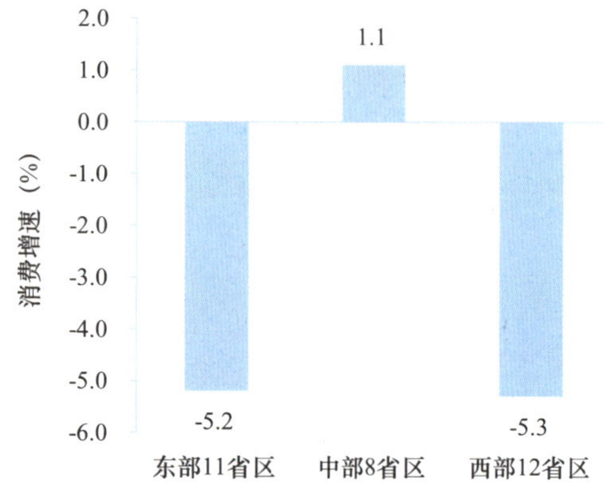

图4-1-21　2016年中国分省区柴油消费增速

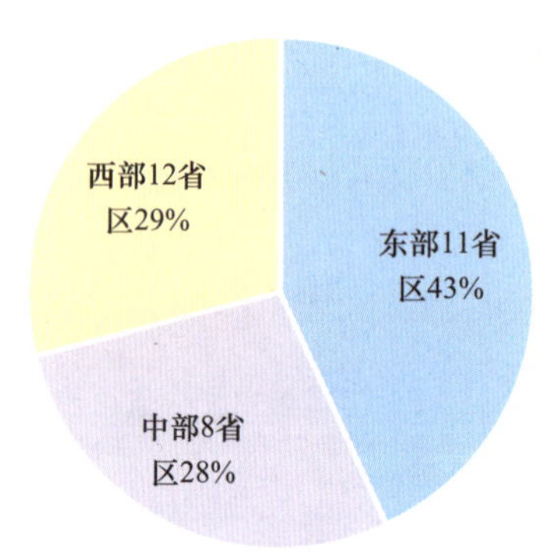

图4-1-22　2016年中国分省区柴油消费占比

（2）工业用油消费回暖。2016年1—11月，工业增加值同比增长6.0%，较上年同期放缓0.1个百分点。2016年以来，中国制造业持续改善，11月官方制造业经理人（PMI）指数已升至51.7，处于扩张区间，经济复苏迹象明朗，短期内可能继续维持平稳增长。根据对224个制造业企业监测点抽样调查结果（图4-1-24）显示，截至12月22日，制造业用油比2015年同期增长6.5%。估计全年工业柴油消费同比增长0.5%。

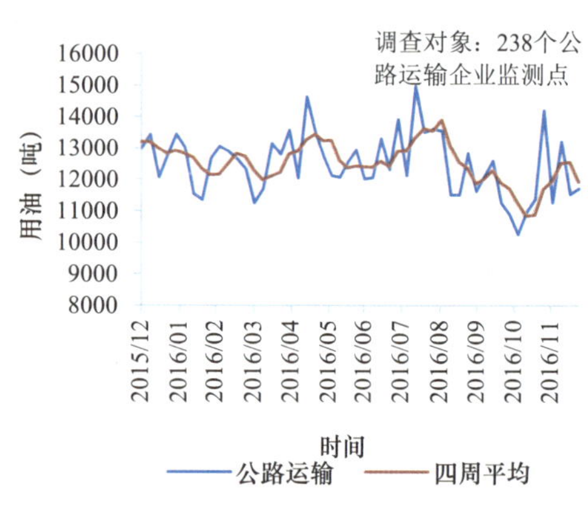

图4-1-23　2016年以来公路运输用油调查

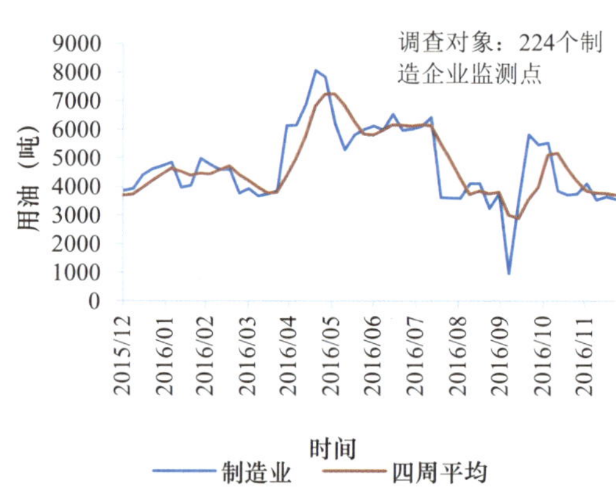

图4-1-24　2016年以来制造业用油调查

（3）基建用油消费改善。2016年，基建投资总体平稳，房地产市场持续回暖，建筑业用油消费受到提振。2016年1—11月，基建投资同比增长17.2%，较上年同期回升0.8个百分点；1—11月，房地产投资增长6.5%，增速比上年同期回升5.2个百分点。根据对212个制造业企业监测点抽样调查结果（图4-1-25）显示，截至12月22日，建筑业用油比2015年同期增长18.9%。估计全年基建行业柴油消费同比增长4.0%。

（4）发电用油消费回落。2016年，宏观经济低位企稳，发电消费增速回暖。1—11月发电量累计增长 4.2%，较上年同期回升 4.1 个百分点。但受能源替代的影响，发电用油消费继续回落。根据对 117 个公路运输企业监测点抽样调查结果（图 4-1-26）显示，截至 12 月 22 日，电力行业用油比上年同期下降 16.6%。估计全年发电用油消费同比下降 10.2%。

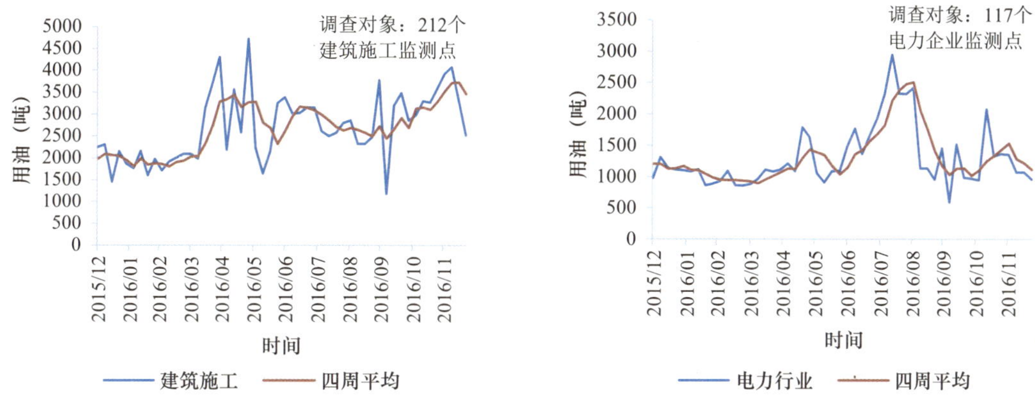

图4-1-25　2016年以来建筑施工用油调查　　图4-1-26　2016年以来电力行业用油调查

（5）农业用油消费小幅增加。2016 年国内农业机械总动力总体保持平稳增长，拉动农业柴油消费量增长。但受部分农业大省电力灌溉技术不断普及替代了柴油消费的影响，估计 2016 年农业柴油消费增速较上年降低。

受经济下行及经济结构影响，工矿企业、建筑施工用油继续下行，国内柴油消费总体维持低迷，汽油消费保持平稳增长，因此消费柴汽比持续回落。2016 年消费柴汽比为 1.37，低于 2015 年的 1.50，连续 7 年下滑。生产柴汽比也随之下降，2016 年生产柴汽比为 1.39，低于 2015 年的 1.49，连续 6 年下滑（图 4-1-27）。

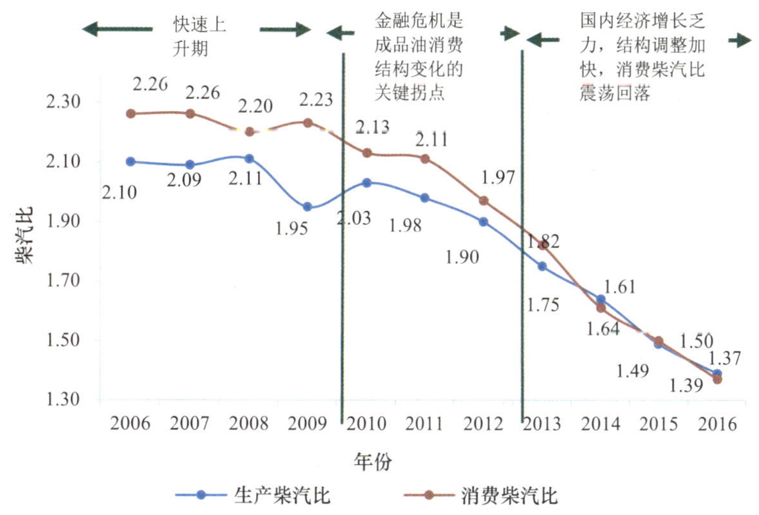

图4-1-27　21世纪以来中国生产和消费柴汽比变化情况

柴油需求弹性趋近于零。柴油作为国民经济重要的生产资料，与经济增长密切相关。但是近年来，尤其是金融危机以来，随着中国经济的产业结构不断升级、传统用柴油行业消费减少、天然气等替代能源的不断发展，经济增长对柴油消费的作用日益减弱。“十二五”期间，柴油消费对经济增长的弹性由“十五”期间的均值1.01下降至0.49，若不考虑2008年、2011年期间财政政策的逆周期影响，需求弹性仅为0.23，且总体呈下行趋势，近两年已接近于零。

3. 煤油消费增速保持高位

中国民航主要运输指标保持稳中较快增长，作为航煤的主力消费行业，其平稳增长支撑航煤表观消费量保持向上势头。2016年1—10月，民航总周转量完成794.4亿吨千米，比上年同期增长12.7%。但随着高铁的快速发展，对航煤消费产生一定抑制。2016年，国家发改委发布《中长期铁路网规划》，根据规划，“十三五”期间，全国新建铁路将不低于2.3万千米，总投资不低于2.8万亿元人民币。估计2016年全年煤油表观消费量为3058万吨，同比增长10.4%，增速较2015年回落6.8个百分点（图4-1-28、图4-1-29），全年煤油产量3974万吨，供大于需916万吨，与2015年几乎持平。

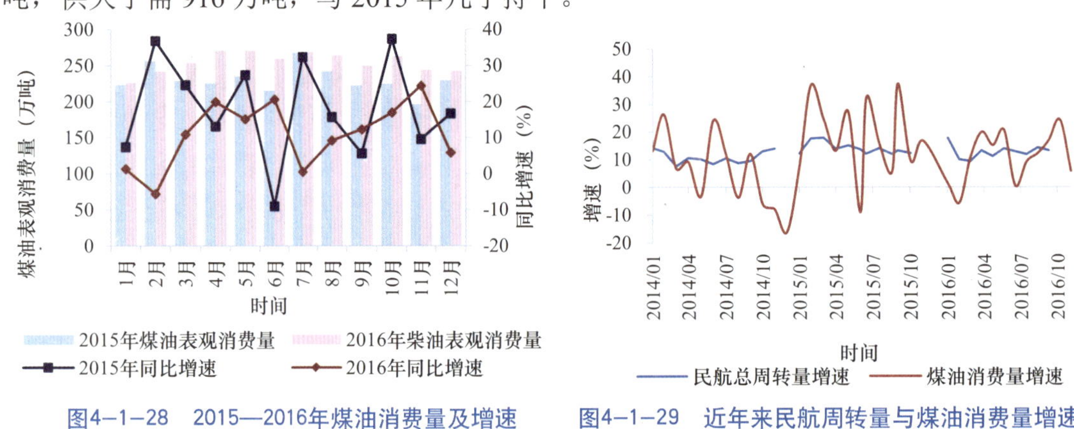

图4-1-28　2015—2016年煤油消费量及增速　　图4-1-29　近年来民航周转量与煤油消费量增速

五、石油管道建设日趋完善，石油储备加快推进

2016年初，国家统计局公布中国的战略石油储备约为3200万吨（或2.35亿桶），比2015年中发布的数据增加约1/4。据统计，国家战略储备二期工程总规模为2820万立方米，目前已建成1820万立方米；全国已建成商业储备库4250万立方米。

2016年，石油管网持续完善，形成了原油、成品油供应保障体系。当年建成原油管道2228千米，建成成品油管道4412千米。截至2016年底，全国已建成原油管道2.29万千米、成品油管道2.55万千米，石油管道总里程达到4.84万千米。2016年建成和在建的原油、成品油管道见表图4-1-2。其中，1631千米原油管道和1184千米成品油管道尚未投运，预计2017年初投入使用。2016年，中国油气管道整治工作成效显著。在2016年7月国家安全生产监督管理总局领导小组的工作会上，强调2016年底前须完成油气输送管道安全隐患整治攻坚任务，比国务院的部署时间提前9个月。三大石油公司高度重视此项工作，积极与政府建立联动机制，完善权责清单制度体系，切实加大隐患整改力度，按期较好地完成了任务。

表4-1-2 2016年建成和在建的原油、成品油管道

品种	项目名称	进展情况	管道长度（千米）	实际输送能力（万吨/年）	隶属单位
原油	黄梅—九江支线	2016年投运	57	1000	中石化
	烟台—淄博	2016年投运	540	2000	中海油、烟台港、华力
	瑞丽—重庆	2016年竣工未投产	1631	2200	中石油
	当年建成小计		2228	5200	
	漠河—大庆二线	在建（2018年）	940	1500	中石油
	在建小计		940	1500	
成品油	贵阳—重庆	2016年投运	498	580	中石化
	樟树—上饶	2016年投运	390	430	中石化
	绍兴—萧山	2016年投运	96	500	中石化
	安庆—亳州	2016年投运	520	410	中石化
	龙游—樟树	2016年投运	491	450	中石化
	诸暨—桐庐	2016年投运	60	135	中石化
	百色—昆明	2016年投运	800	700	中石化
	银川—巴彦淖尔	2016年投运	373	191	中石油
	安宁—保山	2016年竣工未投产	396	322	中石油
	安宁—曲靖	2016年竣工未投产	304	323	中石油
	安宁—蒙自	2016年竣工未投产	251	225	中石油
	内江—简阳	2016年竣工未投产	136	380	中石化
	昆明—玉溪	2016年竣工未投产	97	245	中石化
	当年建成小计		4412	4891	
	江津—荣昌	在建（2017年）	171	300	中石化
	洋浦—马村	在建（2016年）	115	250	中石化
	锦州—郑州	在建（2016年）	1636	1300	中石油
	甬台温	在建（2017年）	430	600	中石化
	抚顺—锦州	招标	412	750	中石油
	在建小计		2763	3200	
合计	当年建成合计		6640	10091	
	在建合计		3703	4700	

油气管网改革是油气领域改革的重点和难点，其总体思路是网运分开、在中游环节放开竞争性业务，建立独立多元的油气管网运输体系，为油气生产者和消费者提供更多的选择。2016 年 9 月，国家能源局发布了《关于做好油气管网设施开放相关信息公开工作的通知》，要求三大石油公司等相关企业公开油气管网信息，这将为下一步油气管网最终实现公平开放铺平道路。

六、油气现货交易平台相继推出，市场化改革继续深化

2016 年 11 月 23 日，沈阳石油产品交易中心正式举行揭牌仪式，这是国内首个石油现货

交易平台。该平台以沈阳辽中仓储库为核心，辐射全国主要沿海港口，建设标准油品仓储交割库500万立方米，目前已在山东省东营市、江苏省金坛市、新疆昌吉州及重庆市完成战略布点。预计2017年将实现交易额1000亿元的目标，2020年将突破7000亿元。交易平台的建立，有力促进了中国石油化工行业仓储周转能力的增强，也将整合石化行业上下游资源，积极引导国内油品市场融入全球石油化工产品定价体系。

2016年11月26日，上海石油天然气交易中心正式投入运行，同日该中心发布油气市场系列价格指数，包括中国LNG出厂价格指数、中国华南LNG交易价格指数和中国汽柴油批发价格指数。该中心作为一个公平、公正、公开、规范的油气交易平台，将促进资源的合理配置，推动市场化改革，标志着中国能源市场建设又迈出重要一步。估计2016年天然气单边交易量将突破150亿立方米，占全国天然气消费量的8%。

（本节撰写人：李　然）

第二节　中国石油和成品油市场展望

2017年，中国石油需求继续放缓，原油进口略有增长，石油和原油对外依存度持续上升。成品油需求缓慢增长，汽油和煤油分别保持中速及中高速增长，柴油需求继续下降，供需宽松程度不断扩大。

一、石油需求增速继续放缓，对外依存度持续上升

2017年，随着产业转型不断升级，成品油需求对经济增长的弹性总体下行，加之替代能源快速发展，中国成品油需求缓慢增长。同时，由于近两年国际油价低位运行，中国加快原油进口，导致原油库存高企，未来增长空间有限。综合预计2017年中国石油表观需求量为5.68亿吨，同比增长2.1%，增速较2016年下降约0.7个百分点。地炼的原油进口配额将稍有增长，小幅拉动原油进口需求，预计2017年中国原油需求量为5.94亿吨，同比增长3.4%，增速较2016年下降约1.8个百分点。2017年，随着云南石化等的投产和地炼加工积极性持续，预计中国原油加工量为5.57亿吨，较2016年增长1800万吨，同比增长3.3%。石油和原油净进口量分别为3.66亿吨和3.96亿吨，分别增长2.7%和5.3%。而国内原油产量可能仍将在2亿吨左右徘徊，故中国石油和原油对外依存度将分别升至65.1%和66.7%。

二、成品油需求中低速增长，供需进一步宽松

1. 成品油表观需求达到3.20亿吨，消费柴汽比继续下降

2017年，中国经济增速延续缓中趋稳，结构调整加快，传统产业深度调整，成品油需求

对经济增长的弹性总体下行，加之替代能源快速发展，成品油需求缓慢增长。但是，考虑到2017年汽煤油刚性需求继续增加，“十三五”一些重大项目开始全面展开，PPP（公私合营模式）项目将迎来落地高峰期等，综合预计2017年中国成品油需求增长区间较上年将有所上移，汽柴煤油需求表现继续分化。预计2017年国家统计局口径成品油需求量31972万吨，较2016年增长2.2%（表4-2-1）。其中，汽油需求量12525万吨，增长5.3%；柴油需求量16086万吨，下降1.5%；煤油需求量3361万吨，增长9.9%。

表4-2-1　主要成品油表观消费量及增速

种类	参数	2015年实际值	2016年估计值	2017年预测值
汽煤柴油合计	增长率（%）	5.2	-1.0	2.2
	需求量（万吨）	31607	31287	31972
柴油	增长率（%）	0.1	-5.6	-1.5
	需求量（万吨）	17293	16330	16086
汽油	增长率（%）	10.9	3.1	5.3
	需求量（万吨）	11544	11899	12525
煤油	增长率（%）	17.2	10.4	9.9
	需求量（万吨）	2770	3058	3361

2. 成品油供需更加宽松，净出口将超过4000万吨

2017年，中国炼油能力将由前两年的减少和略增转变为较快增长，预计净增能力3500万吨/年。其中，新增能力4600万吨/年，包括云南石化以及惠州炼厂二期，淘汰落后产能1100万吨/年。预计2017年中国原油加工量为5.57亿吨，同比增长3.3%。增量主要来自云南石化、惠州炼厂（二期）及获得原油进口权的地炼等。预计2017年成品油产量36015万吨，同比增长4.3%，高出需求4043万吨（表4-2-2）。其中，汽油产量13500万吨，同比增长5.4%，高于需求975万吨；柴油产量18300万吨，同比增长3.0%，高于需求2214万吨；煤油产量4215万吨，同比增长6.1%，高于需求854万吨。国内炼油能力过剩问题仍然严重。虽然成品油出口退税政策将利好出口，炼厂开工率或将有所提高，但若出口因海外竞争加剧而不畅受阻，国内成品油市场的过剩局面还将明显加重，中国成品油供需将进一步宽松。

表4-2-2　2017年主要成品油供需预测　　单位：万吨

种类	供应量	需求量	供需差
汽柴煤油合计	36015	31972	4043
汽油	13500	12525	975
柴油	18300	16086	2214
煤油	4215	3361	854

受中国成品油（尤其是柴油）供需宽松影响，2017年中国的成品油净出口将会继续增加。预计2017年成品油净出口4043万吨，同比增长24.2%。其中，汽油净出口975万吨，同比增长7.1%；柴油净出口2214万吨，同比增长54.9%；煤油净出口854万吨，同比降低6.8%，未来中国成品油出口将呈现出常态化和规模化的特点。

3. 地区需求增速各异，汽油由东向西梯次增大，柴油中部高东西部低

以国家统计局统计的分省汽柴油表观消费量历史数据为基础，并根据成品油市场信息中心监测的主要用油行业汽柴油消费量变化做适当调整，综合考虑GDP、车辆保有量等因素，通过模型测算得出2017年分省汽柴油表观消费量增速。预测结果显示，除个别省份外，2017年中国大部分省份汽油需求仍将平稳增长，增长由东向西梯次加快的格局仍将延续（图4-2-1）。相比而言，2017年中国大部分省份柴油需求总体低迷，处于负增长区间（图4-2-2）。随着“一带一路”国家战略的不断推进，利好其沿线省份，西北、西南部地区总体用油需求将有所上升。

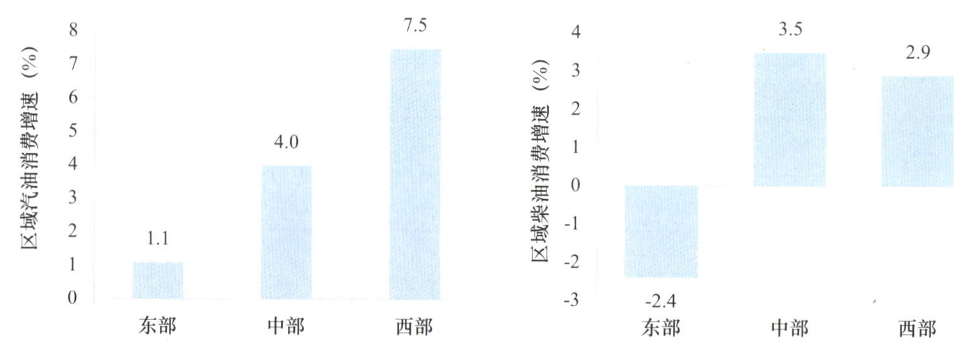

图4-2-1　2017年中国分省汽油需求量增速预测　　图4-2-2　2017年中国分省柴油需求量增速预测

三、汽油需求中速增长，柴油持续低迷，煤油高速增长

1. 汽油需求保持较快增长，增速回升

2017年，乘用车升级需求以及中小城市汽车普及率不断提高，将是汽油需求持续增长的推动力。乘用车销量的持续较快增长仍将刚性拉动汽油需求持续增长。但中国大气治理力度不断加大、汽车节能减排工作的不断深入、新能源汽车产销规模的快速扩张以及汽油车轻量化发展，均对汽油需求有所抑制。2016年，受部分地区限购限行、非标调和油冲击市场资源等影响，汽油消费基数较低，2017年随着监管政策落实，非标调和油和走私油的情况或将有所缓解，汽油需求将逐渐恢复正常刚性增长。预计中国汽油表观需求量为12525万吨，同比增长5.3%，增速较上年增长2.2个百分点。

（1）乘用车销量增速回落。2017年小排量汽车购置税减半政策有望延续，预计全年乘用车销量将突破2500万辆，同比增长8.5%，增速较2016年回落7.2个百分点。同时，乘用车单车油耗下降的趋势对汽油需求形成抑制（图4-2-3）。

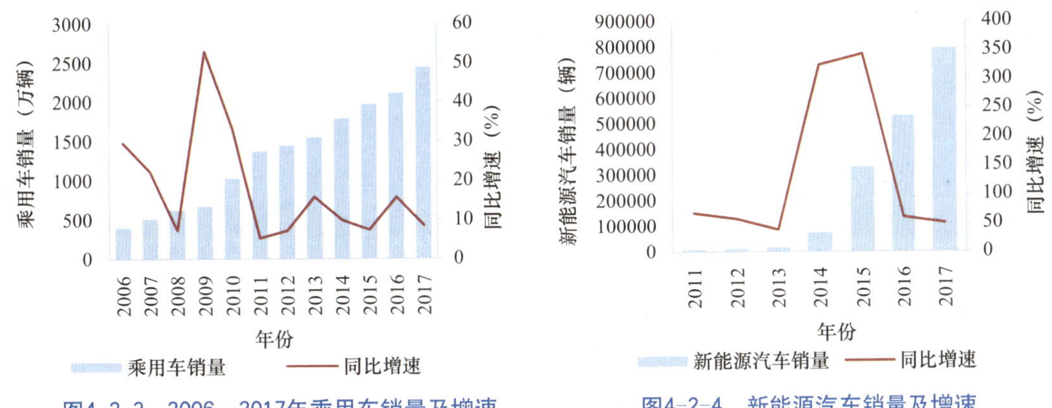

图4-2-3　2006—2017年乘用车销量及增速　　图4-2-4　新能源汽车销量及增速

（2）新能源汽车延续高速增长。在多项政策的叠加效应下，2016 年新能源汽车快速增长。按照规划，未来新能源汽车产销量仍将有很大的上升空间。新能源汽车产销量的快速增长将加大对汽油需求的替代（图 4-2-4）。自 2016 年起，中国新能源汽车产业由起步阶段进入加速阶段。2016 年 1 月 19 日，国家五部委发布《关于"十三五"新能源汽车充电设施奖励政策及加强新能源汽车推广应用的通知》，各地方政府也相应出台了新能源汽车鼓励政策，估计新能源补贴政策不久将出台，因此 2017 年将是新能源汽车快速发展的一年，预计新能源汽车产销量仍将高速增长，年销售量有望突破 70 万辆。

2. 柴油需求持续低迷，降幅略微收窄

分行业来看，以往支撑柴油需求的制造业、采掘业等主要行业的柴油需求增速均大幅下行。未来如果国家不出台大力发展柴油汽车的计划，柴油需求总体将呈现缓慢下行的态势，除非出现国际油价大幅下行，柴油价格较电力、天然气等价格优势较为凸显的情况，柴油需求才有可能有所波动。总体判断，柴油需求峰值已经到来。另外，值得关注的是，2016 年 8 月，交通运输部、工业和信息化部、公安部、工商总局和质检总局联合发布《关于进一步做好货车非法改装和超限超载治理工作的意见》，物流企业运营成本上涨将导致其对柴油价格敏感度提高，抑制柴油需求。预计 2017 年柴油需求将持续低迷，柴油表观需求量为 16086 万吨，同比下降 1.5%（图 4-2-5）。

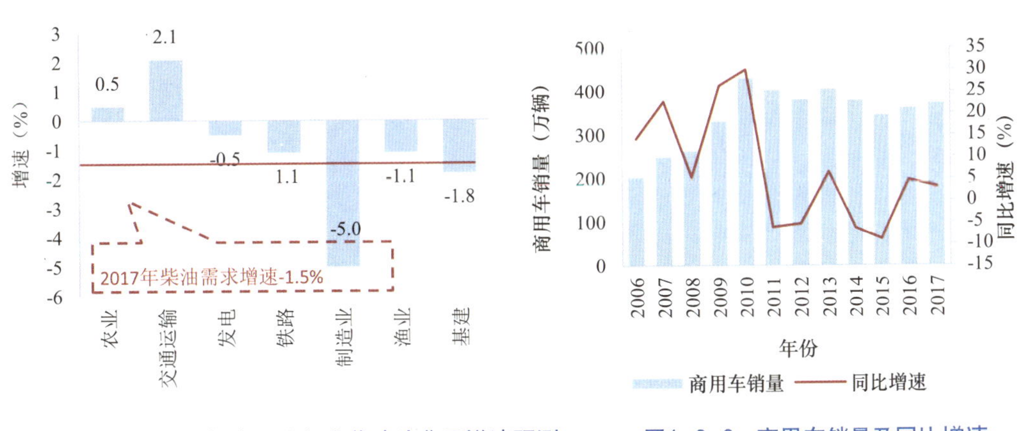

图4-2-5　2017年中国分行业柴油消费量增速预测　　图4-2-6　商用车销量及同比增速

（1）商用车产销增速趋稳。2016 年，国家五部委联合发文治理货车非法改装和超限超载，对重型卡车市场将产生积极影响，2017 年重型卡车行业将继续回暖，以物流车为主的替换性需求是主要增长动力。预计 2017 年商用车销量为 371.9 万辆，同比增长 3%（图 4-2-6）。

（2）公路旅客周转量、货运周转量增速均回落。受宏观经济增速放缓、投资增速下滑、出口形势不振、发电量增速放缓等因素影响，供给侧改革下主要工业产品运输需求总体回落，2016 年公路运输增速比 2015 年有所放缓。2017 年经济延续缓中趋稳，预计公路客运周转量为 11587 亿人千米，同比下降 2.1%（图 4-2-7）；2017 年公路货运周转量为 56169 亿吨千米，同比下降 2.3%（图 4-2-8）。

（3）水路客货运增速一降一升。由于全国主要港口外贸货物吞吐量将较上年同期有所回升，预计 2017 年水路旅客周转量为 78.4 亿人千米，较上年下降 1.1%（图 4-2-9）；2017 年水路货运周转量为 96537 亿吨千米，同比增长 0.6%（图 4-2-10）。

（4）铁路客运市场平稳增长，货运增速继续下滑，投资增速回升。“十三五”期间，全国新建铁路至少 2.3 万千米，总投资不低于 2.8 万亿元。预计 2017 年铁路客运周转量为 13287 亿人千米，同比增长 5.7%（图 4-2-11）；铁路货运周转量 22211 亿人千米，同比下降 4.0%（图 4-2-12）。

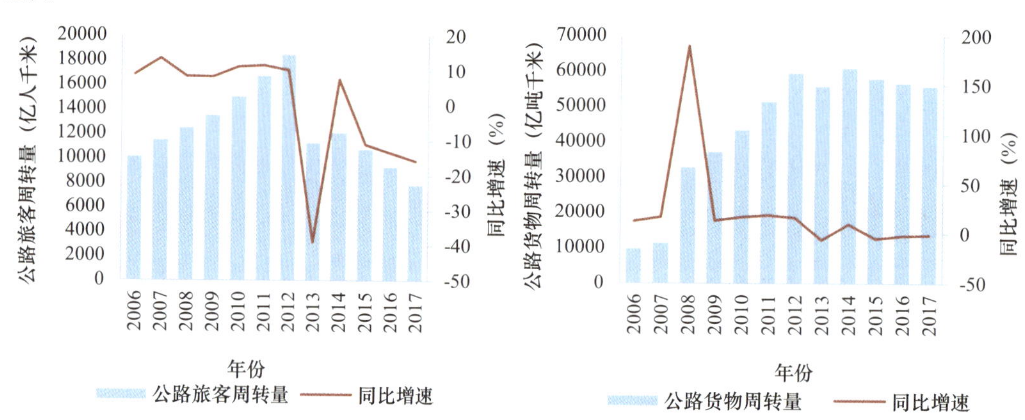

图4-2-7　公路客运周转量及同比增速

图4-2-8　公路货物周转量及同比增速

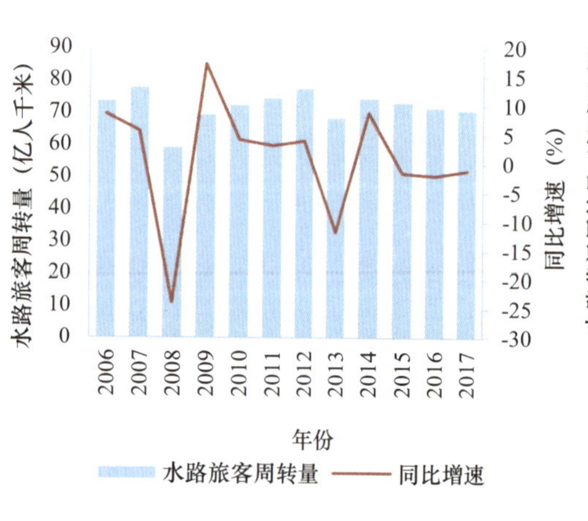

图4-2-9　水路旅客周转量及同比增速

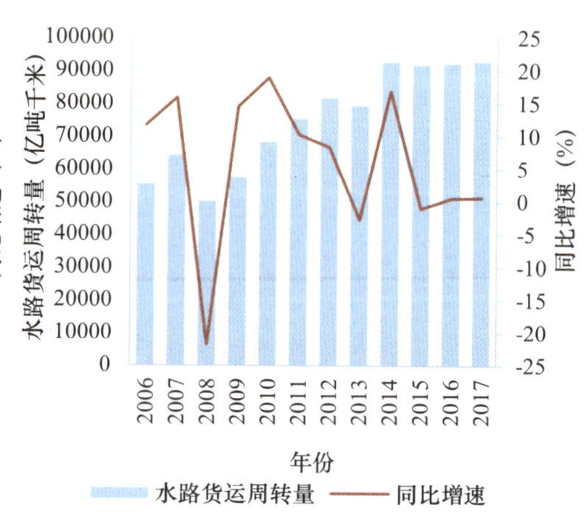

图4-2-10　水路货运周转量及同比增速

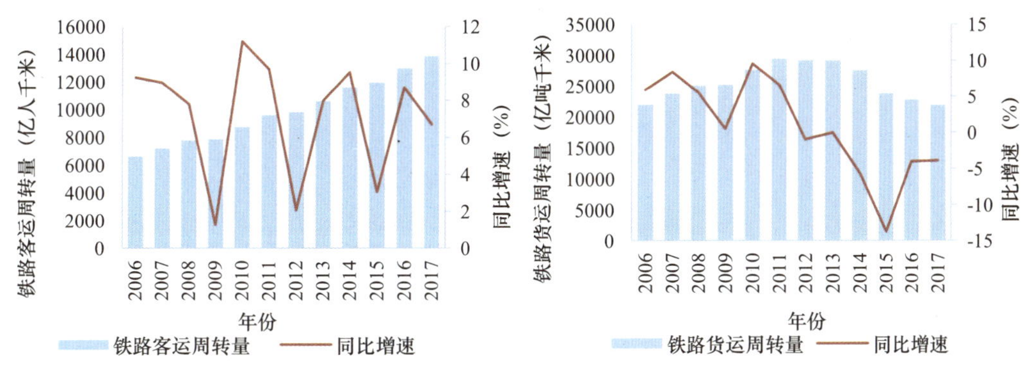

图4-2-11 铁路客运周转量及同比增速　　图4-2-12 铁路货运周转量及同比增速

（5）工业增加值增速和社会发电量增速均企稳回升。2017 年，宏观经济增速放缓，但受产能释放、转型升级产业逐渐成长及改革红利等利好因素影响，工业生产将保持平稳增长。预计 2017 年工业增加值增速为 6.0%，发电量增速为 4. 2%，与上年基本持平（图 4-2-13）。

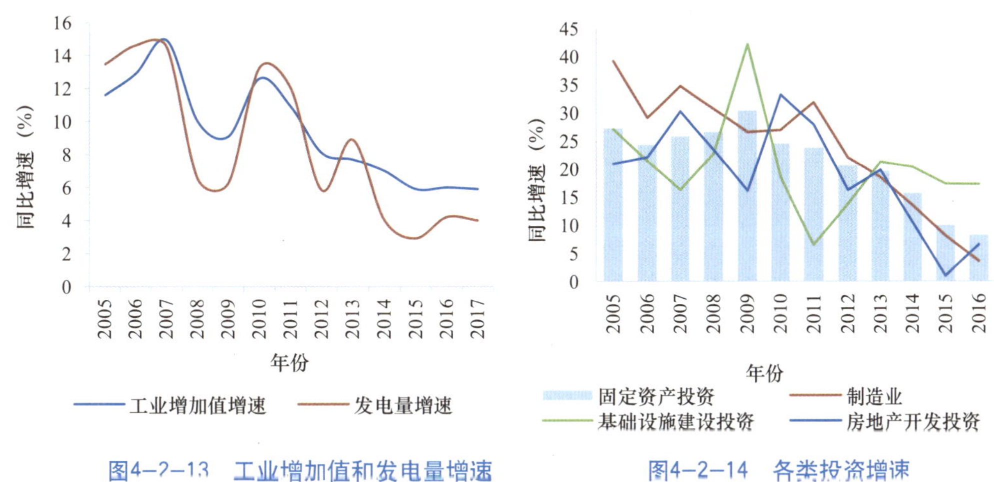

图4-2-13 工业增加值和发电量增速　　图4-2-14 各类投资增速

（6）农机总动力保持平稳增长。随着各项惠农政策和农业现代化各项举措的实施，国家与相关部门对农机的支持力度将继续加大，农机行业还将保持稳定的发展态势。预计 2017 年农机总动力将增至 11.8 亿千瓦，增速为 2.9%。

（7）固定资产投资平稳增长。2016 年，面对复杂严峻的国内外形势，国家根据新常态的需要，实施一系列积极的财政政策，不断加大基建投资力度，高铁、城市交通及科教文卫等 PPP 领域投资平稳增长。2016 年以来，固定投资增速缓中趋稳，制造业投资仍较为疲软，房地产开发投资增速有所加快，基建投资趋稳（图 4-2-14）。根据 2017 年国内经济缓中企稳的情况，综合预计 2017 年全年固定资产投资增速约为 8.7%，与 2016 年大致持平。

3. 煤油需求继续保持高增长，但增速放缓

随着中国机场建设稳步快速推进、居民收入稳步提升，航空出行继续增多，预计 2017 年中国民用航空客运量仍将保持较快增长（图 4-2-15），带动中国航空煤油需求较快增长。但

受高铁交通圈的影响，预计航空运输增速稳中有降（图 4-2-16）。综合预计 2017 年中国煤油表观需求量为 3361 万吨，同比增长 9.9%，增速较 2016 年下降 0.5 个百分点。

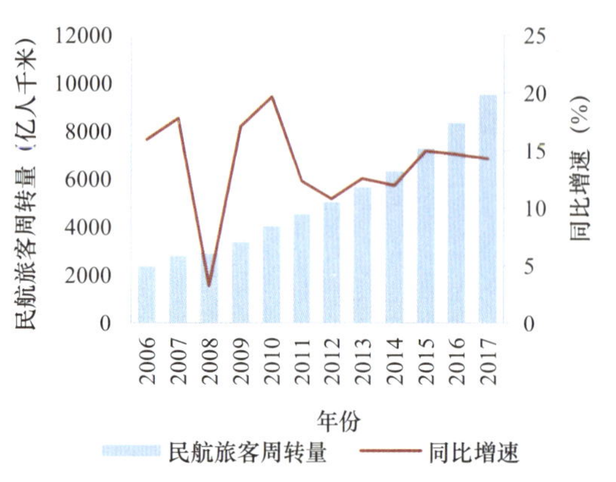

图4-2-15　民航旅客周转量及同比增速

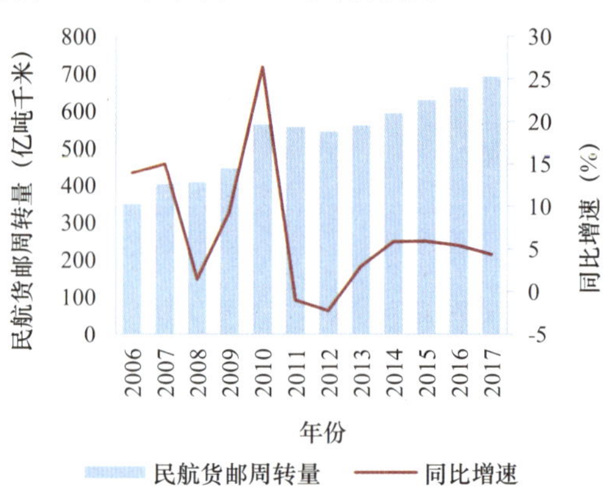

图4-2-16　民航货邮周转量及同比增速

（本节撰写人：吴春芳）

第五章　国际天然气市场分析

2016年，全球天然气消费增速小幅回升，总体依然疲弱。全球天然气产量稳步增长，供应能力增强，市场供需仍然宽松。LNG带动全球天然气贸易量回弹，供应格局正在发生变化，贸易灵活度不断提高。气价跌至近10年低点，“亚洲溢价”大幅收窄。2017年，全球天然气市场宽松加剧，现货价与长贸合同价涨跌不一，天然气再平衡尚需时日。

第一节　国际天然气市场回顾

2016年，全球天然气消费与供应延续上年回升增长态势，LNG带动全球天然气贸易量回弹，供应格局正在发生变化，贸易灵活度不断提高；全球天然气市场宽松，气价年均水平仍在下跌，“亚洲溢价”大幅收窄。

一、全球天然气消费增速小幅回升，总体依然疲弱

1. 全球天然气消费同比增长1.8%

2016年，全球天然气消费约3.53万亿立方米，增速约为1.8%，高于2015年（1.7%）。消费增速回升主要由三方面因素引起：一是气价水平较低，在气电市场化发展成熟的国家和地区（如美国、欧洲等国），对气价较为敏感的气电增长迅猛；二是以中国为代表、尚处于天然气市场化进程中的国家和地区，受国际气价和进口成本走低影响，下调国内气价拉动需求；三是天然气/LNG贸易发展迅速、天然气市场流动性增强，刺激新兴市场天然气贸易并带动需求。但是受替代能源发展强劲和年初暖冬影响，全球天然气消费依然疲弱，增速仍低于过去10年（2.2%）。

2016年，全球天然气消费排名前十的国家顺序与2015年基本一致。美国消费量稳步增长，遥遥领先；中国、伊朗较快增长，与第二名俄罗斯的差距继续缩小；英国、德国消费量大幅增长，英国赶超阿联酋挤进榜单（表5-1-1）。

2. 美欧市场消费增长缓慢，亚太消费增速回升

2016年，除亚太地区和非洲消费增速回弹外，其他地区消费增速较上年有所回落，其中欧洲消费增速虽有回落，但仍高于过去10年平均水平（图5-1-1）。

1）北美消费略有增长

2016年1—9月，北美天然气消费量达6637亿立方米，同比增长1.3%。美国是拉动区内消费的主要因素。2016年以来，美国发电部门推动“减煤增气”，年度燃气发电量首次超

过煤电。但由于可再生能源发展强劲，一定程度上限制了发电用气增长潜力，加之气候较往年温和，估计 2016 年美国天然气消费增长 1.5%，增速较 2015 年回落。

表5-1-1 世界十大天然气消费国历年消费量

序号	国家	消费量（亿立方米）								2005—2015年增长率（%）	2016年同比（%）
		2005年	2010年	2011年	2012年	2013年	2014年	2015年	2016e年①		
1	美国	6234	6821	6931	7232	7399	7594	7780	7893	2.2	1.5
2	俄罗斯	3940	4141	4246	4162	4135	4092	3915	3694	−0.1	−5.6
3	中国	483	1105	1349	1512	1708	1855	1916	2040	14.8	6.5
4	伊朗	1028	1529	1624	1615	1594	1702	1912	1993	6.4	4.2
5	日本	786	945	1055	1135	1135	1125	1134	1132	3.7	−0.2
6	沙特阿拉伯	712	877	923	993	1000	1082	1064	1101	4.1	3.5
7	加拿大	978	950	1009	1003	1039	1042	1025	1007	0.5	−1.8
8	墨西哥	609	725	766	799	847	858	832	850	3.2	2.2
9	德国	862	833	745	784	825	709	746	836	−1.4	12.1
10	英国	949	942	781	739	730	667	683	748	−3.2	9.5

①2016年估计值。

数据来源：《BP能源统计 2016》、中国石油集团经济技术研究院。

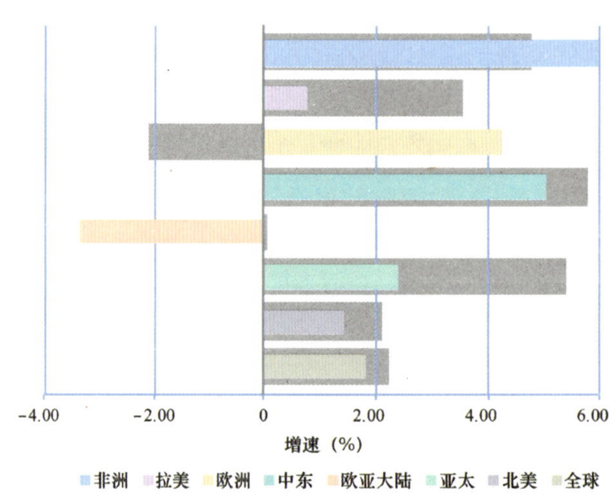

图5-1-1 分区域消费2016年增速与2005—2015年平均增速

数据来源：中国石油集团经济技术研究院、《BP能源统计2016》、IEA

2）欧洲消费增长放缓

2016 年 1—9 月，欧洲天然气消费量为 3432 亿立方米，同比增长 2.6%。2016 年以来，低气价和煤价回升推动欧洲燃气发电需求快速攀升，但受年初暖冬、可再生能源以及核电增加等因素影响，继 2015 年需求由降转增后，估计 2016 年天然气消费继续增长 4%，增速较上年（5.8%）有所回落。

3）亚太地区消费增速回弹

2016 年 1—9 月，亚太 OECD 国家天然气消费量为 1224 亿立方米，同比下跌 1.1%，其中，日本、韩国受核电重启和煤电竞争替代影响，天然气消费继续负增长；中国、印度受进口成本走低和国内气价下调拉动，需求大幅增长，并带动亚洲天然气消费增速回弹，估计亚太地区全年消费增速为 2.5%。

二、全球天然气供应能力增强，市场供需宽松

1．全球天然气产量稳步增长，非常规气占比增加

2016 年，全球天然气产量约 3.66 万亿立方米，增长约 2.2%。除中南美洲产量为 1683 亿立方米，同比下降 2%以外，其他地区均有不同程度增长。增幅最大的是亚太地区，产量为 5678 亿立方米，同比增长 5.6%；其次是中东，产量为 6429 亿立方米，同比增长 5.5%。俄罗斯、美国产量同比微增 0.7%和 0.4%。全球天然气产量增速快于消费增速，市场供需呈持续宽松态势。

美国页岩气产量继续增长。尽管低气价抑制美国页岩气生产，但由于钻机效率提高、管道运输能力增强、生产商采取有效对冲策略，2016 年美国页岩气产量占比提高至 47%，比上年增加 3 个百分点。

2．全球 LNG 液化能力快速提升

2016 年，全球液化能力为 3.06 亿吨/年，主要呈现两大特点：

一是前期投资项目集中上产。全球 LNG 液化能力经历 2011—2013 年连续小于 2%的低速增长后，2014 年开始提速。2016 年，全球计划共有 7 个 LNG 项目（10 条生产线）投产。实际新增液化能力 2260 万吨/年，新增能力是 2015 年的 1.6 倍。

二是亚太本土产能显著增加。2011—2016 年，全球 48%的 LNG 液化能力增量（2025 万吨/年）来自澳大利亚、印度尼西亚和巴布亚新几内亚（图 5-1-2）。

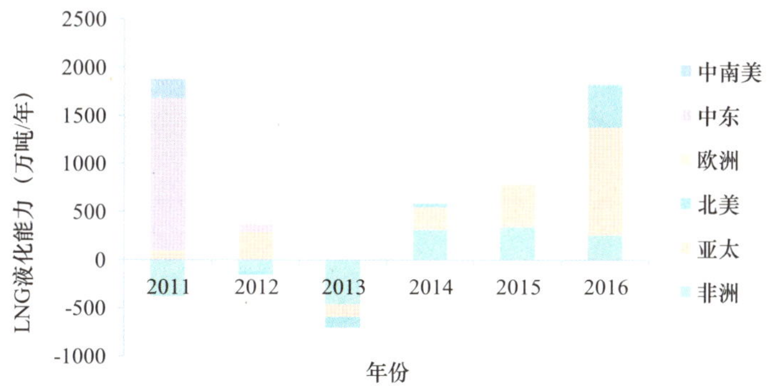

图5-1-2　2011—2016年全球分区域LNG液化能力变化

数据来源：IHS、中国石油集团经济技术研究院

三、全球天然气贸易大幅增长，贸易格局发生变化

1. 管道气贸易增速稳中有升

2016 年，全球天然气贸易大幅增长，估计贸易量达 1.11 万亿立方米，同比增长 6.8%。管道气贸易增速回弹至 7%，较上年提高 1 个百分点；占全球天然气贸易比重 67.6%，比上年略有提高（表 5-1-2）。

表5-1-2　2010—2016年世界天然气贸易量及比例

项目	2011年		2012年		2013年		2014年		2015年		2016e年	
	贸易量（亿立方米）	比例(%)	贸易量（亿立方米）	比例(%)	贸易量（亿立方米）	比例(%)	贸易量（亿立方米）	比例(%)	贸易量（亿立方米）	比例(%)	贸易量（亿立方米）	比例(%)
LNG	3298	32.0	3242	31.8	3253	31.4	3333	33.4	3383	32.5	3603	32.4
管道气	7000	68.0	6966	68.2	7106	68.6	6639	66.6	7041	67.5	7534	67.6
合计	10298	100	10208	100	10359	100.0	9972	100	10424	100	11137	100
增速(%)	4.4		−0.9		1.5		−3.7		4.5		6.8	

数据来源：《BP能源统计2016》、中国石油集团经济技术研究院。

2. 全球 LNG 贸易整体增长

2016 年 1—10 月，全球 LNG 贸易量达 2.22 亿吨（3084 亿立方米），同比增长 6.5%，估计全年增速为 6.5%，较上年提升 4 个百分点。进口增量主要来自亚太（日本、韩国除外）和中东地区，中东增长最为迅速，期内同比增速达 90%。欧洲 LNG 进口同比仅增长 2%，估计全年增速较 2015 年（9%）大幅回落（图 5-1-3）。

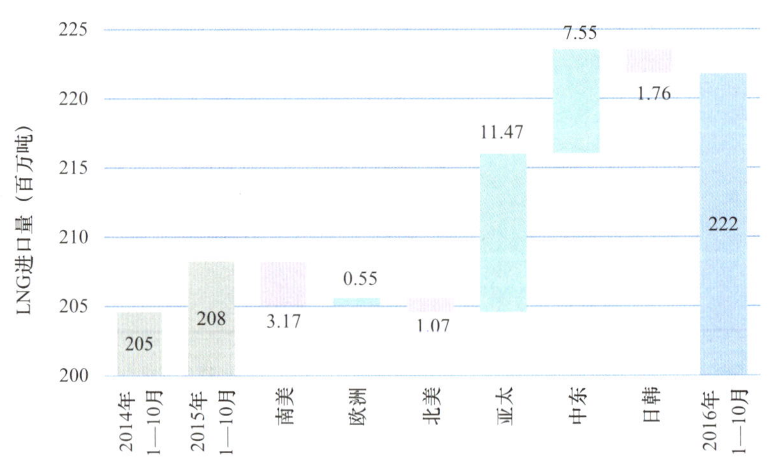

图5-1-3　2014—2016年1—10月LNG进口量变化

数据来源：IHS、中国石油集团经济技术研究院

1）亚洲 LNG 进口增速回升

2016 年 1—10 月，亚洲 LNG 进口总量为 1.52 亿吨，同比增长 5.5%，而 2015 年同期增速为-3%。由于进口成本降低、国内价格下调等原因，中国、印度和巴基斯坦 LNG 进口量提升，带动亚洲 LNG 需求上涨。但日、韩 LNG 进口增速继续下跌，与 2014 年同期相比，LNG 进口只增长了 1.4%。

中东 LNG 进口大幅增长，1—10 月，以埃及为首，包括约旦、阿联酋、科威特和以色列，LNG 进口总量同比翻了一番，增至 1592 万吨。

2）欧洲 LNG 进口增速放缓

欧洲市场发展成熟，气化能力过剩，管网发达，LNG 及天然气储存方式灵活多样，因而天然气的需求价格弹性大，历来被誉为“全球 LNG 市场平衡器”。2015 年，欧洲 LNG 进口量达 3800 万吨，同比大幅增长 15%，扭转过去几年的负增长。2016 年以来，LNG 继续流向欧洲，但由于亚洲、中东地区 LNG 供应富余收窄和俄罗斯管道气供应较为充裕等原因，欧洲 LNG 进口速度放缓。1—10 月，欧洲 LNG 进口同比仅增长 55 万吨，其中增量的 83%来自法国、立陶宛和波兰；最大减量来自比利时，原因是核电发展较快。

3. LNG 贸易格局发生变化

1）美国开始出口 LNG

页岩气革命结出硕果，美国于 2016 年 2 月成为 LNG 出口国，截至 10 月底已发出 37 艘货船，出口至 14 个国家（图 5-1-4）。美国 LNG 出口具有计划规模较大、贸易和定价方式灵活等优势，将对传统的 LNG 贸易和供应格局产生冲击。加之亚洲需求疲弱和全球供需宽松，LNG 在美、欧、亚三大市场间的流动性增强。但是，未来几年全球 LNG 供应过剩局面、油价及 HH 价格走势都将影响美国 LNG 出口额度和竞争力，部分 LNG 出口设施或难以如期投运，其出口优势和影响还有待观察。

2）新兴买家积极锁定 LNG 合同

2016 年新签订合同中，中国、印度、东南亚和欧洲买家所占比例超过一半，其中绝大多数合同由首次涉足 LNG 领域的新买家签订，如德国 RWE 和立陶宛 LDT 等公司。2016 年以来，中国新签订 LNG 进口合同者全部是新买家（包括新奥能源、广汇能源、中国华电、北京燃气、广州燃气、九丰集团等）。新签 LNG 购销合同量为 165 万吨/年，同比增长 42%；另有新签 LNG 框架协议量为 250 万吨/年。

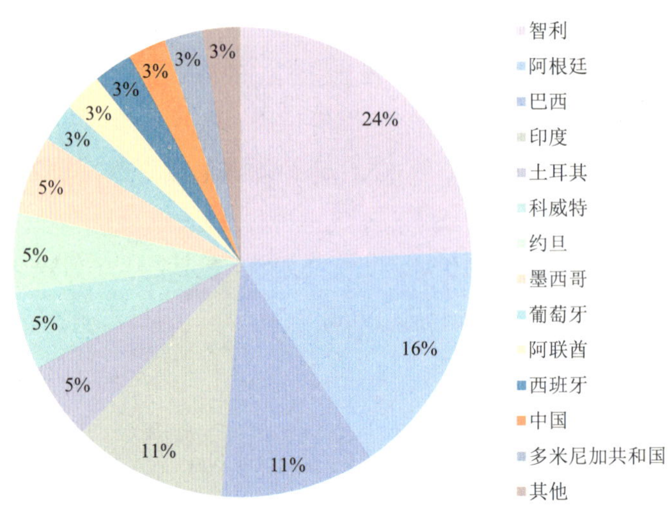

图5-1-4　美国LNG出口流向及船数占比（截至2016年10月）

数据来源：IHS、中国石油集团经济技术研究院

3）新型 LNG 贸易商活跃

2016 年以来，新型 LNG 贸易商对市场影响加大，未来市场变数增加。一是随着买家对货源的灵活度要求不断增加，拥有一定数量货源并能够自由调度的所谓“资源组合运营商”数量和规模继续壮大，以壳牌—BG 为首，多家上游作业者、交易商、欧洲和日韩的公共事业公司向资源组合运营商转型。这类运营商数目从 2012 年的 13 个，增长到 2016 年的 23 个；签约合同量从 2200 万吨/年增至 5400 万吨/年，增长 1.5 倍。二是联合采购贸易商不断发展，如日本东京电力公司和中部电力公司组成合资公司（JERA）形式，而东北亚部分 LNG 买家则寻求成立购买联盟，计划共享 LNG 进口设施。

4. LNG 贸易灵活度继续提高

1）现货比例增加，但仍以长贸合同为主

2015 年，全球 LNG 现货贸易量增至 3300 万吨，占 LNG 贸易总量的比例升至 14%；考虑到上半年现货价格经历跳水，估计 2016 年全球现货贸易比重进一步小幅增长。但长贸合同地位未能撼动，其在 LNG 贸易中所占比例仍然最大。研究发现，长贸提货量和现货价格关系紧密。2015 年现货价格下跌，长贸提货量大幅减少；2016 年下半年现货价格上涨后，长贸提货量迅速回升。

2）目的地条款进一步放宽

从澳大利亚、美国等新投产 LNG 项目的贸易情况来看，采用离岸（FOB）交货模式较为

普遍，且无目的地限制；而对于已投运的 LNG 项目，卖家对目的地的限制也有松动的趋势。以中石化的 APLNG 长期贸易合同为例，中石化在 2015 年先后获得将货船转运至国内其他港口和转运出国的权利。此外，日本公平贸易委员对 LNG 目的地条款展开调查，理由是质疑其阻挠市场公平竞争。

3）定价方式趋向多元化

亚洲市场 LNG 定价以与油价挂钩为主。为了避免国际油价剧烈波动对 LNG 价格的影响，大多数合同调整了对过去油价追踪的跨度（滞后期），并引入“S”形定价公式。定价方式灵活性的提高体现在几个方面：一是油价滞后期缩短，最为典型的实例是印度 Petronet 和卡塔尔 Rasgas 公司签署的长期贸易合同。经 2015 年底的价格复议，该合同上下限价格对油价的滞后期由 60 个月大幅缩短至 3 个月，合同价格也因此从 12～13 美元/百万英热单位降至 6～7 美元/百万英热单位。二是定价公式曲线调整，为了让合同价格更好地反映低油价，一些买家提出将“S”形定价公式改回直线公式。三是尝试与油价脱钩，从新签订的与油价挂钩的 LNG 合同来看，公式斜率呈下降趋势。不仅如此，基于对美国气价和 LNG 现货价格将长期维持低位的预期，一些买家正试图将合同价格与美国 HH 价格或日韩 LNG 现货价格挂钩。

四、三地价差明显缩窄，“亚洲溢价”基本消失

2016 年，由于全球天然气市场供需持续宽松，全球气价较上年整体下跌，但受需求增速小幅回升影响，下半年天然气价格触底回升。三地价差明显缩窄，“亚洲溢价”基本消失。亚洲 LNG 现货价格和美国 HH 价格的平均价差仅有 3 美元/百万英热单位，远低于 2011—2014 年持续存在的 12 美元/百万英热单位溢价水平（图 5-1-5）。

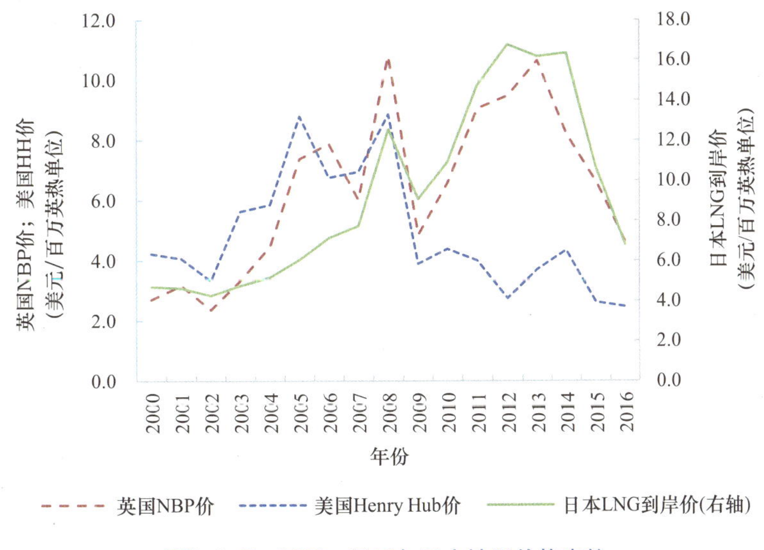

图5-1-5 2000—2016年三大地区价格走势

数据来源：《BP能源统计2016》、ICIS、Argus

1．北美天然气价格小幅下滑，但年内逐季回升

2016年，美国HH年均价格为2.49美元/百万英热单位，同比下跌5.0%。由于美国天然气供应宽松，截至供暖季结束，储气库总工作气量698亿立方米，较上年增加284亿立方米；受部分页岩油气公司资不抵债宣告破产，加之季节性需求影响，天然气价格先跌后涨，一季度均价为1.95美元/百万英热单位，同比下跌32%，二、三季度均价回弹至2.49美元/百万英热单位；四季度均价为2.96美元/百万英热单位，同比涨幅高达40%（图5-1-6）。

图5-1-6　2012—2016年美国HH价格和WTI价格走势

数据来源：中国石油集团经济技术研究院

2．欧洲天然气价格大幅走跌，年底价格触及一年以来高点

2016年，以英国NBP价格为代表的欧洲天然气年均价为4.64美元/百万英热单位，同比大幅下跌30%。由于供应充裕，英国公投脱欧，气价在低位震荡，1—6月NBP均价为4.41美元/百万英热单位，同比大跌39%；9月，受风电发展强劲、储气库关停和进口来源充裕影响，NBP价格一度跌至历史低位，至2.72美元/百万英热单位；此后，油价上浮、发电需求上扬，入冬后气温偏低使市场对低库存担忧加剧，11月均价回升至6美元/百万英热单位以上（图5-1-7）。

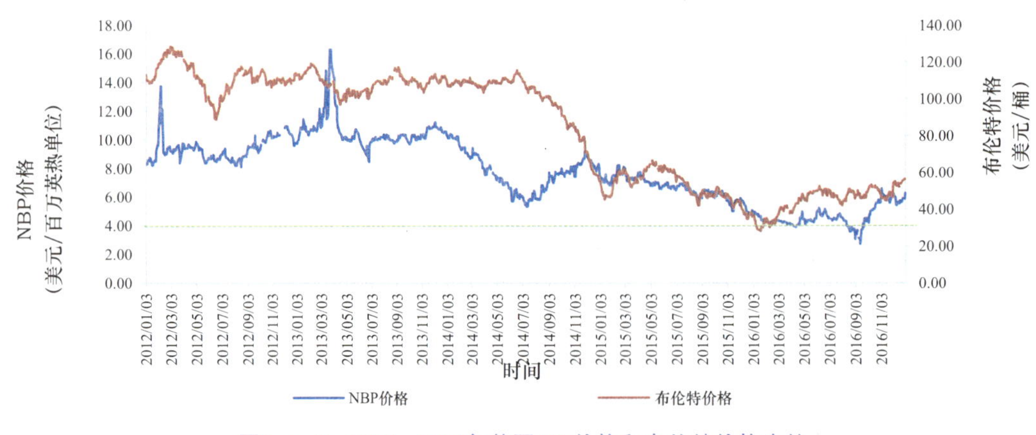

图5-1-7　2012—2016年英国NBP价格和布伦特价格走势

数据来源：中国石油集团经济技术研究院

3. 亚洲 LNG 进口价格持续走低

2016 年，国际油价从高位回落走势明显，日本、韩国和中国 LNG 需求减弱，供应过剩加剧，亚洲 LNG 进口价格步入低谷。2016 年，日本 LNG 进口平均价格为 6.8 美元/百万英热单位，跌幅为 36%，月均最低价为 5 月的 5.86 美元/百万英热单位。1—5 月跌幅达 42%；6—10 月略有回升，整体仍低于上年同期（表 5-1-3）。

表5-1-3　2015年与2016年日本LNG月度进口均价对比　　单位：美元/百万英热单位

时间	1月	2月	3月	4月	5月	6月	7月	8月	9月	10月
2015年	15.03	13.24	12.18	10.26	8.85	8.93	9.19	9.15	9.61	10.09
2016年	7.8	7.72	6.86	6.37	5.86	5.99	6.24	6.41	7.04	7.27

数据来源：Argus Global LNG。

4. 全球 LNG 现货价格大跌，下半年震荡回升

2016 年，受全球天然气需求疲弱以及新供应量增加影响，LNG 现货平均价格大幅下跌。日本 LNG 现货平均价格为 5.63 美元/百万英热单位，同比下跌 28%；法国 LNG 现货平均价格为 4.36 美元/百万英热单位，同比下跌 34%；印度 LNG 现货平均价格为 5.51 美元/百万英热单位，同比下跌 27%；韩国 LNG 现货平均价格为 5.62 美元/百万英热单位，同比下跌 28%。从全年走势看，全球 LNG 现货价格在 5 月达到年内低点，下半年受需求拉动震荡回升。日本 LNG 现货价格从 5 月的 4.29 美元/百万英热单位回升至年底的 7.08 美元/百万英热单位(图 5-1-8)。

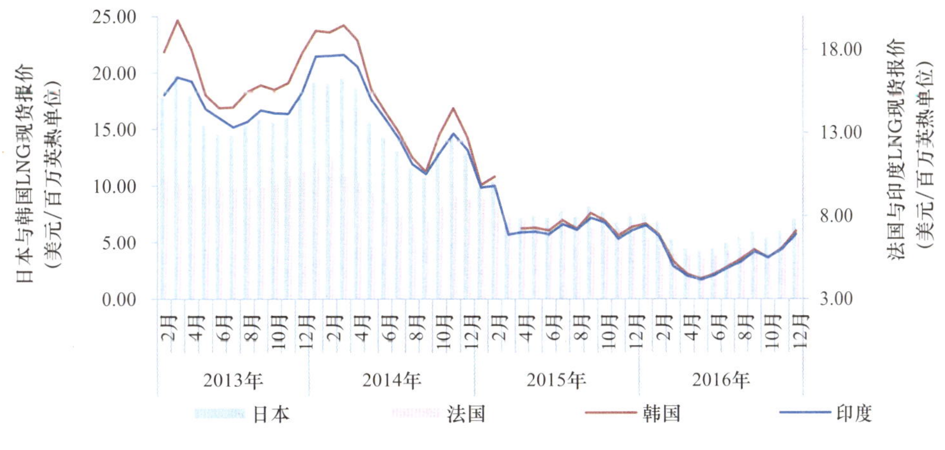

图5-1-8　2013—2016年LNG现货报价①走势

①图中价格是当月对下一LNG现货交割窗口报价的平均价

数据来源：ICIS

五、年度热点：英国脱欧波及 NBP 气价及全球 LNG 市场

英国天然气交易量在欧洲地区居于首位，拥有较强的管道运输与 LNG 进出口能力，长

期以来扮演着调节供应整个欧洲大陆的角色。英国 NBP 价格已成为欧洲天然气现货市场的风向标和世界天然气市场的基准价格之一。2016 年 6 月 24 日，英国公投脱离欧盟，此举对 NBP 价格以及全球天然气市场的影响值得关注。

1. 英镑跳水使 NBP 美元价格短期内下挫

英国脱欧消息使英镑汇率大幅波动，6 月 29 日，英镑兑美元汇率跌至 1985 年来最低点（1 英镑=1.33078 美元）。不过，由于 NBP 价格是为数不多的以英镑结算的国际大宗商品之一，英镑贬值给 NBP 价格带来了双向影响。一方面，NBP 价格随英镑跳水，折算为美元计价的话跌幅超过 10%，6 月 29 日跌至 4.48 美元/百万英热单位（图 5-1-9）。另一方面，虽然欧元也遭重创，但表现要比英镑好很多，欧元兑英镑迅疾上扬，欧元区市场买入期货以英镑结算增多，以英镑计价的 NBP 价格一度出现上扬，随后震荡调整。

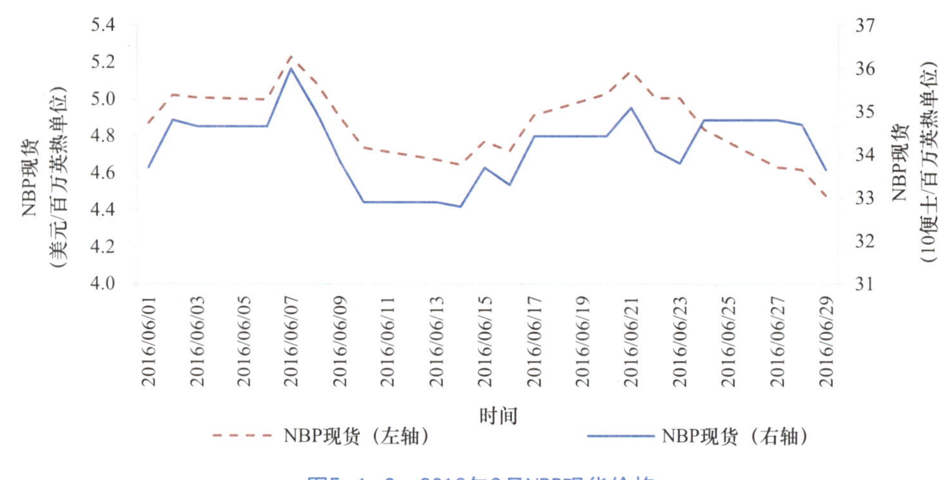

图5-1-9　2016年6月NBP现货价格

数据来源：中国石油集团经济技术研究院

2. 预计未来几年 NBP 价格有望下调

与英国脱欧对金融领域的直接影响相比，短期不会对 NBP 价格基本面产生直接影响。英伦三岛气、电交易一直以来都与欧洲大陆呈半分裂状态，市场交易路径和设施运行模式几乎不会因脱欧而改变。此外，英国位于北海的最大天然气存储站——森特里克（Centrica）因安全检查关闭，荷兰天然气进一步限产，这些因素有望对 NBP 价格形成提振。从中长期看，英国作为欧盟成员国时期所制定的环保目标和相关政策将会发生变动，考虑到英国政府一直以来对欧盟可再生能源发展政策采取的消极态度，未来英国核电或有抬头之势，天然气需求或将降低。由此，2016—2020 年 NBP 价格将较英国脱欧前预期有所下调。

3. 全球 LNG 市场失衡或将加剧

由于欧洲市场成熟、天然气需求弹性大等原因，历来被誉为全球 LNG 市场的“平衡器”。

在亚洲 LNG 需求疲软的情况下，全球 LNG 余量最有可能流向欧洲。目前，亚洲买家对 LNG 现货报价通常参考 NBP 价格，倘若 NBP 价格下挫，对本来就供过于求的 LNG 现货市场更是雪上加霜。由于套利空间缩小，LNG 在欧亚市场之间的流动将减少，两地市场的区内竞争将更加激烈，LNG 现货价格将因此承压。

美国 LNG 出口将更显尴尬，从已经获批的项目来看，预计美国 LNG 出口项目将于 2019 年前后集中上线，届时美国出口至欧洲的LNG现金流成本能否竞争得过NBP价格尚存疑问。随着欧亚 LNG 合同灵活性不断提高，美国 LNG 出口的“液化代加工（Tolling）”“回旋镖（Boomerang）”等模式的有效性还有待观察。未来几年，部分美国 LNG 出口设施因市场需求不足而被叫停的可能性正在增强。

（本节撰写人：陈 璐 王新哲）

第二节 国际天然气市场展望

2017 年，预计全球天然气市场供需宽松加剧，需求约 3.59 万亿立方米，增速为 1.7%，较 2016 年回落。综合考虑经济、气价、天气和替代能源的影响，美国、欧洲天然气需求将继续增长，增速虽然有所回落，但仍大幅高于 2000—2015 年均值；亚洲天然气需求增速同比小幅提升，但仍远低于 2000—2015 年均值。考虑到大批新项目投产和亚洲需求不振，预计 2017 年全球 LNG 市场仍将过剩，LNG 现货价格维持低位。

一、北美市场供需差收窄，气价有望稳步回升

2017 年，随着气价回升，电力行业“减煤增气”将会趋缓；受化肥和化工领域新项目投产影响，工业用气需求将有所增加；可能寒冬将导致年初居民和商业用气需求回弹，预计 2017 年美国天然气需求同比增长 1.5%，增速较 2016 年回落 0.1 个百分点，但仍高于 2000—2015 年平均增速（1.1%）。油价和钻机数回升提振天然气生产，但受管道运输能力限制，美国天然气产量增长 1%左右。LNG 出口量大幅增长 186%，至 890 万吨/年。随着供需差收窄，库存将从历史高位逐步回落至正常水平。

预计 2017 年，美国 HH 现货价格为 2.9 美元/百万英热单位左右，同比上升 17%。上半年均价为 2.8 美元/百万英热单位，下半年震荡升至 3 美元/百万英热单位。

二、欧洲市场供需宽松，气价将震荡下跌

2017 年，受煤价和碳排放费走高影响，欧洲发电用气需求将继续得到提振。综合考虑经济脆弱复苏、可能寒冬和可再生能源发展强劲等因素，预计 2017 年欧洲天然气需求同比增长 3.5%，增速较 2016 年回落 0.9 个百分点，仍大幅高于 2000—2015 年平均增速（-0.6%）。由

于本地区资源量有限，欧洲进口需求将继续上升。由于全球 LNG 供应较为充裕和俄罗斯剩余生产能力较强，俄罗斯管道气与 LNG 在欧洲市场的份额之争或将加剧。

预计 2017 年，英国 NBP 现货价格约为 4.3 美元/百万英热单位，同比下跌 7%。上半年价格总体在 4.5 美元/百万英热单位上下波动，随后将逐步回落至 4.1 美元/百万英热单位。

三、亚洲需求低速增长，LNG 长贸价格回升

2017 年，亚洲天然气需求继续小幅增长。一方面，新兴国家需求增速有望继续回升。受国内气电市场改革和环保力度加大拉动，预计中国、印度天然气需求将稳步增长；另一方面，受核电、煤电增加影响，日本、韩国等传统买家需求将会继续下降。考虑到 LNG 长贸价格与布伦特原油价格的相关性和与日本 JCC 价格的滞后性，预计 2017 年东北亚 LNG 进口均价为 7.8 美元/百万英热单位，同比上升 15%。

四、全球 LNG 供应富余进一步扩大，LNG 现货价格走低

2017 年，全球将有 6 个百万吨级 LNG 液化项目投产，设计产能达 3310 万吨/年，全球 LNG 液化产能同比增长 11%，至 3.4 亿吨/年。即便贸易增速按 7%计算（2016 年前 10 个月为 6.5%），全球 LNG 供应富余能力将同比扩大 16%，至 4300 万吨/年（图 5-2-1）。美国 LNG 出口能力翻一番，继续冲击传统 LNG 供应结构；考虑到日本 2011 年签订的 LNG 长贸合同将从 2017 年开始集中投放，韩国现有 LNG 长贸合同量足以满足需求，预计 2017 年东北亚现货市场供需将继续保持宽松势头，价格承压下行，供应余量流向中东和欧洲，区域市场联动性进一步增强，三地现货价差继续收窄。预计东北亚 LNG 现货价格均价为 5.3 美元/百万英热单位，同比下跌 4%，与美国 HH、英国 NBP 价差分别收窄 21%和 13%。

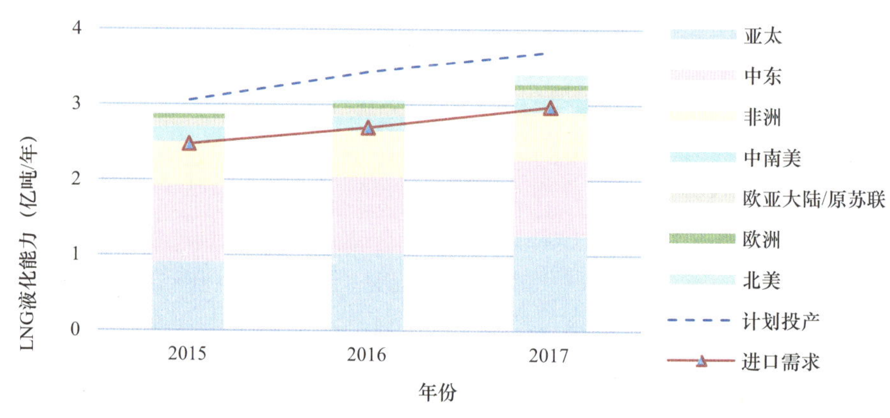

图5-2-1　2015—2017年全球LNG液化能力和需求

数据来源：IHS、中国石油集团经济技术研究院

（本节撰写人：王新哲）

第六章　中国天然气市场分析

2016年，中国天然气消费持续中低速增长，天然气产量增速继续回落，天然气进口量恢复高速增长，对外依存度持续攀升。全国天然气供需总体宽松，季节性供需矛盾突出。国家加快天然气市场化改革进程，全面放开化肥用气价格，上海石油天然气交易中心正式上线运行，国家发改委出台政策加强管道运输价格监管。2017年，预计中国天然气需求稳中趋升，产量稳定增长，进口量保持较快增速，供需延续宽松态势，季节性供需矛盾将更为突出。

第一节　中国天然气市场回顾

2016年，中国天然气市场消费增速回升，淡旺季峰谷差加大，淡季供应过剩迫使生产企业压减国产气，低气价促使进口恢复快速增长。国家继续推进天然气价格的市场化进程，化肥用气价格放开由供需双方协商确定，非居民用气价格允许供气企业以基准门站价格为基础上浮，尝试用价格手段进行需求侧管理。

一、中国天然气需求分析

1. 天然气消费增速小幅回升，季节性差异明显

2016年，在国内宏观经济缓中趋稳的大背景下，工业、发电、化肥等主要用气行业产能过剩，天然气经济性不敌其他竞争能源，但受环保政策及气价下调拉动，多地煤改气工程投运，全国天然气消费增速仍有小幅回升。1—11月表观消费量为1843亿立方米，同比增长7.1%；估计全年表观消费量为2040亿立方米，同比增长6.5%，比2015年同期增加2.5个百分点，占一次能源消费总量的6.2%。考虑库存因素，估计全国天然气消费量为2000亿立方米，同比增长6.4%，比上年同期增加2.4个百分点（图6-1-1、图6-1-2）。

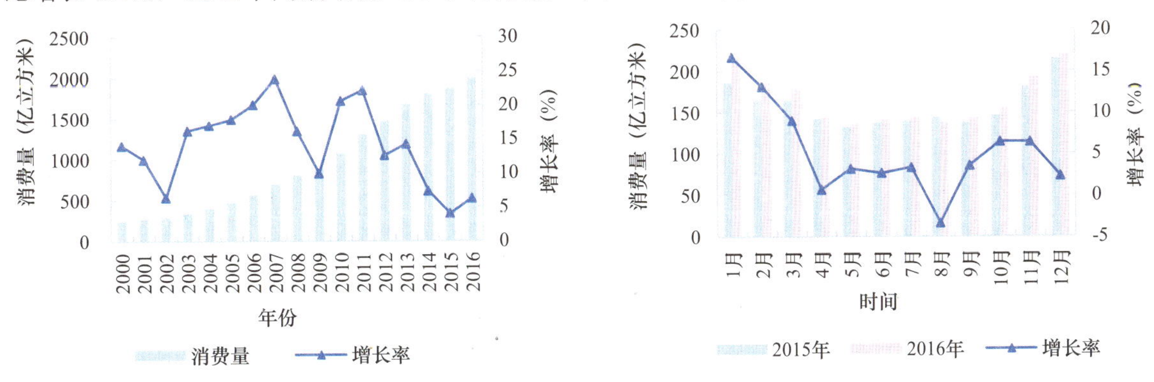

图6-1-1　2000—2016年中国天然气消费量

数据来源：国家统计局、中国石油集团经济技术研究院

图6-1-2　2015—2016年中国天然气月度消费量

数据来源：海关总署、国家发改委、中国石油集团经济技术研究院

中国天然气消费季节性差异明显。一季度，受极端低温天气、气价下调、煤改气工程投运等因素影响，消费增速达到 13.5%，远高于上年增速 6.5%；二季度是用气淡季，加之宏观经济增速趋缓与气价不具竞争力等因素影响，需求增速降至 2.3%，三季度，受发电用气增速放缓和工业用气低迷影响，消费增速降至 2.5%；四季度采暖用气增加，消费增速提振至 3.8%。

2. 城市燃气和发电用气拉动天然气消费增长

2016 年，中国城市燃气天然气消费量保持快速增长，发电用气稳定增加，交通用气增速持续放缓，工业用气增速小幅回升，化工用气消费持续低迷。估计 2016 年城市燃气天然气消费量为 819 亿立方米，同比增长 15.1%，占比较上年上升 3.1 个百分点；发电用气 349 亿立方米，同比增长 7.9%；工业燃料用气 577 亿立方米，同比增长 1.8%；化工用气 255 亿立方米，同比下降 8.1%，占比较上年下降近 2 个百分点（图 6-1-3、图 6-1-4）。

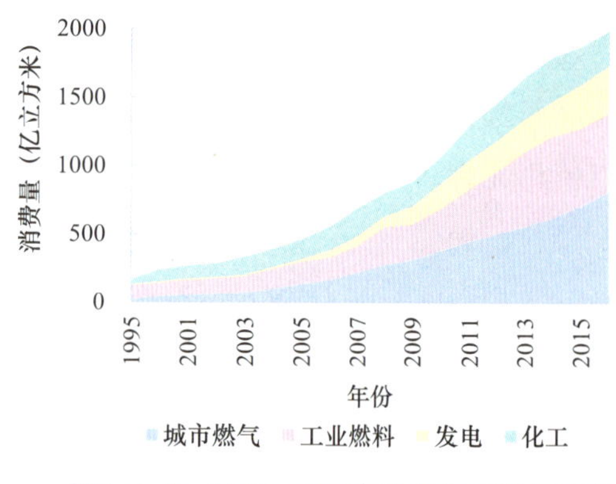

图6-1-3　1995—2016年分部门天然气消费

数据来源：国家统计局、中国石油集团经济技术研究院

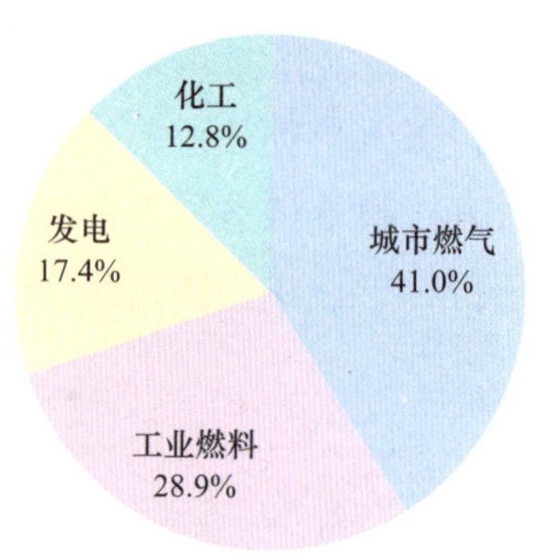

图6-1-4　2016年天然气消费结构图

数据来源：国家统计局、中国石油集团经济技术研究院

1）城市用气人口突破 3 亿

2016 年，随着城镇化的推进，中国城市燃气管网覆盖面继续扩大，用气人口进一步增加，估计城市用气人口将由上年的 2.86 亿增至 3.1 亿，居民和商业用气快速增长；受环保政策推动，天津、河北、山东、辽宁等多地采暖锅炉煤改气项目投产，采暖用气消费大幅增长。

城市燃气公司销量快速增长，上半年尤为突出。预计新奥燃气全年销量为 128 亿立方米，同比增长 13.4%；中华煤气全年销量为 165 亿立方米，同比增长 6.5%；北京燃气受高井、京西、国华等热电厂用气增加影响，上半年销量同比大幅增长 21%，全年销量为 140 亿立方米，同比增长 7.2%，低于 2015 年 31.1%的增速。

交通用气领域，受物流市场萎靡、国际油价低位以及新能源汽车对天然气汽车市场的挤压等多重利空因素影响，交通用气增速继续放缓。1—11 月，全国天然气汽车产量为 13.1 万辆，同比下降 26.6%。其中，LNG 重型卡车产量同比增长 17.6%，天然气客车和小汽车产量大幅下降。估计 2016 年中国天然气汽车保有量为 515 万辆，同比增长 3%，远低于上年 13.4%

的增速，其中LNG汽车保有量近25万辆。

2016年以来，国家出台多项政策鼓励发展LNG船舶，珠三角、长三角、环渤海（京津冀）水域船舶排放控制区方案开始实施，财政部出台政策对改建LNG动力示范船给予补贴，交通运输部发布水运行业应用 LNG 第二批试点示范项目名单。但受基础设施建设、经济性等因素制约，LNG动力船发展较为缓慢。截至2016年底，中国LNG动力船保有量127艘，其中新建船舶90艘，改造船舶37艘，在建船舶435艘，还有1060艘已通过交通部方案评估待建。估计全年交通用天然气260亿立方米，同比增长4.8%。

2）发电用气保持较快增长

2016年，全社会用电量增速回升，1—11月全社会用电量5.4万亿千瓦时，同比增长5.0%，增速比上年同期增加4.3个百分点。全国6000千瓦及以上电厂装机容量15.7亿千瓦，同比增长10.4%；全国发电设备累计平均利用小时数为3434小时，同比降低195小时，降幅相对上年同期收窄114小时，全国电力供需总体宽松。但受国家下调非居民用气门站价格政策及供气企业降价促销等因素影响，全国发电用气量保持较快增长。

2016 年以来，受气价下调影响，多个天然气分布式能源项目运行效益较好，同时上海、长沙、天津、青岛等多地政府对天然气分布式能源项目进行补贴，推动了天然气分布式产业加快发展。江苏南京、四川南充格润、廊坊新朝阳区等多个天然气分布式能源项目投产，长沙新奥浏阳天然气分布式能源项目开建，江苏徐州、重庆等地天然气分布式能源项目获核准。

3）工业燃料用气小幅回升

2016年，随着工业去产能的推进，主要用气行业产能过剩情况有所好转，企业开工率上升。1—11月，平板玻璃、钢铁产量同比增长4.9%、1.1%，比上年同期上升12.8个百分点和3.4个百分点，陶瓷产量也实现较快增长。但受煤炭、燃料油、LPG等竞争能源价格较低影响，工业燃料用气需求没有根本好转，仍保持低迷态势。未来随着行业产品结构优化和质量升级、环保压力的不断升级以及工业用气成本的下降，预计工业用气需求量有望稳定增长。

4）化肥化工用气持续低迷

中国化肥化工行业产能过剩问题突出。国内尿素消费量为5500万吨左右，全国尿素产能8200万吨左右，其中煤制尿素和气制尿素产能分别为6000万吨/年和2200万吨/年。煤炭价格持续低位，气头化肥企业缺乏竞争力，开工率较低，用气量同比下降。甲醇行业受到煤价和油价双低影响，有多个气头甲醇企业停产或减产，用气需求下降。天然气制氢受低油价影响，等热值的燃料油、LPG价格低于天然气，炼厂制氢用气同比小幅下降。

3. 中东部地区消费快速增长，西部地区增速持续放缓

2016年，随着基础设施的逐步完善，中国天然气利用范围继续扩大。中东部地区用气量

保持较快增长，估计2016年环渤海地区天然气消费量为337亿立方米，同比增长12.9%，采暖“煤改气”项目的持续推进是拉动消费增长的主要动力；估计长三角地区消费量为344亿立方米，同比增长9.7%，主要受浙江省城市燃气和天然气发电消费量大幅增长拉动；东南沿海地区消费量为273亿立方米，同比增长8.1%；中南和中西部地区天然气消费稳定增长，增速达6.1%和3.8%；东北地区天然气消费小幅增长1.9%；西南地区和西北地区则受化肥和化工用气低迷影响同比增长2.3%和1.4%（图6-1-5）。相比上年，各地区天然气消费占比变化不大（图6-1-6）。

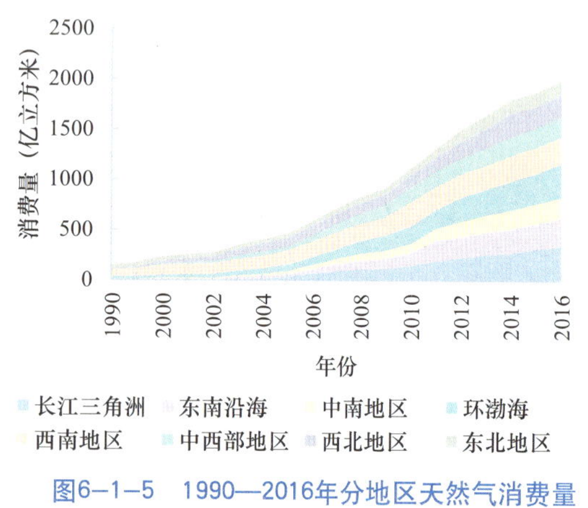

图6-1-5　1990—2016年分地区天然气消费量

数据来源：国家统计局、中国石油集团经济技术研究院

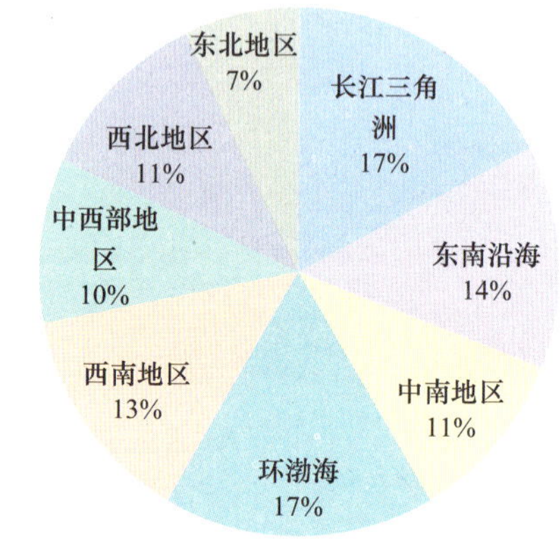

图6-1-6　2016年分地区天然气消费结构

数据来源：国家统计局、中国石油集团经济技术研究院

二、中国天然气供应分析

1. 国内天然气供应量低速增长，非常规气取得积极进展

2016年，受需求总体不振和LNG进口量大幅增长影响，淡季国内天然气产量受到压减。1—11月，国内天然气产量（含煤制气，不含地方企业煤层气）为1211亿立方米，同比增长1.7%，估计全年产量为1341亿立方米，同比仅增长1.4%，低于上年3.9%的增速。

中国非常规气取得积极进展。2016年煤制气产量约16亿立方米，同比增长14.5%，主要来自新疆庆华、大唐克旗、内蒙古汇能煤制气项目；煤层气地面抽采量近50亿立方米，同比增长13%，主要来自中石油煤层气有限公司、中联煤层气有限责任公司，还有以山西晋煤集团、河南省煤层气开发利用有限公司为代表的省管能源企业等；页岩气产量约70亿立方米，主要来自中石化和中石油。

2. 天然气进口量高速增长，对外依存度快速攀升

2016年，受低气价和进入执行窗口期合同数量增多影响，中国天然气进口量保持快速增长。1—11月全国天然气进口量为663亿立方米，同比增长20.7%；估计全年天然气进口量为733亿立方米，同比增长19.0%，较上年增加15.5个百分点，对外依存度升至36.6%。其

中，管道气占进口总量的53%，占比小幅下降；LNG进口量占47%。

1）管道气进口量快速增长

2016年，受低气价和采暖用气需求大幅增加推动，中国管道气进口量快速增长。1—11月进口管道气352亿立方米，同比增长15.6%，比2015年增加8.8个百分点；估计全年进口量为386亿立方米（图6-1-7），同比增长12.5%，较2015年增加5.2个百分点。中国进口管道气主要来自土库曼斯坦、缅甸、乌兹别克斯坦和哈萨克斯坦（图6-1-8）。

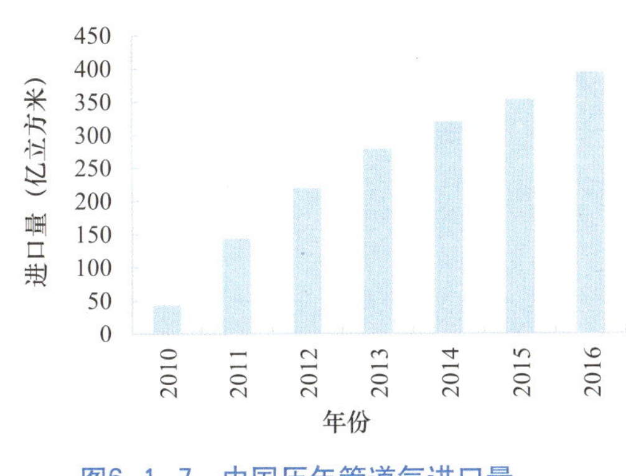

图6-1-7 中国历年管道气进口量

数据来源：海关总署

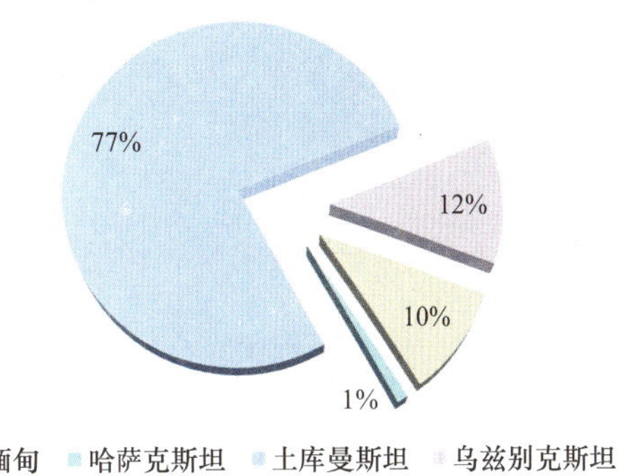

图6-1-8 2016年1—11月中国管道气进口来源

数据来源：海关总署

2）LNG进口增速大幅回升

2016年，受低气价和调峰用气需求增加影响，中国LNG进口量保持高速增长。1—11月进口量为2234万吨（约310亿立方米），同比增长27.0%；估计全年进口量为2500万吨（约347亿立方米），同比增长27.2%。中国LNG进口以长贸合同为主，现货进口量占比较低。1—11月，长贸进口量为2133万吨（约296亿立方米），主要来自卡塔尔、澳大利亚、印度尼西亚、马来西亚和巴布亚新几内亚等国；现货进口量为101万吨（约14亿立方米），主要来自尼日利亚、俄罗斯、秘鲁等国。广东是中国LNG进口量最大的省份，1—11月进口量占全国总进口量的37.1%（表6-1-1）。此外，中石化北海和唐山二期LNG接收项目建成投运。

3. 天然气市场供应总体宽松，季节性供需矛盾突出

2016年，中国天然气供应量稳步增长，1—11月中国天然气供应总量为1873亿立方米，同比增长7.3%；估计全年供应量为2074亿立方米，同比增长7.1%。其中，常规气、煤层气、页岩气产量占比63.9%，煤制气占比0.8%，进口气占比35.3%（图6-1-9）。1—11月，供香港、澳门用气30亿立方米，同比增长3.3%；估计全年供香港、澳门供气34亿立方米，同比增长3.4%。

表6-1-1 中国分省LNG进口情况

进口海关	LNG接收站	2015年进口量（万吨）	2016年1—11月进口量（万吨）	2016年占比（%）
北京海关	河北曹妃甸	57.44	95.58	4.28
河北海关		164.72	122.55	5.49
辽宁海关	辽宁大连	117.58	100.04	4.48
上海海关	上海洋山	284.18	238.81	10.69
江苏海关	江苏如东	146.22	161.81	7.24
浙江海关	浙江宁波	141.19	179.84	8.05
福建海关	福建莆田	279.69	266.04	11.91
山东海关	山东青岛	158.59	221.43	9.91
广东海关	广东大鹏和珠海	594.30	755.99	33.84
广西海关	广西北海	—	72.26	3.23
海南海关	海南洋浦	21.21	19.53	0.87
合计		1965.12	2233.83	100

数据来源：海关总署。

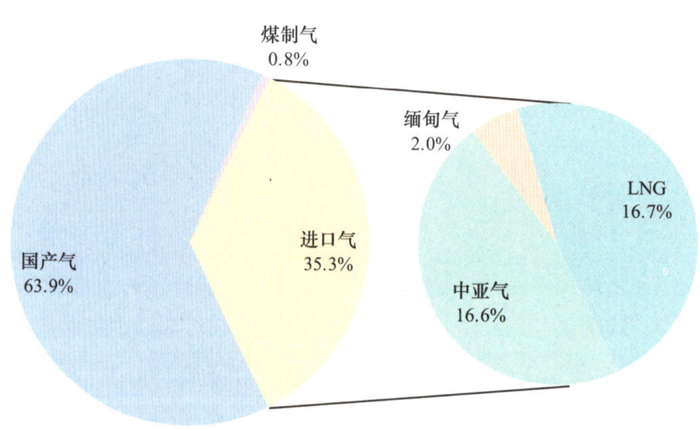

图6-1-9 2016年中国天然气供应结构

数据来源：海关总署、国家发改委、中国石油集团经济技术研究院

中国天然气市场季节性供需矛盾突出。淡季市场供应总体过剩，供气企业采取压产、优惠促销等措施匹配资源与市场需求；受大规模采暖煤改气项目影响，冬季天然气消费量激增，峰谷差越来越突出，用气高峰月与低谷月的日均用气量比值，已由2010年的1.36倍扩大到目前的1.8倍。北方地区更为显著，北京市冬季高峰月更是达到淡季低谷月用气量的6~8倍。当前中国储气库调峰气量远不能满足调峰用气需求，冬季供气压力较大，上游供气企业通过加大气田冬季产量、高价采购LNG、压减部分工业用户等方式保障稳定供气。

三、中国天然气价格分析

2016年，中国天然气市场化步伐加快。国家全面放开化肥用气价格，非居民用气价格允许以基准门站价格为基础上浮，福建省试点门站气价市场化改革，国家发改委出台政策加强天然气输配价格监管，多地下调非居民终端用户用气价格；上海石油天然气交易中心正式运行，持续推进天然气价格市场化进程。

1．全面放开化肥用气价格，加快推进天然气价格市场化

中国天然气价格市场化改革稳步推进。国家 2015 年将非居民用气最高门站价格下调 0.7 元/米^3，并提出 2016 年 11 月 20 日后允许供需双方以基准门站价格为基础上浮 20%，利用价格手段调节市场供需。11 月 15 日，国家发改委发布《关于福建省天然气门站价格政策有关事项的通知》，开展天然气门站价格市场化改革试点，西气东输供福建省天然气门站价格由供需双方协商确定，不再执行政府指导定价，通过价格杠杆对市场供需进行调节。

11 月 10 日，国家发改委发布《关于推进化肥用气价格市场化改革的通知》，全面放开化肥用气价格，由供需双方协商确定，鼓励化肥用气进入石油天然气交易中心等交易平台，通过市场交易形成价格。化肥用气价格放开后，除涉及民生的居民用气价格，即陆上管道气供城市燃气门站价格仍实行政府指导价外，其他用户用气价格均已实现市场化，占消费总量 80% 以上，非居民用气门站价格主要由企业自主协商决定，中国天然气市场化改革又迈出一大步。

2．储运价格新政促使多地下调气价，但拉动非居民用气作用有限

国家发改委 8 月 31 日出台《关于加强地方天然气输配价格监管降低企业用气成本的通知》，要求各地政府梳理天然气各环节价格、整顿输配气价格，建立长效监管机制。10 月以来又陆续出台《天然气管道运输价格管理办法（试行）》《天然气管输定价成本监审办法（试行）》《关于明确储气设施相关价格政策的通知》，鼓励社会资本参与管道、储气库建设，为实施基础设施第三方公平准入、深化天然气价格市场化改革奠定基础。

受门站价格和管网输配价格下调影响，多地下调非居民终端用户价格。广州市工业用户终端气价较 2015 年底下降 0.49 元/米^3 至 4.36 元/米^3；浙江省天然气开发有限公司向各城市

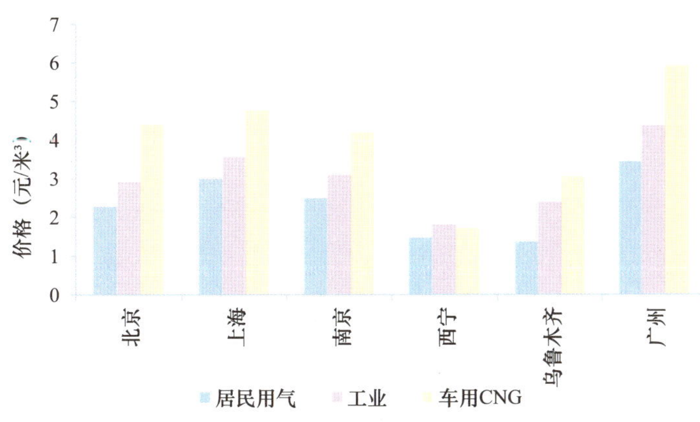

图6-1-10　中国天然气终端用户价格水平对比

数据来源：地方发展和改革委员会、地方物价局

燃气企业（包括城市高压管道运输企业）销售非居民用天然气的门站价格下调 0.1 元/米^{3}至 2.19 元/米^3；北京工业用户终端气价下降 0.24 元/米^{3}至 2.92 元/米^3；上海工业用户终端气价下降 0.22 元/米^{3}至 3.57 元/米^3，车用 CNG 价格下降 0.7 元/米^{3}至 4.2 元/米^3；厦门市、咸阳市等地也纷纷下调非居民终端用户价格。各地调价后，工业、车用、发电用气价格仍高于居民用气价格（图 6-1-10），对非居民用气的拉动作用有限。

3. 天然气进口价格处于历史低位

2016 年，受国际油价低位运行影响，中国进口天然气价格达到历史低点。1—11 月，LNG 进口均价为 1.60 元/米^3，完税价格为 1.81 元/米^3，同比下跌 24.2%（图 6-1-11）。其中，长期合同到岸均价为 1.59 元/米^3，同比下跌 38.7%；短期合同和 LNG 现货到岸均价为 1.89 元/米^3，同比下跌 4.1%。进口管道气到岸均价降至 1.27 元/米^3，完税价格为 1.44 元/米^3，同比下跌 32.7%。其中，缅甸气进口均价为 2.19 元/米^3，完税价格为 2.47 元/米^3，同比下跌 16.2%；中亚气进口均价为 1.17 元/米^3，完税价格为 1.32 元/米^3，同比下跌 34.9%。考虑到管道运输成本，进口气供应成本仍然高于国产气。

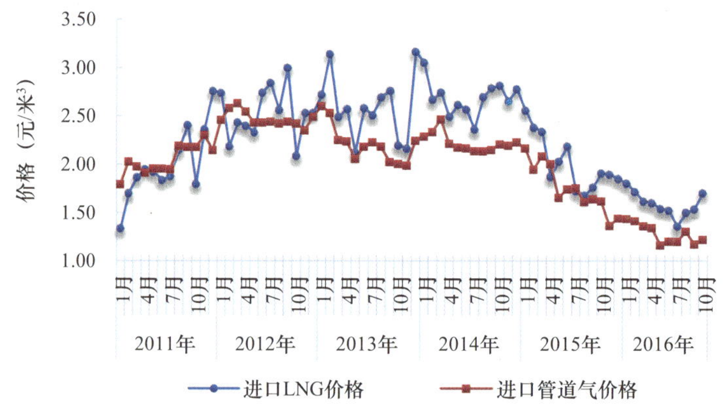

图6-1-11 中国天然气进口价格

数据来源：海关总署

4. 上海石油天然气交易中心正式运营，交易量稳步增加

11 月 26 日，上海石油天然气交易中心正式运营，并发布中国 LNG 出厂价格指数、中国华南 LNG 交易价格指数。交易中心自 2015 年 7 月 1 日试运行以来，交易量稳步上升。2016 年天然气交易量为 305 亿立方米（双边），其中管道气成交 279 亿立方米（双边），LNG 成交 175 万吨（双边），交易已涵盖华东、华中、华南、华北、西南和东北 6 个区域；未来随着中国天然气市场体制机制的不断完善，交易中心对中国天然气市场的价格发现作用日益显现。

四、中国天然气储运发展状况

1. 长输管道建设持续推进，区域管道建设加快发展

2016 年，中国天然气长输管道建设持续推进，全年建成干线、支干线管道里程 1500 千米。截至 2016 年底，天然气长输管道总里程近 7 万千米。2016 年，中国又有两条长输天然气管道开建，6 月中俄东线天然气管道中国境内段在黑龙江黑河开工；7 月陕京四线输气管道工程分别在北京市、内蒙古自治区等标段全面开始现场建设。10 月西气东输三线东段江西段进气投产；12 月福建泉州段主线竣工送气，西气东输三线东段全部建成（表 6-1-2）。

表6-1-2 2016年中国部分省市区域天然气管道建设

区域管道	建设单位	起点	终点	长度（千米）	输气能力（万立方米/日）	状态
山西省太原西环高压天然气管网	太原天然气有限公司	新张村	罗城	50	400	已建
重庆涪陵武陵山天然气管道	涪陵燃气	涪陵	武陵山	260	310	已建
贵州六盘水六枝—水城管道	贵州燃气集团	六枝特区	钟山经济开发区	98	160	已建
湖南长沙—浏阳天然气管道		长沙	浏阳	62	85	已建
云南昭通支线天然气管网	云南能投集团	曲靖	昭通市	280	130	已建
湖南安仁—炎陵天然气管道		郴州安仁县	郴州炎陵县	200	100	在建
河北应张输气管道支线张北段	张家口国储天然气管道公司	应张线10号阀室	尚义县	165	160	在建
重庆市万州—云阳管道	凯源油气安装工程公司	万州	云阳	65	120	在建
山东齐济天然气高压输气管网	济华港润燃气有限公司	齐河县	济青二线	28	1000	在建
甘肃省平凉天然气支线管道	平凉康润燃气有限公司	西气东输二线平泉	平凉工业园	38	180	在建
江西天然气管网工程井冈山支线	江西天然气控股公司	井冈山	莲花县	203	100	在建

近几年，随着中国多省市“气化”工程的实施，区域管道规划建设步伐加速。据不完全统计，2016 年中国已建、在建区域管道长度接近 2000 千米，供气能力进一步增强。

2. LNG 接收能力再上新台阶，经营主体多元化趋势明显

截至 2016 年底，中国 LNG 接收站总接卸周转能力达 4680 万吨/年，较上年同期增加 600 万吨。2016 年，唐山 LNG 二期工程全面建成投产，新增接收能力 300 万吨/年，一期、二期总计接卸周转能力达 650 万吨/年；中石化广西北海 LNG 接收站一期工程投运，接卸周转能

力达 300 万吨/年；中石化浙江温州 LNG 接收站和中海油江苏滨海 LNG 接收站获国家核准。目前在建接收站 5 座，加上大连、江苏、宁波等二期在建项目，在建能力超 1500 万吨/年。

LNG 接收站建设和运营主体多元化趋势明显，市场竞争日趋激烈。广汇能源、新奥能源分别在江苏启东、浙江舟山建设 LNG 接收站，预计 2017 年建成投产。湖北能源、长联石油分别与山东滨州市政府和辽宁营口市政府签署合作建设 LNG 接收站协议；华电集团向天然气上游领域延伸业务，计划在连云港建设 LNG 接收站，并已与 BP、雪佛龙等企业签署购销协议；2016 年，新奥能源与道达尔、雪佛龙等公司签署供气协议，累计合同量近 150 万吨/年。

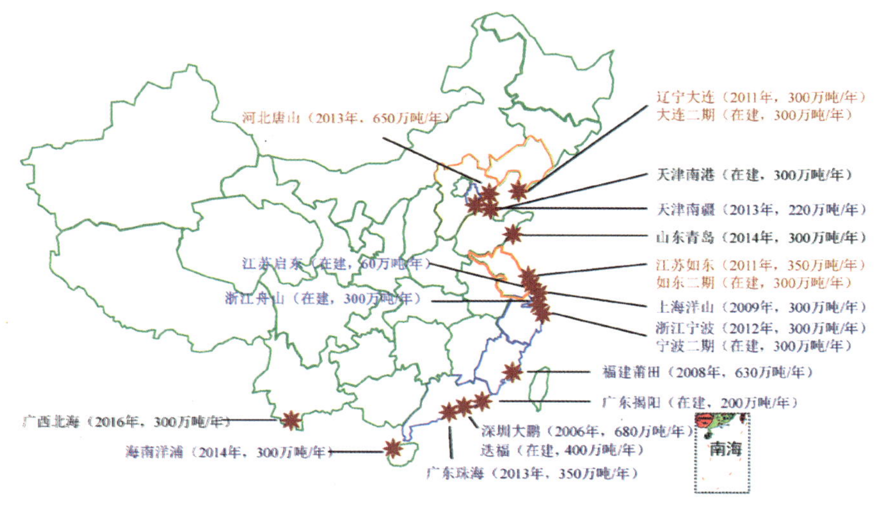

图6-1-12　中国LNG接收站示意图

数据来源：海关总署

3. 储气库建设有序推进，工作气量超 60 亿立方米

截至 2016 年底，中国建成储气库总工作气量超过 60 亿立方米，较上年增长 7 亿立方米，约占当年全国天然气消费总量的 3%，但与欧美发达国家 15%～20%的比例水平差距较大。中国储气库建设有序推进，储气库技术不断创新。4 月中国石油西南油气田储气库钻井工程全面完成，5 月华北油田苏桥储气库群注采井首次实现井口压力远传。中国石化文 23 储气库先导工程在中原油田开工，储气容量 100 亿立方米，开启了全国最大地下储气库全面建设的序幕；6 月盐穴地下储气库——金坛储气库一期工程投产试运，未来全部投产后库容量将达到 4.59 亿立方米，可用于调峰气量 2.81 亿立方米。7 月国内首个含水层储气库前期勘探评价研究工作圆满完成，中俄东线楚州储气库顺利通过预可研复审。

第二节　中国天然气市场展望

2017 年，国内宏观经济延续缓中趋稳态势，主要用气行业产能过剩问题依然存在，但受环保政策推动，国内天然气需求稳中趋升。天然气供应稳定增长，产量增速回升，进口量仍保持较高增速，市场供需总体宽松，季节性供需矛盾将进一步加剧。

一、2017年中国天然气需求展望

1. 天然气市场需求稳中趋升

预计2017年，全国天然气表观消费量为2162亿立方米，同比增长5.9%；考虑库存因素，预计天然气消费量为2130亿立方米，同比增长6.5%，比2016年上升0.1个百分点。天然气在一次能源消费结构中占比将达到6.5%。天然气市场需求受宏观经济、价格、环保政策等因素影响显著。2017年，电力、钢铁、玻璃、陶瓷等主要用气行业仍面临产能过剩问题，用气需求不旺。而国家将在年底对大气污染防治行动计划目标完成情况进行考核，环保需求尤其是雾霾治理迫切要求增加清洁能源比重，推进各地加快煤改气进程，拉动用气需求增长。国家提出了2017年天然气消费占比6.8%和2020年天然气消费占比10%的规划目标，当前政策情景下实现这些目标面临较大挑战，亟须国家强有力的政策支持和引导。

2. 城市燃气拉动需求作用明显

2017年，城市燃气需求将保持快速增长，同比增长13.2%，至927亿立方米，交通用气有望恢复增长。发电用气稳健增长，同比增长7.0%至373亿立方米。工业用气需求不旺，同比增长2.1%至589亿立方米。化工用气低迷，同比下降5.8%至241亿立方米。城市燃气、发电用气占比上升；工业燃料、化工化肥用气占比下降（图6-2-1）。

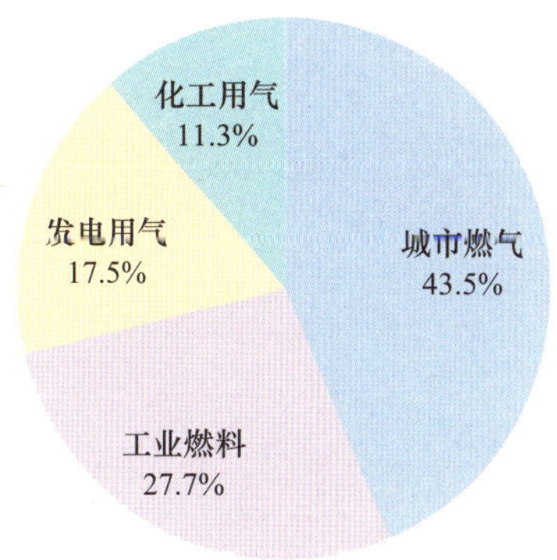

图6-2-1　2017年中国天然气消费结构

数据来源：中国石油集团经济技术研究院

（1）城市燃气需求快速增长。随着中国城镇化水平的提升和城市区域管网的逐步完善，居民、商业用气快速增长。中央财经领导小组第十四次会议上习近平总书记提到“推进北方地区冬季清洁取暖，关系北方地区广大群众温暖过冬，关系雾霾天能不能减少，是能源生产和消费革命、农村生活方式革命的重要内容”，并将天然气和电能作为清洁采暖的主要方式，这将拉动采暖用气大幅提升，淡旺季峰谷差进一步加大。交通用气将随着油价的逐步回升，经济性优势再现，有望恢复增长。

（2）发电用气稳步增加。随着国家下调非居民用气门站价格和门站气价格市场化试点改革的推进，加之煤炭价格的回升和环保压力的升级，重点地区气电成本较煤电成本劣势缩小，部分气电企业或能扭亏为盈，发电用气需求有望稳步增长。

（3）工业用气有望回升。2017 年，钢铁、玻璃、陶瓷等工业制造业去产能化效果初步显现，环保政策、气价政策、企业产品结构调整和质量升级要求将推动部分工业企业实现从燃料油和煤炭燃料向天然气的过渡，推动用气需求回升。

（4）化工用气低迷。尽管煤炭价格和油价逐步回升，但天然气作为化肥化工原料仍然不具有成本优势。加之产能严重过剩，化肥化工用气需求将持续低迷。

二、2017 年中国天然气供应展望

预计 2017 年中国天然气产量稳步增长，进口量继续保持较高增速，天然气供应总体宽松，但受储气调峰能力不足影响，季节性供需矛盾将更为突出。

1．国内天然气产量增速稳步回升

2017 年，中国天然气勘探开发稳步推进，产量稳步增长。预计国内气产量（含煤制气，不含地方企业煤层气）将达 1380 亿立方米，同比增长 2.9%，供应结构占比 62.8%（图 6-2-2）。预计全年中国天然气市场供应总体过剩，但受储气调峰能力不足影响，季节性供需矛盾难以缓解。

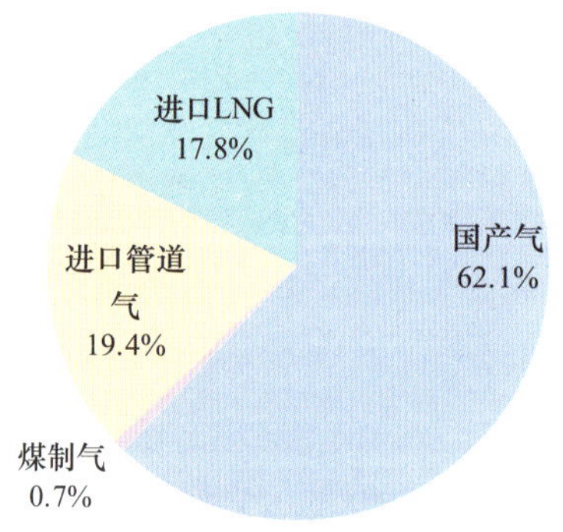

图6-2-2　2017年中国天然气供应结构

数据来源：中国石油集团经济技术研究院

2．进口量保持快速增长

随着中石化天津南港、广汇启东、新奥舟山、中海油粤东、迭福 LNG 接收站的陆续建成投产，中国 LNG 接收能力大幅提升，全国 LNG 接收能力将超过 6000 万吨/年。随着澳大利亚 APLNG、高庚 LNG 项目的逐步达产，2017 年新增长贸 LNG 可进口资源量将超过 1500 万吨。综合考虑需求和经济性因素，预计 LNG 进口量超过 2800 万吨，同比增长 12.3%。管

道气进口量稳步增长，预计进口量为425亿立方米，同比增长10.2%。预计2017年中国天然气进口量为815亿立方米，同比增长11.2%，占消费量的比例为38.3%。

进口气价格方面，由于长贸LNG价格与油价挂钩滞后5～6个月，预计2017年进口管道气和进口LNG价格将小幅回升，但仍将保持较低水平。

（本章撰写人：段兆芳　孙文宇　徐　博　冯陈玥）

油气生产篇

第七章　国内外油气勘探开发行业发展

2016 年，全球油气剩余探明可采储量分别增长 0.2%和 0.3%，石油生产保持稳产，天然气产量增长 2.1%。上游投资连续两年下降，北美降幅最大。美国页岩油生产盈亏平衡点下降，主要页岩油盆地盈亏平衡点集中在 30～40 美元/桶。全球工程技术服务市场规模和工程技术服务价格进一步下降。国内油气勘探储量高峰期增长惯性使得油气探明储量保持了较高水平，新增油、气探明地质储量超过 10 亿吨和 5000 亿立方米。油气产量油降气稳，全年原油产量大跌 7.1%，难以维持 2 亿吨水平，天然气产量保持小幅增长，年产量接近 1380 亿立方米；页岩气生产稳步增长，全年产量 70 亿立方米左右。全国油气上游投资继续缩减，前三季度，三大石油公司上游业务出现全面亏损。

第一节　世界油气勘探开发现状和趋势

2016 年，因持续低油价，勘探开发投资进一步下跌，但勘探开发活动并未明显萎缩，世界油气产储量基本维持稳定。尽管全球油气新发现数量减少，但因非洲等地区出现大型油气发现，油气平均发现规模回升。预计未来全球勘探开发投资将随油价回升触底反弹。

一、全球油气储量维持稳定

2015 年，全球石油剩余探明可采储量首次出现下降，天然气储量继续基本维持稳定（图 7-1-1）。2015 年，全球石油剩余探明可采储量 2410 亿吨，同比下降 0.2%。储量下降主要是因为受油价持续低迷影响，勘探开发投资进一步下降，多数资源储量不同程度下降，其中巴西、秘鲁、哥伦比亚储量降幅超过 10%。2015 年，全球天然气剩余探明可采储量 190.7 万亿立方米，同比增长 0.35%。天然气储量增长主要来自美国、中国、印度和马来西亚。

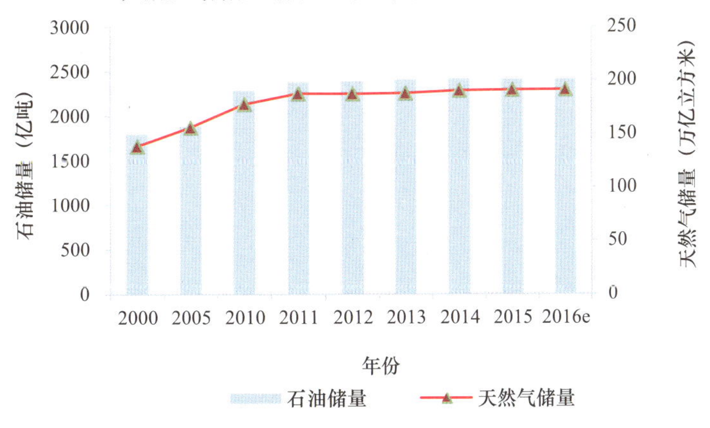

图7-1-1 2000—2016年全球油气剩余探明可采储量

数据来源：中国石油集团经济技术研究院

估计2016年全球石油剩余探明可采储量可回升至2415.8亿吨，同比微增0.2%。储量增长主要来自安哥拉、尼日利亚、美国得克萨斯州、阿拉斯加等地区大型油田发现。因油价将在2016年触底后回升，勘探投资恢复将促进非洲、墨西哥湾、巴伦支海和挪威海等深水领域勘探活动增加，预计全球石油剩余探明可采储量缓慢增长。

估计2016年全球天然气剩余探明可采储量达191.2万亿立方米，同比增长0.3%，同比基本维持稳定。新增储量主要来自深水发现，在俄罗斯、埃及、坦桑尼亚、安哥拉、马来西亚等国家相继发现了大型气田。此外，中亚地区里海周边以及土库曼斯坦复兴气田前景区勘探也获得天然气发现，储量继续增长。

二、全球油气发现继续下降

2015年，全球新油气田发现数量进一步减少，全年共获得277个油气发现，同比减少约36%（图7-1-2）。其中，新发现油田147个，同比下降37%；新发现气田130个，同比减少35.3%；钻获油气储量共计22亿吨油当量，同比减少6.3%。海上新增油气储量远多于陆上，其中海上新增储量为18亿吨油当量，同比增长38.5%；而陆上新增油气储量为4亿吨油当量，同比大幅下降63.6%。得益于非洲地区海上大型天然气田发现，全年油气发现平均规模在近3年来首次回升至812万吨，同比增长46.8%。

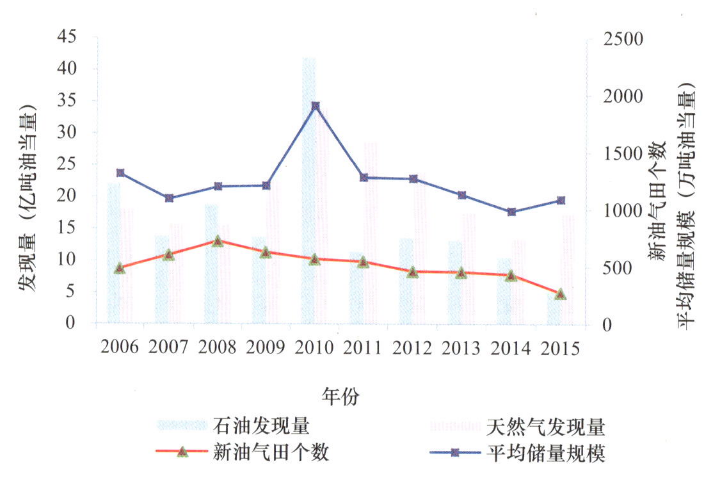

图7-1-2 2010—2015年全球油气发现[①]统计

①油气发现数据不含北美地区

数据来源：IHS，2016

2015年，天然气仍是油气发现的重要来源。在全球最大的10个新油气发现中有8个是气田，主要集中在海上。其中，非洲海上是油气新发现的主要地区，埃及、毛里塔尼亚和塞内加尔成为近年来的新兴天然气发现地区（表7-1-1）。

2016年，全球重要油气发现主要位于海上，各区均有分布。其中，马来西亚东部海岸、埃及尼罗河三角洲、安哥拉宽扎盆地、尼日利亚尼日尔三角洲和俄罗斯鄂霍茨克海域均有较大油气发现（图 7-1-3）。美洲地区美国和圭亚那有较大石油发现。2016 上半年全球共获得 70 个油气发现，总储量达 25 亿桶油当量，而 2015 年同期，全球共获得 116 个油气发现，总储量达 60 亿桶。估计 2016 年全年油气新发现储量低于 2015 年，延续 6 年以来的下降趋势。

表7-1-1　2015年世界十大油气发现

排序	国家	油气田	所在盆地	发现者	海陆	油气类型	2P可采储量（百万吨油当量）
1	埃及	Zohr	尼罗河	埃尼公司	海上	气	459.4
2	毛里塔尼亚	Ahmeyim	塞内加尔	Kosmos能源公司	海上	气	189.5
3	塞内加尔	Ahmeyim	塞内加尔	Kosmos能源公司	海上	气	155
4	安哥拉	Katambi 1	宽扎	BP公司	海上	油气	140.2
5	毛里塔尼亚	Marsouin 1	塞内加尔	Kosmos能源公司	海上	气	114.8
6	土库曼斯坦	Garakel	阿姆河	Turkmengaz公司	陆上	气	80.4
7	马来西亚	Jerun 1	洛克尼亚省中部	SapuraKencana能源公司	海上	气	51.5
8	坦桑尼亚	Mambakofi 1	坦桑尼亚	Dodsal水电公司	陆上	气	43.5
9	美国	Sicily	锡格斯比	加州联合石油公司	海上	油	41.1
10	埃及	Atoll	尼罗河	BP公司	海上	油气	38.5

资料来源：IHS。

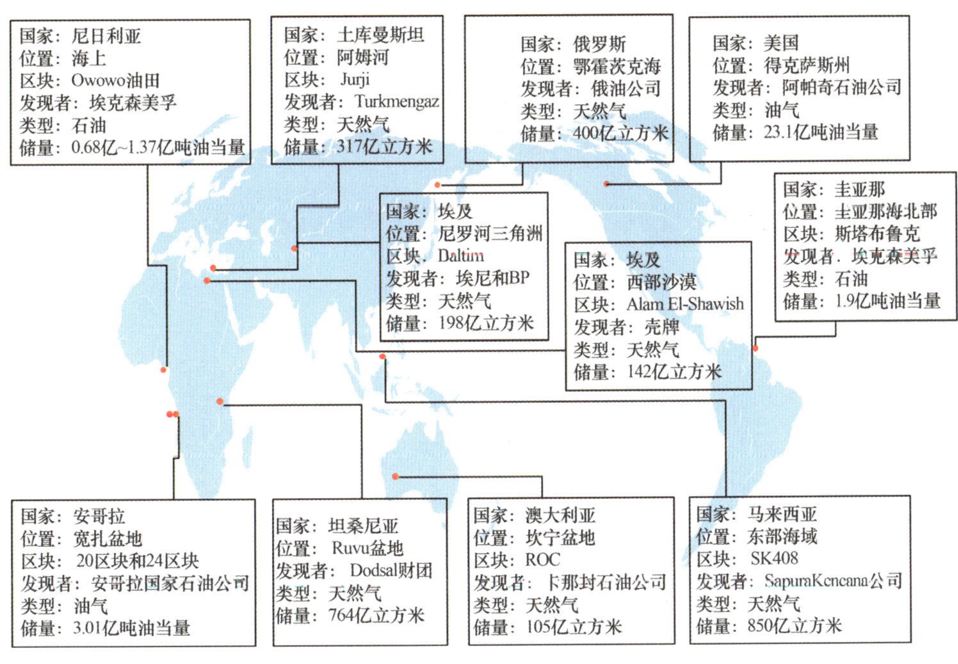

图7-1-3　2016年世界重要油气发现

资料来源：中国石油集团经济技术研究院

三、产量油稳气增

2015 年全球石油产量保持增长，达 42.5 亿吨，同比增长 2.5%。欧佩克产油国因财政压力并未减产，产量达 18.1 亿吨，同比增长 3.1%。其中，中东地区欧佩克重点产油国产量增长弥补了非洲欧佩克产油国以及委内瑞拉石油产量递减。非欧佩克国家产量同比增长 2.2%。其中，美国石油产量增至 4.7 亿吨，同比增长 7.4%，俄罗斯石油产量再创历史新高，达 5.34 亿吨，中国、加拿大等主要产油国石油产量也在增长。

2015 年，全球天然气产量为 3.58 万亿立方米，同比增长 1.6%。天然气产量增加主要来自美国、伊朗、卡塔尔、中国、挪威等产气大国，以及尼日利亚、马来西亚、文莱、越南等新兴产气国。

估计 2016 年全球石油产量达到 42.54 亿吨，同比基本维持稳产（图 7-1-4）。欧佩克一直维持稳产战略，尽管在 11 月底达成了自 2008 年以来的首次限产协议，出台了具体的限产配额，将产量限制在 3250 万～3300 万桶/日，但对 2016 年欧佩克石油产量保持增长的趋势影响不大，估计 2016 年石油产量达 18.5 亿吨，同比增长 2.3%。尽管俄罗斯表示愿意加入该协议，但历史经验表明俄罗斯石油产量不会下降，估计 2016 年产量将达 5.4 亿吨。持续的低油价导致美国页岩油开发热潮有所消退，估计 2016 年石油产量将降至 4.5 亿吨，其中页岩油产量 2.05 亿吨，同比下降 12.7%。非洲重点产油国受政治安全形势恶化影响，石油产量将降至 3.82 亿吨，同比下降 3.7%。

估计 2016 年全球天然气产量将达 3.66 万亿立方米，同比增加 2.1%（图 7-1-4）。除了中南美洲外，各地区天然气产量均有不同程度增长，北美地区增长 0.5%。其中，美国天然气产量达 7700 亿立方米，同比增长 0.4%，主要是因为 2016 年初美国放开了 LNG 出口以及增加天然气发电。但美国页岩气产量出现下降，估计 2016 年页岩气产量为 1390 亿立方米，同比下降 2%。俄罗斯中亚地区增长 1.5%，欧洲增长 1.1%，中东地区增长 5.5%，非洲增长 0.1%，亚太地区增长 5.6%。

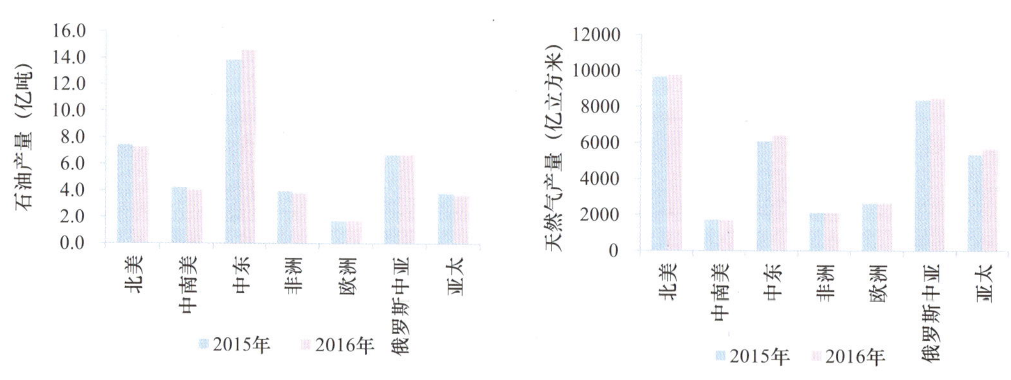

图7-1-4　2015—2016年全球油气产量（2016年为估计值）

数据来源：中国石油集团经济技术研究院

四、全球油气勘探开发投资将从 2016 年触底后回升

全球油气上游业投资从 2016 年中期开始好转。2015—2016 年全球油气上游投资连续两年下降，2016 年降至 3752 亿美元。2016 年底上游投资回升，预计 2017 年将达到 4030 亿美元，同比增长 7%。随着油价触底回升，全球油气勘探开发投资到 2020 年将增至 5765 亿美元，但很难再达到 2013—2014 年的 7000 亿美元左右的水平（图 7-1-5）。

2016 年，各地区陆上勘探开发资本支出均有不同幅度下降，北美地区降幅较高。因开发项目数量和油田服务费用大幅降低以及钻井效率大幅提升，估计 2016 年北美地区陆上资本支出将继续下降 31%。亚太地区在油价出现跌势时，大型资本项目均已度过了开发周期，估计 2016 年将降至 620 亿美元，仅为 2014 年的 71%。中东地区油气上游资本支出受低油价影响最小，尽管目前国际石油市场一片哀鸿，中东各国家石油公司仍维持原有的长期投资计划。俄罗斯中亚等地区陆上勘探开发支出也出现 8%的小幅下降。预计 2017 年随着欧佩克和非欧佩克减产协议实施，中东地区和俄罗斯陆上油气开发支出将出现小幅下降，其他地区则有望回升。预计 2017 年以后，全球各地区的陆上油气勘探开发支出将回升，这种趋势将延续到 2020 年。

相对陆上项目，海上油气勘探开发支出恢复较慢。2015 年，全球海上油气勘探开发支出降幅为 14%，而陆上降幅为 39%，海上项目勘探开发支出降幅比陆上项目小。估计 2016 年全球陆上油气勘探支出降幅为 20%，海上降幅为 28%。陆上油气勘探支出将从 2016 年触底后回升，海上油气勘探支出将从 2017 年触底回升。这主要是因为海上项目周转期较长，海上资本支出的恢复过程比陆上项目更慢。许多已推迟的海上油气项目将会重新规划设计，使其在低油价下具备竞争力。

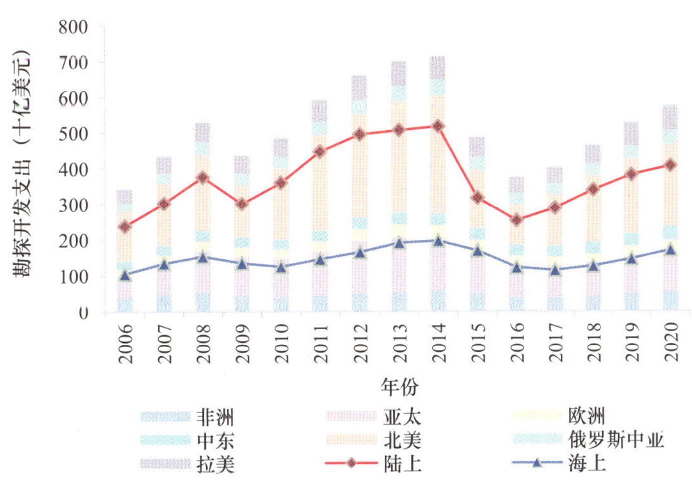

图7-1-5　2006—2020年全球各区上游资本支出

数据来源：IHS，2016

五、全球工程技术服务市场规模进一步萎缩

2016 年，国际油价持续低位震荡，1 月和 2 月两次触底跌破 30 美元大关，虽然之后呈现缓慢回升之势，但仍保持在 40～50 美元/桶的低位。持续两年的低油价对石油石化行业产生了深远的影响，石油公司生产经营面临巨大压力，被迫进一步压缩勘探开发投资，裁减作业项目，压低服务价格，导致全球工程技术服务市场规模进一步萎缩。Spears &Associates 公司 10 月份报告显示，2016 年全球工程技术服务市场规模约为 2213.11 亿美元，同比下降 33%，规模和降幅均达到近 10 年之最（图 7-1-6）。

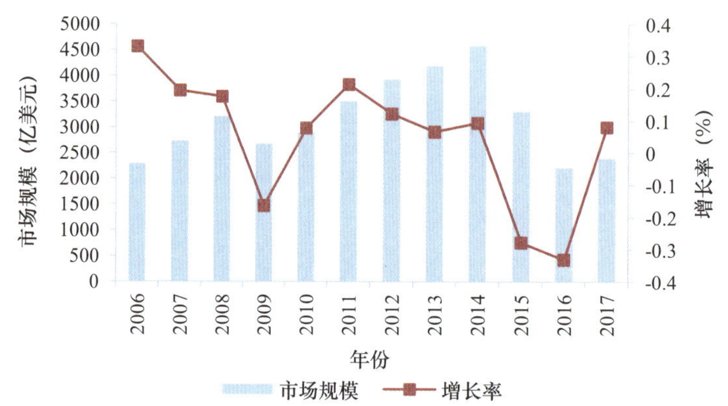

图7-1-6　2006—2016年全球油田工程技术服务市场规模及增长率变化

数据来源：Spears & Associates公司，2016年10月

2016 年，工程技术服务各个板块收入均有所下降，相比 2015 年降幅加大（表 7-1-2）。石油公司压缩投资规模，裁减作业项目导致油气勘探和产能建设受到较大冲击，工程技术服务公司的物探装备与服务以及钻完井业务收入下降幅度最大。相比之下，油田开发受到的冲击较小，虽然勘探及钻井工作量减少，但为了保证现有的生产建设，必须进行必要的生产建设投资，因此在油价低迷时期，油田工程建设服务板块收入下降幅度仅为 25%。

表7-1-2　2015—2016年全球石油工程技术服务板块收入状况

技术服务板块	2015年收入（亿美元）	2016年收入（亿美元）	年均增长(%)	2016年收入占总收入比例(%)
物探装备与服务	112.13	70.86	−36.8	3
钻井与完井服务	1799.06	1161.34	−35.4	52
测录试服务	191.10	122.59	−35.9	6
油田生产服务	507.86	334.79	−34.1	15
油田工程建设服务	697.80	523.53	−25.0	24
总计	3307.95	2213.11	−33.1	100

数据来源：Spears & Associates公司，2016年10月。

工程技术服务市场的收入由工作量和服务价格共同决定，由于近两年石油公司压低工程技术服务价格，因此工程技术服务工作量的下降幅度小于市场规模的萎缩程度。2016 年，物

探服务板块市场规模同比减少 36.8%，海上三维地震工作量从 37 万平方千米降至约 30 万平方千米，降幅约为 19%。

2017 年，全球技术服务市场有望曲折回升。2016 年二季度以来，国际油价出现小幅回升，受高成本国家减少产量、欧佩克组织限产以及全球经济微弱复苏影响，2017 年全球石油市场供需预计趋向平衡，油价水平较 2016 年有所提高。外界环境的向好有助于提振石油公司的信心，重启勘探开发活动。IHS 预测 2017 年全球勘探开发投资将增加 7%。勘探开发活动的增加将扩大作业服务需求，推动工程技术服务市场小幅回升。Spears & Associates 公司预计 2017 年全球技术服务市场规模为 2392.2 亿美元，同比增长 8%。

全球动用钻机数先抑后扬，北美地区初现复苏态势。从历史数据来看，动用钻机数的走势和油价走势相同但有所滞后（图 7-1-7）。2016 年初，国际油价进一步深跌，全球勘探开发活动放缓，钻井承包服务需求明显下降，全球动用钻机数延续 2015 年的跌势，5 月份为 1405 台，降至 1999 年以来的最低值。随着二季度世界石油市场基本面的改善，油价出现反弹，动用钻机数量触底回升，全年呈现先抑后扬的态势，截至 10 月份全球动用钻机数为 1620 台，相比 5 月份的低点增加 215 台，动用钻机数量触底后缓慢回升也反映市场景气度的逐步回升。

图7-1-7　2014—2016年全球动用钻机数和油价变化

①不包括中国和俄罗斯

数据来源：贝克休斯公司

全球动用钻机触底反弹主要得益于下半年北美地区钻井活动的复苏，2016 年上半年国际油价探底回升，走势再次企稳，油价回升至 45 美元/桶左右，部分北美页岩油生产商跃跃欲试，油气活动逐渐出现复苏迹象。北美以外地区的动用钻机数在前三季度持续下降，虽然油价上升至 45~50 美元/桶，但仍没有超过油气生产成本，动用钻机数没有明显回升。中东地区的油气生产成本较低，在这一轮的低油价中，为保市场份额，钻探活动较活跃，动用钻机数量基本保持稳定（表 7-1-3）。

北美地区与资本市场联系最为紧密，对市场的反应较快，随着 2014 年油价暴跌，北美地区首当其冲，动用钻机数量跌幅超过北美以外其他地区。尽管动用钻机数量不断减少，但美国页岩油气产量没有下降，主要是因为美国页岩油公司动用了部分新钻但未完井作业的页岩油井。油价反弹至 45 美元/桶，北美地区动用钻机数量迅速增加，页岩油产量增长将在一定程度上影响国际限产的努力，制约油价的涨势。

表7–1–3　2016年全球动用钻机数①

时间	布伦特均值（美元/桶）	动用钻机数（台）								
		南美	欧洲	非洲	中东	亚太	北美以外	加拿大	美国	合计
1月	31.93	243	108	94	407	193	1045	192	654	1891
2月	33.53	237	107	88	404	182	1018	211	532	1761
3月	39.79	218	96	91	397	183	985	88	478	1551
4月	43.34	203	90	90	384	179	946	41	437	1424
5月	47.65	188	95	91	391	190	955	42	408	1405
6月	49.93	178	91	87	389	182	927	63	417	1407
7月	46.53	186	94	82	390	186	938	94	449	1481
8月	47.16	187	96	81	379	194	937	129	481	1547
9月	45.45	189	92	77	386	190	934	141	509	1584
10月	51.5	183	87	77	391	182	920	156	544	1620
11月	47.10	181	97	79	380	188	925	173	580	1678

①不包括中国和俄罗斯。

数据来源：贝克休斯公司。

工程技术服务价格下跌。据 Spears & Associates 公司预测，2016 年陆上钻井承包业务市场规模约下降 39%，陆上钻井市场需求疲软，钻井价格下降。其中，美国陆上钻井日费平均约为 2.44 万美元，同比下降 5.6%（图 7–1–8）。虽然美国地区动用钻机数相比 5 月份的低点有所反弹，但油价仍处于低位徘徊，油田设备和服务供应商没有更多讨价还价的能力，2016 年美国陆上钻井价格不会有太大的变动。

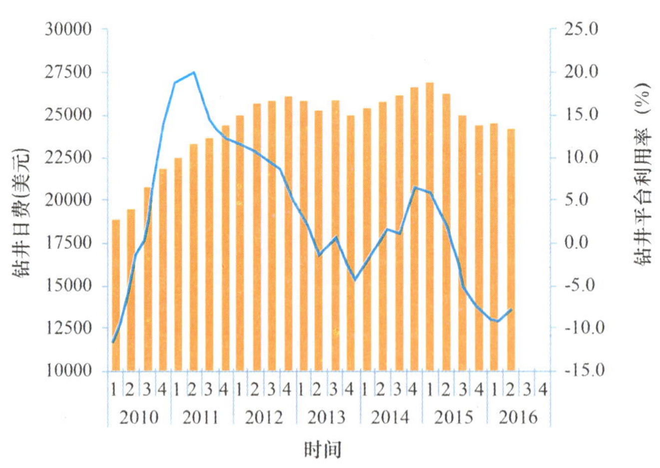

图7–1–8　2010—2016年美国陆上钻井价格变化

数据来源：Spears & Associates公司，2016年9月

2016 年，海上钻井承包业务市场规模约下降 27%，服务需求下降，装备闲置导致各种类型海上钻井日费和钻井平台利用率均有不同程度下降。根据 IHS 统计资料，作业水深超过 7500 英尺的钻井船利用率从 2015 年的 75%左右下降至 55%，日费降至约 28 万美元（图 7-1-9）。相同水深的半潜式钻井平台利用率降至 40%，日费降至约 30 万美元（图 7-1-10）。

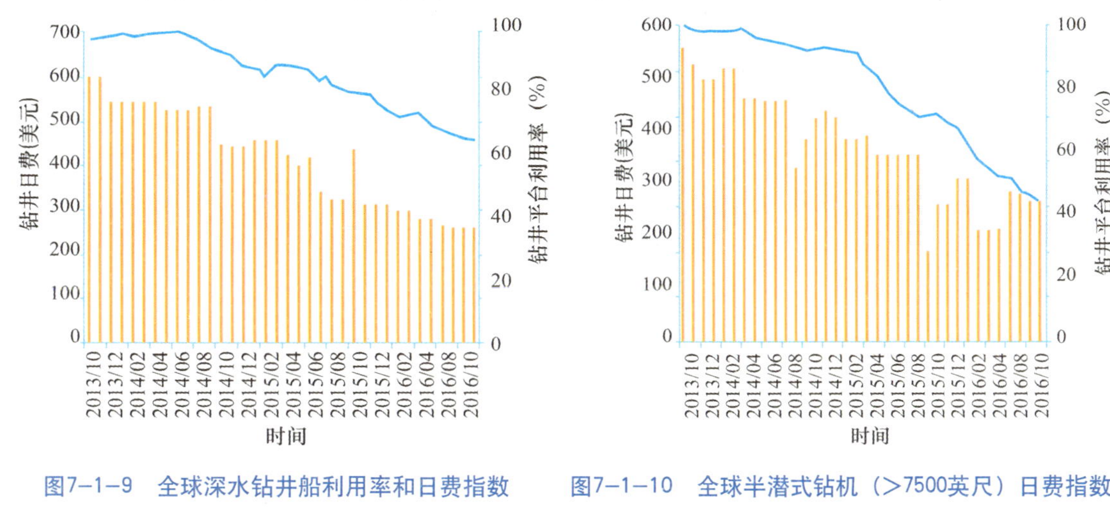

图7-1-9 全球深水钻井船利用率和日费指数

数据来源：IHS，2016

图7-1-10 全球半潜式钻机（>7500英尺）日费指数

数据来源：IHS，2016

六、重点事件回顾

1. 非洲深水项目投资大幅缩水，部分地区勘探开发仍保持活跃

2016 年，非洲深水勘探开发投资达 133 亿美元，同比下降 29%。削减主要来自西非尼日利亚、安哥拉和东非加纳、莫桑比克未审批深水项目推迟审批。其中，尼日利亚因安全形势恶化，勘探活动放缓，深水油气田开发项目基础设施建设进展缓慢，目前将未审批的 11 个深水项目推迟到 2022 年左右开发。而安哥拉和莫桑比克因债务危机，上游领域投资削减，推迟了 6 个未审批的深水项目审批。低油价下，加纳也推迟了 3 个未审批深水项目审批。预计未来五年内由于低油价的持续影响，深水项目的开支将继续被压缩。这些国家未审批的深水项目最终投资决定（FID）仍将面临延期和取消的挑战。

但撒哈拉以南非洲的深水项目开发及新兴资源国的油气勘探较为活跃。西非地区，在油价下跌前就已经批准的 33 个深水项目将按原计划进行，如道达尔在尼日利亚的 Egina 项目、在安哥拉的 Kaombo 项目以及在刚果的 Moho Nord 项目等。加纳 3 个大型深水项目正进行开发。北非地区，埃尼和 BP 分别对埃及的 Zohr 气田开发项目和 Atoll 气田开发项目做出了 FID，预计埃及未来天然气产量将大幅增长。东非地区，埃尼公司通过了莫桑比克海上 4 区块 Coral South FLNG 项目 FID。大西洋边缘带的新兴资源国的油气勘探活跃。过去几年这些是全球勘探成功率最高的地区之一，估计 2016 年将保持这一形势。国际石油公司在塞内加尔 Bove 盆地、几内亚、科特迪瓦、刚果、加蓬、肯尼亚和埃塞俄比亚等国家的勘探活动较为活跃，预计未来非洲这些国家可能是获得重要油气发现的主要国家。

2. 低油价下美国页岩油开发成本继续下降

自2014年油价下跌以来，低油价一度拖累美国页岩油开发。低油价下，页岩油气压裂技术进步，钻井成本下降40%以及钻井效率提高20%，使得美国页岩油气开发成本大幅下降。从2014年行业人士都认为油价需达70～80美元/桶时页岩油开发能够实现盈亏平衡，到2015年则认为55～65美元/桶就能够实现盈亏平衡。而随着技术的提升和工程服务成本压缩，2016年美国最主要的四大页岩油盆地的井口盈亏平衡价格已经降到40美元/桶以下，主要集中在30～40美元/桶（图7-1-11）。根据2016年美国动用钻井数和油价间的关系可以判断，当油价回升到45～50美元/桶时，美国动用钻井数开始回升，页岩油开发活动开始恢复，当油价低于45美元/桶时，钻井活动开始萎缩。表明大部分美国页岩油商对油价回升的预期将促使页岩油开发，预计当油价达50～55美元/桶时，美国页岩油开发将保持稳定。

页岩油开发盈亏平衡点将动态调整。低油价下，工程技术服务供需宽松，服务价格降低是美国页岩油盈亏平衡点下降的主要原因。一旦油价回升，工程技术服务供需将由松转紧，服务价格也将有所回升，页岩油盈亏平衡点也将反弹。从2016年美国动用钻机数与油价变化关系看，50美元/桶大体可以视为美国页岩油开发的平均成本水平。

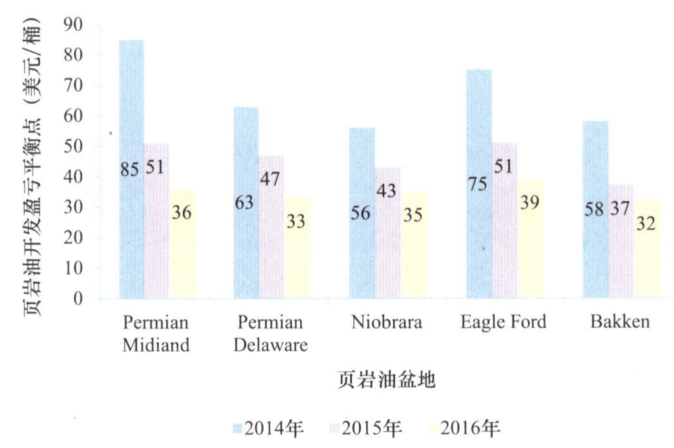

图7-1-11　美国主要页岩油盆地开发盈亏平衡点

资料来源：Rystad Energy

（本节撰写人：张燕云　王　超）

第二节　中国油气勘探开发现状与趋势

2016年，油价低迷，上游勘探开发投资继续缩减，全年有近30项重要勘探发现或突破，重大发现较上年减少；油气生产受到重创，各油气生产企业上游生产经营均出现亏损。原油产量大幅下降 7.1%，跌破 2 亿吨，天然气产量保持 2.1%的小幅增长，全年预计 1378 亿立方米。页岩气开发保持增长势头，全年产量 70 亿立方米左右，煤层气可增至 48 亿立方米的地面开采量。若 2017 年油价回升，油气生产有望逐渐恢复。

一、2016 年中国油气勘探形势

2015—2016 年，上游勘探开发投入缩减，工作量下降，尽管新增油气探明地质储量保持了较高水平，但重大发现不多，新增储量动用难度大。全国探井成功率保持了 47% ~ 75%的较高水平。

1. 油气储量变化情况

截至 2015 年底，中国已探明油气田 980 个，石油剩余探明可采储量 25.69 亿吨，天然气剩余探明可采储量 3.8 万亿立方米，页岩气剩余探明可采储量 626 亿立方米。

根据国土资源部《全国石油天然气资源勘查开采通报》，2015 年全国石油新增探明地质储量 11.18 亿吨，连续 9 年超过 10 亿吨，大于 1 亿吨的盆地 3 个，分别是鄂尔多斯盆地、塔里木盆地和渤海湾盆地海域，大于 1 亿吨的油田 2 个，为姬塬油田和环江油田。全国天然气新增探明地质储量 6772 亿立方米，连续 13 年超过 5000 亿立方米，大于 1000 亿立方米的盆地 3 个，分别是四川盆地、塔里木盆地和东海盆地。

储量增长高峰期惯性使然，估计 2016 年新增石油、天然气探明地质储量还可保持超过 10 亿吨和 5000 亿立方米的水平。

2. 2016 年主要油气发现

2016 年，面对严峻形势，油气企业大幅压缩油气勘探开发投资，但在勘探投入上确保重点区域、重点项目的持续性勘探，在老油区加强精细勘探，在新领域、新层系中取得勘探突破。2016 年的 20 项重要油气发现或重要勘探突破中油和气平分秋色。在 2016 年主要油气发现中，新层系、深层系、新领域的勘探突破成为亮点（图 7-2-1）。

塔里木盆地发现顺北特大型油田，石油资源量达 12 亿吨；渤海湾盆地古生界、中生界古潜山勘探双获重要发现；松辽盆地大洼—海外河陡坡带沙三段砂砾岩勘探获得重大发现，老油区新领域获得勘探活力；鄂尔多斯盆地老区新层系再获高产油气发现，盆地中部本溪组勘探获得新突破；四川盆地海相碳酸盐岩勘探取得泥盆系新层系发现；低阶煤层气勘探在二连盆地获得突破，试产稳定性较好；银额盆地新晋中国石炭系—二叠系含油气盆地。

令人关注的是，贵州遵义千亿立方米的高产重大油气发现，安页 1 井获得 4 个地质层系页岩气、油气重大突破，首次发现高产海相致密天然气藏，含气地层累计厚 68 米；首次发现石牛栏组和宝塔组两个油气新层系，石牛栏组获得每日超过 10 万立方米稳定气产量，宝塔组钻遇 13 米厚高压气层，放喷火焰高达 20 米。此外，还发现厚达 147 米的栖霞组含油气地层，是四川盆地外首次在该地层获得的重要油气发现。尽管目前只钻了一口井，掌握的数据还不充分，但其对中国南方油气勘探开辟新区域，具有重要的发现意义。

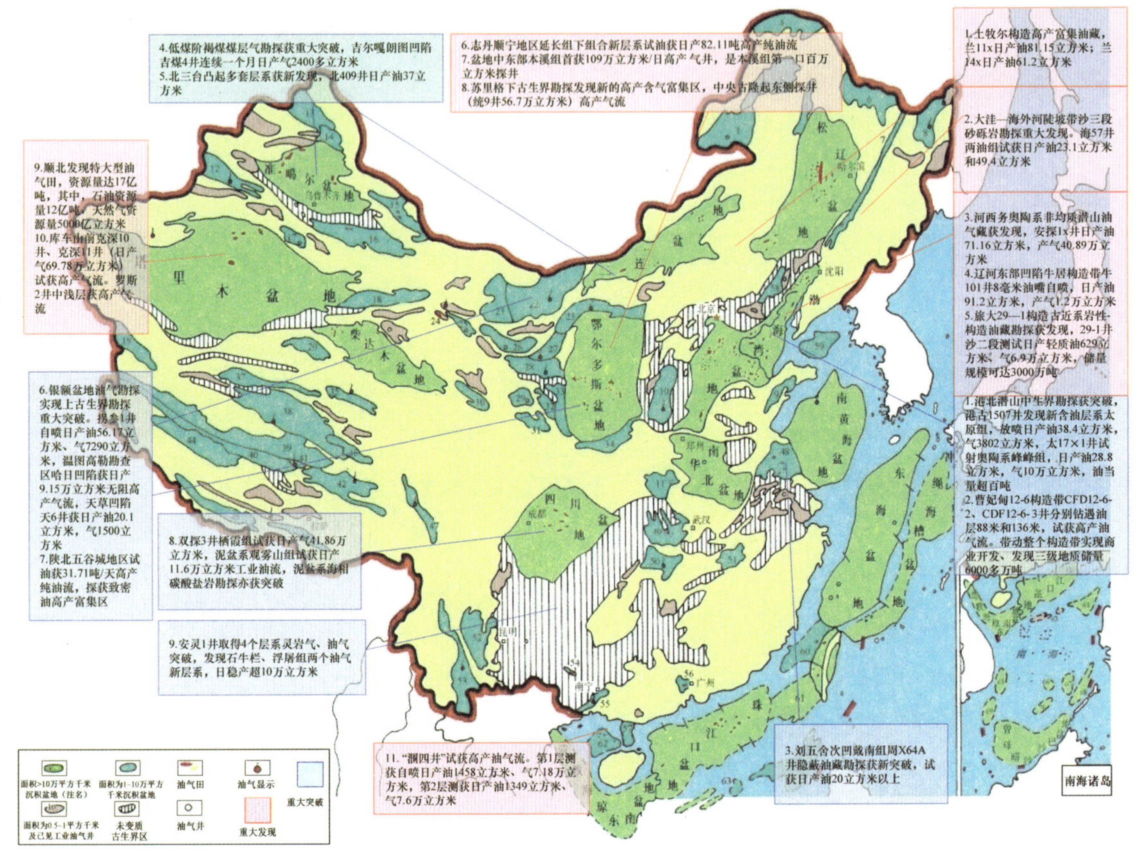

图7-2-1　2016年油气勘探重要发现和重大突破

数据来源：中国石油集团经济技术研究院

二、2016 年中国油气开发和生产形势

持续的低油价给中国油气生产带来严重的负面影响。2016 年 1—11 月，全国石油产量 1.81 亿吨，同比大幅下降 7.1%，1—11 月天然气产量 1211 亿立方米，同比小幅增长 1.7%，增幅缩小（表 7-2-1）。在持续低油价压力下，老油田大庆、长庆、胜利等大型油气生产企业出现亏损，有序调减了高成本产量。天然气生产保持了产量小幅增长，西南、塔里木等天然气生产企业保持了较好势头。

全国原油产量再次出现负增长，且是新中国成立以来唯一超过千万吨的最大产量降幅，全年保证 2 亿吨的国内原油产量有较大难度。天然气产量增速继续放缓，前 5 个月保持了 4% 的增幅，6 月份以来转变为负增长，但冬季用气高峰期将带来产量的较大增幅。全年预计产量 1378 亿立方米，保持 2.1%的小幅增长，页岩气全年产量 70 亿立方米左右。天然气增速放缓主要受两方面因素影响：一是 5 月份以来的淡季市场需求下降，天然气销售出现困境，压减了天然气生产；二是煤层气、致密气等非常规天然气上产难度较大，产量没有进一步大幅增长，煤层气全年地面开采量可增至48亿立方米左右。

表7-2-1　2016年中国油气产量

月　份	原油产量			天然气产量		
	2016年（万吨）	2015年（万吨）	同比增长（%）	2016年（亿立方米）	2015年（亿立方米）	同比增长（%）
1月	1769	1806	−2.1	131	126	4.1
2月	1622	1615	0.4	117	109	7.4
3月	1711	1797	−4.8	119	117	1.7
4月	1641	1733	−5.3	106	98	6.8
5月	1676	1811	−7.4	104	103	0.9
6月	1626	1784	−8.9	99	101	−2.0
7月	1664	1826	−8.8	101	105	−3.4
8月	1638	1830	−10.5	106	106	−0.3
9月	1592	1764	−9.8	100	98	2.0
10月	1593	1794	−11.2	107	109	−1.4
11月	1588	1752	−9.4	121	115	5.4
12月①	1700	1811	−6.1	167	160	4.4
全年	19820	21331	−7.1	1378	1350	2.1

①12月产量数据为预估数，累加了全年煤层气产量。

数据来源：国家发改委运行局。

面对低油价成为长期趋势的新常态，三大石油公司采取了缩减开发投资、调减产量的措施。前三季度，三大石油公司油气当量产量均出现不同幅度下降。其中，3家公司的原油产量均出现下降，中石化产量下降幅度最大，同比下降12.6%；前三季度，中石油和中石化的天然气产量分别保持了6.1%和5.1%的稳定增长，而中海油则出现5.2%的降幅（表7-2-2）。油气生产企业开始以销定产，全面转变了不计效益求规模增产的生产模式。

表7-2-2　2016年三大石油公司前三季度产量变化

公司	原油			天然气			总油气当量同比增长（%）
	2016年1—9月产量（百万桶）	2015年1—9月产量（百万桶）	同比增长（%）	2016年1—9月产量（10亿立方英尺）	2015年1—9月产量（10亿立方英尺）	同比增长（%）	
中石油	696.6	722.9	−3.6	2428.9	2289	6.1	−0.3
中石化	229.36	262.38	−12.58	557.15	530.14	5.09	−8.13
中海油	300	305.6	−1.83	343.3	362.2	−5.22	−2.29

数据来源：中石油、中石化、中海油的公司半年报、季报。

单位换算：1桶=0.136吨。

三、各大油公司勘探开发投入与工作量变化

1. 勘探开发投资继续下降，三大石油公司上游经营首现亏损

2016 年，油价低位运行，油气生产企业延续了 2014 年以来的投资削减策略，三大石油公司上游勘探开发计划投资削减幅度 10%左右。但 2016 年前三季度三大油企实际投资计划完成率较低，中石化仅为 19%（表 7-2-3），预计全年实际投资下降幅度超过 20%。

2016 年前三季度三大石油公司上游经营效益大幅下滑，首次出现全面亏损（表 7-2-4）。中石油上游利润为-39.49 亿元，中石化上游利润为-308.65 亿元，中海油上游销售收入也同比大幅减少 274.56 亿元，全年预亏。

表7-2-3 2016年三大石油公司上游实际投资情况

公司	2016年上游投资计划（亿元）	上游实际投资（亿元）	完成计划（%）
中石油	1429	395.5（1—6月）	28
中石化	479	92.06（1—9月）	19
中海油	600	336.4（1—9月）	56

数据来源：中石油、中石化、中海油的公司年报、半年报、季报。

表7-2-4 2016年三大石油公司前三季度上游经营利润/收入

公 司	2016年1—9月上游利润（亿元）	2015年同期上游利润（亿元）	2016年1—9月上游销售收入（亿元）	2015年同期上游销售收入（亿元）	同比减少（亿元）
中石油	−39.49	465.13	—	—	504.62
中石化	−308.65	−34.44	—	—	274.21
中海油	—	—	858.3	1132.86	274.56

数据来源：中石油、中石化、中海油的公司年报、半年报、季报。

2. 工作量大幅缩减

2015 年，全国勘探生产工作量继续削减。全年完钻探井 3000 余口，同比下降 14%，其中，中石油新钻探井数占 60%以上。全国完成开发井 2 万余口，同比减少 26%。地震工作量再降，全国完成二维地震勘探 8.4 万千米，同比下降 4%，三维地震量降幅较大，全年完成 3.3 万多平方千米，同比下降 24%。估计 2016 年，全国勘探生产工作量仍有较大幅度调减。

四、2016 年中国油气勘探生产特点

1. 老油区精细勘探成为增储新方向

面对油价与经营效益压力，油气生产企业更加正视油气资源禀赋较差的现实，调整勘探思路，注重油气勘探效益与储量质量，开启了“以效益为中心，重新认识，精细研究，重点突破老油区增储”的勘探新思路，老油区精细勘探取得了较好效果。松辽盆地重上龙西，用

新技术新理念改造“老对象”，获得亿吨级勘探规模。实践证明，探明程度高的老探区仍有较大勘探潜力，可能成为今后一段时期内储量增长的重点。

2. 油气开发重点转向优质高产的老油区和低成本生产区域

各油气生产企业强化成本费用管控，大幅压减低效原油产量和高成本措施，采取技术攻关、管理经营模式创新等手段，加强综合研究，优化方案部署，突出了重点盆地和规模有效储量的开发，开发重点转向优质高产的老油区和低成本生产区域。一些油田企业根据国际油价走势进行效益测算，及时调整生产计划，优化生产方案和产量结构；一些企业根据油价进行效益复算，采用经济适用技术进行勘探生产，取得了较好效果。操作成本得到有效控制（表 7-2-5）。

表7-2-5　2016年三大石油公司上半年操作成本同比变化

公司	2016年上半年操作成本（美元/桶）	2015年上半年操作成本（美元/桶）	变化（%）
中石油	11.32	12.61	−10.2
中石化	15.47	16.03	−3.6
中海油	7.42	9.6	−22.7

注：1.中石化数据经过换算，1桶=0.136吨，1美元=6.54元人民币。

2.操作成本只是完全成本的一部分。

数据来源：中石油、中石化、中海油公司半年报、季报。

3. 非常规油气盈利能力进一步下降

尽管国家一再提出要积极开发非常规油气资源，推进煤矿气权矿权统一，突破页岩气、煤层气发展瓶颈，推动实现大规模开发利用，并出台政策，将“十三五”期间煤层气（瓦斯）开采利用中央财政补贴标准从 0.2 元/立方米提高到 0.3 元/立方米。但正处于规模化上产的非常规油气（如煤层气、页岩气、致密油），由于开发成本高、效益差，依然无法摆脱靠补贴求发展的阶段。特别是受低油价、低气价影响，非常规油气盈利能力降低，上游生产企业被迫谨慎投资，非常规油气开发活动降温。

4. 环评程序复杂拖慢油气勘探步伐

环保要求日益严格，对生态敏感区监管力度加强，环评审批程序复杂，无形中加大了油田生产减排压力，拉长了油气勘探周期。海上油气勘探生产、致密和页岩油气生产等环保压力更为突出。新环保法加强了海洋环境监管，增加了海上钻井液的处理和减排压力，高昂的处置费用进一步降低了海上油田开采的经济性。致密、页岩油气开采由于技术的特殊性会带来空气污染、水污染、废物处置等环境问题，而中国南方页岩气有利区涪陵、长宁、威远等多位于丘陵地区，耕地肥沃，交通和水源受限，人口相对稠密，不仅井场选择受限，钻前工程量大、费用高，且受环境因素制约多。环境成本上升为油气生产企业生产经营带来严峻挑战。

五、2017年及2020年中国油气勘探开发展望

1．勘探开发投资持续缩减，2017年油气勘探生产压力巨大

2014年以来，油气上游勘探开发投资已经连续下降3年，相较高峰期投资下降幅度已超过40%，投资降低不可避免地带来储量替代困难，产量缩减。尽管2016年6月国土资源部发布全国新一轮油气资源动态评价结果显示，全国常规石油地质资源量达1257亿吨，可采资源量301亿吨，与2007年评价结果相比分别增长了64%和42%；常规天然气地质资源量90万亿立方米，可采资源量50万亿立方米，比2007年评价结果分别增长了158%和127%。而且连续多年中国油气新增探明地质储量分别超过10亿吨和5000亿立方米，但大幅增长的储量质量变差，可动用程度低，经济可采石油储量替代率不到1，需要正确认识中国油气资源禀赋。中国是世界上油气资源相对丰富的国家，也是开采强度较大的国家。截至2015年底，中国油气剩余探明可采储量分别为25亿吨和3.8万亿立方米，在全球储量排名中分别居第14位和第11位。而2015年中国油气产量分别为2.13亿吨和1350亿立方米，分别位居全球第5位和第6位。中国的石油储采比为11.8，是世界主要资源国中最低的，仅与美国相近。美国靠页岩油气革命摆脱了油气接替困境，中国在非常规资源开发上还未取得足以改变局面的技术突破，仅靠补贴和拼投资难以为继。若油价持续低位，投资压缩，2017年有规模有效益增储形势更为严峻。中国石油已明确提出要始终把勘探工作当作重中之重，同时要果断退出没有商业价值的地区。

2．非常规油气勘探开发更为审慎

为推进中国页岩气、煤层气等非常规油气资源开发，中国逐步开展大规模技术攻关与开采试验，致密气已成为中国增储上产的现实领域，煤层气、页岩气、致密油已成为可持续发展的储量接替领域，但非常规油气生产的高成本和技术难关未完全攻克，加上低油价冲击，非常规油气勘探与开发面临新的挑战，各油气生产企业对非常规油气勘探开发投资更为谨慎。若2017年油价继续低位运行，页岩气、煤层气大幅增产趋势难以持续。2020年页岩气300亿立方米的产量目标难以实现。

3．油稳气增局面还将延续

随着《巴黎气候协定》生效，中国"气代煤"政策力推，市场需求增加可能带动天然气产量保持小幅增长，但原油产量增长潜力不足。2017年，中国油气生产难有较大起色，原油产量维持1.98亿吨、天然气产量突破1400亿立方米均有一定难度。

如果国际油价持续60美元/桶水平，至2020年，国内原油生产会恢复至2亿吨水平，致密油等非常规油的生产可能突破1000万吨。至2020年，中国天然气产量有望达到1800亿立方米。页岩气产量有望冲击200亿立方米，煤层气增产仍有较大的不确定性，地面开采可能实现100亿立方米的突破。

4. 降本提效依然是油气勘探开发的主旋律

国内油气勘探进入低孔低渗透、低丰度、中深层新阶段，油田开发含水率升高、递减加快。为应对国际油价低位震荡带来的新挑战，适应油气行业发展形成的新趋势，国内油气勘探开发必须走低成本之路。持续攻关和完善深层、岩性、非常规油气地质理论，持续攻关高含水、低渗透油气田、超稠油、新能源等低成本有效勘探开发技术，降低发现和开发成本；坚持做好地震资料精细处理、生产方案优化细化，加强工程设计方案和现场实施的管理，精细控制工程成本。油气勘探生产将走一条低成本的有效发展之路。

六、2016 年中国油气勘探生产大事件

1. 银额盆地新晋大型含油气盆地

银额盆地经过多年的勘探终获突破性进展，中石化、延长石油、中石油等公司相继在银额盆地取得勘探突破。中石化在银额盆地务桃亥勘查区拐子湖凹陷实施的第一口参数井——拐参 1 井钻遇 46.4 米油气层，对 3419.5～3460 米井段试油，获日产 5.86 立方米的工业油流，压裂后获日产原油 51.67 立方米、天然气 7290 立方米的高产工业油气流；延长石油在温图高勒勘查区哈口凹陷获得日产 9.15 万立方米（无阻流量）的高产工业气流，并产少量凝析油；中石油在天草凹陷部署的天 6 井试油获得日产油 20.1 立方米、日产气 1500 立方米的工业油气流。

银额盆地位于内蒙古自治区中西部，面积约 12.3 万平方千米，地貌以沙漠、戈壁为主，是目前国内现存的油气勘探程度最低的含油气盆地之一，也是最具勘探潜力的盆地之一。从 1955 年起，以中生界为目的层，持续在银额盆地开展了较长时期的油气勘探工作。在地质学的传统认识里，石炭系—二叠系常被认为不具备油气生成和成藏成储条件，成为油气勘探的“被忽视区”。由于油气勘探进展缓慢，矿权登记程度较低，该盆地曾一度作为非重点勘探区被舍弃。随着一批油气基础地质调查项目的进行，解决了影响油气地质条件与资源潜力评价的一些基础地质问题，明确了油气资源前景，实现了新区、新层系油气的发现与突破。2016 年出现的多项发现是多年勘探工程积累后的集中爆发，实现了自 1955 年以来银额盆地油气勘探的重大突破。

银额盆地油气理论创新与勘探突破填补了多项空白，发现了石炭系—二叠系多套良好烃源岩，确认了银额大型石炭系—二叠系含油气盆地，经钻井验证的 3 个区块均有重要油气发现，对中国北方石炭系—二叠系油气勘探有重要指导意义。

2. 中国矿业权出让制度和矿产资源税费体系将产生重大变革

2016 年 12 月 30 日，中央全面深化改革领导小组审议通过了《矿业权出让制度改革方案》《矿产资源权益金制度改革方案》。矿业权出让制度改革方案的出台将完善矿业权出让制度，维护和保障矿产资源为国家所有者权益，推进矿业权竞争性出让，严格限制矿业权协议出让，调整矿业权审批权限，强化出让监管服务。关于矿产资源权益金制度的出台，强调了要以维

护实现国家矿产资源基本权益为核心，理顺矿产资源税费体系，合理调节矿产资源收入，建立符合中国特点的新型矿产资源权益金制度。两项改革方案，“点名”了矿业权占用费、矿业权出让收益纳入一般公共预算管理，由各级财政统筹用于地质调查和生态保护修复方面支出，取消地勘单位矿业权价款转增资本金政策，取消已转增国家资本金矿业权价款补缴政策等3项配套改革内容。并确定了2017年底前完成建立矿业权人信息公示制度，将矿山环境恢复治理与土地复垦方案以及矿产资源税费缴纳情况纳入公示内容，设置“黑名单”；研究修订或制定《矿业权占用费征收使用管理办法》和《矿业权出让收益征收使用管理办法》开展试点；研究制定新老制度衔接办法，确保改革的平稳过渡。2020年前，完成研究和修订《矿产资源法》及其配套法规的相关规定等几项具体改革事项的时间节点。

（本节撰写人：汪　红　岳脉健）

第八章　国内外炼化行业发展

2016 年，世界炼油、乙烯能力均继续增长，世界原油加工量未能延续增长态势，世界炼油毛利大幅下降，石脑油裂解继续受益，煤制烯烃已不具备优势。2016 年，中国炼油能力与上年基本持平，能力过剩形势依然严峻，“两权”放开，地方炼厂发展较快，安全环保要求日趋严格，当年炼厂较好地完成了国Ⅴ车用汽柴油的升级置换工作，替代能源发展继续对炼油行业产生影响。乙烯产能继续增长，新增产能均为煤（甲醇）基烯烃，乙烯原料轻质化、多元化进一步发展，节能减排取得成效。

2017 年，世界炼油能力仍将缓慢增长，新增能力低于 2016 年，全球炼油毛利低于 2016 年水平，亚太地区炼油毛利将处于全球较低水平；全球乙烯产能将较大幅度增长，新增产能主要来自美国，将给世界乙烯工业和石化市场带来较大短期冲击和下行压力。2017 年，中国炼油能力将由前两年的减少和略增恢复为较快增长，过剩形势加剧；乙烯产能继续增长，装置原料结构不断优化，自给率进一步提高。

第一节　世界炼油行业发展状况与趋势

2016 年，世界炼油能力缓慢增长，世界炼油业景气程度不如上年，原油加工总量略低于上年水平，世界炼厂开工率略有回落，世界主要炼油中心炼油毛利总体表现较上年均出现不同程度下滑。其中，欧美降幅较为明显。欧美炼厂开工率下降，亚太非经合组织国家炼厂开工率高低各异，但亚太经合组织国家炼厂开工率大幅提升。北美地区新增炼油加工装置明显减少，欧洲炼油业重陷困境，“一带一路”国家继续推进炼油项目建设。

一、　2016 年世界炼油行业运行概况

1．世界炼油能力继续缓慢增长，新增能力主要来自中国和印度

2016 年，世界新增炼油能力约 7060 万吨/年，主要来自中国、伊朗、印度、土库曼斯坦等国家。其中，伊朗 2007 年就开始建设的“波斯湾之星”大型炼厂一期工程终于建成，新增凝析油加工能力约 600 万吨/年。当年世界各地减少的炼油能力约为 3430 万吨/年，主要因中国和欧洲淘汰和关停部分炼厂。增减相抵，世界炼油能力净增约 3630 万吨/年，总炼油能力达 48.7 亿吨/年左右（表 8-1-1 和图 8-1-1）。

2016 年，世界炼油格局仍继续维持亚太、北美和西欧三足鼎立的形势，其占世界炼油总能力的比例分别为 33.9%、22.9%和 13.1%，亚太所占比例较上年略有提升，北美地区占比基本保持不变，而西欧则下降 0.4 个百分点，中东地区所占比例已升至近 9%。

表8-1-1　2016年世界炼油能力增减情况

国家和地区	地点	公司名称	新增能力（万吨/年）
印度	Kochi	巴特拉石油公司	525
伊拉克	Erbil	Kar Group	350
伊朗	阿巴斯港南部港口	伊朗国营炼油与分配公司	600
土库曼斯坦	前恰德州	土库曼斯坦石油天然气公司	330
	土库曼巴什	土库曼斯坦石油天然气公司	450
美国	休斯敦	瓦莱罗公司	450
中国			2110
世界其他地区			2247
世界新增合计			7062
国家和地区	地点	公司名称	减少能力（万吨/年）
法国	LA MEDE	道达尔公司	795
英国	Killingholme	道达尔公司	500
中国			2086
世界其他地区			50
世界减少合计			3431
世界净增能力			3630

数据来源：中国石油集团经济技术研究院，PIRA能源。

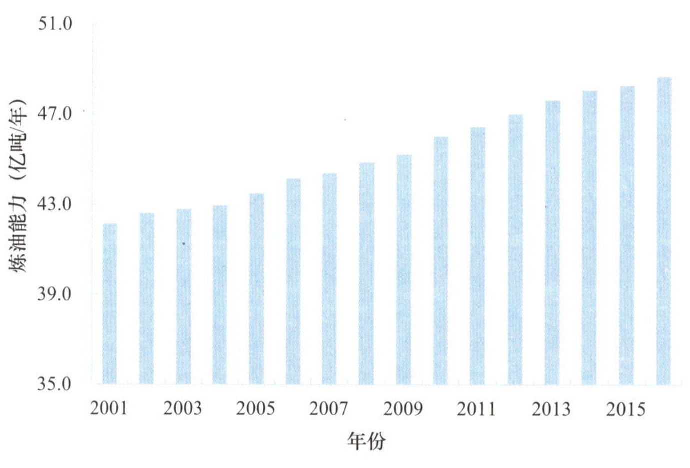

图8-1-1　世界炼油能力变化情况

数据来源：中国石油集团经济技术研究院

2016年，世界炼厂总数未出现大的变化，约为646家，世界炼厂平均规模754万吨/年，略高于上年。世界前25家炼油公司炼油总能力达27.3亿吨/年，占世界总能力的56.1%。世界2000万吨级以上炼厂数量保持不变（表8-1-2和表8-1-3）。

表8–1–2 2016年世界前25家炼油公司排名情况

2016年排名	2015年排名	公司名称	炼油能力（万吨/年）
1	1	埃克森美孚公司	27328
2	2	中国石油化工集团公司	26020
3	3	英荷壳牌集团公司	20923
4	4	中国石油天然气集团公司	18850
5	5	BP公司	14295
6	6	沙特阿拉伯阿美石油公司	14178
7	7	美国瓦莱罗能源公司	13848
8	8	委内瑞拉国家石油公司	13390
9	10	康菲石油公司	12616
10	9	雪佛龙公司	12318
11	11	道达尔公司	11522
12	12	巴西石油公司	9985
13	17	美国马拉松石油公司	8655
14	13	墨西哥国家石油公司	8515
15	14	伊朗国家石油公司	7255
16	15	新日本石油公司	7115
17	16	俄罗斯石油公司	6465
18	18	鲁克石油公司	6085
19	19	韩国SK公司	5575
20	20	雷普索尔–YPF公司	5525
21	21	科威特国家石油公司	5425
22	22	印度尼西亚国家石油公司	4941
23	—	阿联酋阿布扎比炼油公司	4600
24	23	意大利阿吉普石油公司	4520
25	24	Flint Hills资源公司	2912

数据来源：中国石油集团经济技术研究院，美国《油气杂志》。

表8–1–3 2016年世界2000万吨/年以上炼厂排名情况

排名	公司名称	炼厂所在地点	炼油能力（万吨/年）
1	印度信诚石油公司	印度贾姆纳格尔	6200
2	委内瑞拉帕拉瓜纳炼制中心	委内瑞拉胡迪瓦纳	4700
3	韩国SK公司	韩国蔚山	4200
4	阿联酋阿布扎比炼油公司	鲁维斯	4150
5	GS–加德士公司	韩国丽水	3925
6	S–Oil公司	韩国昂山	3345
7	埃克森美孚炼制与供应公司	新加坡亚逸查湾裕廊岛	2963
8	埃克森美孚炼制与供应公司	美国得克萨斯州贝敦	2803
9	沙特阿拉伯国家石油公司（沙特阿美）	沙特阿拉伯拉斯塔努拉角	2750
10	台塑石化股份有限公司	中国台湾麦寮	2700
11	美国马拉松石油公司	美国路易斯安那州Garville	2610

续表

排名	公司名称	炼厂所在地点	炼油能力（万吨/年）
12	埃克森美孚炼制与供应公司	美国路易斯安那州巴吞鲁日	2510
13	科威特国家石油公司	科威特艾哈迈迪港	2330
14	壳牌东方石油公司	新加坡武公岛	2310
15	中石化镇海炼化分公司	中国宁波镇海	2300
16	美国马拉松石油公司	美国得州Galveston港	2200
17	中国石油大连石化公司	中国大连	2050
18	美国雪铁戈石油公司	美国路易斯安那州查尔斯湖	2020
19	壳牌荷兰炼制公司	荷兰佩尔尼斯	2020
20	沙特阿拉伯国家石油公司（沙特阿美）	沙特阿拉伯拉比格	2000
21	沙特阿美—美孚	沙特阿拉伯延布	2000
22	沙特阿美—道达尔	沙特阿拉伯朱拜勒	2000

数据来源：中国石油经济技术研究院，美国《油气杂志》。

2. 全球炼厂原油加工量略低于上年水平，各地炼厂开工率各异，炼油毛利较上年出现不同程度下滑

2015年是炼油行业周期性的高峰，油价暴跌，原料成本下降，毛利大幅增加。2016年，全球炼油业总体运行状况并未延续上年的良好态势。2015年较好的盈利形势促使欧美等主要地区炼厂加工量大幅增加，再加上中东等地区新建装置的投产，全球油品库存大幅增加，而全球油品需求并未增加太多，库存压力迫使各地区炼厂降低开工率，炼油毛利下降。

2016年，全球炼厂原油加工量约为7918万桶/日，略低于上年水平。其中，经合组织国家炼厂原油加工量约为3757万桶/日，同比减少约34万桶/日，美国炼厂加工量随季节变化波动，仅二季度低于上年水平。欧洲炼厂加工量全年持续低于上年水平；非经合组织国家炼厂加工量约为4144万桶/日，同比增加约14万桶/日，增幅明显放缓。其中，中国和印度炼厂加工量高于上年水平（图8-1-2和图8-1-3）。

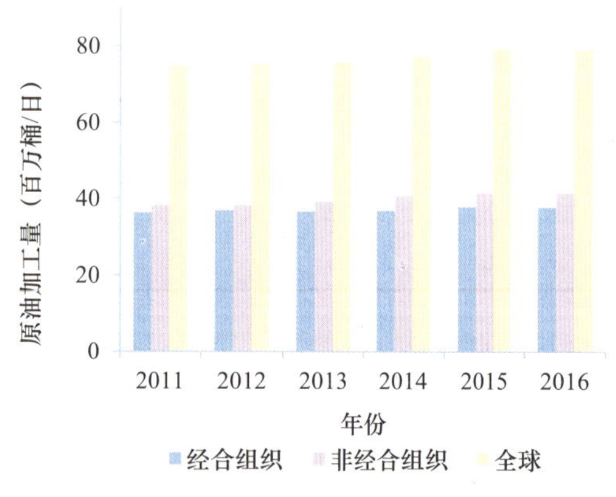

图8-1-2　近年来全球炼厂年度原油加工量

数据来源：IEA

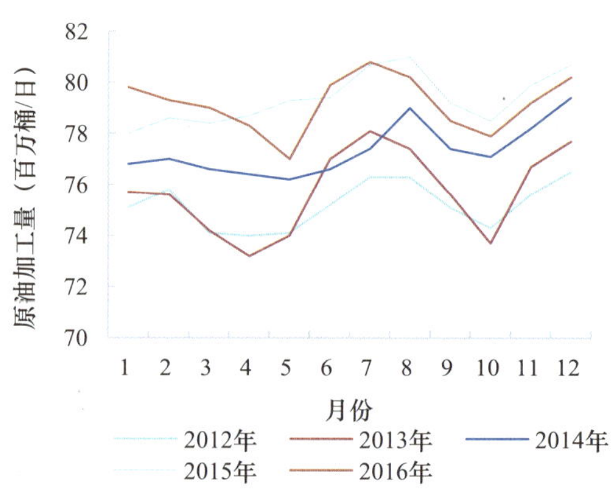

图 8-1-3　近年来全球炼厂月度原油加工量

数据来源：IEA

2016 年，全球炼厂开工率平均约为 82.5%，低于 2015 年的 84%。经合组织国家炼厂开工率约为 85.6%，略低于 2015 年的 86%。其中，北美经合组织国家炼厂开工率达 86.1%，低于 2015 年的 88%；西欧经合组织国家炼厂开工率由 2015 年的 85.4%降至 84.3%；而亚太经合组织国家炼厂开工率则继续回升，从 82%大幅上升至 87%。日本炼厂由于多年来持续关停和重组调整致能力不断减少，使其开工率大幅提升，如 8 月日本炼厂平均开工率高达 95%，而 2015 年同期为 86%。中国主营炼厂开工率维持在 75%～80%区间，低于周边国家炼厂开工率，新加坡炼厂开工率为 80%~90%，印度炼厂开工率维持 95%以上，有些炼厂甚至满负荷运转（图 8-1-4）。

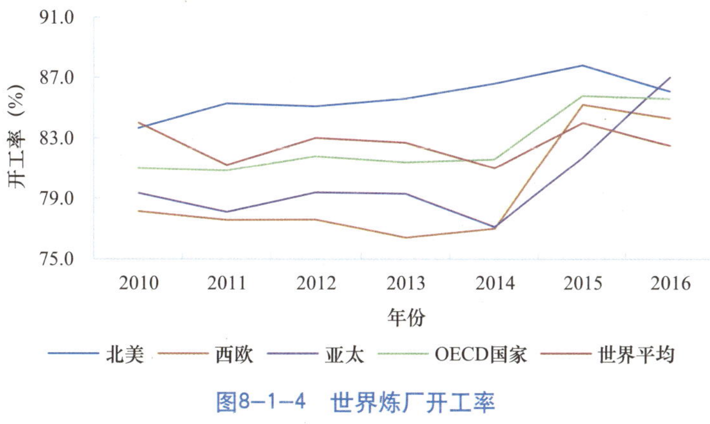

图8-1-4　世界炼厂开工率

数据来源：IEA

2016 年，全球炼油毛利并未延续上年的强劲表现，各地区均出现不同程度下降，欧美地区降幅最为明显。西北欧地区布伦特原油裂化毛利同比下降 41%，这是由于美国汽油需求不支持欧洲炼厂出口油品获利，即使进入夏季燃料消费高峰时期也是如此。美国中部 WTI 原油裂化毛利同比降幅超过 40.3%，美国墨西哥湾 HLS/LLS 裂化毛利同比减少 29.6%。新加坡迪拜原油裂化毛利下降 23.4%。其原因是亚洲汽油供应大幅增加，出现结构性过剩，2016 年，中国和印度大量出口汽油，上半年亚洲市场汽油过剩达 26 万桶/日，导致汽油毛利下降。此外，原油价格上涨也推动炼油原料成本的增加（表 8-1-4）。

表8-1-4　世界主要地区炼油平均毛利年度变化情况　　单位：美元/桶

时间	西北欧（布伦特原油裂化）	美国墨西哥湾（HLS/LLS裂化）	美国中部（WTI原油裂化）	新加坡（迪拜原油裂化）
2010年	4.03	3.10	6.15	3.08
2011年	2.72	4.09	21.06	5.78
2012年	6.36	6.69	24.61	5.34
2013年	3.48	5.70	17.43	4.46
2014年	3.35	7.82	13.76	4.11
2015年	7.55	9.50	16.98	6.19
2016年	4.30	6.43	9.67	4.78

数据来源：IEA。

二、世界主要地区炼油行业发展特点

2016 年，世界各主要地区炼油业发展形势各异，北美地区炼油投资从建新装置转向现有炼厂改造，欧洲炼油业重陷困境，而“一带一路”沿线新兴经济体国家继续推动炼油项目建设。

1. 北美炼油业转而下滑，投资集中在改造炼厂，增加灵活性和盈利性

2015 年以来，美国所有炼厂加大马力生产，开工率达到过去 10 年新高，整个美国的炼厂进入了疯狂增产状态，使 2016 年美国汽油库存达到了历史新高。虽然在低油价下汽油的需求也创了历史纪录，但库存的居高不下迫使美国整个炼油业的裂化价差大幅下降。2016 年，美国新增的加工页岩油装置数量较上年有所减少，不少炼厂投资都集中在了升级改造项目，以提升炼厂根据季节和地区成品油需求变化调整产品结构的能力，提高炼厂加工的灵活性和盈利能力。此外，美国从加拿大、委内瑞拉和墨西哥进口重质原油稳步增长，主要用于加工再出口。美国炼厂增加油品出口，成为美洲地区主要成品油出口国。

2. 欧洲炼油商重陷困境，日本炼油业继续重组调整

欧洲炼油商一直面临生存挑战，近两年盈利期仅仅是延缓生存压力。中东和印度等地对欧柴油出口增加，而欧洲对美国汽油出口减少，加上欧洲内部需求增长有限，使得欧洲炼油商重新陷入困境。盈利减弱情况下，壳牌目前对其欧洲炼油资产的关注核心在于提高装置的适应性和灵活性。道达尔通过关停装置解决问题，道达尔 2016 年关停英国 Lindsey 炼厂的一半产能，还计划将产能为 15.5 万桶/日的法国 La Mede 炼厂转化为生产生物燃料的装置。欧洲不先进的、设备陈旧的炼厂日子更为难过，只得不断削减加工量。2016—2018 年，欧洲宣布关闭的炼油能力约 60 万桶/日，近期关闭能力有限，若不是 2015 年炼油毛利改善，这一数字会更高。日本重组整合与关停装置相结合，2016 年的炼厂开工率得以提升。日本正在实施的第二轮炼油产能削减计划，将在 2017 年前减少 40 万桶/日的炼油能力。日本最大炼油商 JX 公司将与东燃通用石油公司在 2017 年第二季度完成合并。预计日本炼油能力将在 2020 年前下降至 320 万桶/日，到 2030 年进一步降至 230 万桶/日。

3. “一带一路”国家继续推进炼油项目建设，非洲计划新建炼厂

2016 年，“一带一路”沿线一些主要国家继续推进炼厂建设项目。印度拟与沙特阿拉伯合资新建 6000 万吨/年大型炼厂，印度石油公司计划将炼油能力提高 30%，未来印度或将成为亚洲炼油发展的新主力。越南和印度尼西亚寻求外资合作扩大炼油产能。俄罗斯继续升级和改造其炼厂并拟在印度/印度尼西亚合资建炼厂。孟加拉国、柬埔寨、缅甸和泰国等国也宣布投资几十亿美元新增炼化产能。伊朗在解除制裁后将按原计划提高国内炼油能力以降低成品油进口量。伊朗民企 Siraf 公司在 Assaluyeh 港建设 8 座 6 万桶/日凝析油炼厂计划在进行中。36 万桶/日的波斯湾之星炼厂投产后伊朗将不再进口汽油（表 8-1-5）。

撒哈拉以南非洲地区成品油供应的50%依赖进口，现有的58座炼厂早已无法满足日益增长的需求。非洲的炼厂老旧、低效，没有能力把重油改质成轻油。一些非洲国家已经宣布计划建设新炼厂或升级扩建现有炼厂。但预计2020年以前仅有乌干达和南苏丹的两个小型炼厂有望建成。缺乏资金技术是撒哈拉以南非洲地区提升炼油产能的一个主要障碍。

表8-1-5 "一带一路"沿线主要炼油国家炼油业发展动向

地区	国家	发展动向
东南亚	越南	在建的1000万吨/年Nghi Son炼厂和800万吨/年的Vung Ro炼厂将分别于2017年和2019年投产
	印度尼西亚	印度尼西亚国家石油公司计划在今后10年间将炼油能力从目前的85万桶/日提高到230万桶/日左右。印度尼西亚国家石油公司与俄罗斯石油公司计划投资130亿美元在东爪哇省的图班建设30万桶/日的炼化联合企业
	马来西亚	计划投资270亿美元在柔佛州建炼化一体化项目，其中炼油能力1500万吨/年，2019年投产
	文莱	计划围绕投资40多亿美元的恒逸石化800万吨/年原油加工项目，将大摩拉岛建成石化工业园区
	泰国	已宣布多个扩建和升级项目，以提高国内炼油能力。到2020年初，投资可能会超过30亿美元。这些项目包括扩大和升级在是拉差的泰国石油公司炼厂，炼油能力从现在的27.5万桶/日增加至40万桶/日
南亚	印度	印度石油公司、印度斯坦石油公司和巴哈特石油公司计划投资约150亿美元在印度西海岸建120万桶/日炼厂。印度石油公司、巴哈特石油公司和印度斯坦石油公司计划在2022年前投资约200亿美元建设渣油加工装置。预计到2020年，印度国内炼油能力将有望从目前的2.3亿吨/年提升至3.66亿吨/年
俄罗斯中亚	哈萨克斯坦	计划将巴甫洛达尔、奇姆肯特和阿特劳炼厂能力由1300万吨/年提至1700万吨/年
	土库曼斯坦	计划在2020年前新建3座炼厂
	乌兹别克斯坦	正在对现有3个炼厂进行升级改造
	俄罗斯	俄罗斯炼厂现代化改造高峰将出现在2016—2018年，改造将继续集中在提高轻质油品收率，使油品质量提高到欧V标准。FEPCO炼化一体化项目将成为俄罗斯燃料和石化产品出口亚太地区快速增长市场的重要生产基地，该项目一期工程炼厂能力将达1200万吨/年，2020年完工
中东	沙特阿拉伯	到2020年，国内炼油产能将从目前的290万桶/日提高到330万桶/日。沙特阿拉伯在建吉赞炼厂预期2019年完工
	伊朗	伊朗计划着手建16个炼油项目，使其总加工能力从185万桶/日提高到2020年末的320万桶/日，超过沙特阿拉伯。36万桶/日的波斯湾之星炼厂计划在2017年初开始运行。还计划在Jask港建能力为30万桶/日的Bahmangenoo炼厂，在Kermanshah省Anahita地区建15万桶/日的炼厂和12万桶/日的Pars凝析油炼厂
	科威特	科威特继续推进总额达140亿美元、加工能力61.5万桶/日的祖尔炼厂建设，预计2019 年建成
非洲	乌干达	乌干达首座6万桶/日炼厂预计在2018年竣工，该厂中长期计划将加工能力分别增至12万桶/日和18万桶/日
	尼日利亚	尼日利亚Dangote集团预计在2017年底完成40万桶/日炼厂的建设

数据来源：中国石油集团经济技术研究院。

三、清洁燃料升级换代已成为全球炼油业的共同行动

近十年来，全球炼油工业采取了超常措施降低交通燃料的含硫量。许多炼油商已投资数十亿美元建新装置或改造升级和扩建老装置，以满足含硫量和污染物排放新法规要求。新技术正加速推动炼油业生产更清洁、含硫更少的交通燃料。

美国将在2017年开始强制执行新的III级（Tier 3）标准。这个标准的汽油含硫量不得超过10微克/克（俗称PPm），比II级标准的含硫量（不得超过30微克/克）降低许多。美国炼油能力超过7.5万桶/日的大炼厂2017年必须执行III级标准，炼油能力低于7.5万桶/日的炼厂2020年生产的汽油必须满足III级标准。与欧VI汽车排放标准相对应的欧洲汽柴油标准已在欧洲分阶段实行，目前欧盟炼厂的重大挑战是要降低船用燃料油含硫量。2015年生效的新法规要求在设定的排放控制区（ECA）不再使用残渣燃料油而改用低硫船用燃料油，最高含硫量为0.1%。从2020年开始，在非排放控制区使用的船用燃料油含硫量要从3.5%降低到0.5%。为此，欧洲炼油业者可能将避开较重质原油，改用可轻易取得的较轻质北海及西非原油。

欧洲汽车排放标准要求柴油车和汽油车都加速减少排放一氧化碳、氮氧化物、碳氢化合物和细颗粒物。全球许多国家和地区都采用欧洲或与欧洲排放标准相对应的汽柴油标准。中国将于2017年1月1日起全国采用第五阶段车用柴油标准（相当于欧V），2018年1月1日起全国范围内供应国V车用汽油，硫含量都要求小于10微克/克。印度将加快实施BS V清洁燃料（相当于欧V）标准，并到2020年直接向BS VI（相当于欧VI）标准过渡，以替代原先在2020年实施BS V和2024年实施BS VI标准的计划。中东地区正大量投资以提高生产符合欧IV和欧V标准燃料的产能。沙特阿拉伯和科威特是中东地区领先新建清洁燃料炼厂项目的国家。沙特阿拉伯正在寻求把柴油和汽油的含硫量降低到10微克/克，并把含苯量降低到1%。

非洲少数国家已正式通过低硫燃料法规，南部非洲的多数国家已承诺到2020年要生产更清洁的燃料。非洲炼油商协会已制定了AFRI标准，作为生产更清洁燃料的准则。该地区目标是到2020年生产符合AFRI-4标准的燃料，可能规定柴油的最高含硫量为50微克/克，汽油的最高含硫量为150微克/克。

四、世界炼油行业发展前景

预计2017年世界新增能力约4200万吨/年，日本等地关闭炼油能力860万吨/年，中国将淘汰约1100万吨/年，世界炼油总能力达48.9亿吨/年。未来5年，新兴市场地区炼油项目建设继续推进，全球炼油能力仍将增长，在需求增速放缓的背景下，全球炼油能力总体过剩不可避免。目前全球拟建炼油项目约739个，其中亚太地区215个居第一位，中东地区171个。而739个项目中有38%在建，26%处于计划阶段，62%尚处于准备阶段。预计到2020年全球炼油能力将达51.8亿吨/年。

从地区来看，已宣布的项目和可能实际建设的项目大多数都位于亚太和中东地区。中东地区扩大炼油能力的国家主要是伊拉克、伊朗、科威特、沙特阿拉伯和阿联酋。在这些拟扩

大的产能中大部分是为了实现产品多样化，通过满足市场对多种产品的需求提高经济效益。产品品种多样化将包括实现炼厂与石化厂的一体化，尤其是沙特阿拉伯，要生产多种高质量石化产品（包括芳烃），向产品的高端化进军。亚太地区的中国和印度在今后5年间新增炼油能力最多，印度尼西亚、泰国和越南等也准备扩大炼油能力。亚太地区扩大炼油能力主要是提高重质原油加工能力和提高产品质量，通过增加氢加工装置能力满足新环保标准的要求。预计到2020年亚洲将投资1449亿美元新增547万桶/日炼油能力，中东将投资802亿美元增加370.6万桶/日炼油能力。非洲开发商将投资1054亿美元建设347万桶/日炼油能力。预计原苏联国家将投资365亿美元扩大炼油能力91.8万桶/日。

2017年，全球炼油毛利预期将低于2016年的水平；2020年前，全球炼油毛利预期将低于2015年的高峰期。其中，由于亚太地区仍在新建和扩建大批炼化项目，炼油能力过剩将日益凸显，该地区炼油毛利将处于全球较低水平。未来5年，世界炼油能力继续增长，受燃油经济性提升和替代燃料影响，全球油品需求增速将明显放缓，炼油能力增长超过需求导致炼厂更低开工率和新一轮调整或关闭。随着炼油投资流向需求增长市场，全球炼油业竞争格局将发生变化。中东、美国、中国、印度和俄罗斯等国炼油工业在满足国内需求的同时将向欧洲、拉美、亚太和非洲出口过剩炼油产品。全球主要地区油品规格趋同使得炼油工业和国际油品贸易加快全球化，炼油业竞争加剧，一些有竞争力的炼厂将从炼油全球化中受益，而另一部分国际竞争力不强的炼厂将可能受到冲击。

（本节撰写人：徐海丰　张　洁　李亚丹）

第二节　中国炼油工业发展现状与趋势

2016年，中国炼油能力略有增加，过剩局面仍然延续；炼油市场主体继续多元化发展，“两权”继续向地方炼厂放开，炼油工业格局正在变化中；全国炼厂平均开工率有所提升，成品油产量有所增长但增速放缓，柴油产量出现负增长；炼油毛利保持较高水平，油品质量升级至国Ⅴ标准；配合“一带一路”国家战略，炼化国际产能合作取得较大进展。

2017年，炼油能力将继续增长，过剩形势将加剧，市场竞争将更加激烈；炼油业将继续深化结构调整与转型升级，并投入新一轮质量升级，以适应环保和市场变化的需求，同时还将进一步加快国际产能合作。

一、2016年中国炼油工业发展特点

总体看，2016年作为中国炼油工业进入“十三五”的第一年，整体运行良好，炼油能力与上年基本持平，略有增加，炼油利润保持较高水平，并呈现以下5个方面的特点。

1．炼油能力与上年基本持平，开工率有所上升，炼油利润增加

截至 2016 年底，中国炼油能力为 7.5 亿吨/年（表 8-2-1），较 2015 年净增炼油能力 24 万吨/年，基本持平。其中，新增炼油能力 2110 万吨/年，淘汰炼油能力 2086 万吨/年（表 8-2-2）。

表8-2-1　2016年中国炼油能力分企业构成

项目	2005年		2015年		2016年	
	能力（万吨/年）	占全国能力的比例(%)	能力（万吨/年）	占全国能力的比例（%）	能力（万吨/年）	占全国能力的比例（%）
全国	40597	—	75366	—	75390	—
中石化	16350	40.27	26020	34.52	26020	34.51
中石油	11935	29.41	18850	25.01	18850	25.01
中海油	50	0.12	4005	5.31	3850	5.11
其他炼油企业①	12262	30.20	25287	33.56	24766	32.85
煤基油品企业	—	—	380	0.51	1080	1.43
外资企业	—	—	824	1.09	824	1.09

①不含已被中海油收购的地方炼厂。

数据来源：中国石油集团经济技术研究院。

表8-2-2　2016年中国新增炼油能力及淘汰落后产能

新增能力				淘汰能力			
所属集团	企　业	地　点	新增能力（万吨/年）	所属集团	企　业	地　点	淘汰能力（万吨/年）
地方炼油企业①	金诚石化	山东	350	延长石油	榆林炼厂	陕西	150
	华联石化	山东	500		延安炼厂	陕西	150
	清源石化	山东	260	地方炼油企业①	鑫月燃化	山东	200
	科力达	山东	300		恒源石化	山东	280
	小计		1410		鑫海化工	河北	366
煤基油品企业	神华宁煤	宁夏	400		清源集团	山东	325
	潞安	山西	180		神驰化工	山东	210
	伊泰	内蒙古	120		中海精细化工	山东	155
	小计		700		金诚石化	山东	250
合计新增能力			2110	合计淘汰能力			2086
合计净增能力：24万吨/年							

①不含中海油、中国化工、中化、中国兵器等所属或控股企业。

数据来源：中国石油集团经济技术研究院。

从经营主体看，中国形成了以中石油、中石化为主，中海油、中国化工、中化、中国兵器、地方炼厂、外资及煤基油品企业等多元化发展格局（表 8-2-1）。从炼厂数量看，中石油 26 家，中石化 35 家，中海油 12 家，煤制油 15 家，其他炼厂 100 余家。2016 年，全国千万吨级炼厂仍为 24 座，合计炼油能力 3.14 亿吨/年，占全国的 42%。中石油和中石化千万吨炼

厂合计炼油能力分别占各自总能力的55%和69%，炼厂平均规模中石油725万吨/年，中石化743万吨/年，但由于中国仍存在不少小炼油装置，中国炼厂总的平均规模仅为405万吨/年左右（编者注：不含多家停工多年的小炼油装置），与世界炼厂平均规模754万吨/年仍有较大差距。

从炼油地区布局看，华北、东北和华南、华东地区是中国炼油能力的主要集中地，2016年这四大地区炼油能力分别为2.7亿吨/年、1.24亿吨/年、1.14亿吨/年、1.01亿吨/年，分别占36%、16%、15%、13%，合计占80%，形成了以东部为主、中、西部为辅的梯次分布。从炼油省市布局看，山东、辽宁、广东是中国炼油能力的主要大省，合计炼油能力3.43亿吨/年，占总能力的46%。从炼油沿海布局看，中国形成了环渤海湾、长江三角洲和珠江三角洲三大炼化企业集中区块（表8-2-3），由于其炼厂规模多在千万吨以上，且配套有乙烯等化工装置，这些地区炼厂的综合加工能力强，炼化一体化水平高，集中了全国70%的炼油能力和55%的乙烯产能。

表8-2-3　2016年中国三大地区炼化一体化情况

地区	炼油能力（万吨/年）	炼油能力占全国总能力比例（%）	乙烯能力（万吨/年）	乙烯能力占全国总能力比例（%）
环渤海地区（京、津、冀、辽、鲁）	34440	45.68	528	22.85
长江三角洲（沪、苏、浙）	10140	13.42	522.5	22.61
珠江三角洲（粤、桂）	8090	10.57	216	9.35
合计	49365	69.67	1266.5	54.81

数据来源：中国石油集团经济技术研究院。

原油加工量增速继续下滑，开工率虽有上升但仍维持低位，炼油利润同比增加。2016年，中国各类炼厂平均开工率76.7%，同比上升1.3个百分点（图8-2-1），这主要是因地方炼厂开工大幅上涨所致，地方炼厂加工量快速增长，主营单位份额下降。估计全国2016年原油加工量为5.39亿吨，同比增长3.2%，较上年增速下滑0.6个百分点；估计2016年全国成品油产量为3.45亿吨，同比增长2.1%；受经济增速下滑、柴油基本面需求疲软等影响，柴油产量出现负增长，估计2016年生产柴汽比1.39，同比下降0.1。2016年前三季度中石油合理安排原油加工，共加工原油9580万吨，同比下降4.6%，由于不断优化产品结构，精细管理，增产高附加值产品，炼油利润取得较好成绩，实现经营利润257.16亿元，同比增加240.55亿元，吨油利润268.4元。中石化紧贴市场调整产品结构，科学安排生产，增产汽油和煤油，进一步强化管理，降本增效，前三季度共加工原油17525万吨，同比下降1.72%，实现税前利润435.04亿元，吨油利润248.2元，同比增长183.12%。

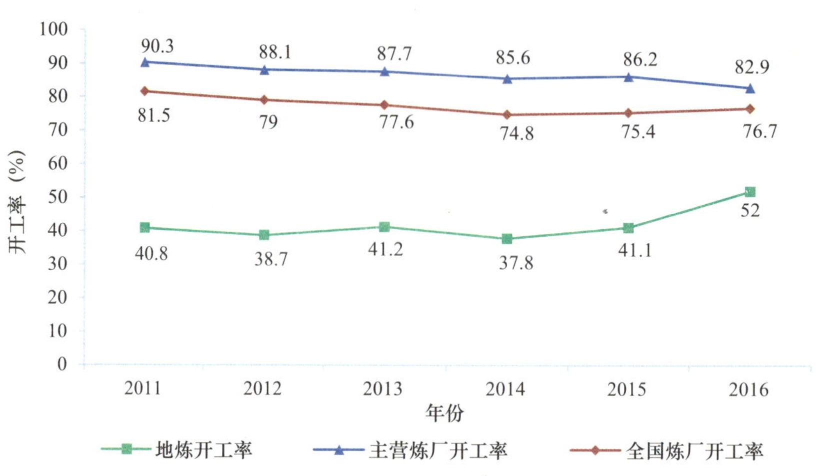

图8-2-1 2011—2016年中国炼厂开工率

数据来源：中国石油集团经济技术研究院

2. “两权”放开，地方炼厂发展迅猛，市场竞争趋于激烈

截至 2016 年底，全国地方炼厂（含央企收购或控股的地方炼油企业）的炼油总能力为 2.62 亿吨/年，占全国炼油总产能的 34.8%。从规模上看，地方炼厂已“三分天下有其一”，特别是“两权”放开后，地方炼厂显示出较强的竞争力和冲击力，实力和影响力正逐渐增强，已是国内炼油工业重要的组成部分，国内炼油工业继续朝经营主体多元化发展。

截至 2016 年底，国家已对 22 家地方炼厂发放了 8193 万吨/年原油使用配额，前 10 个月地方炼厂自主进口原油 3385 万吨，占国内原油进口总量的 11.3%，原油进口格局出现较大变

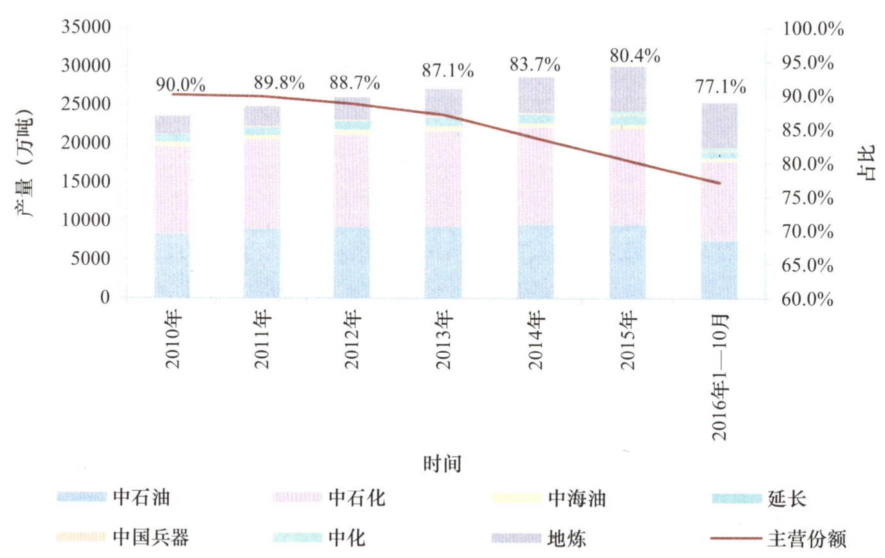

图8-2-2 2010—2016年中国汽柴油产量分主体份额情况

数据来源：中国石油集团经济技术研究院

化。同期地方炼厂原油加工量 8198 万吨，同比大增 26.4%；开工率 51.8%，同比大增 11.3 个百分点，创历史高位。同期地方炼厂汽柴油产量 5802.8 万吨，同比大增 23.4%；凭借价格优势和其经营的灵活性，地方炼厂市场份额达到 23%，同比大增 4.1 个百分点。受地方炼厂冲击，中石化、中石油等主营单位份额不断下滑，从 2010 年的 90%降至 2016 年前 10 个月的 77.1%（图 8-2-2）。成品油市场格局同样出现较大变化，地方炼厂在获得稳定油品资源后，开始将目标瞄准销售终端，积极推进炼销一体化、加油站品牌化、原油进口规范化、补储运基础设施短板，并着手推进油品出口。

3．安全环保要求日趋严格，装置结构不断优化调整

近年来，中国在环保节能减排方面出台了《能源战略行动计划（2014—2020 年）》《石化和化学工业节能减排指导意见》等政策，指明了炼油行业推进节能减排工作的方向和途径；新《环境保护法》《大气污染防治法》《大气污染防治行动计划》《水污染防治行动计划》等环保法规，对炼油行业水排放、二氧化硫排放、成品油质量升级进程等规定了具体指标和要求，将促进炼油生产过程和产品的清洁化。

在绿色低碳发展、环保法规要求日趋严格推动下，炼厂转型升级加快。中石油一直努力提供更加清洁的油品，践行国有企业的环保担当。2011 年以来，中石油累计投资 483 亿元用于油品质量从国III到国V的“两连跳”，旗下炼厂均已完成国V标准车用汽柴油质量升级，目前，正在继续做国VI升级置换准备。中石化情况亦然，多年来为了完成油品质量的连续升级，累计投资超千亿元。中石化还加快智能化工厂建设，燕山石化、镇海炼化、茂名石化和九江石化等 4 家企业试点取得明显成效，在安全环保、节能减排、降本增效、绿色低碳水平上升的同时，生产效益进一步提升。通过国家政策调整，地方炼厂淘汰落后产能，不断提高深加工能力和装置工艺水平，加快油品升级和发展化工生产业务，部分地方炼厂已可以生产国V标准汽柴油，综合能耗也有所下降。

表8-2-4　21世纪以来中国原油二次加工能力构成变化

装置	2000年		2015年		2016年	
	加工能力（万吨/年）	与一次加工能力之比（%）	加工能力（万吨/年）	与一次加工能力之比（%）	加工能力（万吨/年）	与一次加工能力之比（%）
一次加工能力	35510		75366		75390	
催化裂化	9900	27.88	20361	27.02	20901	27.72
延迟焦化	2114	5.95	10051	13.34	10051	13.33
催化重整	1558	4.39	5245	6.96	5735	7.61
加氢裂化	1147	3.23	6484	8.60	6634	8.80
加氢精制	4261	12.05	29620	39.30	31190	41.37

数据来源：中国石油集团经济技术研究院。

近年来，随着油品质量升级步伐加快，油品需求结构变化、原油品质重质化明显，炼厂

不断优化调整装置结构，装置加工灵活性、深加工、精加工及加工劣质进口原油能力不断加强。催化裂化能力由于当前催化汽油脱硫吸附（S-Zorb）装置投产较多，同比有所增长；加氢精制能力由于油品质量升级，仍继续较快增长，其与一次加工能力的比例从2000年的12.05%大幅升至2016年的41.37%，同比上升2.07个百分点，但仍低于世界平均55%的比例（表8-2-4），目前两大集团炼厂加氢能力占一次加工能力的比例已超过50%。中国现共有20余家大型高硫原油加工炼厂，一次加工能力合计已达2.62亿吨/年。

4. 煤制油产能继续增长，替代能源占比继续上升

2016年，煤制油有3套装置试车投运（表8-2-2），合计增加产能700万吨/年，使得国内煤制油总产能一举突破千万吨至1080万吨/年，煤制油厂家数达到15家。尽管低油价下煤制油企业经营困难，但由于投资惯性，这些产能仍建成投产。“十三五”期间仍有数个项目建设推进，预计2020年全国煤制油产能或将超出1300万吨/年产能。而据“十三五”能源规划，“十三五”期间煤制油产能控制在1300万吨/年以内。

2016年，替代能源的发展继续对炼油业带来影响，估计替代成品油3043万吨，占消费总量的9.7%。作为替代主力的车用天然气保持稳步增长，替代成品油2180万吨。鉴于天然气汽车从技术、经济、环境等方面相对成品油存在一定优势，且在公交领域得到地方政府广泛支持，未来仍将持续快速发展。甲醇汽油市场接受度低于成品油，M15标准尚未出台，相关添加剂、调制方法、输配规范等标准体系尚未健全，但受经济利益驱使，被用于直接掺混汽油现象较多，推动了甲醇汽油消费量持续增长，估计2016年替代成品油315万吨。发展乙醇汽油是解决汽油质量升级的办法之一，但关键是要降低成本并改用新的原料。燃料乙醇无新增产能，全年替代成品油120万吨。电动汽车市场规模进一步扩张，但随着骗补曝光，补贴门槛有所提高，电动汽车销量增速有所放缓，全年70万辆销量目标较难完成，估计2016年替代成品油75万吨。但电动汽车受国家政策大力推广，预计今后仍将较快发展。生物柴油随着经济下行，柴油需求面疲软，加之难以进入油品终端销售体系，发展逐渐边缘化，估计2016年替代成品油200万吨（表8-2-5）。

表8-2-5 2016年中国车用燃料替代情况

年份	天然气（亿立方米）	燃料甲醇（万吨）	生物柴油（万吨）	煤制油（万吨）	燃料乙醇（万吨）	电动汽车（万辆）	合计（万吨）
2015年（实物量）	248	650	300	132	200	45	—
2015年（替代量）	2020	292.5	300	132	120	36	2900.5
2016年（实物量）	268	700	200	150	200	90	—
2016年（替代量）	2183	315	200	150	120	75	3043
2020年（实物量）	363	900	200	700	200	500	—
2020年（替代量）	2957	405	200	700	120	403	4785

注：替代量单位为“万吨”。

数据来源：中国石油集团经济技术研究院。

二、中国炼油工业发展趋势

2017 年，中国炼油行业在新常态下继续发展，炼油能力将增加较多，原油加工量继续增长，能力过剩还将加重。

2017 年，中国炼油能力将一改过去两年减少和略增的态势转而增长较多，预计净增能力 3500 万吨。其中，新增能力 4600 万吨/年，包括云南石化以及惠州炼厂二期（表 8–2–6），淘汰落后产能 1100 万吨/年。预计 2017 年底中国炼油总能力将为 7.9 亿吨/年，同比增长 4.6%。

表8–2–6 2017年国内预计新增炼油能力

所属集团	企业	地点	新增产能（万吨/年）/淘汰落后能力（万吨/年）	备注
中石油	云南石化	昆明	1300	新建
	华北石化	任丘	500	改扩建
中海油	惠州炼厂（二期）	惠州	1000	新建
地方炼厂			1800/淘汰1100	改扩建
合计净增能力:3500万吨/年				

数据来源：中国石油集团经济技术研究院。

预计 2017 年中国原油加工量为 5.57 亿吨，同比增长 3.3%。增量主要来自云南石化、惠州炼厂（二期）及获得原油进口权的地方炼厂等。开工率将随着主营单位降低负荷有所下滑，预计降至 75%左右水平。成品油产量 3.60 亿吨，同比增长 4.3%。国内炼油能力过剩问题将有所加重，全年成品油净出口总量或超过 4000 万吨。

（本节撰写人：金 云 费华伟）

第三节 国内外乙烯行业发展状况与趋势

2016 年，世界乙烯业稳步发展，产能继续缓慢增长，全球乙烯市场供应偏紧，石脑油裂解制乙烯继续受益于低油价，煤制烯烃已不具备优势。中国乙烯产能继续增长，新增产能首次均为煤（甲醇）基烯烃。低油价下煤（甲醇）基烯烃开工不足，导致乙烯行业整体开工率小幅下滑，因石油基烯烃原料成本下降利润良好，带动行业整体效益上升，石化企业降本增效成果显著。

一、世界乙烯行业发展状况与趋势

2016 年，世界新增乙烯产能大幅减少。世界乙烯需求继续增长，乙烯市场供应偏紧，价格波动频繁，装置开工率略有回升。乙烯原料价格下降，石脑油裂解继续受益，中国煤制烯烃已不具备优势。

1. 世界乙烯行业运行状况

1）全球乙烯新增产能大幅减少，前10名乙烯生产国排位印度大升，日本大降

2016年，世界主要地区乙烯装置建成投产进入间歇期，新增乙烯产能大幅减少，除信诚工业公司150万吨/年新建乙烯装置外，其他地区仅有几个小规模的装置投产（表8-3-1），合计净增产能约300万吨/年，仅为上年的一半左右，世界乙烯总产能达约1.62亿吨/年（图8-3-1）。

2016年，亚太地区乙烯产能已达5520万吨/年，北美地区乙烯产能为3640万吨/年，中东地区乙烯产能维持在2920万吨/年，中东对欧洲乙烯的领先优势将继续扩大，在世界乙烯生产中的地位继续提升（图8-3-2）。世界各国乙烯产能排位总体变化不大，美国仍位居首位，中国、沙特阿拉伯仍位列第二、第三位。印度乙烯产能已达712万吨/年，排名上升3位，成为世界第五大乙烯生产国。而日本由于近两年连续关闭一些装置，其排名跌至第九位（表8-3-2）。

表8-3-1　2016年全球新增与关闭乙烯产能

公司	地址	新增（关闭）产能（万吨/年）	时间	备注
中天合创	内蒙古鄂尔多斯	33.5×2	9月/10月	S-MTO
神华新疆	新疆乌鲁木齐	27	9月	MTO
富德能源	江苏常州	16		D-MTO
中国合计		110		
Uz-Kor Gas Chemical	乌兹别克斯坦昆格勒	40	1月	
埃及Ethydco	亚历山大	46	10月	
印度信诚工业公司	古吉拉特邦贾姆纳格尔	150	12月	乙烷裂解
日本旭化成	日本水岛	-50	1月	
世界净增合计		296		

数据来源：中国石油集团经济技术研究院。

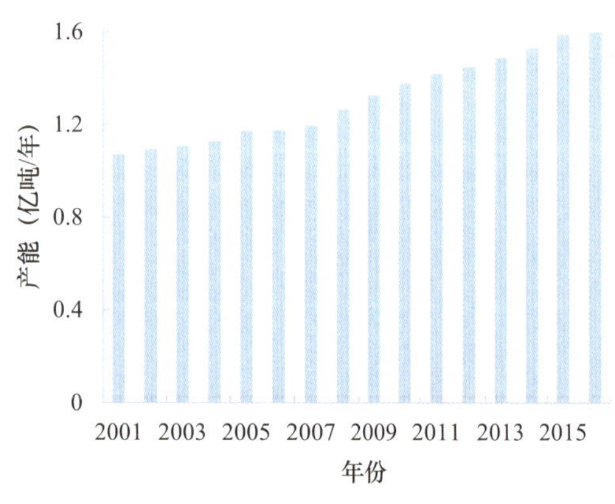

图8-3-1　世界乙烯产能变化情况

数据来源：中国石油集团经济技术研究院

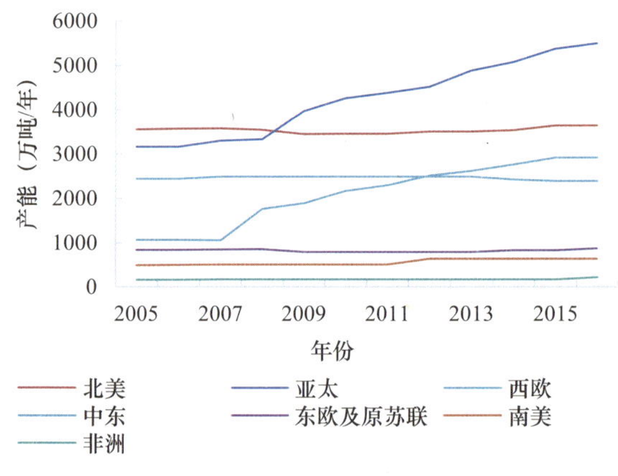

图8-3-2　世界各地区乙烯产能变化情况

数据来源：中国石油集团经济技术研究院

表8-3-2 世界十大乙烯生产国家和地区

排名	2014年		2015年		2016年	
	国家和地区	产能（万吨/年）	国家和地区	产能（万吨/年）	国家和地区	产能（万吨/年）
1	美国	2847.1	美国	2847.1	美国	2847.1
2	中国	2040.5	中国	2200.5	中国	2310.5
3	沙特阿拉伯	1435.5	沙特阿拉伯	1585.5	沙特阿拉伯	1585.5
4	伊朗	673.4	伊朗	773.4	伊朗	773.4
5	日本	656	德国	575.7	印度	712.0
6	德国	574.3	日本	573.0	德国	575.7
7	韩国	563.0	韩国	563.0	韩国	563.0
8	加拿大	553.1	印度	562.0	加拿大	523.6
9	中国台湾	460.6	加拿大	523.6	日本	523.0
10	荷兰	396.5	中国台湾	460.6	中国台湾	460.6

数据来源：中国石油集团经济技术研究院，美国《油气杂志》。

表8-3-3 世界前十大乙烯生产商（按权益产能排名）

排名	公司	装置数量	整体联合装置产能（万吨/年）	公司权益产能（万吨/年）
1	埃克森美孚化学公司	21	1511.5	855.1
2	沙特阿拉伯基础工业公司	15	1489.2	1177.4
3	陶氏化学	21	1304	1052.9
4	中石化	16	1084	832.0
5	壳牌	13	935.8	594.7
6	中石油	12	597.0	597.0
7	伊朗国家石油公司	8	573.4	573.4
8	雪佛龙菲利普斯化学公司	8	560.7	535.2
9	道达尔	11	559.3	347.2
10	利安德巴塞尔公司	11	555	555

数据来源：中国石油集团经济技术研究院，美国《油气杂志》。

2016 年，世界乙烯装置达 301 座，平均规模 53.8 万吨/年。全球十大乙烯生产商的总产能已达 9170 万吨/年，占世界乙烯总产能的 56.6%（表 8-3-3）。世界前十大乙烯联合装置总产能 2256.6 万吨/年，占世界总产能的 13.9%，较上年略有下降（表 8-3-4）。

2）世界乙烯供需偏紧，价格先扬后抑，装置开工率回升

2016 年，全球乙烯需求量增加约 520 万吨，达 1.53 亿吨左右。由于新增产能减少，加之当年停车检修和不可抗力较多，进一步加剧了供应紧张的态势。东北亚乙烯价格从年初的 900 美元/吨上升至 3 月中旬的 1200 美元/吨全年高点。盘整两个月后下行并进入 1000～1200 美元/吨区间震荡，价格维持低位至年末。北美乙烯市场波动较大，北美乙烯从年初的 400 美元/吨左右升至 8 月的 850 美元/吨高点，之后开始下降至 11 月的 530 美元/吨。西北欧乙烯价格

从年初的750美元升至4月的1000美元/吨左右之后，震荡下行至11月的900美元/吨左右。市场运行相对平稳。全球三大乙烯市场中，美国乙烯价格最低，其次是欧洲，亚洲和美国乙烯市场波动幅度较大。

表8-3-4 世界前十大乙烯联合装置

排名	公司名称	地点	产能（万吨/年）
1	埃克森美孚化学	新加坡裕廊岛	350.0
2	台塑石化公司	中国台湾麦寮	293.5
3	诺瓦化学公司	加拿大艾伯塔省若夫尔	281.2
4	阿拉伯石化公司	沙特阿拉伯朱拜勒	225.0
5	埃克森美孚化学公司	美国得克萨斯州贝敦	219.7
6	雪佛龙菲利普斯化学公司	美国得克萨斯州斯韦尼	186.5
7	陶氏化学公司	荷兰泰尔纳曾	180.0
8	英力士烯烃和聚合物公司	美国得克萨斯州巧克力拜尤	175.2
9	等星化学公司	美国得克萨斯州Channelview	175.0
10	延布石化公司	沙特阿拉伯延布	170.5

数据来源：美国《油气杂志》。

2016年，全球乙烯装置平均开工率89.6%，高于上年的85%。以轻烃及混合进料为原料的乙烯装置开工率较高，北美地区保持97%以上的水平，部分装置开工率达100%；中东地区乙烯装置开工率在87%左右；西欧地区石脑油裂解装置开工率平均为85%左右，乙烷等轻质原料装置开工率可达90%以上。亚太地区乙烯装置开工率平均为85%左右，2016年上半年日本乙烯装置接近满负荷运转，为2010年以来的最高开工率。

2．乙烯原料价格下降，石脑油裂解继续受益，煤制烯烃已不具备优势

目前，世界乙烯产能中，以油气田轻烃为原料的产能约占49%，这些产能具有生产成本低、装置投资低、产品复杂度低、乙烯收率高等特点，与石脑油裂解相比，竞争优势明显。北美主要以乙烷为原料制乙烯，虽较欧洲和亚洲的石脑油原料的生产商仍有成本优势，但油价下跌后地区成本差已大幅缩小。2012—2014年，以石脑油为原料的乙烯生产现金成本比乙烷裂解高约1000美元/吨，2016年已降至200~300美元/吨。欧洲44座乙烯装置中有40座以石脑油为主要原料，石脑油基的乙烯装置在2016年将继续保持较低成本，欧洲化学公司继续受益。沙特阿拉伯乙烷价格虽已从0.75美元/百万英热单位升至1.75美元/百万英热单位，仍比美国乙烷价格要低1美元/百万英热单位，沙特阿拉伯乙烯成本仍全球最低。据估算，美国和中东乙烷制乙烯生产成本在300~350美元/吨，相当于中国煤制烯烃成本的45%~50%。低油价下煤制烯烃业虽能实现盈亏平衡，但盈利能力显著下滑，与传统蒸汽裂解制乙烯行业相比已不具优势。

3. 世界各地区乙烯发展特点

世界各地区乙烯发展各异。美国一些新建乙烷裂解装置即将建成投产，乙烯产能有望大幅增长，欧洲乙烯业调整告一段落，部分地区乙烯市场偏紧；日本乙烯产业继续调整，按计划关闭落后装置；印度、中东等“一带一路”国家和地区继续推进乙烯工业发展。

1）北美继续推进新建裂解装置，产能将大幅增长

页岩气革命使美国生产商持续获得低成本的乙烯原料。2016 年，美国 Axiall 公司和韩国乐天化学合资的乙烷裂解项目开工建设，总投资预计为 30 亿美元，预期 2019 年初建成。预计在 2017 年美国将有 5 座新建石化工厂装置投产（表 8-3-5），所有这些再加上 2016 年扩能和 2017 年新建项目，新增设计产能将超过 700 万吨/年。预计到 2017 年底，美国乙烯装置设计产能将超过 3500 万吨/年。此外，还有不少意向性项目。预计第二波建成的项目会推迟到 2019 年或 2020 年，产能还将再增加 600 万吨/年。

表8-3-5 2017—2020年美国计划建成的主要乙烷裂解装置

公司名称	产能（万吨/年）	地点	计划建成年份
雪佛龙菲利普斯化学	150	得克萨斯州CedarBayou	2017
陶氏化学	150	得克萨斯州Freeport	2017
台塑化学	120	得克萨斯州Point Comfort	2017
埃克森美孚化学	155	得克萨斯州Baytown	2017
西方化学	54.4	得克萨斯州Ingleside	2017
壳牌	150	宾夕法尼亚州Mocaca	2018
Appalachian Resin	23	俄亥俄州门罗	2018
萨索尔	150	路易斯安那州Lake Charles	2018
Axiall和韩国Lotte化学	100	路易斯安那州	2019
道达尔	100	得克萨斯州Port Arthur	2019
PTTG/丸红株式会社	100	俄亥俄州Dilles Bottom	2020

数据来源：美国《油气杂志》等。

2）欧洲乙烯业调整告一段落，日本继续按计划关闭产能

欧洲近年关闭了部分乙烯装置，乙烯总产能已略为偏低，但由于下游可运行的衍生物开工率较低，所以欧洲乙烯产能则比消费所需要高，关闭产能仅对一些国家间乙烯平衡产生影响。这些变化导致结构性产品流动，最主要产品流动将会在英国、荷兰、比利时和德国之间进行，目前英国乙烯过剩，而比利时将出现乙烯供应不足。欧洲市场偏紧，同时运输成本、可获性以及亚洲买家对外部货源的竞争足以维持欧洲生产商的高利润。日本继续关闭乙烯产能。旭化成于 2016 年 1 月关闭位于水岛的 50 万吨/年乙烯装置。预计未来 10 年日本将不再新建乙烯装置，产能还将继续缩减。

3）“一带一路”国家以印度和中东为主继续推进乙烯项目

2016年，“一带一路”沿线主要乙烯生产国继续推进乙烯发展项目。印度计划到2020年增加超过300万吨/年新的乙烯能力，总能力超过700万吨/年。印度信诚准备从美国进口页岩气为蒸汽裂解装置提供原料。信诚在贾姆纳格尔的150万吨/年乙烯装置建成。沙特阿拉伯以乙烷为原料的大型石化项目建设高潮已经过去，但一些后续配套完善项目仍在继续。解除经济制裁后的伊朗将大力发展石化业，伊朗计划在现有霍姆尼港和阿萨鲁耶石化产业基地的基础上开发新的石化产业基地。埃及两个石化综合装置的总投资约为75亿美元。其中，Carbon控股公司投资70亿美元的Tahrir石化综合项目乙烯能力为150万吨/年，将于2019年建成投产，届时将成为全球最大的石脑油裂解项目（表8-3-6）。

表8-3-6 “一带一路”沿线主要国家乙烯行业发展动向

地区	国家	主要发展计划动向
东南亚	印度尼西亚	韩国湖南石化公司计划在印度尼西亚的万丹建100万吨/年乙烯装置
南亚	印度	印度计划到2020年使乙烯产能超过700万吨/年
俄罗斯中亚	阿塞拜疆	该国SOCAR公司计划投资170亿美元在巴库附近建设包括一座200万/年乙烯装置在内的世界级石化综合项目
	俄罗斯	俄罗斯天然气工业公司和西布尔公司考虑在阿穆尔州建天然气化工项目，将年产240万吨的乙烯及衍生物。俄罗斯NKNK公司决定将其规划的90亿美元的石化项目分两期实施，将建两座烯烃厂，每套年产乙烯60万吨，将分别在2020年和2025年建成。FEPCO炼化一体化基地计划2020年建成，新增乙烯产能140万吨/年
中东	沙特阿拉伯	沙特阿美和住友化学合资的拉比格炼化公司正在推进拉比格炼化二期项目
	伊朗	预计2018年乙烯产量将从450万吨/年增至650万吨/年
	卡塔尔	卡塔尔工业公司将联合Ras Laffan 烯烃公司、卡塔尔化学公司和卡塔尔石油公司研究计划新建和扩建一些以乙烷为原料的高收益的石化装置
	阿曼	阿曼炼油石化公司正在推进位于苏哈尔的投资26亿美元的包括一套80万吨/年的乙烯装置的石化项目

数据来源：中国石油集团经济技术研究院。

4．世界乙烯行业发展前景预测

预计2017年全球乙烯将迎来不少装置集中建成投产年，产能将出现较大幅度增长，当年新增乙烯产能将达750万吨/年以上，其中美国乙烯产能将新增约600万吨/年。随着北美、印度和中国许多新装置的开车，2017—2018年全球乙烯产量将猛增，将给全球石化市场和乙烯行业的利润带来较大的短期下行压力和冲击。当前，全球乙烯需求在以年均550万～600万吨的速度增长，相当于每年需要新建5~6套世界级规模的乙烯装置。而未来全球产能增长总体仍将落后于需求增长。预计2020年前全球乙烯需求的年均增长率为4.5%，产能年增长为3%；2020—2025年乙烯需求年均增长4%，产能增长每年低于1%。

由于乙烯原料的轻质化以及新生产工艺路线的兴起，全球乙烯市场格局正在发生着深刻变化。未来五年内，全球乙烯原料将继续多元化趋势，随着油价逐渐回升，乙烯原料将更加轻质化，西欧和亚太地区可能进口更多美国乙烷作为乙烯原料，乙烷制乙烯占全球乙烯产能比例将继续提升。此外，随着全球首个通过甲烷氧化偶联（OCM）技术以天然气为原料直接制乙烯项目在美国获得中试成功和甲烷天然气微波一步法直接制乙烯技术在中国取得实验室成功，甲烷直接制乙烯正酝酿着重大的工业化突破。中国的煤制烯烃和甲醇制烯烃虽然目前盈利不容乐观，但从长远看仍将继续发展。乙烯生产商将继续根据原料资源条件和市场需求特点建设乙烯装置，全球乙烯产业将继续维持亚太、北美、中东、西欧四分天下格局，其中北美和中东以及部分亚太国家乙烯继续将保持活跃态势，而乙烯需求将继续保持亚太、北美和西欧的格局，需求增长动力将主要来自亚太地区。而随着未来几年美国乙烯产能快速增长，美国将重新成为全球石化出口市场的主力之一，其在全球乙烯市场和石化品出口贸易格局中的地位和影响将明显提升。

二、国内乙烯工业发展现状与趋势

2016 年，中国乙烯产能继续增长，新增产能首次均为煤（甲醇）基烯烃。低油价下煤（甲醇）基烯烃开工不足，导致乙烯行业整体开工率小幅下滑，但石油基烯烃因原料成本下降利润良好，且乙烯产能不过剩，需求还在稳步增长，因此低油价下行业整体效益上升，石化企业降本增效成果显著。

1. 2016 年中国乙烯工业发展现状

总的看，2016 年国内乙烯工业的发展有以下 4 个特点。

1）乙烯总产能继续增长，新增产能首次全部来自煤（甲醇）基烯烃

2016 年，国内新增乙烯产能 110 万吨/年，总产能达到 2310.5 万吨/年，同比增长 5%，较 2015 年的增幅下降 2.8 个百分点（图 8-3-3）。全年新增 3 套煤（甲醇）基烯烃装置（表 8-3-7）。截至 2016 年底，煤（甲醇）基乙烯产能合计为 449.5 万吨/年，共有 17 套装置，占乙烯总产能的 19%。

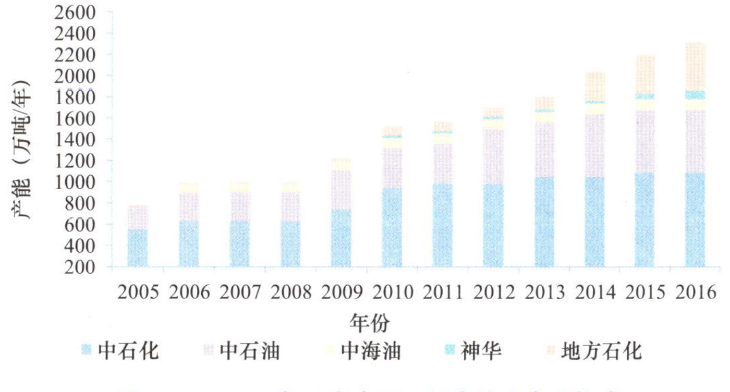

图8-3-3 2005年以来中国乙烯产能分企业构成

数据来源：中国石油集团经济技术研究院

表8-3-7　2016年中国新增乙烯产能情况

项目名称	所属公司	区域	乙烯产能（万吨/年）	工艺路线	投产时间
中天合创煤制烯烃	中煤、中石化等	内蒙古鄂尔多斯	67	S-MTO	2016.10
神华新疆煤制烯烃	神华	新疆甘泉堡	27	MTO	2016.10
富德（常州）能源化工	富德能源	江苏常州	16	DMTO	2016.08
合计			110		

数据来源：中国石油集团经济技术研究院。

因煤（甲醇）基烯烃装置的不断投产，两大集团乙烯产能占比近年来呈不断下降趋势，由2015年的76.4%继续降至2016年的72.8%。其中，中石油拥有7家乙烯生产企业，共12套乙烯装置，截至2016年底乙烯产能为597万吨/年，占比由2015年的27%降至26%。中石化拥有14家乙烯企业，共16套乙烯装置，截至2016年底乙烯产能为1084万吨/年，占比由2015年的49%降至47%。外资权益产能267万吨/年，占中国乙烯总产能的12%。

截至2016年底，国内共有40家乙烯生产企业，有生产装置47套（石油基乙烯装置30套），乙烯生产企业平均规模57.8万吨/年；乙烯装置平均规模49.2万吨/年[其中，石油基装置平均规模62.0万吨/年，煤（甲醇）基装置26.4万吨/年]，较2015年下降0.8万吨/年，主要是煤（甲醇）基烯烃项目产能规模相对较低，拉低了总的平均值。其中，单套规模80万吨/年及以上的大型装置10套，合计产能996万吨/年，占总产能的43.1%；60万～80万吨/年的乙烯装置11套，合计产能739万吨，占总产能的32%；单套规模60万吨/年以下的中小乙烯装置26套，合计产能575.5万吨/年，占总产能的24.9%。

目前中国乙烯产能在美国之后稳居世界第二位，这是中国自2005年连续12年保持这一排位，且与第一位的差距逐年缩减；在全球最大的10家乙烯生产公司中，中石化以1084万吨/年的乙烯产能居第四位，中石油以597万吨/年的乙烯产能居第六位。

2）产量增速回升，开工率受煤基烯烃影响连续五年下降，油基乙烯利润良好

2016年，国内乙烯产量估计为1790万吨，同比增长4.4%，较2015年1.1%的增速上升3.3个百分点。低油价下石油基乙烯装置开工情况较好，而煤（甲醇）基烯烃因项目经济性下降，装置开工不足，2016年全国乙烯开工率小幅下降至77.5%，同比下降0.4个百分点（图8-3-4）。分公司看，估计2016年中石化乙烯产量1082万吨，同比下降2.1%，占60%；中石油乙烯产量553万吨，同比增长9.9%，占31%；神华乙烯产量28万吨，同比下降11%；中煤乙烯产量36万吨，同比增长2%。

估计2016年国内乙烯表观消费量为1950万吨，同比增长4.5%；国内乙烯当量消费量约3980万吨，同比增长4.5%。当前国内乙烯当量自给率仅为45%，还存在较大的缺口。这主要与中国乙烯业下游衍生产品同质化严重、“大路货”低附加值产品多而高附加值、差别化、功能化产品不足有关，不少仍需靠进口。从中国乙烯消费结构看，聚乙烯是乙烯消费第一大用户，占比超过一半，其次是聚氯乙烯、乙二醇/环氧乙烷、苯乙烯等（图8-3-5）。

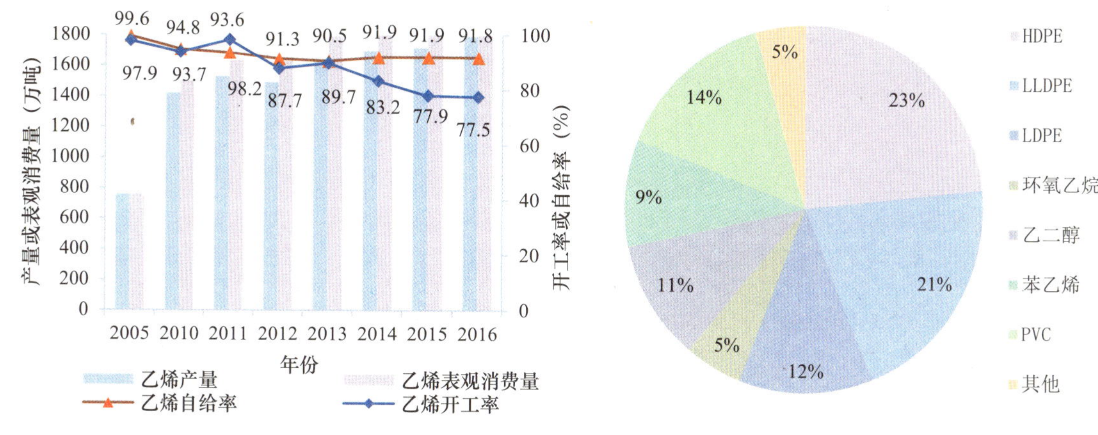

图8-3-4 2005—2016年国内乙烯行业运行情况

数据来源：中国石油集团经济技术研究院

图8-3-5 2016年国内乙烯下游产业链

数据来源：中国石油集团经济技术研究院

2016年，低油价下石油化工原料成本较低，石脑油裂解路线盈利水平大幅回升，竞争力相对增强。前三季度中石油统筹效益、市场和资源，增产高附加值化工产品，共生产乙烯414.7万吨，同比大增15.4%，化工板块实现经营利润85.95亿元，同比大增71.97亿元；中石化深入调整原料、产品和装置结构，前三季度乙烯产量811.5万吨，同比下降1.9%，化工产品经营总量5046万吨，同比增长11.2%，化工板块息税前利润191.35亿元，同比增加8.95%。值得一提的是，由于油价的大幅下滑和经济转型、增速放缓，使得近几年中国乙烯业行情呈现出较大的波动。2014年，化工市场需求低迷，产能过剩使得市场竞争加剧，乙烯产品价格下跌，化工企业利润空间被严重压缩，行情不振；2015年及2016年，低油价下化工产品成本下降，中国经济发展逐步回暖呈现新常态，需求增加使乙烯业为龙头的石油化工行情逐步好转。

3）低油价下煤（甲醇）基烯烃企业运行困难，但产能因投资惯性继续增长

低油价导致国内烯烃产品价格走低，2016年1—10月，国内聚乙烯均价同比下降5.8%。而同期国内煤炭价格变化不大，从经济角度看，考虑到财务费用，在当前的煤炭价格下，原油价格50美元/桶应是煤制烯烃项目与石脑油制烯烃项目相竞争的节点。由于产品价格的下降，当前煤制烯烃装置盈利能力大幅下滑，多数企业经营较困难。2016年上半年国内经营最好的煤基烯烃企业神华集团煤化工分部首次出现了亏损。尽管煤基烯烃利润大幅下滑，但由于前几年高油价时开建项目的投资惯性，其产能还是有所增加。截至2016年，国内已有24套煤（甲醇）基烯烃装置，合计产能1162万吨/年，其中乙烯产能449.5万吨/年，丙烯产能712.5万吨/年。根据工业和信息化部印发的《石油和化学工业发展规划（2016—2020年）》，“十三五”将按照环境准入条件要求，继续开展煤制烯烃升级示范，适度发展甲醇制烯烃，继续提升非石油基烯烃比例。

4）乙烯原料多元化进一步发展，节能减排取得成效

目前国内乙烯原料以石脑油为主，其他原料还有轻柴油、轻烃（LPG）、煤、天然气等（图8-3-6）。近年来国内企业不断进行原料优化，LPG作为比石脑油廉价的原料被大量运用。采用LPG/轻石脑油混合物做原料进行裂解，不仅促进了乙烯原料多元化，还实现了降本增效。2016年，LPG占乙烯原料的7.1%，未来占比还将继续提高。尽管多个煤基烯烃项目投产运行，但由于当前煤制烯烃利润较低，企业开工水平较低，煤炭占乙烯原料的比例同比下降了4.9个百分点，仅为8.3%。国内烯烃市场总体缺口仍较大、低油价下化工品利润的回升、石脑油产量上升空间不大等因素促进了甲烷偶联制乙烯、煤基乙炔法制烯烃、碳一催化直接转化制取烯烃、乙烷裂解制乙烯等新兴工艺的研发进程，将有助于乙烯原料的多元化，有利于国内石化企业提高效益，提高整体竞争力。

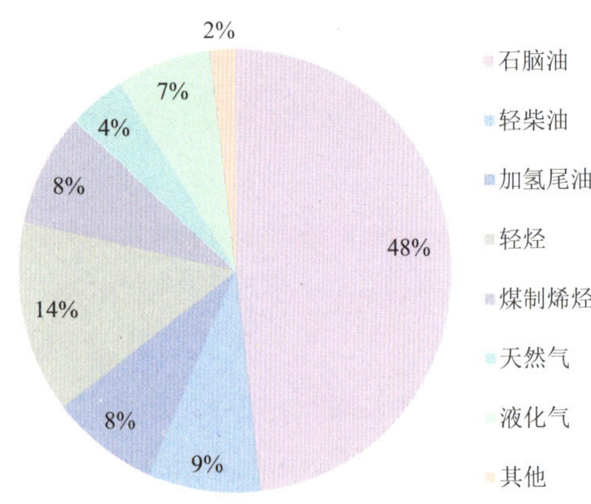

图8-3-6　2016年国内乙烯原料比例构成图

数据来源：中国石油集团经济技术研究院

2016年，国内乙烯设备和工艺的国产化取得进一步进展。从百万吨级乙烯分离工艺包开发，到大型裂解炉装备和相关设计技术，从石油烃裂解产物预测系统，到大型乙烯工程关键技术开发，以及乙烯装置配套催化剂的研制都已实现国产化，整体技术处于国际先进水平，部分指标甚至超过国外技术，处于国际领先地位。此外，中国自主研发的甲醇制烯烃技术已趋成熟，先后突破了小孔磷酸硅铝分子筛合成技术，研发了流化反应专用催化剂，发明了密相循环流化床反应工艺，在世界首套万吨级工业性试验装置上验证了其先进性和可靠性。加上后来研发的大型反应—再生系统及工艺调控方法，形成了成套技术，为建设百万吨级工业示范装置提供了技术基础。

近年来，国内乙烯业务持续发展升级，主要经济技术指标不断进步，在量增、基数大的前提下，实现了能耗降低、不断减少排放的可持续发展。中石油所属炼化企业持续推动系统优化升级，投入大量资金实施节能环保技改项目，节能效果显著，估计全年平均能耗下降至570千克标油/吨，同比下降24千克标油/吨，独山子石化被国资委评为相应规模下的最佳节

能减排实践企业。中石化改善原料结构，采用优化裂解炉操作条件、优化工艺及结构等措施，推进装置结构调整，逐套装置进行能耗测算，限产、停产高能耗装置，估计全年平均能耗下降至560千克标油/吨，同比下降20千克标油/吨。

2. 中国乙烯工业发展趋势

2017年，油价或将继续较低位运行，石油基乙烯应抓住较低油价的有利时机，避免“温床”效应，加快原料轻质化、多元化进程；利用石油基烯烃产业链长的优势，加快转型升级，搞好下游产品高端化、精细化；与煤（甲醇）基烯烃产业协同发展，形成“高低搭配”，同时配合“一带一路”战略，加快乙烯工业“走出去”步伐，发展国际产能合作。

1）乙烯产能继续增长，油基烯烃将再添百万吨级大项目

预计2017年国内乙烯总产能将达2480.5万吨/年，新增产能170万吨/年，同比增长7.4%（表8-3-8），其中煤（甲醇）基乙烯产能增至519.5万吨/年，占总产能的20.9%。随着超低油价时期的结束，煤（甲醇）基烯烃利润将有所改善，开工率将会有所回升。预计乙烯年产量将进一步增长并突破1800万吨达1860万吨，乙烯自给率将进一步提高。

表8-3-8 2017年国内乙烯新增产能情况

项目/企业	所属集团	地 点	乙烯产能（万吨/年）
惠州炼厂（二期）	中海油	广东惠州	100
斯尔邦石化煤基烯烃	江苏盛虹	江苏连云港	60
吉林康乃尔甲醇制烯烃	康乃尔化工	吉林市	10
合计			170

数据来源：中国石油集团经济技术研究院。

“十三五”期间仍将是中国乙烯发展的高峰期，除传统的以石脑油为原料的乙烯装置外，煤（甲醇）基烯烃、重油催化裂化等成熟技术开始在国内乙烯产业中得到更多应用。随着油价回升，煤制烯烃效益转好，加之国家推广示范，预计2020年前，中国将再次迎来煤化工的较快发展期，前期在建和规划的项目均将在这一时期集中投产。预计到2020年国内乙烯总产能将达3200万吨/年，其中煤（甲醇）基乙烯产能将达750万吨/年左右，占乙烯总产能的23.4%（表8-3-9）。此外，乙烯原料多元化程度进一步增加，从石油基原料看，传统石脑油占比将进一步下降，轻柴油、凝析油占比将有所提升；从非石油基原料看，天然气、天然气凝析液（NGL）、液化气、轻烃、煤（甲醇）等将被广泛应用，乙烯装置原料结构进一步得到优化，原料多元化程度进一步上升。

表8-3-9　2018—2020年国内部分在建和规划的石油基乙烯项目

企业或地区	新增产能（万吨/年）	备注
中国兵器华锦石化	100	新建，在建阶段
云南石化	100	新建，在建阶段
中化泉州石化	100	新建，在建阶段
连云港石化（盛虹）	100	环评，规划阶段
舟山石化	140	环评，规划阶段
中东海湾（华通京港）	100	环评，规划阶段
合计	640	

数据来源：中国石油集团经济技术研究院。

2）调整原料与产品结构，加快装置改造，依靠创新驱动提升乙烯业竞争力

“十三五”期间，国内乙烯行业挑战与机遇并存。国际油价或将总体在较低位水平震荡，石油基乙烯的总体运营成本下降，对中国石油基乙烯发展形成一定利好，将增强石化产业的盈利能力，为中国石化工业发展提供缓冲期。但也应看到，国内乙烯行业面临的国际竞争态势将更加严峻。页岩油气革命促发的美国新一轮大规模的乙烯项目建设，或将在今后两三年内建成投产，2017 年美国市场将至少新增 600 万吨/年的聚乙烯产能。中东国家正在利用其得天独厚的石化原料优势，将成为世界最大的乙烯衍生物出口集中地。埃克森美孚和沙特阿美公司各自开发的新型蒸汽裂解工艺技术可使石化生产商越过原油精炼过程，将原油直接转化为轻质烯烃。IHS 化学工艺经济学报告《原油蒸汽裂解》分析，这些新工艺技术每生产 1 吨乙烯可为炼油厂节约成本高达 200 美元。中国乙烯行业既面临着以常规、中低档产品为主的中东乙烯工业的追赶和冲击，又面临着以功能化、差别化、高附加值、高档产品为主的美国和日本等发达国家的堵截和阻挡，还存在着产能过剩、以中国大陆为目标市场的韩国、中国台湾以及东南亚国家等周边国家地区的冲击和竞争。

中国必须加快现有乙烯装置技术升级与改造步伐，不断优化工艺参数和乙烯裂解原料，降低单位产品能耗。鼓励以油田伴生气、天然气凝析油（NGL）为原料生产乙烯，积极关注微波法甲烷直接偶联制乙烯等新技术。中国乙烯发展应注重调整下游衍生产品结构，努力向生产适销对路的功能化、差别化、高附加值、高端产品拓展，以满足中国发展新兴产业和各类产业转型升级的需要。未来乙烯原料将从原先的以石油基原料为主向以石油基原料为主、其他非油基原料为辅，国内外供应相结合的原料轻质化、多样化和来源多元化转变。从企业角度看，生产企业可尽量利用油气田轻质资源、内部挖潜互供来优化乙烯原料，实现降本增效，适当发展煤基甲醇制烯烃。同时要与煤（甲醇）基烯烃企业开展合作，协调发展，形成石化企业以生产中高端、精细产品为主，煤（甲醇）基烯烃企业生产一般料为辅的“高低结合”中国特色，使之在满足国内需求的同时，也能进一步提升乙烯行业的竞争力。

3）借“一带一路”东风，加快乙烯工业“走出去”步伐

中国乙烯工业经过50多年的发展，已成世界乙烯生产大国。通过技术攻关和生产实践，中国乙烯装备的国产化率已大幅提高，不少技术已达到或接近国际先进水平，当前，中国乙烯工业已具备“走出去”的实力。“一带一路”沿线不少国家乙烯和石化工业水平较低且需要进口包括乙烯下游衍生物在内的石化产品。未来5年，中东海湾国家在建和拟建的石油化学品产能达5400万吨/年；未来10年，俄罗斯计划建设6座世界级乙烯装置及下游衍生物装置，以大力发展其石化工业；东南亚、南亚一些新兴经济体国家对石化品的需求日益增长。这些国家有加快发展经济、调整经济结构的强烈愿望，对石化产品和石化技术装备有巨大的市场需求。中国乙烯工业有实力、有市场、有优势，在“一带一路”乙烯和石化产能国际合作中发挥较大的作用。

（本节撰写人：徐海丰　金　云　费华伟）

第四节　中国聚烯烃发展现状与趋势

2016年，中国聚烯烃（本书专指聚乙烯、聚丙烯）总产能上升较快，结构性矛盾仍然突出，高端产品进口量增加；开工率略有上升，原料多元化引发市场竞争新格局；低油价降低油制聚烯烃成本，削减煤制聚烯烃前期成本优势，行业毛利空间上升。

2017年，中国聚烯烃产能将继续增长，自给率不断上升，多元化竞争进一步加剧。随着新型工业化、信息化、城镇化和农业现代化的深入推进和居民消费结构的不断升级，“十三五”期间中国聚烯烃市场需求在扩大化的应用拉动下将继续较快上升。未来中国聚烯烃行业将深入推进供给侧改革，以创新为动力，着力发展高端聚烯烃，着力搞好进口替代，提高聚乙烯自给率，提升国际竞争力。

一、2016年聚烯烃发展现状

总的看，2016年中国聚烯烃的发展有以下4个方面的特点。

1．聚烯烃产能继续增长，新增产能来自煤（甲醇）基烯烃及丙烷脱氢装置

截至2016年底，国内聚烯烃总产能达4053万吨/年，新增产能301万吨/年，同比增长8.0%（表8-4-1）。其中聚乙烯新增产能110万吨/年，总产能达到1720万吨/年，同比增长6.8%（表8-4-2）；聚丙烯新增产能191万吨/年，总产能达到2333万吨/年，同比增长8.9%（8-4-5）。截至2016年底，煤（甲醇）基烯烃装置的聚烯烃产能1162万吨，共24家生产企业，合计41套装置，占聚烯烃总产能的28.7%，丙烷脱氢装置聚烯烃产能471万吨/年，占聚烯烃总产能的

11.6%。值得一提的是，聚烯烃单线生产规模也快速扩能，大多在20万吨/年以上。

表8-4-1　2016年中国新增聚烯烃产能情况

项目名称	所属公司	区域	聚烯烃产能（万吨/年）	工艺路线	投产时间
中天合创煤制烯烃	中煤、中石化等	内蒙古鄂尔多斯	137	S-MTO	2016.10
神华新疆煤制烯烃	神华	新疆甘泉堡	72	MTO	2016.10
富德（常州）能源化工	富德能源	江苏常州	32	DMTO	2016.08
万华环氧丙烷一体化项目	万华化学	山东烟台	60	PDH	2016.01

数据来源：中国石油集团经济技术研究院。

近年来，随着煤（甲醇）基烯烃装置和丙烷脱氢装置（PDH）的不断投产，两大集团聚烯烃产能占比呈现不断下降趋势，2016年占比47%，同比下降3.8个百分点。其中，中石油合计产能738.8万吨/年，中石化合计产能1168.4万吨/年，神华合计产能292万吨/年。

2. 中国聚烯烃供需两旺增长较快，但仍需大量进口高端产品

近年来，国内聚烯烃市场运行总体稳定，产能和消费量同处增长趋势。2016年，中国聚烯烃产量3346万吨，同比增长8.5%；表观消费量4543.8万吨，同比增长3.9%；开工率82.6%，同比增加0.4个百分点；自给率73.6%，同比增加3个百分点。尽管中国聚烯烃自给率逐年上升，但国内高端产品基础较弱，仍严重依赖进口，当前国内高端/高性能聚烯烃自给率仅为38%。高性能材料品种或国内产量较少，或质量未能完全符合用户的要求。目前国内高端专用料仍以进口为主，约80%依赖进口。

1）中国聚乙烯供需均快速增长，但净进口量仍较大

2016年，中国聚乙烯产量估计为1535.7万吨，同比增长8.3%，较2015年的13%增速下降4.7个百分点；聚乙烯消费量估计为2476.1万吨，同比增长4.1%，较2015年的11.1%增速下降7个百分点。估计2016年聚乙烯进口量970.9万吨，同比下降1.6%，主要因高压聚乙烯、线性低密度聚乙烯进口下滑所致；自给率进一步上升至62%，但缺口仍较大（表8-4-2）。低油价时期随着石化原料成本下降，下游需求旺盛，石化企业利润良好，开工率持续高位。尽管国内聚乙烯的自给率有所上升，但仍需大量进口以满足国内需求。

随着下游需求的变化，国内聚乙烯市场呈现差异化发展。中国高密度聚乙烯（HDPE）树脂的年生产能力很大，但牌号较少，每年仍需大量进口HDPE来满足市场的需要。线性低密度聚乙烯（LLDPE）约占PE消费的37%，是国内消费增长最快的品种（表8-4-3）。

表8-4-2　2005—2016年国内聚乙烯供需平衡表

年份	产能（万吨/年）	产量（万吨）	产能利用率（%）	进口（万吨）	出口（万吨）	表观消费量（万吨）	自给率（%）
2005	588	529.1	90	526	5.7	1049.4	50.4
2006	677	599.3	88.5	489.2	4	1084.5	55.3
2007	702	692.5	98.6	453.4	6	1139.9	60.8
2008	702	689.5	98.2	449.7	6.7	1132.5	60.9
2009	833	812.9	97.6	826.1	4.5	1634.5	49.7
2010	1042	985.8	94.6	735.8	15.8	1705.8	57.8
2011	1167	1003.9	86	744.4	32.2	1716.1	58.5
2012	1197	1030	86	788.8	28.8	1790	57.5
2013	1280	1123	87.7	881.6	20.3	1984.3	56.6
2014	1535	1255	81.8	910.8	24.9	2140.9	58.6
2015	1610	1418.3	88.1	986.7	26.9	2378.1	59.6
2016(估计)	1720	1535.7	89.3	970.9	30.5	2476.1	62.0

数据来源：国家统计局，中国石油集团经济技术研究院。

表8-4-3　2016年国内聚乙烯分品种供需平衡表

品种	产能（万吨/年）	产量（万吨）	产能利用率（%）	进口（万吨）	出口（万吨）	表观消费量（万吨）	自给率（%）
LLDPE	733.7	671.4	91.5	255.8	7.2	920.0	73.0
LDPE	350.8	316.7	90.3	197.7	7.8	506.6	62.5
HDPE	635.5	547.6	86.2	517.4	15.5	1049.5	52.2

数据来源：国家统计局，中国石油集团经济技术研究院。

国内聚乙烯消费中，包装产品近年来发展迅速，国内包装制品消费比例明显高于世界水平。2016 年，国内低密度/线性低密度聚乙烯（LDPE/LLDPE）的消费量达到 1426.6 万吨，主要由于电商的快速发展整体保持了较快的增长。此外，电线电缆对 LDPE/LLDPE 的需求增速也较快，茂金属技术的发展和应用也推动了 LLDPE 薄膜的应用（图 8-4-1）。HDPE 主要用于吹塑、注塑、薄膜和管材等领域，2016 年 HDPE 需求量达到 1049.5 万吨，近年来随着国内投资的增长和人们生活需求的增长，HDPE 需求持续较快增长（图 8-4-2）。

近年，中国聚乙烯进口主要来自周边国家和地区、中东及美国。从聚乙烯进口量前五国看，随着伊朗结束制裁，中国加大从伊朗进口聚乙烯力度（表 8-4-4）。

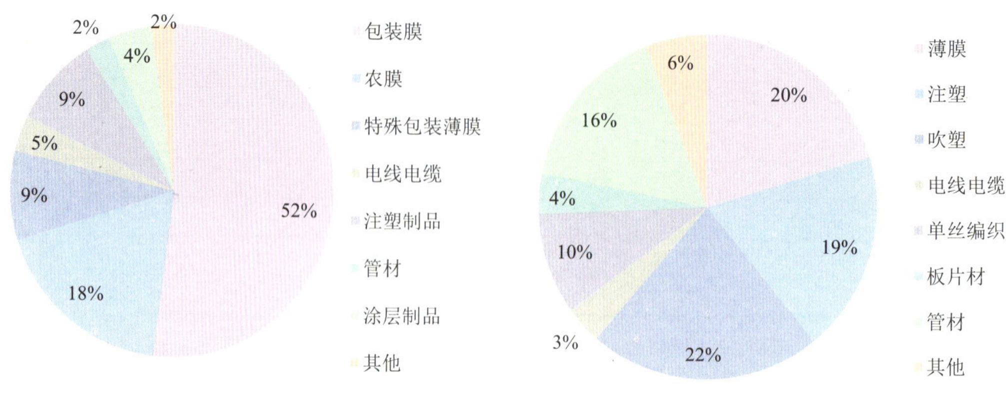

图8-4-1 2016年LDPE/LLDPE消费结构

数据来源：中国石油集团经济技术研究院

图8-4-2 2016年HDPE消费结构

数据来源：中国石油集团经济技术研究院

表8-4-4 近年来年国内聚乙烯分品种进口前五位国家及进口量

排名	2015年						2016年1—10月					
	LLDPE		LDPE		HDPE		LLDPE		LDPE		HDPE	
	国家或地区	进口量（万吨）	国家或地区	进口量（万吨）	国家或地区	进口量（万吨）	国家或地区	进口量（万吨）	国家或地区	进口量（万吨）	国家或地区	进口量（万吨）
1	新加坡	68.7	伊朗	48.2	伊朗	113.9	新加坡	49.4	伊朗	40.7	伊朗	109.7
2	沙特阿拉伯	45.7	韩国	25.2	沙特阿拉伯	97.7	沙特阿拉伯	36.6	卡塔尔	19.2	沙特阿拉伯	78.6
3	泰国	38.8	沙特阿拉伯	17.3	韩国	58.6	泰国	24.2	韩国	18.1	阿联酋	64.1
4	韩国	16.2	马来西亚	14.5	泰国	37.7	阿联酋	18.9	沙特阿拉伯	13.7	韩国	43.9
5	美国	9.3	俄罗斯	7.6	中国台湾	23.3	韩国	12.7	阿联酋	13.6	泰国	21.4

数据来源：海关总署，中国石油集团经济技术研究院。

2）中国聚丙烯产量和消费量增速下降明显，但进口量仍较大

2016年，中国聚丙烯产量估计为1810.3万吨，同比增长8.7%，较2015年的21.3%增速大幅下降12.6个百分点，主要是由于低油价下煤（甲醇）基烯烃开工不足所致。全年聚丙烯消费量估计为2067.7万吨，同比增长4.0%，较2015年的15.3%增速下降11.3个百分点（表8-4-5）。国内聚丙烯产能已超过需求，理论上可以实现自给自足，进口以专用料为主，通用料可以完全自给甚至出口，不需要进口。

表8-4-5 2005—2016年国内聚丙烯供需平衡表

年份	产能（万吨/年）	产量（万吨）	产能利用率（%）	进口（万吨）	出口（万吨）	表观消费量（万吨）	自给率（%）
2005	671	522.9	77.9	302.3	2.3	822.9	63.5
2006	863	584.2	67.7	294.5	2.6	876.1	66.7
2007	877	712.7	81.3	307	3.1	1016.6	70.1
2008	957	733.2	76.6	278.9	4.2	1007.9	72.7
2009	1125	820.5	72.9	416.3	4.5	1232.3	66.6
2010	1268	916.8	72.3	386.8	8.3	1295.3	70.8
2011	1366	980.4	71.8	377.8	16.6	1341.6	73.1
2012	1480	1121.6	75.8	390.9	14.2	1498.3	74.9
2013	1838	1238.5	67.4	359.3	14.7	1583.1	78.2
2014	2005	1373.9	68.5	363.3	12.6	1724.6	79.7
2015	2142	1665.9	77.8	339.7	16.6	1989	83.8
2016(估计)	2333	1810.3	77.6	284.3	26.9	2067.7	87.6

数据来源：国家统计局，中国石油集团经济技术研究院。

国内聚丙烯消费中，编织、注塑和薄膜是主要消费领域。近年来国内聚丙烯的消费结构不断变化，通用编织制品消费比例逐年降低，注塑、薄膜、管材料消费逐年增加。未来CPP热封膜、汽车、家电及医用透明专用聚丙烯的消费领域将有广阔前景。近几年，编织制品、注塑制品、双向拉伸聚丙烯薄膜（BOPP）带动了对聚丙烯需求的稳定增长。BOPP产业快速发展，使得薄膜在该领域的消费比例不断提升（图8-4-3）。

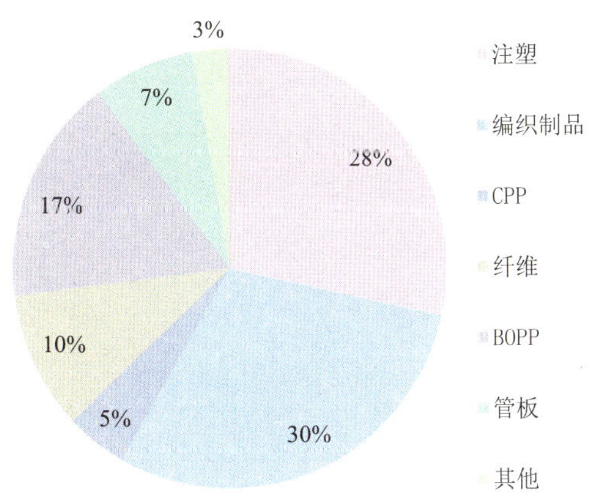

图8-4-3 聚丙烯消费结构

数据来源：中国石油集团经济技术研究院

3. 非石油基聚烯烃快速发展，市场主体多元化程度上升

截至2016年底，中国煤（甲醇）基烯烃产能1162万吨/年，占聚烯烃总产能的28.7%。2010年之前，中国的聚烯烃产能扩张主要是油制烯烃制聚烯烃，2010年中国首套煤制烯烃装

置实现商业化运作，高油价下获利颇丰，各类煤化工项目投资加快。煤制烯烃生产的聚烯烃产品仍以通用型产品为主，质量在透明度、拉伸强度及熔融指数等方面仍有提升空间，在未来的聚烯烃市场中竞争力需进一步提升。近年来，随着中国聚丙烯、丁辛醇等下游衍生物需求的快速增长，丙烯资源供应缺口日渐明显，推动了中国现阶段丙烷脱氢产业的发展。截至2016年底，中国丙烷脱氢装置制聚丙烯产能达411万吨/年，占聚丙烯产能的17.6%。低油价下非石油基烯烃盈利水平大幅下降，但投资惯性下仍有较多的产能投产，伴随着非石油基烯烃的不断扩能，将加速原料乙烯丙烯市场化，由此使得聚烯烃市场主体多元化程度不断上升。

从不同原料所制聚烯烃的生产成本比较看，国际油价50美元/桶是煤制烯烃与油制烯烃的竞争节点。此油价水平下，煤基聚烯烃项目与石油基聚烯烃竞争力基本相当。若国际原油价格回升，煤基聚烯烃项目将对油基聚烯烃具备低原料成本的竞争优势，从而带来较大的冲击。丙烷脱氢制丙烯项目由于原料丙烷费用约占生产总成本的90%，PDH经济性主要决定于丙烷与丙烯的差价，2016年国内进口丙烷与丙烯价格相差400美元/吨左右，可以说丙烷脱氢制丙烯成本最低，既低于油制成本，也低于煤（甲醇）制烯烃。

二、中国聚烯烃发展趋势

“十三五”期间，中国聚烯烃市场既面临新型工业化、信息化、城镇化和农业现代化带来的巨大发展空间和机遇，也面临烯烃生产原料多样化带来的国内同业竞争加剧，利润空间缩小，供求趋向平衡，部分产能过剩、产品结构性矛盾突出的问题，还面临着来自美国、中东聚烯烃产能大增带来的外来竞争压力。

中国聚烯烃总产能将继续增长，多元化市场主体格局进一步加剧，2017年，中国聚烯烃总产能将继续增长，石油基产能占比有所回升。预计2017年国内聚烯烃总产能将达4266万吨/年，新增产能213万吨/年，同比增长5.3%（表8-4-6），其中聚乙烯新增产能140万吨/年，聚丙烯新增产能73万吨/年，包括煤制烯烃和丙烷脱氢（PDH）的聚烯烃产能，聚烯烃的总产量将继续提升。聚乙烯产能尽管较快增长，但仍不能满足国内需求，聚丙烯尽管产能基本满足国内需求，但仍有部分专用料需依靠进口。

表8-4-6　2017年国内聚烯烃新增产能

项目名称	所属公司	区域	聚烯烃（万吨/年）	工艺路线
惠州炼厂（二期）	中海油	广东惠州	70	石油基
斯尔邦石化煤基烯烃	盛虹集团	江苏连云港	83	MTO
康乃尔甲醇制烯烃	康乃尔化工	吉林市	30	MTO
巨正源科技丙烷脱氢	巨正源科技	广东东莞	30	PDH

数据来源：中国石油集团经济技术研究院。

（本节撰写人：金　云　费华伟）

国际合作篇

第九章　海外投资环境

2016 年，欧佩克和俄罗斯等主要油气资源国仍实施增产保份额策略，直至 12 月达成历史性减产协议。低油价下北非、拉美和亚太等资源国进一步放松油气投资政策，吸引外资。俄罗斯加快推进私有化进程，出售俄油部分股权。拉美地区经济萎靡，民众不满情绪增加，巴西等国右翼党派趁机掌握政权，地区政局“右倾”明显。特朗普赢得美国总统大选、英国脱欧、法国恐怖袭击等“黑天鹅”事件冲击地缘政治格局，反全球化趋势愈演愈烈，全球油气投资环境将更趋复杂。

第一节　俄罗斯中亚地区

2016 年，俄罗斯中亚地区经济形势受低油价持续影响并未好转。区内国家通过增加油气产量和出口量抵御经济风险。主要外输管道建设面临不确定性。中亚地区炼厂改造推迟，天然气化工项目积极推进。区内主要资源国经济风险仍维持高位，同时一些国家安全风险明显升高。

一、2016 年油气工业概况

2016 年，受持续低油价影响，为保证财政收入，区内重点资源国油气产量保持增长。俄罗斯油气出口增长带动区内油气出口增长。哈萨克斯坦炼化改造项目推迟，土库曼斯坦天然气化工项目积极推进。

1. 油气产量双升

2015 年，因在低油价下，俄罗斯中亚地区勘探开发投资削减至 374 亿美元，同比下 15%，区内并无重大发现，油气储量小幅下降。截至 2015 年底，石油剩余探明储量 181.2 亿吨，同比下降 0.6%；天然气剩余探明储量 52.5 万亿立方米，同比下降 0.2%。

2016 年，油价持续低位，区内勘探开发投资估计进一步削减 13%，至 326 亿美元。俄罗斯推迟了北极大陆架开发。俄油（Rosneft）和俄气（Gazprom）公司推迟大陆架 31 个区块勘探开发计划，包括伯朝拉海（9 个）、巴伦支海（8 个）、鄂霍茨克海（7 个）、喀拉海（4 个）、黑海（2 个）、东西伯利亚海（1 个）。但中亚地区里海油气勘探开发加强。哈萨克斯坦加强对里海中部油田（Central）、赫瓦伦斯克（Khvalynsk）项目和库尔曼加齐油田的勘探。土库曼斯坦已经在里海的复兴气田周边的 Giurgiu 前景区获得油气发现。估计 2016 年区内油气储量将维持稳定。

2016 年，预估俄罗斯中亚地区石油产量同比小幅增长 0.5%，至 6.6 亿吨（图 9-1-1）。低油价下，俄罗斯为保证财政收入，与欧佩克达成石油冻产协议，石油产量仍保持增长，估计 2016 年俄罗斯石油产量 5.4 亿吨。中亚地区主要石油生产国除哈萨克斯坦小幅下降以外，其他国家石油产量基本维持稳产，预估中亚石油产量 1.2 亿吨。其中，哈萨克斯坦石油产量将达 7700 万吨，同比减少 3%，主要是因为卡沙甘新增产量不能弥补老油田产量递减。

2016 年，估计俄罗斯中亚地区天然气产量同比将增长 1%，至 8055 亿立方米（图 9-1-2）。欧洲对俄罗斯天然气需求增长使俄罗斯产量同比增长 0.7%，至 6400 亿立方米。哈萨克斯坦天然气产量为 463 亿立方米，其中非伴生气为 215 亿立方米，基本维持稳产。土库曼斯坦国内天然气消费和出口增长使其天然气产量将增加 8%，至 800 亿立方米。

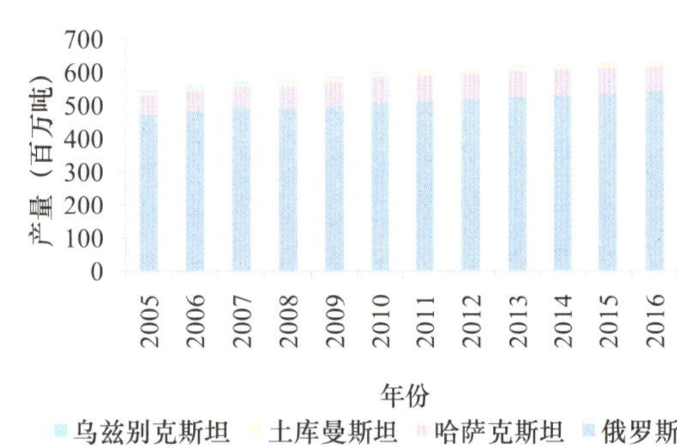

图9-1-1　地区主要资源国石油产量

2016年石油和天然气产量为估计数

数据来源：中国石油集团经济技术研究院

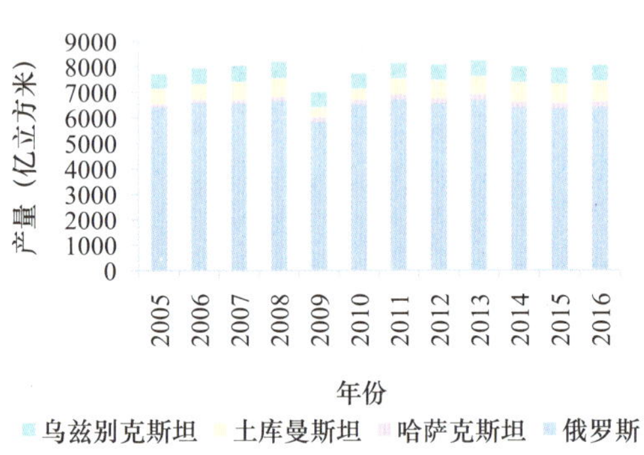

图9-1-2　地区主要资源国天然气产量

2016年石油和天然气产量为估计数

数据来源：中国石油集团经济技术研究院

俄罗斯为维持油气产量稳定，加大对西西伯利亚成熟油气田的投入，俄油将在 2018 年前每年投资 150 亿美元维持成熟油田稳产。此外，推进现已开展的北极大陆架油气田开采项目，但推迟了北极大陆架未开发油气项目计划。2016 年，北极 Prirazlomnoye 油田年产量将增至 480 万吨，Messoyakhskoe 油田产量达 60 万吨。为了挖掘油气产量增长潜力，中亚地区哈萨克斯坦和土库曼斯坦积极推进里海油气资源开发。以雪佛龙为首的财团将向哈萨克斯坦田吉兹油田增加 370 亿美元投资，以增加产量。卡沙甘油田管道也已完成更换，并于 2016 年 10 月 23 日复产，估计 2016 年试产产量为 110 万吨，到 2020 年产量将增至 1750 万吨。

2．炼化项目发展放缓

2016 年，俄罗斯中亚地区没有新建炼厂项目，主要是推进现有炼厂改造项目和天然气化工项目。其中，俄罗斯没有新建炼厂项目，主要是推进现有的 Perm 炼厂、Afipsky 炼厂和 Omsk 炼厂改造项目，计划将炼厂加工深度提高至 76%。因国际油价下跌，以及融资问题，中亚地区哈萨克斯坦炼厂改造以及乌兹别克斯坦的乌卡什卡达里亚州化工综合体项目推迟。土库曼斯坦正在积极推进现有天然气化工项目，包括里海 Kiyanli 项目以及巴尔干州天然气化工项目和尿素生产厂、阿哈尔州 GTL 项目和 Ovandepe　GTL 项目。

3. 管道建设大都面临不确定性

2016年，俄罗斯中亚地区除了土耳其流天然气管道和阿塞拜疆的“南部天然气走廊”建设进展较为顺利以外，其他管道建设面临不确定性。其中，向西的土耳其流天然气管道因俄土关系缓和，双方已经签署了政府间协议，土耳其政府已经向俄气颁发了管道建设的首批许可证。目前天然气管道项目进入实际落实阶段，预计该管道第一条支线将在2019年完建，提供的天然气将全部用于土耳其市场。由俄气与德国巴斯夫、意昂、壳牌等国际石油公司签署的北溪-2天然气管道项目正在推进，俄气已经对北溪-2管道项目海底段进行招标，并计划在2016年底前增加对该项目的资本支出。尽管该项目获得欧洲一些国家（德国、法国、荷兰）的支持，但东欧国家联合向欧盟委员会提交了一份反对该管道建设的文件。预计该项目如期投运仍充满不确定性。东向的中俄东线天然气管道建设进程或将放缓。因需优化成本及投资削减，俄气计划2016年将该管道铺设从原计划的800千米减少至400千米。预计2019年向中国输气可能性不大。

中亚国家积极推进油气出口多元化，管道建设步伐加快。土库曼斯坦积极推进土库曼斯坦—阿富汗—巴基斯坦—印度（TAPI）天然气管道建设，土库曼斯坦国家天然气公司已经与项目参与方（印度盖尔公司、巴基斯坦ISGS公司和阿富汗天然气企业）达成股份投资协议。此外，土库曼斯坦还积极邀请伊斯兰开发银行为该项目融资。目前该管线进展顺利，土境内段已开工建设，但跨境段面临安全、资金等问题尚未启动，能否如期完工仍面临不确定性。阿塞拜疆“南部天然气走廊”建设进展顺利，包括跨安纳托利亚（TANAP）和跨亚得里亚海管道项目（TAP）。2016年，TANAP项目框架下已签署的工程承包合同额达45亿美元，土耳其生产商和供应商承揽约80%的工程量，预计该管道有望2018年6月实现供气。TAP管道陆上部分建设在2016年中期启动，海上部分将于2017年底或2018年初启动建设，预计2020年可向欧洲供气。

4. 油气出口增加

2015年，俄罗斯中亚地区石油出口达3.18亿吨，同比增长8%。其中，俄罗斯石油出口量达2.53亿吨，同比增长13%；中亚地区石油出口量达6557万吨，同比下降7%；地区天然气出口达2752亿立方米，同比下降6%。其中俄罗斯天然气出口达2100亿立方米，同比下降5%；中亚地区出口天然气达652亿立方米，同比下降10%。

2016年，估计俄罗斯中亚地区石油出口量达3.25亿吨，同比增长2%，出口增长仍主要来自俄罗斯。俄罗斯石油出口量达2.6亿吨，同比增长5%，其中向欧洲出口石油1.7亿吨。

2016年，估计俄罗斯中亚地区天然气出口量超过2800亿立方米，同比增长3%。俄罗斯国内天然气消费下降，且欧洲电力生产及运输领域天然气需求增加，促进了俄罗斯对欧洲天然气出口；估计2016年俄罗斯对欧洲天然气出口量将达2155亿立方米，同比增长3%。中亚地区出口量约685亿立方米，同比约增长5%。其中，土库曼斯坦向中国出口天然气增加，有望超过300亿立方米，同比增长7%。

二、油气对外合作动向

1. 油气资产交易表现活跃

2016年，受油价持续低迷、经济增长停滞影响，俄罗斯中亚国家财政紧张，为缓解财政紧张状况，融集油气行业发展所需资金，地区上游资产交易活跃。据IHS统计，截止到2016年12月底，该区共有20宗资产交易，交易数量同比持平，交易金额达361亿美元，同比微降1%。其中，卡塔尔主权基金会和瑞典嘉能可公司收购俄油19.5%股份，印度收购俄罗斯万科石油公司股份和塔斯—尤里亚赫油田（Taas-Yuryakh）资产交易令人关注。在中亚地区，哈萨克斯坦国家油气公司（KMG）出售了旗下油气勘探开发公司（KMG EP）37%的股份（图9-1-3）。

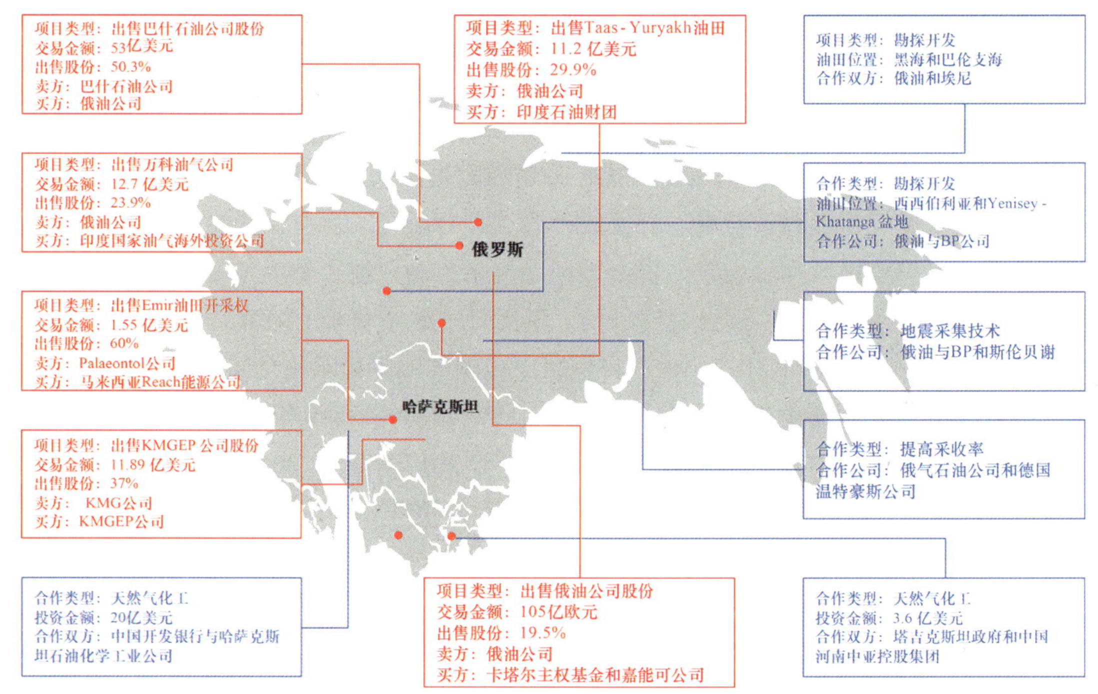

图9-1-3 2016年俄罗斯中亚地区重点上游资产交易及对外合作情况

红色框为资产交易，蓝色框为油气领域合作

数据来源：中国石油集团经济技术研究院

俄罗斯在加快境内上游资产交易的同时，也积极参与境外的油气合作。包括积极进入东盟、拉美等国家油气行业，参与上游勘探开发、炼厂建设、油气贸易等。

2. 能源政策松动

2016年，俄罗斯中亚地区能源政策整体上放松。俄罗斯实行鼓励私人企业参与北极大陆架开发、降低油企税费，以及市场化改革等政策。哈萨克斯坦则通过调整出口关税、简化许可证发放程序等支持油气行业发展。土库曼斯坦则撤销总统直属油气资源管理局，下放政府权力，让国家油气公司能够更加灵活自主地与国际石油公司合作（表 9–1–2）。

表9–1–2 2016年俄罗斯中亚地区能源政策变化情况

国家	能源政策变化
俄罗斯	加大对成熟油气田投资；允许私企参与北极大陆架油田开发。降低油企税负，鼓励加工高硫原油、高黏原油
	为缓解财政压力，俄罗斯政府计划对俄油、巴什石油公司等国有企业进行私有化改革
	俄气公司将改变与油价挂钩的长期合同定价，替换成以市场为导向的价格机制，即天然气价格与现货市场联动
哈萨克斯坦	哈萨克斯坦总统签署《简化营商许可手续法案》
	采取与国际油价挂钩的出口关税浮动税率制
	为外国投资商提供税收优惠政策。在哈萨克斯坦从事化工业、石油化工业等领域，且投资额超过1300万美元以上的企业将享受10年免缴地税，10年免缴企业所得税，8年免缴财产税
	外国承包商有义务与哈萨克斯坦油服企业成立合资公司。目前，该国能源部已经强制要求KPO公司、NCOC和TCO公司与哈萨克斯坦油服公司成立合资公司
土库曼斯坦	2016年7月，土库曼斯坦总统下令撤销了总统直属油气资源管理局，将其主管业务下放至土库曼斯坦国家天然气公司和国家石油公司，规定其拥有全权管理和使用油气资源的权利
俄罗斯	俄罗斯总理批准2030年石油化工业发展规划。重点是维持石油产量稳定，推进石化业设备更新和现代化改造。建立新型符合环保、安全、节能等标准的生产体系，并对俄罗斯石化企业融资给予贴息等支持
	推迟31个大陆架区块的开发计划。其中包括俄油公司的19个区块，俄气及其子公司俄气石油的12个区块，推迟期限2～12年不等。延长地震勘探区块和钻井区块作业时间
哈萨克斯坦	哈萨克斯坦总理卡里姆•马西莫夫已经签署在2016—2020年间国有公司私有化法令。需要进行私有化的国有公司包括国家油气公司（KMG）、国家原子能公司（Kazatomprom）、国家铁路公司（Temir Zholy）、国家矿业能源公司（包括Tau–Ken Samruk和Kazzinc公司）

资料来源：中国石油集团经济技术研究院。

三、主要资源国投资风险

2016 年，俄罗斯中亚地区经济维持高风险，中亚地区的政治和安全风险明显升高。经济方面，预计 2017 年随着油价回升，油气出口收入增加，外汇储备增长，区内经济形势将好转。政治方面，中亚地区政权处于新旧交替的过渡期，政局逐渐重新平衡中引发各界对政权平稳过渡的担忧。安全方面，近两年中亚各国经济出现不同程度的衰退，贫富差距加大，社会矛盾激发，来自阿富汗“基地”组织和中东 IS 的渗透十分严重，使得中亚地区安全形势更为复杂（表 9–1–2）。

表9–1–2　2016—2017年俄罗斯中亚地区主要风险指标变化情况

国家	风险评估图	主要关注风险
俄罗斯	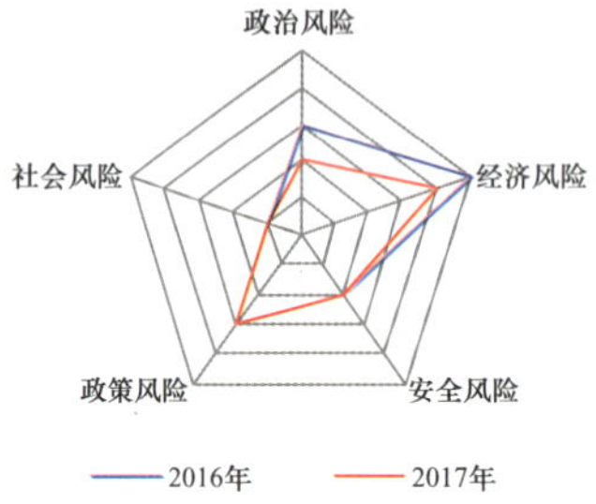 政治风险 社会风险　经济风险 政策风险　安全风险 2016年　2017年	（1）地缘政治风险将降低。西方并未对俄罗斯解除制裁，但俄罗斯与土耳其关系回暖，且欧盟对俄制裁产生分歧，有松动迹象，预计2017年该风险将降低。 （2）经济风险将下降。2016年，油价下行和西方制裁导致俄罗斯经济增长停滞，油气出口收入大幅下降，外汇储备持续下降，通胀大幅增长，财政赤字加剧。预计2017年随着油价触底反弹后，经济将恢复增长
哈萨克斯坦	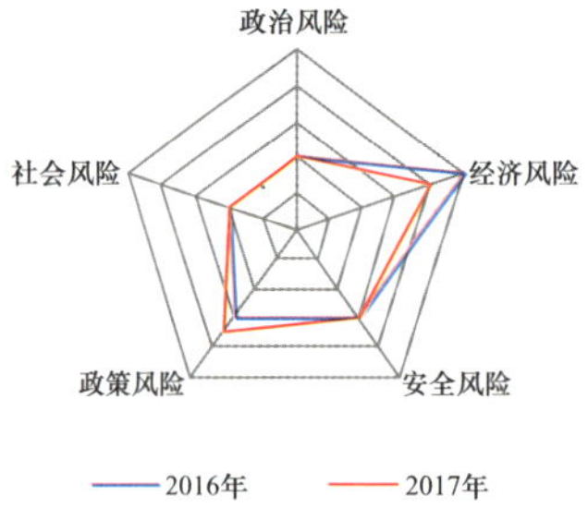 政治风险 社会风险　经济风险 政策风险　安全风险 2016年　2017年	（1）经济风险将下降。油气出口减少，收入下降，高通胀，银根吃紧，2016年哈萨克斯坦经济增长基本停滞。预计2017年随着油价触底反弹后，经济好转，但因高通胀，经济仍具有较高风险。 （2）政策风险上升。哈萨克斯坦强化政府权力，税务稽查和劳工审查加强，环保政策收紧。在与外国投资者的关系上保持强硬的立场，可能恶化与投资者的关系。 （3）安全维持较高风险。航空基地袭击事件使哈萨克斯坦的恐怖主义风险上升。据统计，哈萨克斯坦人已加入IS，恐怖袭击风险加大。预计2017年将维持较高风险
土库曼斯坦	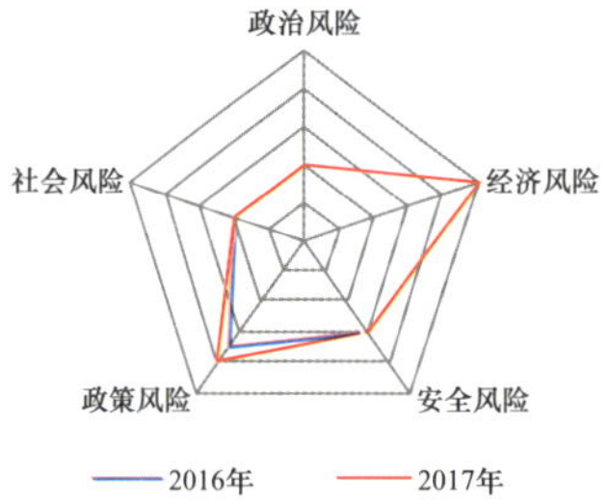 政治风险 社会风险　经济风险 政策风险　安全风险 2016年　2017年	（1）经济维持高风险。受2016年经济低迷影响，预计2017年天然气出口收入仍将下降，汇率面临较大的贬值风险。 （2）政策风险上升。土库曼斯坦油气资源管理局撤销后，主要职能由内阁办公厅接手，总统集权进一步强化。预计未来面对严峻的经济形势，土库曼斯坦对外开放上游的可能性依然很低
乌兹别克斯坦	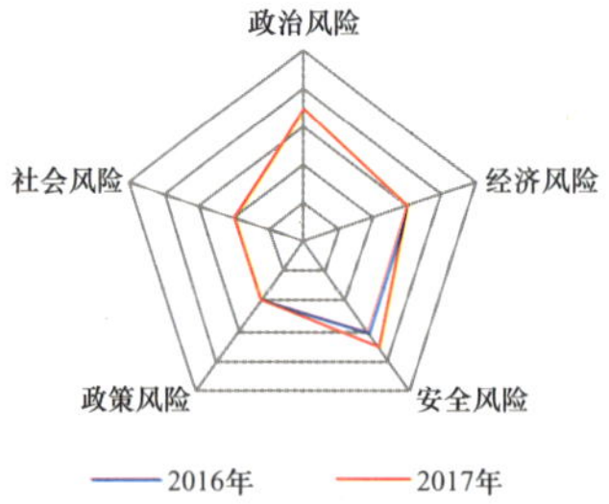 政治风险 社会风险　经济风险 政策风险　安全风险 2016年　2017年	（1）政治风险中等。2016年，乌兹别克斯坦总统卡里莫夫逝世，由米济尔约耶夫担任新一任总统。但地域集团之间的矛盾导致后卡里莫夫时期维持稳定政局存在一定困难，预计2017年政治风险仍将维持中等。 （2）安全风险上升。前任总统去世，政府对强力部门的掌控力度削弱，对恐怖组织的镇压力度弱化，“三股势力”或将抬头，预计2017年安全风险有所上升

续表

国家	风险评估图	主要关注风险
吉尔吉斯斯坦	政治风险 社会风险　经济风险 政策风险　安全风险 —— 2016年　—— 2017年	（1）经济风险将下降。2016年，受俄罗斯经济衰退外溢影响大，外汇储备水平低，外债负担沉重，不足以维持经济稳定增长。预计2017年，随着俄罗斯经济好转，该国经济形势也将好转。 （2）安全将维持高风险。2016年，受IS袭击中国驻吉国大使馆事件影响，恐怖袭击风险增加，安全风险急剧上升。预计2017年受阿富汗“基地”组织和中东IS的渗透影响，安全仍维持高风险

资料来源：中国石油集团经济技术研究院。

四、2016年重大事件回顾

1．土耳其流天然气管道建设项目重启

2016年6月，土耳其总统就土方2015年11月击落俄方苏—24战机事件向俄罗斯总统普京致道歉信，俄土关系重新走向正常化。8月，俄土两国元首会晤决定重启土耳其流管道项目。土耳其流管道计划从俄罗斯西南部濒临黑海东岸的阿纳帕起始，铺设一条穿越黑海东北部至西南部海底的天然气管道主干线。该主干线在靠近土耳其西北部城市基伊科伊的海底分出两条支线，第一条支线将直接为土耳其天然气市场供气，第二条支线将从陆路穿越土耳其西北部通向靠近希腊的边境地带，计划向东南欧国家供气。每条支线年运力均为157.5亿立方米，第一条支线建设将投资33亿欧元，预计2019年底完建。

重启土耳其流管道项目对于俄罗斯和土耳其均具有重要的战略意义。一方面，在俄罗斯和乌克兰纷争不断的背景下，该管道项目对美国主导的由阿塞拜疆经格鲁吉亚穿过土耳其、希腊、阿尔巴尼亚，跨越亚得里亚海至意大利南部及西欧国家的“南部天然气走廊”管道（TANAP和TAP）形成竞争关系。另一方面，一旦土耳其流管道2期项目建成，土耳其能源走廊地位上升，俄罗斯将绕过乌克兰打通到东南欧的天然气市场，俄罗斯在乌克兰问题上更有主导地位。此外，俄罗斯一旦经土耳其流管道打通西向东南欧洲市场，俄罗斯西部生产的天然气外销压力或将缓解。但是，土耳其流管道第二条支线贯通还面临很多风险。土耳其流管道被认为是俄罗斯寻求解除制裁的重要一搏，必将遭到以美国为代表的西方国家反对。欧盟第三次能源改革方案以及反垄断调查也都会对土耳其流管道项目在法律层面设置障碍。此外，土耳其和俄罗斯近期在叙利亚阿萨德政权上持相反态度，与俄罗斯或将发生冲突。俄土在叙利亚问题上的冲突或将影响刚刚改善的俄土关系，以及土耳其流管道的建设进程。

2．俄罗斯国有石油公司私有化交易完成

自油价下跌以来，高度依赖油气行业的俄罗斯油气收入大幅缩水，财政赤字加剧。为稳

定国内经济，俄罗斯相继推出将对国有资产私有化的法令。俄罗斯计划对俄油、石油运输公司、现代商船公司、VTB银行、铁路公司等国有资产进行私有化，并相继签署了巴什石油公司（Bashneft）和俄油私有化法令。

巴什石油公司和俄油私有化交易顺利完成。俄油以53亿美元收购了巴什石油公司50.1%的股份。俄罗斯政府对巴什石油公司私有化设置了较高的门槛，几乎把可能的外国投资者挡在门外，定向出售给俄油等国有石油巨头。巴什石油公司私有化只是将国有资产从“左口袋放进右口袋”，但对俄油19.5%股份私有化中的资产估值产生明显影响。由于巴什石油公司主要集中在炼化行业，俄油收购巴什石油公司可提高公司一体化程度，并能使公司资产增值。12月7日，卡塔尔主权基金会和瑞士嘉能可公司以105亿欧元（约合113亿美元）收购了俄油19.5%股份，双方各出资50%。另外，嘉能可公司还与俄油签署了附加协议，将以价值3亿欧元公司股票入股俄油，相当于持有俄油0.54%的股份，而俄油将向嘉能可公司供油22万桶/日，为期5年。此次俄油19.5%的股份并未向印度和中国出售，主要是因为俄油在收购印度埃萨石油公司时实际出资多出报价55亿美元，俄油对此表示不满，而中国收购俄油股份的报价也相对较低，因此印度和中国双双落选。此次国际金融机构收购俄油19.5%的股份，一方面表明俄油希望利用国际金融机构资金弥补财政赤字，规避制裁风险。另一方面可与国际金融机构建立长期战略合作伙伴关系，有利于未来俄油开辟新的石油出口市场，并为未来新项目开发提供融资。此外，俄油股权结构中的国有股份比重下降至60.75%，BP是俄油第二大股东，持股19.75%，国际金融机构持股19.5%成为第三大股东。BP和国际金融机构入股俄油后，使股权结构更为合理，并将改善其经营状况，增加公司管理透明度。

（本节撰写人：张燕云　张　晶　冯　贺）

第二节　中东地区

2016年，中东地区主要资源国因继续实施保份额策略，油气产量持续小幅增长；各国计划大力发展炼油业务；伊朗和世界大国达成的联合全面行动计划正式进入实施期，伊朗新版石油合同取得新的进展；大国反恐中角力，地缘政治局势持续动荡。

一、油气工业概况

2016年，中东地区油气发现不多，主要资源国油气产量在低油价下不降反增。地区内各国继续实施炼厂新建和升级改造计划，提高石油产品出口附加值。

1. 勘探活动放缓，油气发现数量少规模小

2015年，中东地区油气储量微幅变化，基本持平。截至2015年底，石油探明剩余储量

约为1087亿吨，天然气剩余探明储量约为80万亿立方米。

油价低迷对中东地区勘探开发投资影响有限，但地区勘探活动明显放缓， 2016年中东地区油气勘探活动降至近10年以来的最低点。据不完全统计，2016年中东地区只获得4个油气发现，新增石油储量455万吨，天然气储量11.6亿立方米，均为陆上常规油气发现，且发现规模不大。（表9-2-1）。

表9-2-1 2016年中东地区重要新发现分布

国家	位置	石油可采储量(万吨)	天然气可采储量(亿立方米)
科威特	Dibdibah Sub-basin	448	9.1
土耳其	土耳其东南部扎格罗斯褶皱带	7	0.01
土耳其	色雷斯盆地		1.4
土耳其	色雷斯盆地		1.1
合计		455	11.6

数据来源：IHS， EDIN等。

2. 开发活动活跃，油气产量双增长

2016年，中东地区油气产量依然双增长，石油产量约15亿吨（图9-2-1），天然气产量约6700亿立方米（图9-2-2），分别比2015年增长8700万吨和500亿立方米，增幅分别为6.2%和7.7%。在持续低油价背景下，以伊朗、伊拉克和沙特阿拉伯为代表的欧佩克国家为保市场份额大幅提升石油产量，其中伊朗、伊拉克和沙特阿拉伯分别提高了2200万吨、1600万吨和800吨，占地区石油产量增加总量的90%。伊朗石油产量增长主要来自重启制裁期间被关闭的油田和北阿项目投产等；伊拉克石油产量增长主要来源于库区的Tawke油田项目、巴德拉油田和Saba油田项目等。

2016年，中东地区天然气产量增量主要来自非伴生气产量增长，伊朗、沙特阿拉伯和阿联酋三国天然气增产最多，分别增长了265亿立方米、124亿立方米和11亿立方米，合计占地区增长总量的96%。预期未来中东的天然气产量将持续增长，主要是因为该地区的资源国寻求利用天然气替代石油发电以降低成本，产量增长主要来自于非伴生气项目。

3. 炼化行业发展计划庞大，但进展程度不一

中东地区原料成本低廉，资源国政府完善产业链，改变一方面大量出口原料、一方面大量进口油品的状况，提升石油资源的价值决心很大。近年来制定了宏伟的炼厂项目发展规划，2020年以前，中东地区在建、计划新建或改扩建的炼厂达25座，其中在建炼厂的能力达246万桶/日，计划新建炼厂新增炼油能力120万桶/日，计划改造炼厂能力达164万桶/日，需要的投资额巨大。中东各国炼油业发展情况各异。2016年沙特阿拉伯的延布、拉斯塔努拉炼厂和卡塔尔的Ras Laffan炼厂均正式投产，原油加工能力分别为40万桶/日、55万桶/日和14.6万桶/日。伊朗炼厂建设计划庞大，近年来由于受到制裁，项目计划一直无法落实，成为中东地区引

资难度最大的国家。2016年，伊朗炼油行业吸引外资取得新进展，9月，伊朗与中国石化正式签署阿巴丹炼厂一期项目合同。预期一期项目投资需12亿美元，合同期4年。此外，伊朗还与韩国大林通商株式会社签署了伊斯法罕炼厂项目合同。伊拉克炼厂建设计划响应者寥寥，大多项目仍无着落（图9-2-3）。

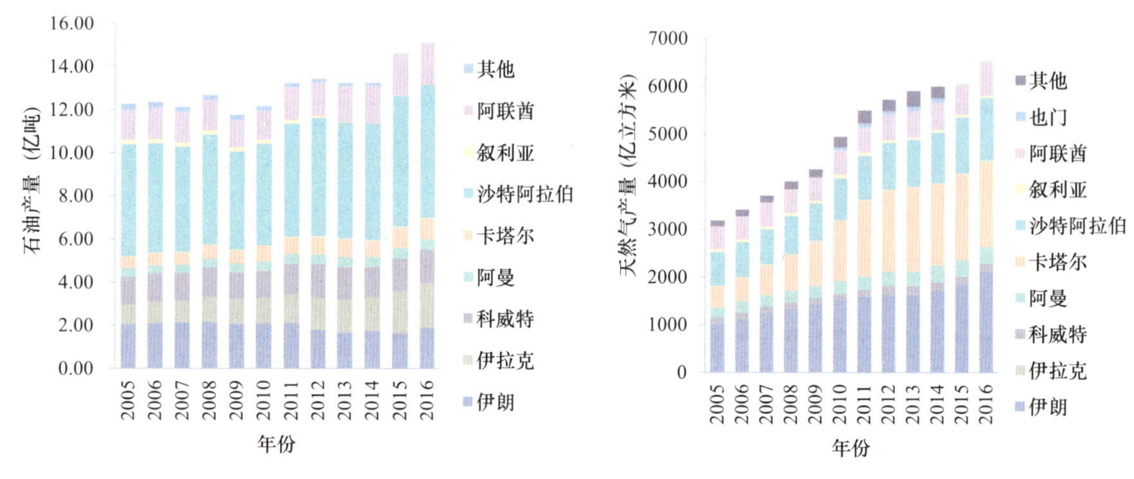

图9-2-1　地区主要资源国石油产量

数据来源：中国石油集团经济技术研究院

图9-2-2　地区主要资源国天然气产量

数据来源：中国石油集团经济技术研究院

虽然如此，预计2020年以前，中东地区可以投入运营的炼厂总炼油能力超过200万桶/日，其中包括沙特阿拉伯吉赞炼厂、科威特Zour炼厂、伊拉克卡尔巴拉炼厂、阿曼Sohar炼厂、巴林Sitra炼厂以及伊朗在建的Persian Gulf Star炼厂和一些炼厂升级改造项目。

4. 出口油增气减，天然气出口量首次减少

2016年，中东地区油气净出口油增气减。2016年，中东地区石油净出口量为11.09亿吨，高于2015年的10.58亿吨，增幅为4.7%，出口量增长主要来自伊朗、伊拉克和沙特阿拉伯，增量分别占中东地区增长总量的42%、30%和17%，预期未来中东地区的石油出口量将持续增长。2016年，中东地区天然气净出口量约为1443亿立方米，低于2015年的1472亿立方米，降幅为2%。主要出口国卡塔尔和阿曼因国内消费量增加导致天然气出口量分别比2015年减少了33亿立方米和9亿立方米，导致地区总出口微降。

图9-2-3 2016—2020年中东地区扩建或新建炼厂计划

数据来源：中国石油集团经济技术研究院

二、油气对外合作动向

2016年，中东地区多个国家推出了招标活动，资产交易并不活跃，除伊朗拟调整对外合作合同条款以外，其他国家并未出台新的能源政策。

1. 招投标及油气资产交易

多国推出新招标活动，但进展缓慢。2016年，一共有7个国家开展了对外招标，阿联酋、以色列、伊朗、阿曼和塞浦路斯有进展；伊拉克上游招标活动推迟；黎巴嫩上游招标也无进展。

2016 年，阿联酋阿布扎比国家石油公司（ADONC）对 15 个陆上油田项目剩余股份和外国公司进行谈判，在该项目中 ADNOC 持有 60%的股份，其余 40%股份将通过招标授予外国投资者。继 2015 年该项目 18%的股份成功招标后，2016 年再次对剩余的 22%股份和外国公司进行了谈判，BP 获得了其中 10%的股份，来自欧洲和亚洲的公司正在就剩余 12%的股份进行竞争。2016 年，以色列政府在伦敦举行了招标路演活动，推介本国黎凡特盆地的 24 个海上勘探区块，吸引了包括 BP、埃尼在内的众多石油公司以及多家物探承包商和咨询公司；阿曼油气部宣布将对本国的 4 个石油勘探生产区块举行国际招标活动，报名截止日期为 2017 年 2 月中旬；塞浦路斯能源、商业、工业和旅游部将位于该国专属经济区的区块 6、区块 8 和区块 10 的三份勘探合同授予了 4 家外国石油公司，分别是埃尼、道达尔、埃克森美孚和卡塔尔石油国际上游公司。伊拉克原计划对 12 个中小型油田开发项目举行新一轮国际招标，目前这一活动已经被推迟至 2017 年年中举行。

2016 年最受关注的是伊朗油气招标活动。伊朗已选出 16 个油气田和 15 个勘探区块（简称“16+15”）将根据新版石油合同进行招标。本次伊朗拿出的 16 个油气田大部分是与邻国共享的油气田，或一些老油田提高采收率项目，这 16 个油气田的石油储量超过了 1000 亿桶，天然气储量超过了 4000 亿立方米；目前石油产量约 46.5 万桶/日，天然气产量大约 708 万立方米/日（图 9-2-4）。

本次招标是依据新版石油合同的相关原则。在新版石油合同通过内阁批准后，伊朗各种油气项目将通过招标授予合同。对招标中流标的项目，伊朗会将项目移交给愿意开发该项目的公司。伊朗规定，参与竞标的公司必须在 12 月 7 日以前递交竞标资格审查文件。目前除阿扎德甘油田项目（南和北）定于 2017 年第一季度进行招标外，其他项目招标日期尚未最后确定。但伊朗石油部希望在 2017 年 3 月 20 日之前签订总价值至少 100 亿美元的项目合同。伊朗已与美国以外的外国公司签订了 20 多份谅解备忘录，内容涉及油气田项目研究、开发、信息交流、研究、分析和培训等领域，但尚未签订正式合同。这些签署谅解备忘录的油气田项目有的在拟招标的“16+15”项目范围内，有的不在，例如，道达尔与中石油和伊朗签署了南帕斯第 11 期项目谅解备忘录就属于后者。目前这些已签署的谅解备忘录与招标的关系尚不清楚，如已签订备忘录的公司是否还要参加招标，已签署备忘录的区块是否还要招标等。

根据新版石油合同，外国公司必须和伊朗本土公司组建合资公司参与其油气项目投资。伊朗石油部已公布了有资格和外国公司组建合资公司的 8 家伊朗勘探开发公司名单，但伊朗政府也表示，国际石油公司中标后，可以选择任何符合标准的伊朗公司作为其合作伙伴，并不限于已批准的 8 家公司。

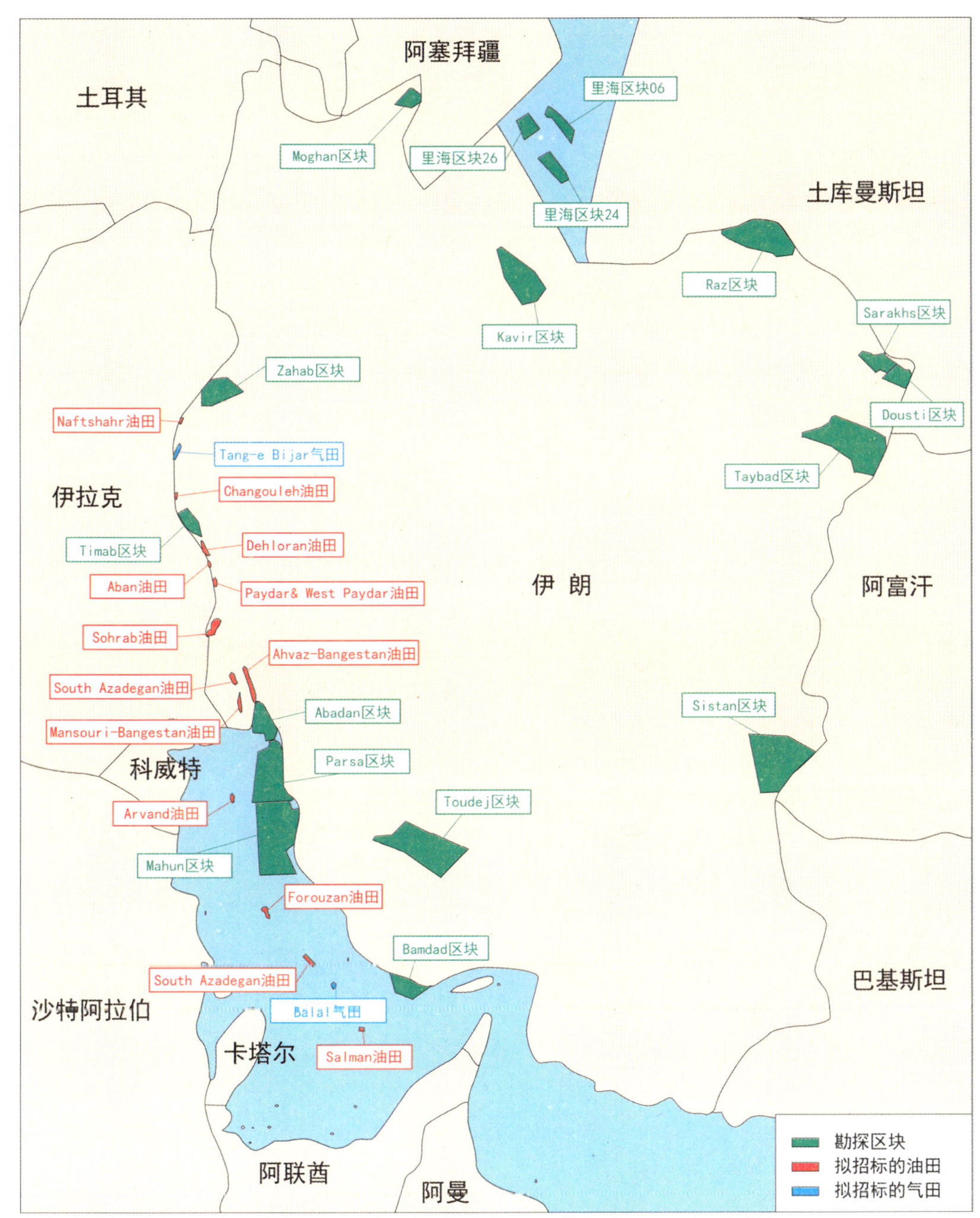

图 9-2-4　伊朗公布的拟招标油气田名单

数据来源：中国石油集团经济技术研究院

地区资产交易不活跃，没有上规模的并购交易。据不完全统计，2016 年，中东地区一共在 4 个国家有 6 起资产交易，涉及的金额约 6 亿美元，延续了去年交易少、金额小的趋势，其中还包括政府强制要求公司出售股权的情况。为了反垄断和提高天然气行业的竞争性，以色列政府制定了天然气法框架协议，根据该协议，以色列要求美国的 Noble 公司将把持有塔马尔气田项目的股份从原来的 36%削减至 25%，未来 3 年，Noble 公司再出售项目 7%～8%

的股份，同时其以色列合作伙伴 Delek 公司也被要求必须在 6 年之内全部出售其所持塔马尔气田的所有股份（表 9-2-2）。

表9-2-2　2016年中东地区资产交易统计

交易宣布日期	买家	卖家	交易价值（亿美元）	交易概况	交易类型
2016.08.17	塞浦路斯Energean油气公司	Delek，Noble	1.48	塞浦路斯Energean 勘探和生产控股公司下属的Ocean Energean 油气公司同意以1.48亿美元收购以色列Tanin和 Karish 气田100%的股份	收购
2016.07.05	Harel，以色列基础设施基金	Noble	3.69	以色列保险供应商Harel公司、以色列基础基金和以色列的基础私营权益基金（IIF）同意将从Noble 能源公司收购海上塔马尔气田3%的作业权益	收购
2016.06.27	道达尔	卡塔尔石油		道达尔同意收购卡塔尔海上Al–Shaheen油田项目30%的股份	收购
2016.02.05	澳大利亚Petsec	西方石油公司、TransGlobe能源公司	0.0007	澳大利亚独立Petsec能源公司收购了也门区块S–1和区块7的部分股份	收购
2016.05.16	挪威国油	Valeura 能源gonsi	0.36	挪威国油将收购Valeura 能源公司所持有的土耳其陆上Banarli许可证50%的非作业者权益	收购
2016.09.05	Lime 石油公司、Rex 国际控股有限公司等	阿曼政府		BP（60%）和阿曼石油公司（40%）与阿曼政府签订了区块61修改协议	许可证延期

数据来源：中国石油集团经济技术研究院。

2. 能源政策变化及发展规划

2016 年，中东地区受低油价的影响，部分资源国正在考虑调整政策、变更合同条款来增强投资吸引力（表 9-2-3）。虽然受低油价的影响，中东资源国仍然在积极制定未来的发展规划，拟大力发展本国的油气行业。

表9-2-3　2016年中地区能源政策变化情况

国家	能源政策变化
伊朗	伊朗拟推出升级版回购合同，大幅延长合同期至20～25年，改变外国公司仅充当服务商的角色，允许组建合资公司。此外，外国公司的酬金从固定制转向与产量挂钩，允许以“成本油”的形式回收成本。2016年，伊朗针对新版石油合同进行了以下调整：规定伊朗拥有本国油气储量所有权；开发油气田时外国公司要和伊朗本土公司组建合资公司，且董事会中要有本土公司的成员；新版石油合同只适用于上游项目

续表

国家	未来发展规划
伊朗	伊朗计划2020年将本国的油气产量分别提高到540万桶/日和13亿立方米/日，石油和凝析油出口量将分别达到280万桶/日和95万桶/日，国内炼油能力提高到320万桶/日，石化产品产量从目前的6140万吨提高至1.23亿吨/年。未来4年中，石油行业总共需要投资2000亿美元，其中上游投资需要1340亿美元，下游炼油和石化行业需要投资660亿美元。主要利用外国投资和技术
伊拉克	伊拉克计划提高大油田项目开发投资，从2016年的66亿美元提高至2017年的72.9亿美元，并计划进一步提高本国的石油产量
沙特阿拉伯	4月下旬，沙特阿拉伯发布了本国2030年愿景经济改革计划，由沙特阿拉伯副王储萨尔曼提出，目的是减少对本国石油收入的依赖，涉及设立巨额主权财富基金、沙特阿美私有化、继续实现油气行业员工本地化（从目前的40%提高至2030年的75%）、提高非油产业发展水平、削减能源补贴、扩大投资以及政府机构改革等

资料来源：中国石油集团经济技术研究院。

三、主要资源国投资风险

2016 年，中东地区依然是世界上安全和政治高风险的地区。其中因 IS 的崛起以及大国军事干预，使得伊拉克和叙利亚成为世界大国和地区大国博弈的主战场。伊朗与世界六大国达成的联合全面行动计划进入实施期，政治风险下降（表 9-2-4）。

表9-2-4　2015年中东地区主要国家风险指标变化情况

国家	风险评估图	主要关注风险
伊朗	政治风险 社会风险　经济风险 政策风险　安全风险 2016年　2017年	（1）政治风险上升。联合全面行动计划进入实施期，2016年政治风险降低，2017年政治风险可能上升。特朗普若重启该协议谈判，未来该协议存在无法顺利实施的可能性。 （2）经济风险有所缓解。随着石油出口禁运的解除伊朗经济有所好转。美国对伊朗的金融制裁尚未解除，外国公司和伊朗的通过美元进行货币结算依然受限。 （3）政策风险维持高位。伊朗新版石油合同尚未正式推出。此外，伊朗外汇管制严格，资金周转缓慢，货币结算困难，面临较大风险
伊拉克	政治风险 社会风险　经济风险 政策风险　安全风险 2016年　2017年	（1）政治风险保持高位。2013年以来，IS在伊拉克攻城略地。2016年，国内局势并无明显改善，2017年，政治风险依旧高。 （2）经济风险预期好转。持续低油价加之打击伊斯兰极端势力，军费支出上涨，政府因资金短缺大量拖欠在伊外国石油公司石油款项。2017年，随着石油收入的上涨，经济风险预期下降。 （3）安全风险上升。暴力犯罪和恐怖袭击事件屡有发生。内外恐怖和极端势力不断制造暴力袭击，油气设施日益成为其攻击目标。IS存在被打散的可能，安全风险可能加剧。 （4）社会风险维持高位。石油收入未能惠及民众，存在很严重的罢工风险和国民及非政府组织抵制石油合作的风险

续表

国家	风险评估图	主要关注风险
叙利亚	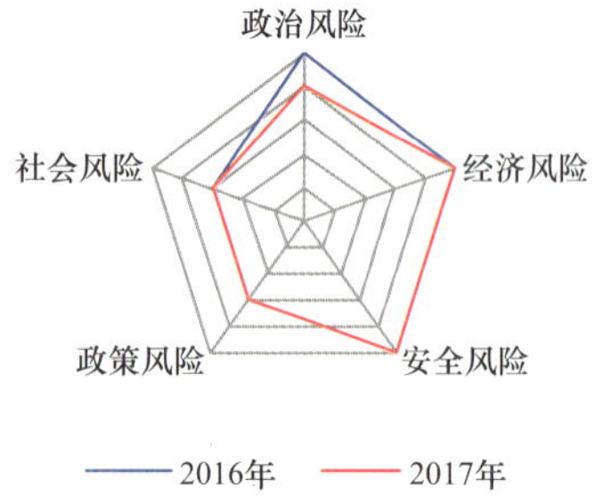	（1）政治风险下降。2016年，叙利亚国内政局持续动荡，大国博弈激烈，巴沙尔政权控制力极弱，岌岌可危，政治风险高。由于俄罗斯、伊朗等国介入并发挥作用，叙利亚政府逐步控制局面，政治风险下降。 （2）经济风险维持高位。持续内战导致国内经济崩溃。 （3）安全风险维持高位。反对派、IS、库尔德武装多股力量与政府军混战，沙特阿拉伯、土耳其等地区大国，以及美国、欧洲等世界大国在背后支持各自势力的代理人，战争不断升级，安全风险极高

资料来源：中国石油集团经济技术研究院。

四、2016年重大事件回顾

1. 伊核协议正式进入实施期，但外部环境改善有限

2016年1月16日，伊朗与国际社会达成的核问题相关协议正式实施，国际社会开始解除对伊朗相关制裁。但从实际情况来看，制裁解除以来伊朗外部环境无实质性改善。除原油出口有明显增加外，伊朗其他关键领域无明显改观，主要包括：一是在金融领域，欧美金融和保险企业对伊业务顾虑重重，尚未恢复在伊朗的金融活动，外汇进出、结算等仍无法正常开展。如果美伊关系没有进一步的改善，金融业务在短期内难有实质性进展。二是在吸引外资方面，总体上进展有限。虽然今年有多家外国政府和公司访问了伊朗，也对投资伊朗表示了浓厚的兴趣，但目前仅限于一些谅解备忘录。低油价一定程度上影响了国际石油公司的投资决策，更重要的是各方仍担忧制裁可能反复，加之伊朗的优惠政策和新版合同迟迟不见出台，也使投资者信心不足。

随着特朗普当选新一届总统，美伊关系被认为增加了不确定性。特朗普在竞选期间曾多次表示“上任后的第一件事就是要取消伊朗核协议”或“至少改写其中的部分条款”。特朗普当选美国总统很大程度上增加了伊核协议——联合全面行动计划（JCPOA）的执行风险，预计在未来的6个月内，伊核协议仍会保持现状，但6个月后，伊核协议难以顺利实施的风险将会大大增加。而JCPOA的失败会使伊朗对国际石油公司开放其上游工业的步伐放缓，同时增加中东地区的地缘政治紧张局势。

2. 沙特阿拉伯发布“2030愿景”

2016年4月，沙特阿拉伯发布“沙特阿拉伯2030愿景”战略计划，明确了未来15年在经济、政治、军事、社会等方面的发展方向，着重强调了沙特阿拉伯的经济战略转型，与油气行业密切相关。2016年6月6日，沙特阿拉伯政府批准了本国的2020年改革计划，这一改革计划是该国2030年远景计划一部分。2020年改革计划的主要目的是将本国的非石油收

入翻三倍；通过提高本土人员就业比例以及私营企业参与，促进就业；石油收入占 GDP 的比例将降低至 42%。2020 年沙特阿拉伯改革计划能源相关目标具体如下：2020 年，石油产能维持 1250 万桶/日不变，炼油能力将提高至 330 万桶/日；天然气产能将从目前的 3.4 亿立方米/日提高至 2020 年的 5 亿立方米/日；进一步削减能源补贴；2020 年，沙特阿拉伯的可再生能源发电能力将达到 34.5 亿瓦特。

其中沙特阿美上市尤其引人关注。4 月初，沙特阿拉伯宣布将对沙特阿美公开上市，沙特阿拉伯计划在 2018 年以前在沙特阿拉伯利雅得证券交易所出售公司该公司 5%的股份，上市资产涉及下游资产。10 月，沙特阿美计划将整体公司的股份出售和上市，而不仅是公司的炼油及分销业务。该公司持续寻求 2018 年在纽约、香港和伦敦上市。近日，沙特阿美又表示将在未来的 10 年里出售其 49%的股份，具体上市规模和时间有待持续关注。

（本节撰写人：尚艳丽　任重远）

第三节　非 洲 地 区

2016 年以来，非洲地区受安全局势影响石油产量下滑；低油价下，上游项目招标活动放缓，炼油项目有所进展；北非国家积极吸引外资，整体投资环境有所改善；撒哈拉以南非洲经济形势严峻，合作政策收缩，投资环境不容乐观。

一、2016 年油气工业概况

2016 年，非洲地区油气发现西部和北部多，东部和南部少，产量“油降气升”。炼油行业发展步伐加快，东非地区勘探开发活动放缓。

1．石油探明储量略有下降，天然气探明储量上升

2015 年，非洲地区油气储量均有下降。石油探明剩余储量约 171 亿吨，天然气探明剩余储量约 16 万亿立方米，同比分别下降 1.1%和 1.4%。

2016 年，非洲地区共获得 8 个重要油气发现，集中在西非和北非，且以天然气发现为主（图 9-3-1）。2016 年石油储量较 2015 年下降 0.1%，天然气储量上升 2.5%。其中，埃及在尼罗河三角洲获得储量为 198 亿立方米的天然气发现。该气田位于 Nooros 气田北部，新发现进一步证实了埃及大 Nooros 地区的储量潜力。东非地区新发现较少，主要原因是上游投资减少。据统计，2016 年东非地区勘探投资与 2015 年相比下降了 41%。海上项目成本高、投资期长、油气投资政策不明朗等因素制约了投资者在东非地区的投资决策。此外，美国和澳大利亚 LNG 项目的陆续投产，加剧了亚洲 LNG 供需宽松局面，天然气价格下行压力增大，对东非天然气出口预期产生影响，坦桑尼亚和莫桑比克 LNG 建设项目最终投资决定屡遭推迟。

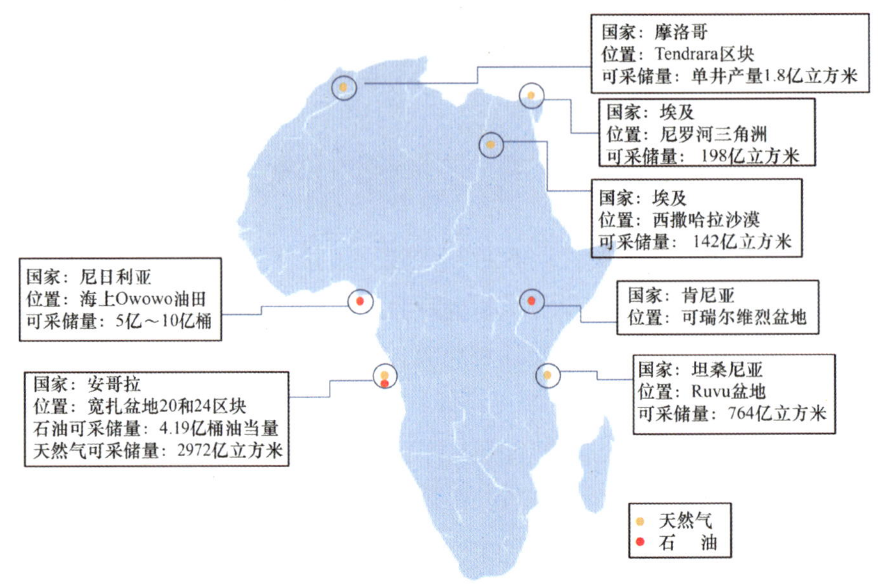

图9-3-1 2016年非洲地区主要油气新发现分布图

数据来源：IHS，EDIN

2. 石油产量下滑，天然气产量略有上升

2016年，非洲地区石油产量下滑，全年产量为3.8亿吨，同比下降3.7%；天然气产量略有上升，为2119亿立方米，同比增加0.1%（图9-3-2和图9-3-3）。

安全形势恶化是非洲地区石油产量下降的主要原因。尼日利亚尼日尔三角洲武装袭击导致2016年尼日利亚石油产量同比下降13%。南苏丹内战复燃使石油产量恢复希望渺茫。利比亚港口虽恢复了原油出口，但安全形势不稳、资金缺乏等因素使该国石油产量短期内难以恢复。

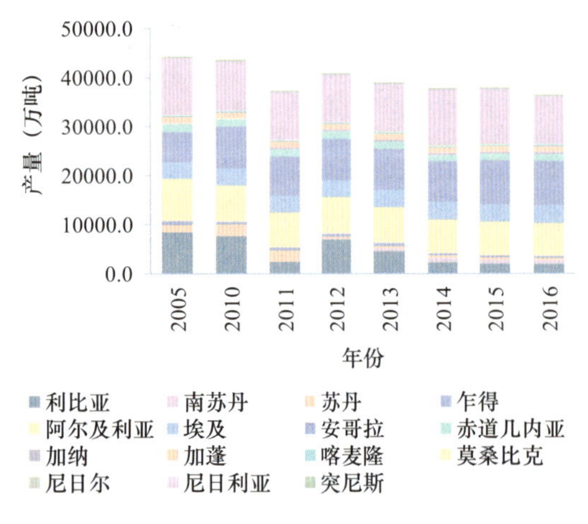

图9-3-2 2005—2016年非洲地区石油产量

2016年为估计值

数据来源：OPEC，EIA

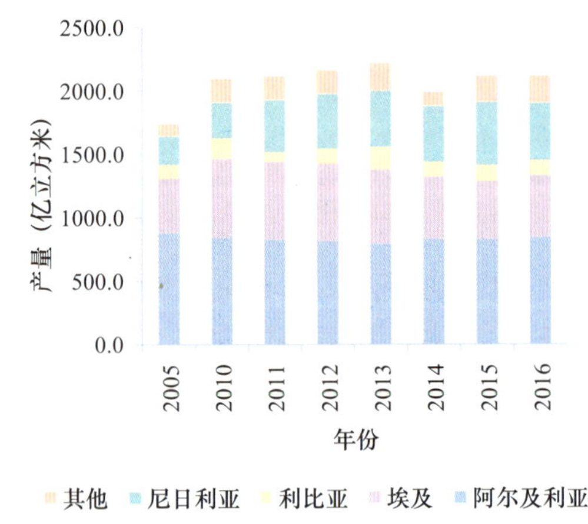

图9-3-3 2005—2016年非洲地区天然气产量

2016年为估计值

数据来源：OPEC，EIA

3. 多国启动炼厂建设计划

油价下跌扩大了下游利润增长空间，有利于吸引投资。在停滞多年之后，非洲炼油业务出现恢复迹象，多个资源国启动炼厂建设和维修计划。同时，新兴产油国也在积极谋划新建炼厂，完善本国石油工业产业链（表 9-3-1）。

表9-3-1 2016年非洲地区炼厂建设情况

国家	项目名称	年加工能力	项目状态
阿尔及利亚	Tiaret炼厂	500万吨	开始建设
	阿尔及尔炼厂	270万吨	开始扩建
埃及	国营炼厂	420万吨	开始建设
肯尼亚	蒙巴萨炼厂	160万吨	重新运营
尼日利亚	Ogbele Topping 炼厂	1000吨	计划之中
	Lekki炼厂	3485万吨	计划之中
	Dangote 炼厂	3485万吨	开始建设
乌干达	霍伊马炼厂	30万吨	积极寻找投资者

尼日利亚新建三座炼厂已计划多年，因缺乏投资者、国内成品油价格低等因素屡遭推迟。目前尼两座炼厂因管道破坏已关闭，剩余炼厂开工率不足 30%，武装部队对石油设施的袭击仍在继续，预计处于计划中的炼厂仍难推动，已开始建设的 Dangote 炼厂 2018 年能否按期投产也存在变数。

二、油气对外合作动向

2016 年，非洲地区招投标及资产交易呈明显分化趋势。非洲地区资源国能源政策进一步调整，北非资源国放宽油气政策，撒哈拉以南非洲国家有收紧政策的趋势。

1. 招投标及资产交易

2016 年，非洲招投标活动较少，仅埃及、赤道几内亚和刚果推出招投标活动。其中，埃及招标活动推出的 11 个区块仅授出 6 个。刚果和赤道几内亚招标活动截止日期都推迟至 2017 年。乌干达、肯尼亚、刚果等多个新兴产油国计划 2017 年推出招标活动。

2016 年，非洲地区资产交易共 44 笔，比去年多 8 笔，交易额约 62 亿美元，资产类型主要是国际石油公司出售部分股权。因资金紧张，VAALCO，Vedanta，伍德赛德等多家国际石油公司出售在非洲深水项目的资产或减持项目股份，以分散风险，获得现金流。如埃尼将莫桑比克海上 4 区块 25%的股份出售给埃克森美孚，同时还将埃及 Zohr 气田 10%的股份出售给 BP。埃尼计划将其在 Zohr 气田中剩余的 90%股权降至 50%（图 9-3-4）。

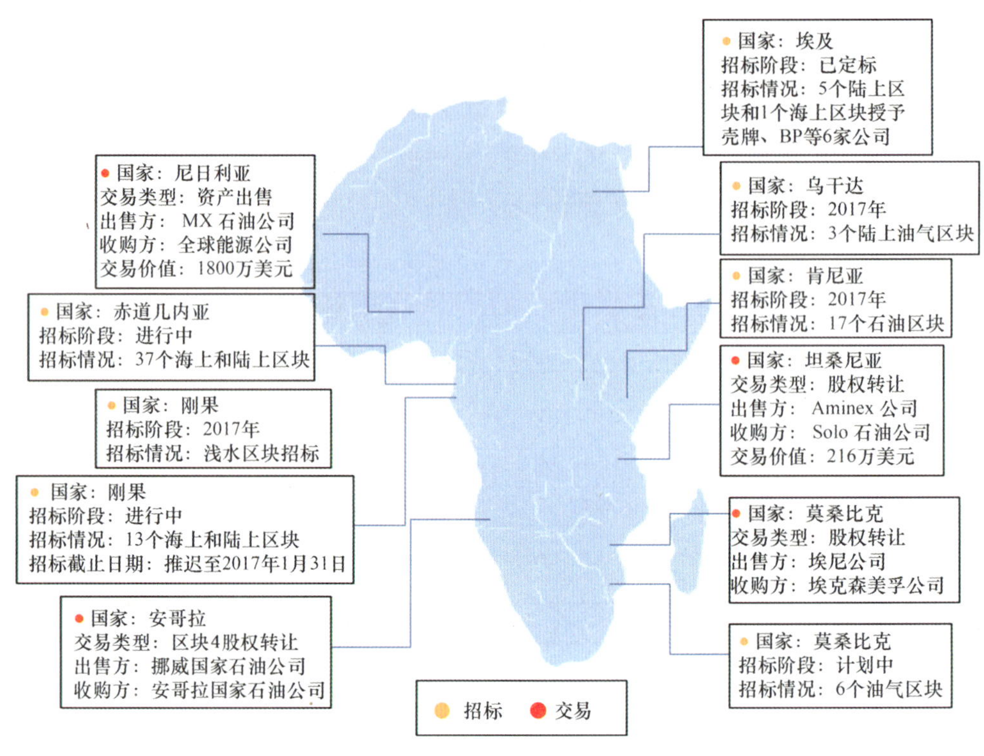

图9-3-4　2016年非洲地区对外合作情况

数据来源：IHS Herold

2. 能源政策变化

2016年，非洲能源政策调整主要在北非地区，政府致力于修改油气工业法规，提供优惠的投资政策吸引外资。新兴产油国积极加快推出石油工业法案，为本国油气工业发展提供法律制度保障（表9-3-2）。

表9-3-2　2016年非洲地区能源政策变化情况

地区	国家	能源政策变化
北非	阿尔及利亚	外国公司投资可直接与阿尔及利亚国家石油公司就投资问题进行商议，以提高效率；对于在产油田附近的区块勘探，取消前期钻井义务，外国公司只需提供地质数据；取消前期勘探竞标活动，任何公司经申请并获得通过后均可进行勘探工作，且无须缴纳相关的申请费用；多个石油公司可在相同区块同时进行勘探；获得油气发现后，在勘探开发招标中，进行前期勘探的公司将被优先考虑；如果中标，前期勘探费用将被作为勘探开发费用的一部分，如未中标，可与中标公司结为合作伙伴，共同进行勘探开发
	埃及	实施新油气法案，对埃及油气勘探领域实施市场化改革，并由石油部直接管理国家石油公司和独立石油公司，该法案目前正等待议会的批准
	突尼斯	制定金融法草案，减少投资者税收负担，完善油气合同条款
西非	安哥拉	安哥拉国家石油公司不再负责油气行业监管和谈判。新成立的最高委员会、专门的机构和政策部门将负责油气监管、油气上游合作和制定油气发展政策

续表

地区	国家	能源政策变化
东非	坦桑尼亚	允许桑给巴尔地区直接与油气投资者进行谈判
北非	阿尔及利亚	计划2016—2020年向油气行业投资765亿美元，其中上游、中游和下游的投资分别为71%，20%和8%；将油气产量从2015年的387万桶/日提高至480万桶/日；2020—2022年生产非常规天然气
西非	尼日利亚	制定油气工业路线图，未来将专注于改善政策法规和投资环境、吸引外资、提高油气工业透明度、大力发展天然气和炼油领域；在油气基础设施建设领域提供投资机会；重点改善尼日尔三角洲的安全环境
东非	坦桑尼亚	将坦噶港建成东非和中非地区重要的石油贸易中心
	莫桑比克	修改勘探开发合同法规，天然气生产税为6%，且以现金支付；1区和4区LNG项目天然气销售可以以财团为单位销售，而非每个公司单独销售

三、主要资源国投资风险

2016 年，北非资源国政策风险下降，投资环境有所改善；撒哈拉以南非洲经济风险、安全风险和政策风险上升。其中，主要油气资源国尼日利亚和安哥拉经济风险尤为显著，低油价下如不采取有效措施，该地区将陷入严重的经济危机（表 9-3-3）。

表9-3-3 2016年非洲地区主要风险指标变化情况

国家	风险评估图	主要关注风险
埃及	政治风险 经济风险 安全风险 政策风险 社会风险 2016年 2017年	（1）政策风险下降。2016年，埃及政治安全形势趋稳，并不断获得新油气发现，外国公司提高对埃及的关注。埃政府积极提供优惠政策吸引外资，2017年埃及投资政策将放宽。 （2）经济风险将下降。2016年，埃及政府实施增加税收、减少公共开支等经济改革，并有望与IMF达成贷款协议，预计2017年埃及经济形势将改善
乍得	政治风险 经济风险 安全风险 政策风险 社会风险 2016年 2017年	（1）政策风险仍将处于高水平。2016年，乍得再次发生针对外国公司的罚款事件，低油价下乍得财政十分困难，2017年仍可能通过罚款获得收入。 （2）社会风险也将处于高水平。2016年，乍得民众因政府降低薪酬和减少就业岗位爆发多起示威游行。2017年爆发示威游行的风险仍较高

续表

国家	风险评估图	主要关注风险
南苏丹	政治风险 经济风险 安全风险 政策风险 社会风险 2016年 2017年	（1）政治风险上升。2016年，南苏丹冲突双方大规模战争再次爆发，马沙尔出逃，基尔随之任命新的第一副总统。国际社会对南苏丹形势高度关注，将继续调和基尔与马沙尔的关系，2017年南苏丹政局发展充满变数。 （2）安全风险仍居高不下。南苏丹政治与部族矛盾交错，难以化解，2017年南苏丹战乱形势仍将持续
苏丹	政治风险 经济风险 安全风险 政策风险 社会风险 2016年 2017年	（1）安全风险居高不下。2016年，苏丹再次发生武装分子袭击油田并杀害石油工人的事件。反政府军与政府的谈判失败，2017年武装分子可能再次以油田为目标制造恐怖事件。 （2）政策风险将下降。目前苏丹政府致力于加强与外国公司的合作，提高原油产量。2017年苏丹政府可能将放宽油气合作政策以吸引外资
尼日利亚	政治风险 经济风险 安全风险 政策风险 社会风险 2016年 2017年	（1）经济风险很高。2016年，尼日利亚经济严重衰退，通货膨胀创11年来新高。2017年，虽然油价将有所回升，但恐怖袭击仍将影响石油生产，经济形势不容乐观。 （2）安全风险仍很高。尼日尔三角洲武装部队对政府政策十分不满，以石油设施为目标发动大规模袭击。预计2017年油田遭受袭击的风险仍很高。 （3）政策风险居高不下。2016年，尼日利亚政府起诉7家国际石油公司未申报石油出口，提出127亿美元的罚款，表明资源国迫于财政压力出此下策，以罚促收。不排除2017年尼日利亚政府还将有类似靠罚解困的做法
安哥拉	政治风险 经济风险 安全风险 政策风险 社会风险 2016年 2017年	经济风险居高不下。2016年安哥拉石油收入锐减，通货膨胀率升高，货币贬值严重，国家石油公司债务高企。2017年，安哥拉债务危机形势仍十分严峻

续表

国家	风险评估图	主要关注风险
莫桑比克	政治风险 经济风险 安全风险 政策风险 社会风险 2016年 2017年	（1）经济风险很高。2016年，莫桑比克因财政管理不善，导致财政亏空，无法偿还13.5亿美元的到期贷款，国家陷入债务危机。2017年，该国经济风险仍很高。 （2）政治风险上升。受债务危机影响，目前执政党支持率下降，反对党莫抵运趁机扩大影响力。2017年，莫桑比克政治风险上升。 （3）社会风险上升。为应对债务危机，莫桑比克政府可能采取削减公共开支、提高税费等政策，将引发民众不满。2017年，社会风险可能上升。 （4）政策风险上升。未来莫桑比克政府可能加强天然气行业监管，收紧油气政策。2017年，政策风险可能上升

资料来源：中国石油集团经济技术研究院

四、重大事件回顾

1. 撒哈拉以南非洲油气项目风险加大

2016 年，低油价使撒哈拉以南非洲资源国经济陷入困境，政府被迫通过罚款增收，同时持续恶化的安全形势进一步影响石油行业发展。

资源国对外国公司提出巨额罚款决定。2016 年 9 月，尼日利亚起诉 7 家外国石油公司在 2011—2014 年间未向尼政府上报出口至美国的 5700 万桶原油，并索要 127 亿美元的赔偿金；10 月，乍得法院要求埃克森支付拖欠乍得政府 8.19 亿美元的矿税费，并对其处以 740 亿美元的巨额罚款。这两起事件反映出持续低油价下资源国陷入严重的财政危机，被迫通过罚款增收，石油公司在欠发达国家的油气合作风险加大。

安全形势不容乐观。2016 年，尼罗河三角洲管道袭击事件（表 9-3-3）导致原油运输受阻，产量大幅下降。近期政府与武装分子的谈判以失败告终，未来针对油田的袭击将愈加频繁。南苏丹国内冲突形势（表 9-3-3）将持续影响该国石油生产。

2. 东非 LNG 项目屡遭推迟

东非重点资源国莫桑比克和坦桑尼亚的 LNG 项目屡遭推迟，主要原因是受低油价和亚洲 LNG 市场供过于求影响，外国投资者投资决定更加谨慎，加之两国最终油气法规仍未出台，外国公司持观望态度。挪威国家石油公司表示其在坦桑尼亚的 LNG 项目正等待政府出台最终油气法规，预计需要 5 年才能做最终投资决定（FID）。埃尼批准了其在莫桑比克 4 区块 Coral South 气田浮式 LNG 项目投资，目前正等待其他合作伙伴一致通过后，FID 将正式生效；莫桑比克政府针对安纳达科在其陆上 LNG 项目出台新的政策，将对该项目有推动作用。

东非LNG项目推迟投资决策有助于缓解亚洲LNG市场供过于求的矛盾，但对于该地区的油气勘探开发活动将产生负面影响。2016年勘探开发新增投资已经大幅减少，未来仍将是缩减投资、观望市场的趋势。

（本节撰写人：孙　黎　任重远）

第四节　拉 美 地 区

2016年，拉美地区政局“天平”向“右”倾斜，经济继续萎缩。受国际油价持续低位运行影响，拉美地区勘探开发投资下降，油气储产量增长乏力，油气政策适度放松，部分资源国投资风险有所下降。年内，巴西中右翼上台执政，为改善投资环境创造了历史机遇。

一、2016年油气工业概况

2016年，国际油价虽呈探底后震荡回升走势，但两年来的持续低油价对拉美地区油气工业的影响仍在发酵，油气发现不及往年，油气产量同步下降且降幅较大，炼油工业未有明显进展。

1. 勘探步伐继续放缓，油气储量同步微降

2015年，受低油价影响拉美地区勘探支出降为82.8亿美元，同比减少35%，导致地区油气储量均出现下降趋势，石油剩余探明储量约为525.3亿吨，天然气剩余探明储量约为8.01万亿立方米，同比均下降0.2%。

拉美地区国家石油公司主导区内上游投资。2016年，由于国际油价回暖动力不足，加之现金流紧张，拉美地区国家石油公司依然保持谨慎投资态度。年内，估计巴西国油、墨西哥国油、阿根廷YPF以及哥伦比亚国油等四大国家石油公司上游支出将同比削减三分之一，其他石油公司削减规模或将超过一半。而在上游支出中勘探降幅超过开发，受这一因素影响，地区内未有大规模油气发现，新发现油田规模仅在1500万吨左右（图9-4-1）。

基于对油价走势研判持悲观态度，拉美地区四大国家石油公司不同程度削减了中长期勘探开发投资规模，进一步阻碍了地区油气储产量增长前景。

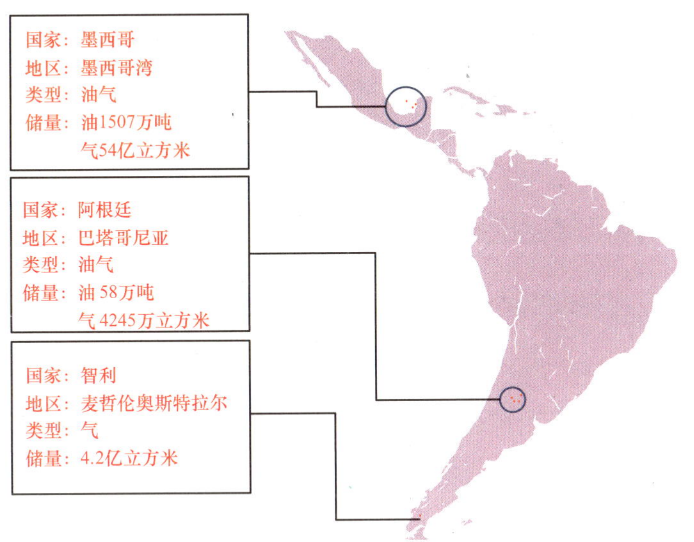

图9-4-1　2016年拉美地区新发现分布图

数据来源：IHS，EDIN

2. 油气产量出现同步下降

2016年，拉美地区石油产量为5.32亿吨，天然气产量为2136亿立方米，同比分别下降6%和3%。

委内瑞拉石油产量降幅最为明显，与2016年初相比目前产量下降已接近10%，与2002年高峰产量相比下降幅度超过20%。估计全年委内瑞拉上游支出同比减少30%，成为地区产量大幅下降的主要推手。此外，老油田产量下降、电力短缺、油服公司因拖欠工程款严重而减小作业规模以及PDVSA融资困难等多重因素叠加造成产量下降。墨西哥继续推进能源改革进程或成为地区上游投资降幅最大的国家，估计在40%左右，原油产量连续12年下降（图9-4-2和图9-4-3）。

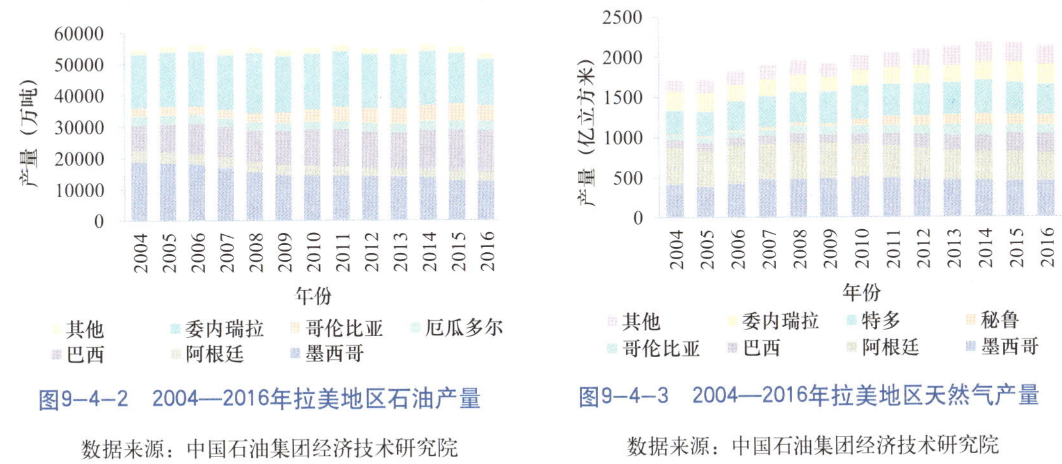

图9-4-2　2004—2016年拉美地区石油产量

数据来源：中国石油集团经济技术研究院

图9-4-3　2004—2016年拉美地区天然气产量

数据来源：中国石油集团经济技术研究院

目前，巴西原油产量正在缓慢增长，但增幅不及预期。受外部经济不景气以及内部债务拖累影响，巴西调整了中长期原油产量目标，由规划的2020年2.2亿吨调减到1.4亿吨。委内瑞拉原油增产前景不容乐观。2020年前，拉美地区原油产量增长空间有限。

墨西哥、阿根廷和特立尼达和多巴哥等3国天然气产量占据地区半壁江山。2016年，墨西哥天然气生产基本维持上年水平。阿根廷页岩气开发仍在继续，但受资金约束步伐大幅放缓产量下行。特立尼达和多巴哥由于投资力度不足，天然气生产现减速慢行。

3. 炼化行业发展未有起色

2016年，拉美地区炼化行业无新进展，炼油能力仍保持在5亿吨/年水平。全年除厄瓜多尔完成Esmeraldas炼厂升级改造以外，没有新的炼厂建成投产。委内瑞拉和墨西哥两国提出炼厂改造计划。拉美地区炼厂长期投资不足，发展缓慢（表9-4-1）。

表9-4-1 2016年拉美地区炼厂建设情况

国家	炼厂名称	年加工能力	炼厂状态
厄瓜多尔	Esmeraldas	550万吨	完工投产
委内瑞拉	Puerto La Cruz	1050万吨	正在进行，预计2018年完工
委内瑞拉	ISLA	1675万吨	与广东振戎签署初步协议
墨西哥	Tula	1700万吨	计划
	Salamanca	—	
	Salina Cruz	—	

4. 油气进出口呈现反向变动趋势

拉美地区是世界重要的资源输出地，原油在出口产品中占有较大比重。然而受地区原油产量下降冲击，2016年，地区内原油进出口呈现“进增出减”的反向变动趋势，石油进口量为3618万吨，增幅为3%。其中，巴西与特立尼达和多巴哥是该地区主要进口国。2016年，巴西原油消费量保持增长，受炼厂结构约束以及开工率提高影响，年内巴西进口量延续上年增长趋势。特立尼达和多巴哥进口量增加主要归因于产量降幅超过消费量涨幅，造成该国石油进口量进一步增长。2016年拉美地区石油出口量为2.6亿吨，降幅为1.4%。由于地区原油消费量由2015年的3.1亿吨降为2016年2.9亿吨，降幅超过5%。因此，在地区原油产量大幅下降的同时，出口量仅出现小幅降低。委内瑞拉和墨西哥是地区原油主要出口国。委内瑞拉由于电力不足影响炼厂开工导致原油消费量大幅减少27%，而出口量仅减少1%，仍维持在1亿吨左右。墨西哥继续推行上游区块招标，加之老油田产量下降等原因，同比下降3%。

2016年，拉美地区天然气进出口呈现类似于石油的变化趋势，进口增幅与出口降幅均为1%。其中，天然气进口量1398亿立方米，阿根廷和墨西哥是该地区天然气主要进口国，阿根廷进口量基本与上年持平，墨西哥出现小幅增长；天然气出口量为420亿立方米，特立尼达和多巴哥出口量的下降拉低了地区的整体出口水平。

二、油气对外合作动向

2016 年，拉美地区招标活动不及往年活跃，资产交易也出现降温势头。多国油气政策出现松动，投资环境有改善迹象。

1．招投标仍在进行，资产交易出现降温

拉美地区墨西哥辖内的墨西哥湾以及巴西东南部海上盐下盆地资源前景良好，待开发储量巨大，备受外界瞩目。2016 年，两国深水区块招标引起外国石油公司极大兴趣。10 月中旬，巴西开启第二轮海上区块招标，提供 4 个地区多个深水盐下区块，全部位于桑托斯盆地。其中，Carcara 为巴西海上最大前景区。Gato do Mato 和 Tartaruga Mestica 比邻产量区，尤其 Gato do Mato 地区与卢拉大油田接壤，卢拉油田产量在 10 万桶/日以上。Sapinhoa 包括 4 个独立区块，从东西南北四个方向环绕海上石油生产区。本轮招标为大石油公司挺进巴西海上提供了机会。12 月 5 日，墨西哥举行了首轮深水区块招标，提供的 10 个区块位于墨西哥湾 Perdido 褶皱带远景区以及南部的 Salina 盆地。此轮招标吸引了必和必拓、BP 等 17 家大公司参与。最终，道达尔、CNOOC、雪佛龙、埃克森美孚、挪威国油、BP、马来西亚国油、墨西哥 Sierra 石油公司、墨菲、英国 Ophir 石油公司、马来西亚 PC Carigali 等 11 家公司中标了 8 个区块。墨西哥深水石油区块招标成果远超预期。此外，哥伦比亚陆上以及乌拉圭海上区块招标也受到外国石油公司关注，目前招标仍在进行之中（图 9-4-4）。

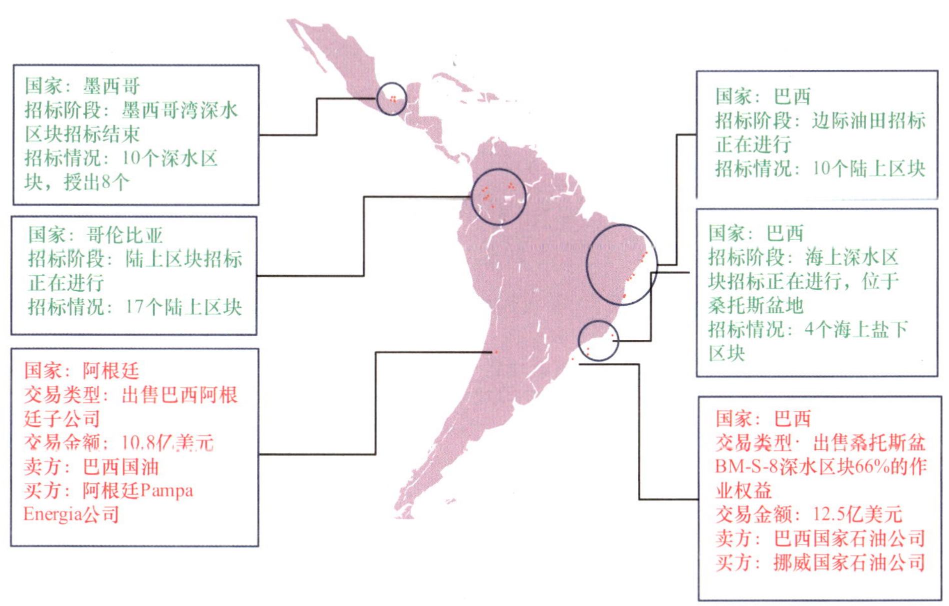

图9-4-4　2016年拉美地区招投标及资产交易情况

数据来源：IHS Herold

拉美地区国家石油公司积极剥离资产，缓解经营压力。2016 年，拉美地区上游共发生 22 笔合计金额近 40 亿美元的资产交易。其中，国家石油公司完成交易金额占比超过 70%，

归因于区内资源国经济陷入困难，国家石油公司经营受阻，通过出售资产回笼资金维持项目运行以及偿还外债等。外国石油公司接手拉美资产主要有两方面原因：（1）加强战略伙伴关系，提供资金支持。例如，俄油增加委内瑞拉重油项目持股，缓解委内瑞拉国油投资压力。（2）交易标的涵盖优质资产，满足外国石油公司资产整合需要。例如，挪威国油增持巴西海上项目股份。

2. 部分资源国放松对外合作政策

2016年，拉美地区主要资源国经济形势未有起色，货币大幅贬值、通货膨胀加剧等给资源国带来沉重负担。为突破困境，巴西、委内瑞拉、阿根廷等国纷纷调整油气政策。其中，巴西通过了石油法修正案，放松对盐下区块管制。委内瑞拉让渡重油带项目股权。墨西哥政府降低 Pemex 在海上区块最低持股比例，同时强化了其资金履行义务（表 9-4-2）。

表9-4-2 2016年拉美地区多国能源政策松动

国家	政策
巴西	解除巴西国油在海上区块最低持股30%的限制，解除巴西国油作为海上区块唯一作业者的限制
委内瑞拉	稀释重油带项目股权，计划降低部分重油带矿区使用费，由30%降至20%
阿根廷	若布伦特油价低于47.5美元/桶，政府对原油出口实行7.5美元/桶补贴政策，有效期至2016年底。补贴政策适用于巴塔哥尼亚地区（油气富集区）
厄瓜多尔	下调油气勘探开发服务费的增值税预扣比例，将预扣比例从70%下调至50%

三、主要资源国投资风险

2016年，拉美地区政局"右倾"显现，部分国家社会风险有所上升。巴西右翼重掌政权，但新总统亦因经济问题遭受民众抵制，引发国内不满情绪增加。委内瑞拉执政党与反对派斗争日益激烈，总统马杜罗支持率跌破20%，国内群体性抗议游行示威活动密度和规模均出现"双升"。经济表现一般，巴西、委内瑞拉经济衰退，严重拖累地区经济增长。部分国家政策风险有所下降，巴西出台油气新政，为改善油气投资环境释放了积极信号（表 9-4-3）。

表9-4-3 2016年拉美地区主要国家风险指标变化情况

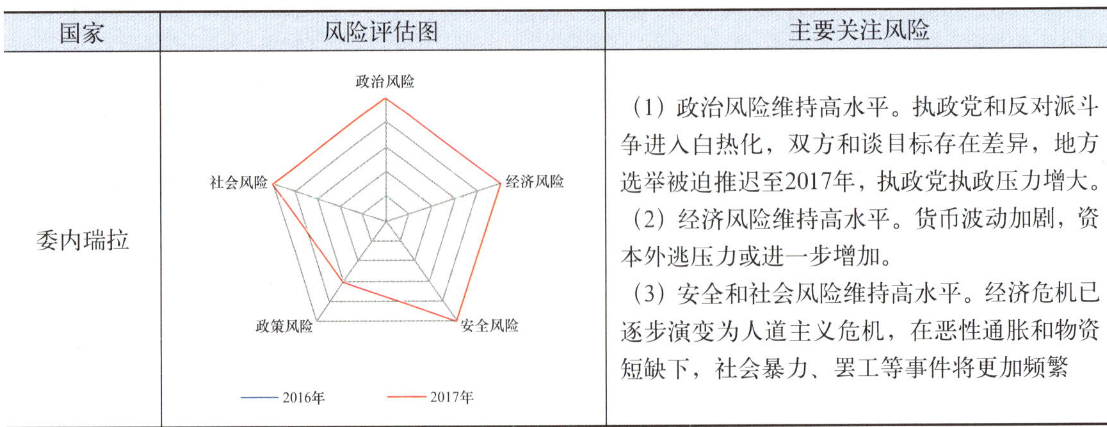

国家	风险评估图	主要关注风险
委内瑞拉		（1）政治风险维持高水平。执政党和反对派斗争进入白热化，双方和谈目标存在差异，地方选举被迫推迟至2017年，执政党执政压力增大。 （2）经济风险维持高水平。货币波动加剧，资本外逃压力或进一步增加。 （3）安全和社会风险维持高水平。经济危机已逐步演变为人道主义危机，在恶性通胀和物资短缺下，社会暴力、罢工等事件将更加频繁

续表

国家	风险评估图	主要关注风险
巴西	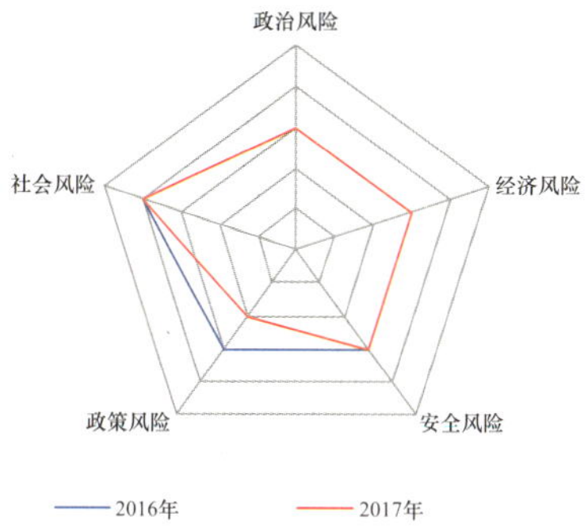 政治风险 经济风险 安全风险 政策风险 社会风险 2016年 2017年	（1）政治风险维持中等水平。中右翼上台执政，新总统特梅尔涉嫌国油腐败案，遭到诟病，国内支持率低位徘徊。 （2）经济风险维持中等水平。经济衰退，货币贬值。 （3）政策风险下降。海上油气区块限制得到解除。 （4）社会风险维持高水平。巴西放宽对外合作政策，可能引发国家石油公司和民粹主义者的不满，罢工风险上升
墨西哥	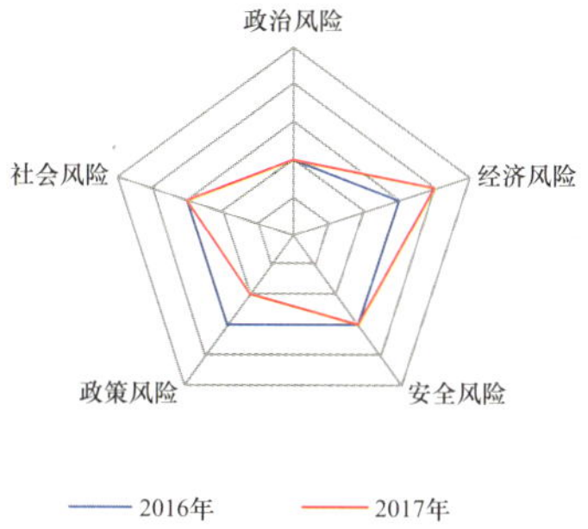 政治风险 经济风险 安全风险 政策风险 社会风险 2016年 2017年	（1）政治风险维持低水平。政治局势稳定。 （2）经济风险上升。特朗普上台，美国退出自贸协议，将增加贸易壁垒。降低墨西哥籍劳工数量，使墨西哥侨汇收入减少、失业率上升。 （3）政策风险下降。墨西哥不断调整深水区块合同条款，降低外国投资者合作风险
哥伦比亚	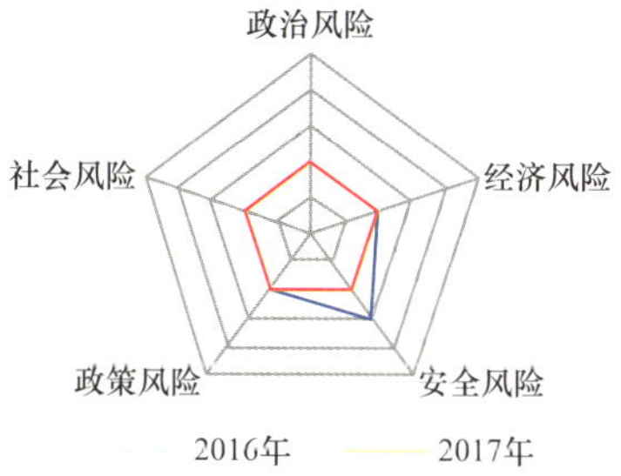 政治风险 经济风险 安全风险 政策风险 社会风险 2016年 2017年	（1）政治风险维持低水平。政局稳定。 （2）经济风险维持低水平。经济稳定。 （3）安全风险下降。政府与革命武装力量达成和解。反对派对油气基础设施攻击活动或将减少

资料来源：中国石油集团经济技术研究院。

四、2016 年重大事件回顾

1. 委内瑞拉政治经济困局难解，对油气工业影响仍在发酵

2016 年初至今，委内瑞拉经济持续衰退，国内“倒马”声音不断高涨，反对派加紧发起对马杜罗的罢免攻势，政、反两方博弈日趋激烈。执政党多次采取对话方式促成双方和解，达到了拖延公投时间和推迟地方选举的目的，但国内矛盾并未得到妥善解决。目前，双方仍在为争取各自利益进行斗争。委内瑞拉经济形势恶化严重制约本国油气工业发展，经济承压使 PDVSA 难以完成开发投资义务、进口稀释剂受阻、拖欠服务费用、油服公司削减作业规模、合作伙伴规避投资风险等因素交织造成委内瑞拉原油产量大幅下滑，行业发展前景堪忧。针对委内瑞拉国内形势，国际社会对其偿债质疑声音此起彼伏。但从委内瑞拉向中国履行的

还贷义务来看，委内瑞拉仍在积极规避债务违约风险。

2．巴西总统罗塞夫黯然下台，新政府积极推行油气新政

2016年，巴西国会将罗塞夫成功弹劾，代总统特梅尔顺利“转正”。代表中右翼力量的新总统上台后大刀阔斧改组内阁，任命具有资深背景以及丰富执政经验的行业领袖出任能源部长和国油总裁，积极处理巴西国油腐败丑闻引发的信誉危机，解决公司债务危机，推进巴西石油工业私有化进程。在特梅尔力推下，巴西国会通过了石油法修正案，放松了国家对海上盐下区块的管制，解除巴西国油海上唯一作业者限制并松绑了其最低30%的占股要求。同时，巴西国油资产剥离计划也在稳步推进，为本国引进外资敞开大门。在新政府改革下，巴西石油工业将进入新的发展阶段。

（本节撰写人：郭　瑶　朱颖超　孙依敏　钟文新）

第五节　亚太地区

2016年，亚太地区政局总体稳定，局部地区仍存一定安全问题。受国际油价回升乏力影响，亚太地区勘探活动整体放缓，油气储量均有下降。成品油需求持续疲软，炼油能力进一步下降。东南亚国家油气招标较为活跃，但区内资产交易相对疲软。部分国家为吸引投资纷纷调整对外合作政策。

一、2016年油气工业概况

2016年，亚太地区油气勘探开发表现平平，石油与天然气储量略降，天然气产量有所上升，原油产量略有下降。价格低迷使得LNG项目推迟现象仍有发生。需求不振致部分国家炼化行业继续调整中。

1．油气储量略有增长，新发现数量与规模小，以天然气为主

2015年，亚太地区储量呈现“油降气升”的态势。其中，石油剩余探明储量59.74亿吨，同比下降1.2%，减少量主要来自马来西亚，减幅8.7%；天然气剩余探明储量17.79万亿立方米，同比增长2.6%，增量主要来自中国，增幅为4.8%。部分资源国由于勘探投资不足，储量有所下降，但中国的油气储量仍保持增长势头，估计2016年亚太地区油气储量分别为60.61亿吨和17.81万亿立方米，同比增幅分别为0.6%和0.1%。

2016年，亚太地区油气发现数量不多，规模均较小。据IHS不完全统计，截至10月底，亚太地区共获得53个油气发现。从发现规模上看，仍保持了海上大于陆上、气多油少的特点。油气总发现量合计6548万吨油当量。其中，石油新增探明储量1411万吨，天然气新增600

亿立方米。最大的石油发现是中国恩平 15-1 油田，发现储量约 411 万吨，最大的天然气发现是中国克深（Ta）11 气田，发现储量为 240 亿立方米（图 9-5-1）。

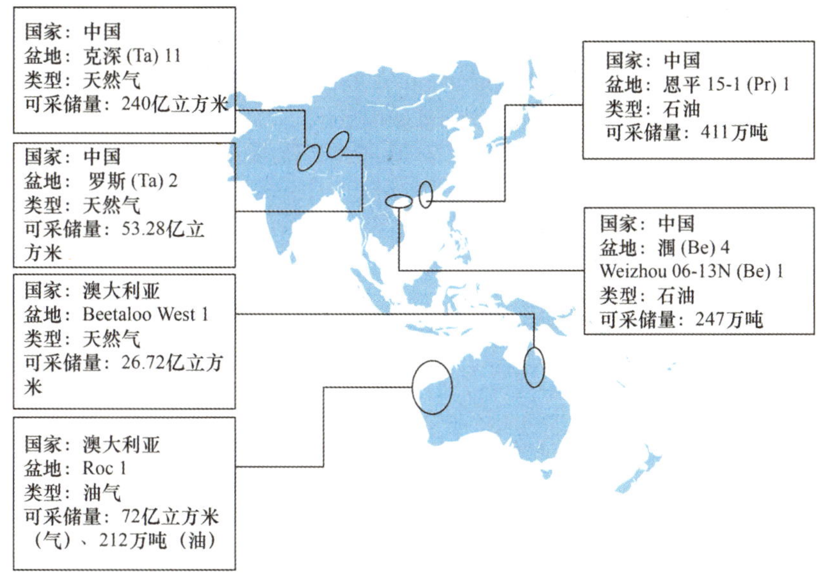

图9-5-1　2016年亚太地区油气发现

2. 产量油减气增，部分 LNG 项目进展放缓

2016 年，亚太地区受低油价和投资缩减影响石油产量下降，估计为 3.64 亿吨，同比减少 4.5%。整个地区看，除马来西亚、越南的石油产量保持稳定之外，其他资源国多数石油产量有不同程度的下滑。新世纪以来，中国的石油产量首次大幅下降，降幅超过 7%；澳大利亚石油产量连续 8 年下滑，降幅为 1.1%（图 9-5-2）。

2016 年，亚太地区天然气产量估计为 5678 亿立方米，同比增长 5.8%。在几个大型 LNG 项目投产的带动下，澳大利亚天然气产量大幅增长 33.5%，至 940 亿立方米。年内新项目投产使马来西亚、印度尼西亚等国天然气产量保持增长，增幅分别为 2.5%和 1.7%。由于投资不足，泰国天然气产量同比下降 10.1%（图 9-5-3）。

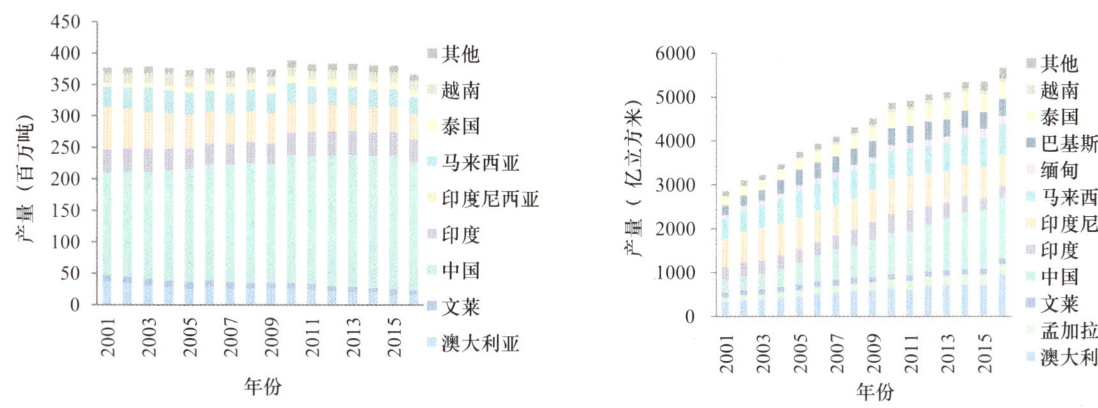

图 9-5-2　2002—2016年亚太地区石油产量　　图 9-5-3　2002—2016年亚太地区天然气产量

2016年，国际LNG市场需求持续疲软致使LNG项目经济性受到冲击，澳大利亚部分项目进展放缓。Gorgon LNG项目投产日期由2015年推迟至2016年3月，投产以来开工率并不高；Wheatstone LNG项目投产日期一再推迟，预计于2017年中期产出首批LNG；Browse LNG项目出于经济性考虑，无限期推迟最终投资决定时间。

3. 炼化行业两极分化趋势持续，东南亚、南亚炼厂建设方兴未艾

近年来，尽管亚太地区公布的炼厂新建、改扩建项目数量增长有所放缓，亚太地区仍然主导全球炼油能力发展。2016年，亚太地区炼油能力估计为16.78亿吨/年，较2015年略降。其中，澳大利亚削减了炼油能力1250万吨/年，其他国家变化不大，导致整个地区的炼油能力略有下降。

亚太地区的炼油能力发展不均衡。一方面，日本、韩国等炼油产能普遍过剩，且人工和运营成本过高，虽然短期低油价形势下炼油利润较高使其炼油能力降速放缓，但长期看，继续削减炼油能力仍是未来的发展趋势。日本正在实施第二轮的炼油能力削减计划，预计2017年二季度实现削减2000万吨/年炼油能力的目标。另一方面，为满足国内日益增长的成品油消费需求，东南亚、南亚的一些发展中国家发展炼油工业的热情不减，炼厂建设进度正常（表9-5-1）。

表9-5-1　2016年亚太地区炼厂建设情况

国家	炼厂名称	投资方	年加工能力（万吨）	炼厂状态
印度尼西亚	图班炼厂	俄罗斯国家石油公司	1500	计划中
印度尼西亚	芝拉扎炼厂	沙特阿美公司	1850	升级改造中
印度尼西亚	邦坦炼厂	阿曼石油公司	1500	计划中
印度	维沙帕特南炼厂	印度斯坦石油公司	1500	升级改造中
印度	巴拉乌尼炼厂	印度石油公司	900	扩建中
印度	西海岸炼厂	印度石油公司、印度巴拉特石油公司等	6000	计划中
印度	巴拉迪布	印度石油公司	1500	升级改造中
泰国	是拉差炼厂	泰国石油公司	2000	升级改造中
缅甸	土瓦炼厂	广东振戎能源有限公司	500	在建中
柬埔寨	西哈努克炼厂		500	在建中
越南	榕桔炼厂	越南国家石油公司	850	升级改造中
越南	宜山炼厂	日本出光兴产、三井化学	1000	在建中
越南	Vung Ro炼厂	越南国家石油公司	800	在建中
孟加拉	东方炼厂	孟加拉国石油公司	150	扩建中

4. 油气进口持续攀升

2016年，作为拉动世界油气消费增长的火车头，亚太地区的油气消费仍保持较高水平，加之油价持续低迷为消费国带来的良好机遇，使得亚太地区油气进口量继续攀升。亚太地区原油进口主要来自中东、非洲和美洲等地区，2016年进口量为10.81亿吨，同比增长4.7%。增量主要来自中国、印度等国。亚太地区的天然气进口以LNG为主，主要来自区内国家，

其次是中东地区。2016 年，亚太地区天然气进口量 3304 亿立方米，同比增长 6.2%，增量主要来自印度、马来西亚等国。

2016 年，各国总计出口原油 6743 万吨，同比增长 2.7%。因澳大利亚 QC LNG，AP LNG 等新项目投产，2016 年亚太地区天然气出口量 1618 亿立方米，增幅高达 23.9%，几乎全部流向区域内其他国家。

二、油气对外合作动向

1. 招标活跃但缺乏吸引力，交易额大幅下滑

2016 年，亚太地区招标活动相对活跃，共计 8 轮招标，合计 122 个区块。印度尼西亚、澳大利亚、马来西亚和印度等多国均举行了区块招标，且多集中在海上区域。目前，多数招标活动尚未到截止日期，仅有两个招标会在当年结束，但尚未公布结果。总体看，受到油价下跌影响，上游缺乏投资吸引力，招标结果并不乐观。尤其是东南亚地区，虽然招标活动热热闹闹，但很难吸引到资金流入。

资产交易数量上升，但交易金额大幅下降。2016 年，亚太地区共发生 37 宗资产交易，同比大幅增长 48%，但交易总额仅为 33.9 亿美元，不到 2015 年资产交易总额的一半。资产交易类型主要是常规油气和公司权益，交易数量上看，主要集中在澳大利亚、印度尼西亚、巴布亚新几内亚等国。其中澳大利亚的交易最为活跃，主要由于澳大利亚是一个相对成熟且开放的市场。

2. 能源政策变化及未来发展计划

2016 年，在国际油价持续低迷、油气上游勘探开发投资进一步缩减的大形势下，以印度为代表的部分亚太国家积极采取优惠政策，吸引外国投资。总体看，区内国家政策调整的成效尚不明显，但印度尼西亚、印度等国为加大本国油气资源供应，将继续推出吸引外资举措。日本针对企业走出去力度放缓的情况也制定了新的法律政策（表 9-5-2）。

表9-5-2 2016年亚太地区能源政策变化及未来发展计划

国家	能源政策变化
印度尼西亚	放松上游投资限制，取消油气勘探税
孟加拉国	针对新的招标区块所生产的油气，由政府定价机制改为竞价机制，以吸引投资者
印度	免除外国公司在印度销售和存储石油所缴纳的联邦所得税，放宽海上边际油田税制管理；针对边际油田开发，出台简化许可证获取程序、延长勘探期限至整个合同期、放宽油气定价限制等优惠新政；针对深海勘探新区及复杂地质环境的天然气资源，提出自主定价机制鼓励开发
印度尼西亚	新石油法将于2017年出台，产量分成合同部分条款变更，将对深水项目提供更多优惠
印度	未来几年内对国内油气勘探和生产领域实施全面改革，以吸引250亿美元投资，使本国石油对外依赖度到2020年时下降10%
韩国	增加石油战略储备，剥离部分海外上游资产以减轻债务
日本	推动油气公司合并，推动联合进口LNG，增强话语权；推动炼厂合并，削减炼油能力；修改宪法，促进海外投资

三、主要资源国投资风险

作为全球主要油气消费区域，亚太地区整体经济受低油价影响不大，资源国的投资风险仍以政治风险和安全风险为主。2016 年，亚太地区投资环境总体形势较 2015 年变化不大。个别国家政权平稳交替，政治风险呈下降趋势。局部地区的安全形势存在隐患，安全风险仍较高。尽管部分国家出台促进投资的优惠政策，但国际油价持续低迷、项目运营成本高企等使得澳大利亚、印度尼西亚等资源国的油气投资风险保持较高水平。2017 年或将基本维持 2016 年的风险等级，个别国家会出现一些变化（表 9-5-3）。

表9-5-3　2016—2017年亚太地区主要国家的投资风险变化

国家	风险评估图	主要关注风险
澳大利亚	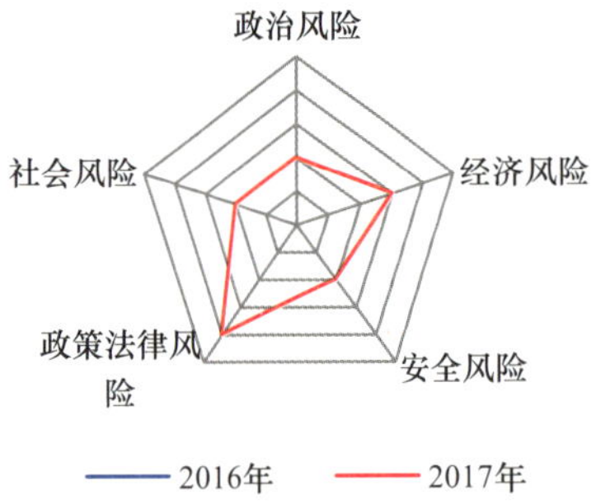 政治风险 经济风险 安全风险 政策法律风险 社会风险 2016年 2017年	（1）政策法律风险维持较高。严格的环保和劳工制度仍是外资进入的壁垒。此外，维多利亚州通过永久禁止陆上岩页气和煤层气的水力压裂作业的法律，环保要求进一步趋严。 （2）经济风险有所提升。标普或将调低澳大利亚信用评级，导致其2017年经济风险有所上升
印度尼西亚	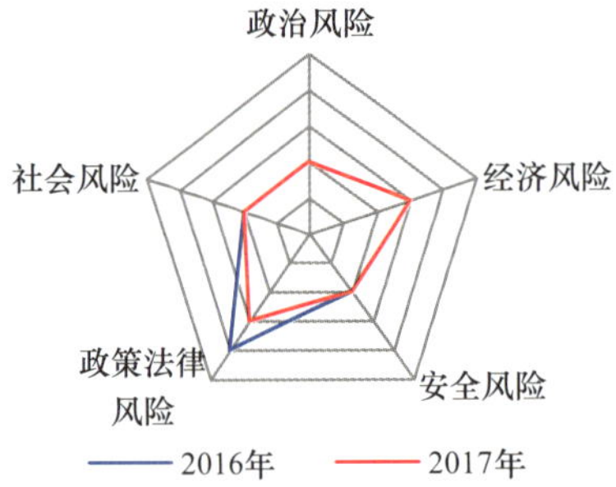 政治风险 经济风险 安全风险 政策法律风险 社会风险 2016年 2017年	政策法律风险略有降低。为提高本国油气产量，印度尼西亚的对外合作政策有所放松，取消油气勘探税，以提高投资者收益。2017年即将出台的新石油法，对新的深水勘探项目可能提供更多优惠
缅甸	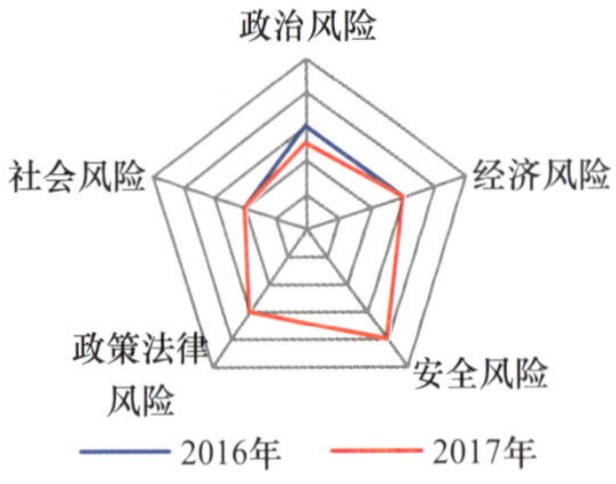 政治风险 经济风险 安全风险 政策法律风险 社会风险 2016年 2017年	（1）政治风险保持在一定水平。缅甸政权平稳过渡，总体政治风险较2015年略有下降。军方仍是缅甸政治的重要组成部分，其与执政党在宪法改革、民族和解等重大事项上的分歧持续存在，若双方利益一再发生冲突，可能引发局势动荡。 （2）安全风险较高。缅甸民族、宗教矛盾根深蒂固。民族和解尚需时日，缅北地区民族武装冲突和局部动荡可能时有发生；若开邦地区佛教徒和穆斯林的教派矛盾也将长期存在，双方之间仍有爆发冲突的可能

资料来源：中国石油集团经济技术研究院。

四、2016年重大事件回顾

1．印度积极推动国内油气勘探开发，加快国际合作

印度在2015年国内经济增长达到7%，根据预测，2016年和2017年或将增至7.7%，印度已经超越中国成为世界经济发展最快的大型经济体。随着经济的快速发展，能源消费增速提升，而国内油气产量不足，引发消费严重依赖进口。2015年，印度石油对外依存度达79%，天然气对外依存度达44%。为解决石油安全问题，目前印度正在重复着中国20世纪90年代以来走过的路——开源节流。一方面对内放宽限制吸引投资，加快国内油气开发；另一方面加强国际合作，扩大进口来源。

对内放宽限制吸引投资，推进国内油气开发。首先，针对边际油田，印度政府出台新政规定，边际油田勘探开发将不再使用产量分成合同，而是采用收入分成合同提升开发者的利润空间；其次为调整国内石油生产公司税率，印度政府宣布将对国内原油生产商征收的固定税率制度转换为从价税制度，这是印度政府旨在帮助本国的石油生产商在油价低迷环境下提升竞争力；第三，出台新价格机制鼓励开发“困气”。2016年3月，印度联邦内阁批准一项针对边际油气田、老油气田和地理环境复杂较难开采油气田等所产天然气的定价新机制，此举旨在刺激天然气生产，减少对进口气的依赖。除吸引投资以外，印度还同时鼓励开发非常规油气资源。

加强国际合作。首先，印度石油公司签署协议购买俄罗斯油气田股权。印度石油天然气公司与俄罗斯国家石油公司签署了购买俄罗斯万科油气田38.9%股权的协议；印度石油公司、印度石油有限公司和印度巴拉特石油公司还签署了收购了东西伯利亚俄油塔斯尤里亚赫（Taas-Yuryakh）油田29.9%股权的协议；其次，印度加快与非洲油气合作。印度将与非洲国家建立能源合作伙伴关系，共同开发非洲的油气资源，并为非洲基础设施建设提供资金支持；第二，推进天然气进口管道建设。一方面签署TAPI天然气管道初始投资协议，另一方面，印度计划建设伊朗—印度跨海天然气管线。

2．日本设立全方位保障机制，保障国内能源供应安全

日本既是能源消费大国，又是一个资源极端贫乏的国家，一次能源对外依存度高达94%。油气对外依存度分别为99.7%和97.7%。对日本来说，能源供应安全隐患长期存在，一旦发生战争或地缘政治变动，能源供应随时存在中断的可能。自20世纪第二次世界石油危机以来，日本制定了多个能源发展战略和配套的政策措施，主要途径是做好战略储备和加强国际合作。

2016年，日本通过新的法案，允许独立行政法人日本石油天然气·金属矿物质资源机构（JOGMEC）通过日本公司参与购买海外油气公司或其自己购入海外国有石油公司。此令意味着日本对海外油气资产项目的收购迈上了一个新的台阶。一方面，从资产收购过渡到可以直接收购外国油气公司；另一方面，JOGMEC也从纯粹的投资支持机构转变为可以直接进行投资的主体。日本政府正是在产油国因油价暴跌被迫出售股份来弥补不断下降收入的时候，

及时对国家有关法律进行了修改。

JOGMEC成立于2004年，前身是日本石油公团和日本金属公团，隶属于日本经济产业省资源能源厅，享受日本国会批复的行政拨款。JOGMEC为保障日本国内资源的稳定供应及市场价格，为日本企业在海外的石油、天然气、金属矿物的前期地质调查及勘探提供所需的资金，还受日本政府委托从事石油（包括石油气）及金属资源的国家储备事业。

在石油公团时期，该机构的职责是倡导带动企业走出去，直接对项目进行投资，是投资的主体和引领者；2004年改组为JOGMEC以后，该机构不再直接进行投资，而是对投资公司进行资金和技术方面的支持；2016年，随着新的宪法实施，JOGMEC再次走向投资前沿。日本政府是保障国家能源安全的第一责任人，由经产省具体负责，除制定能源战略、政策和中长期规划外，还为能源安全保障提供资金支持和政策引导。其中包括直接提供资金支持，提供贷款担保，以及制订行业政策，特别是优惠税收政策。此次修宪，赋予JOGMEC直接收购海外资产的权利，也意味着日本政府再次走上了参与全球矿产资源分配的前台。

（本节撰写人：程熙琼　王轶君　余功铭）

第十章　国际油气合作

中国企业海外油气权益产量稳中有增，三大国有石油企业继续降本增效和优化调整，有重点地发展国际合作，民营企业海外投资全面开展。全球油气并购市场持续低迷，储量交易价格继续走低，但北美页岩油气资产交易更加活跃，独立石油公司继续资产优化，金融资本依然保持活跃。

第一节　中国石油企业海外合作状况

2016 年，三大国有石油公司继续实施稳定发展战略，同时也积极寻求在“一带一路”国家的投资机会。以民营企业和地方国企为主力的中小型企业以多种方式扩大海外投资业务规模。

一、克服不利条件，海外油气权益产量稳中有增

2016 年，中国石油企业海外业务发展面临多重挑战。政策方面，由于国际油价持续低迷，多数资源国财政紧张、货币贬值、外储缩水、通货膨胀、债务高企，伊拉克、阿联酋、乍得、缅甸、苏丹等国家政府通过调整税收、拖欠项目款等方式从外资企业攫取利益，海外项目效益存在遭受侵蚀的风险。安保方面，全球政治局势碎片化、社会动荡长期化、恐怖主义扩散化趋势日趋明显。地缘政治重大突发事件频出，伊拉克、叙利亚局势持续动荡，恐怖主义势力向外蔓延；乌兹别克斯坦总统卡里莫夫去世，吉尔吉斯斯坦、哈萨克斯坦相继发生恐怖袭击，加剧了该地区后老人政治时代局势稳定性的担忧；南苏丹武装冲突升级，项目正常运营和员工人身安全遭受严重威胁；委内瑞拉等国政局不稳，社会治安形势愈加混乱。

面对多种不利条件，中国石油企业海外业务强化精细管理和生产组织，充分发挥公司技术和相关部门整体协同等优势，在调减边际产量的情况下，仍实现海外权益油气产量稳中略有增长，达到 1.55 亿吨油当量，同比增长 3%。其中中国石油实现小幅增长，达到 7800 万吨油当量，中国石化和中国海油调减不经济产量，总产量稍有下降，分别为 4400 万吨油当量和 2300 万吨油当量，其他公司总计海外权益油气产量稳定在 1000 万吨油当量（图 10-1-1）。

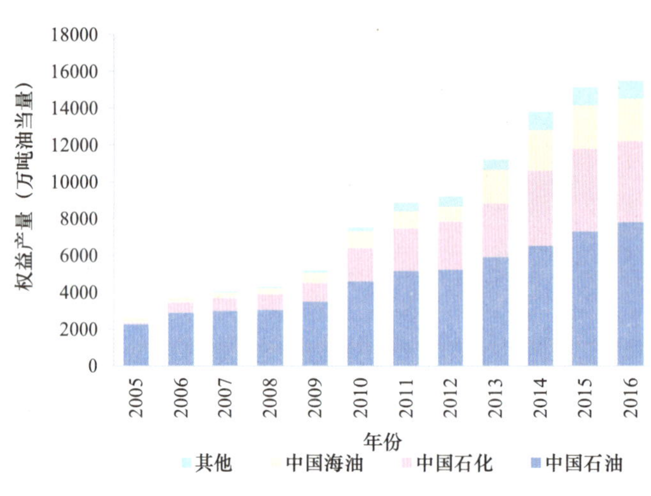

图10-1-1　中国企业2005—2016年海外油气权益产量

数据来源：中国石油集团经济技术研究院

二、国际油气合作出现新特点

1. 大型国有油气企业继续降本增效、优化资产

2016 年，三大国有石油公司在低油价环境下继续实施降本增效、优化资产结构等策略，保障海外项目稳定、高质生产。中国石油坚持走低成本发展道路，以效益为中心，持续深入推进开源节流降本增效工作，勘探部署向重点项目倾斜，强化精细管理和生产组织，提升开发效益。在资产结构优化方面，中国石油抓住大型项目投资机会，成功签署伊朗南帕斯项目开发初步协议，同时继续优化调整业务布局，分层次分重点有序开展合资合作工作，稳妥处置僵尸项目。中国石化在海外发展更注重布局优化，统筹上下游、工程技术服务、国际贸易等业务的发展布局。在上游领域发展上，优先发展富油气大盆地、常规项目和石油项目，做好陆上项目、“六大战略区”项目、与已有项目有协同效应项目和与国家“一带一路”契合项目，逐步增加勘探投资在年度投资中的比重。中国海油深入开展“质量效益年”活动，改善海外资产经营，从产量驱动向效益驱动转变，降本增效成果明显。同时，也紧跟国际合作机会，成功中标墨西哥深水两个区块。

2. 中小油气企业海外投资全面开花

2016 年，以民营企业和地方国企为主体的中国中小油气企业全面“走出去”，合作地域更广，合作领域更宽，合作方式更多。资产并购仍然是中小企业开展海外投资的主要方式，2016 年共完成并购金额 44 亿美元。相对于往年大多通过金融市场获得北美和澳大利亚等发达地区油气公司股权的方式，部分企业从单纯资本投资转向资产投资，参与具体项目的合作。华信能源公司收购台湾中油公司乍得项目 35%权益，并签署了对哈萨克斯坦石油国际公司 51%股权的转让交接协议。目前正在就收购阿联酋陆地油田为期 40 年的开发权益进行谈判。北京控股公司旗下北京燃气集团直接与俄罗斯 Verkhnechonskneftegaz 公司达成交易，收购后者 20%权益，将参与俄罗斯韦尔赫内琼斯克油田、天然气田及凝析气田的开发（图 10-1-2）。

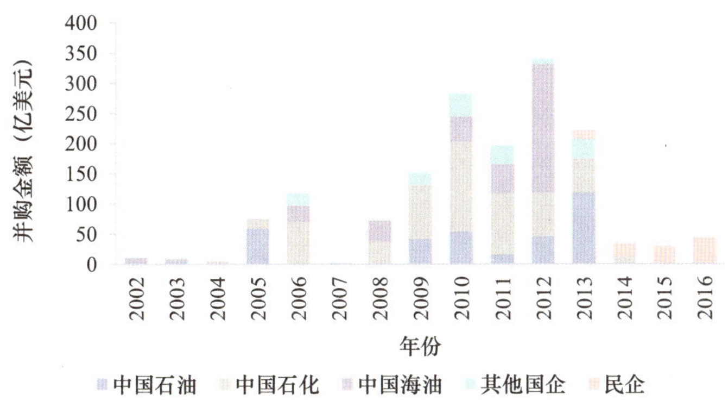

图10-1-2　中国企业历年海外并购金额统计

数据来源：中国石油集团经济技术研究院

从合作地区看，中小企业投资开始积极在非洲和拉美等地区开展合作，海外业务遍及全球。从合作领域看，继续坚持上游合作外，中下游领域的合作也取得进展。电能实业有限公司和长江基建集团有限公司合计斥资 8.5 亿美元收购加拿大赫斯基能源旗下输油管道资产 65%权益；广东振戎能源有限公司（简称广东振戎）与委内瑞拉库拉索岛政府签署框架协议，参与能源基建升级改造项目，包括炼厂升级、油罐区扩容和 LNG 接收站建设，另外，该公司在缅甸的炼厂项目也获得批准（表 10-1-1）。

表10-1-1　2016年中小企业海外投资项目统计

公司	国家	合作领域	获取方式	收购金额（亿美元）
中国华信	乍得	上游	收购	1.1
美都控股	加拿大	上游	收购	1.47
新时代能源	阿根廷	上游	收购	0.04
新奥能源	澳大利亚	上游	收购	15
洲际油气	阿尔巴尼亚	上游	收购	5.35
Sixth Energy	哈萨克斯坦	上游	收购	0.01
Bright Hope	加拿大	上游	收购	0.24
北京燃气	俄罗斯	上游	收购	11
电能实业、长江基建	加拿大	管道	收购	9.1
广东振戎	委内瑞拉	炼厂升级、储油罐扩容等	直接投资	—
广东振戎	缅甸	炼厂建设	直接投资	—
恒源石化	马来西亚	炼厂	收购	0.66

数据来源：中国石油集团经济技术研究院。

中小型企业经过连续多年积极“走出去”，已经发展壮大，部分企业海外油气业务已经初具规模。中国华信能源公司通过近年来不断拓展海外资源，通过控股哈萨克斯坦石油国际公司加快欧洲终端布局，并进一步依托欧洲终端，以哈萨克斯坦、阿布扎比、乍得为重点，开拓中亚、中东、非洲地区上游油气资源权益与股权。洲际油气股份有限公司（以下简称洲际油气）近年来通过几笔收购，油气业务已成为公司主要业务，还计划收购班克斯公司和上海基傲投资管理有限公司，完成收购后，公司油气储量将为原有的2.5倍，产能有望提高到500万吨。未来洲际油气计划继续扩大公司规模，借助“一带一路”打造国际化的民营石油企业。

3. 围绕国家战略选择国际合作项目

借力国家“一带一路”战略，三大公司海外投资重点向“一带一路”地区倾斜，取得多项进展。中国石油联手道达尔公司获得伊朗南帕斯11期项目开发权；与莫桑比克国家石油公司签署合作框架协议，双方将全面推动在油气勘探开发、生产、天然气加工和销售领域的合作，中国石油还将积极参与莫桑比克国内油气勘探开发，推动双方在其气田服务领域合作，并为当地提供培训；与俄气公司签署了《中国石油与俄气公司标准及合格评定结果互认合作协议》和《中国石油与俄气公司开展天然气发动机燃料领域可行性研究合作的谅解备忘录》，将深化双方标准化领域合作及进一步推动双方在天然气发动机燃料领域的合作。中国石化与俄油签署协议，共同开展俄罗斯东西伯利亚天然气加工和石化综合设施项目的预可行性研究工作，进一步密切和深化双方的一体化合作。丝路基金与俄罗斯西布尔公司签署最终交易协议，将收购后者10%权益。中化和俄油签署合作协议，合资组建远东石化公司。

4. 政府间能源合作为企业“走出去”增强政治基础

政府间能源合作一直是中国企业“走出去”的重要支持，为企业开展海外油气投资提供合作基础和良好投资环境。2016年，在中国“一带一路”和“国际产能合作”等重大战略引领下，通过高层互访等方式，与伊朗、沙特阿拉伯、缅甸、巴基斯坦、委内瑞拉等国家建立国家合作伙伴关系，明确将在能源领域进一步开展合作，引导中国企业积极参与这些国家的能源发展（表10-1-2）。

表10-1-2　2016年政府间能源合作情况

国家	合作内容
沙特阿拉伯	建立中沙全面战略伙伴关系，习近平主席在会见沙特阿拉伯王储继承人和海合会秘书长时表示，中方愿扩大中沙两国原油贸易规模，并成为海合会国家长期、稳定、可靠的能源供应市场，同海方构建上下游全方位能源合作格局
伊朗	建立全面战略伙伴关系，两国将加强在化石和可再生能源领域的双、多边合作，保障化石能源供求和运输安全。中方将考虑对伊朗能源产业的上、下游项目进行投资和融资，伊方将为此提供必要的便利和支持
缅甸	缅甸国务资政兼外长昂山素季访华期间，两国领导人就多项问题达成重要广泛共识。缅方欢迎中方倡导的“一带一路”和孟中印缅经济走廊合作倡议。昂山素季表示缅方愿同中方通过加强沟通，推进能源等务实合作

续表

国家	合作内容
孟加拉国	习近平主席访问孟加拉期间，双方签署了共建“一带一路”以及产能、能源、信息通信、投资、海洋、防灾减灾、人文等领域合作文件
哈萨克斯坦	李克强总理访问哈萨克斯坦期间，哈萨克斯坦表示愿同中方全面深化产能合作，推动更多项目落地生根。扩大能源、矿产、农业、科技创新等合作，提高两国贸易水平
俄罗斯	李克强总理访问俄罗斯期间，见证多项油气合作协议的签署

资料来源：中国石油集团经济技术研究院。

第二节 国际油气并购市场分析

2016 年，国际油气并购市场继续低迷，储量交易价格随油价下跌继续下降，北美非常规资产交易更加活跃。大型独立石油公司在逆市中积极寻求资产交易机会，金融资本继续扮演油气上游并购市场重要买家角色。

一、2016 年油气并购市场基本情况

1. 上游并购交易数量上升，但交易金额大幅下降

2016 年，国际原油价格长时间低位运行，油气上游并购市场继续低迷，全年共发生交易 320 起，较 2015 年增长 10%，但仍处于历史低位。由于没有巨型交易发生，交易金额大幅下降，达成交易额 1400 亿美元，同比下降 23%，如图 10-2-1 所示。其中，俄油的私有化交易是年内最大的交易，交易金额 113 亿美元。在当前油价下，买卖双方对未来油价走势和资产价值评价存在分歧，交易难以达成，仍是交易清淡的重要原因。

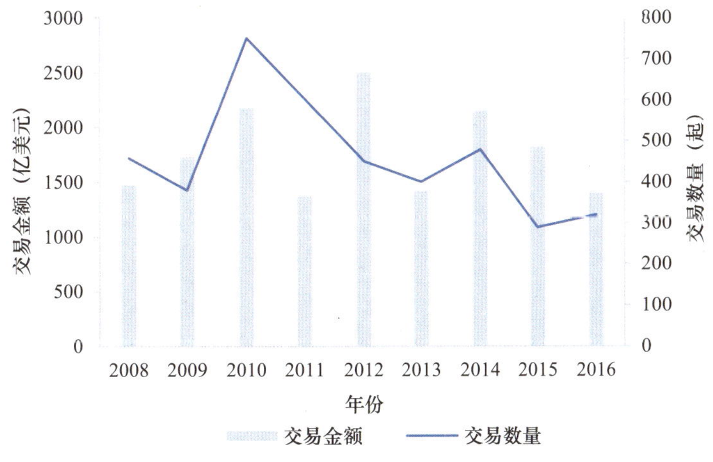

图10-2-1 2005—2016年全球油气并购数量和金额

数据来源：IHS Herold

北美地区仍是全球油气并购最活跃的地区，交易数量 244 起，占全球总交易数量的 76%；交易金额超过 900 亿美元，占全球总交易额的 66%，如图 10-2-2 所示。北美地区是开放成熟的市场，一直是资产交易最活跃的地区，区内非常规资产仍是交易热点，非常规资产交易维持了北美地区的交易热度。其他地区完成交易数量仅 76 起，远低于北美地区。

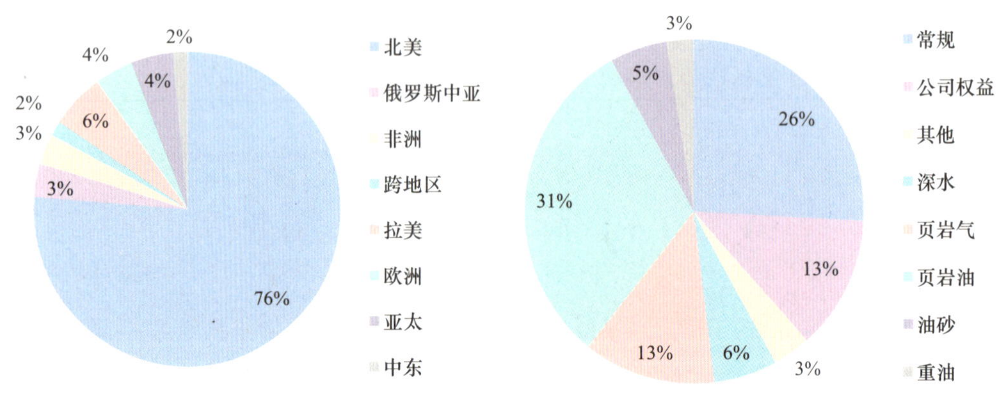

图10-2-2　全球上游并购数量的地区分布

数据来源：IHS Herold

图10-2-3　全球上游并购金额的资产类型

数据来源：IHS Herold

从交易资产类型看，北美页岩油气资产完成交易额和交易额最多，完成 145 起，交易额达到 600 亿美元，分别占总量的 44%和 45%。在整体市场低迷情况下，北美页岩油气资产交易数量和交易金额继续增长，同比分别增加 26%和 69%。交易数量常规资产次之，完成交易额 360 亿美元，占总交易额的 26%，如图 10-2-3 所示。

从交易方式看，低油价下，因石油公司存在资金压力，非现金交易逐渐成为市场大型交易的主要方式。如今年发生的第二大交易——森科能源 63 亿美元收购加拿大油砂公司和第三大资产交易——Range 资源公司 45 亿美元收购 Memorial 资源公司均以全股票方式收购。

2. 全球下游并购交易数量和金额均保持高位

2016 年，全球下游油气并购市场延续活跃态势，全年完成 93 起交易，交易金额达到 710 亿美元，与上年持平。其中天然气分销业务是交易量最大的领域，全年完成交易额 222 亿美元，占总交易额 31%。

下游资产交易仍然集中在欧美和亚太地区下游行业比较发达的国家，其中北美是全球下游资产并购最大的地区，全年并购交易量达到 55 起，占全球下游总交易量的 59%，完成交易额 320 亿美元，占总交易额比例超过 45%。交易的资产主要是成品油销售资产，交易额超过 100 亿美元，占地区总交易额的 30%，其中 CST Brands 公司将其成品油零售业务以 22 亿美元整体出售给 Alimentation Couche-Tard 公司。亚太地区成交数量不多，仅有 11 起，但交易金额为 135 亿美元，仅次于北美地区，主要是由俄油 129 亿美元收购印度 Essar 石油公司的大型交易推动（表 10-2-1）。

表10-2-1　近年全球下游并购交易额　单位：亿美元

时间	2011年	2012年	2013年	2014年	2015年	2016年
天然气分销	85	115	67	84	371	222
化工	132	14	9	97	76	100
炼油	59	212	14	36	30	86
存储终端	29	69	54	104	76	39
成品油销售	26	37	14	237	96	114
公司权益	17	2	15	84	114	150
总计	348	449	172	643	762	710

数据来源：IHS Herold。

二、 2016年全球油气并购市场特点及展望

1. 北美非常规资产交易火热

在油气上游并购市场整体低迷的情况下，北美非常规资产交易火热，交易数量和交易金额大幅增加，2016年完成交易130起，完成交易额520亿美元，均占总量的45%，分别同比增加14%和46%，且平均单笔交易规模也有所增长。北美非常规资产成为交易热点的主要原因是美国二叠纪盆地成为公认的世界级、低成本开发区，对低油价的适应性更强，且开发程度不高，储量和产量有上升潜力，推升了投资者对该地区资产的追逐热情。另外，随着国际油价“触底反弹”，页岩油气资产估值稳步提升，部分财务状况亟待改善的石油公司在此阶段出售其页岩油气资产回收现金流的意愿明显增加，持有资金的买方看到页岩油气勘探开发技术和管理水平明显提升，也看好该产业的前景。

2. 国际大石油公司和国家石油公司相对谨慎，以出售为主

作为油气并购市场曾经的主要参与者，国际大石油公司和国家石油公司在2016年主要采用降低成本、减少投资的方式应对低油价，追求公司效益和平稳经营，对资产收购较为谨慎。国际大石油公司仅参与11笔交易，其中收购5笔，交易金额仅19亿美元，出售6笔，交易金额33亿美元。国家石油公司中仅有印度国家石油公司和俄油表现较为活跃，俄油斥资66亿美元收购国内巴什石油公司，主要是为了提升自身市场价值，为进一步私有化做准备；印度国家石油公司财务状况良好，过去几年没有过度参与国际并购，有一定资金实力，2016年以9.3亿美元再获得俄罗斯万科油田11%权益。在出售方面，俄油开放国内油田开发市场，共出售价值52亿美元的资产给印度和中国公司，并完成公司私有化，将其19.5%的股权出售给大型贸易商嘉能可和卡塔尔基金；巴西国家石油公司为了缓解债务压力，剥离非核心资产，共出售23亿美元资产。

3．大型独立石油公司积极调整资产结构，表现活跃

大型独立石油公司在此国际油价和并购市场整体低迷的时期，积极调整资产结构，在收购和出售两方面均表现活跃。以阿纳达科和森科能源公司为代表的独立石油公司通过收购补强核心业务。阿纳达科斥资 21 亿美元收购的资产均为深水资产，森科能源公司则大手笔以 70 亿美元收购加拿大油砂资产。另一方面，切萨皮克和德文等公司在上个周期大量收购后，部分资产收益未达到预期，公司面临较大资金压力，开始处置非核心资产，两公司分别出售价值 31 亿美元和 20 亿美元的资产，主要为非常规资产（表 10-2-2）。

表10-2-2　大型独立石油公司主要资产交易统计

收购				
公司名称	交易金额（亿美元）	主要资产类型	地区	主要国家
阿纳达科	21	深水、公司权益	北美	美国
森科能源	70	油砂、深水	北美、欧洲	加拿大、英国
西方石油	20	页岩油	北美	美国
伍德塞德	6	深水	亚太、非洲	澳大利亚、塞内加尔
出售				
公司名称	交易金额（亿美元）	主要资产类型	地区	主要国家
切萨皮克	31	非常规资产	北美	美国
德文	20	非常规资产、常规资产	北美	美国
马拉松	12	常规资产	北美	美国
阿纳达科	11	非常规资产	北美	美国

数据来源：IHS Herold。

4．金融资本继续大举进入油气市场，成为重要买家

2016 年，金融资本继续在油气并购市场中承担重要买家角色，全年收购金额 310 亿美元，占总交易额的 22%。这些金融资本主要是私募基金和资产管理公司等机构投资者。金融资本近年来大量投资油气行业，一方面是这些资本在油气行业开展资本运作，拆分、重组、打包增值后即出售，实现套现，另一方面，金融资本投资者看好油气资产升值前景，趁市场交易价格处于低位时积极进入，等待油价回复后获得长期收益。金融资本主要活跃于北美市场，近 90%的收购交易在该地区达成，收购的资产以页岩油气资产为主，占总收购额的一半，常规资产和公司股权交易次之。金融资本的大量介入，使得油气资产的流转速度加快（图 10-2-4 和图 10-2-5）。

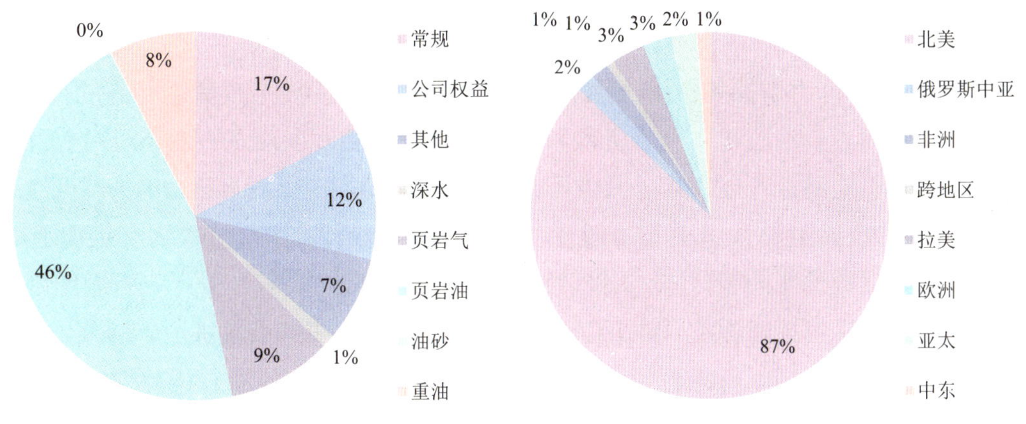

图10-2-4 金融资本收购资产类型

数据来源：IHS Herold

图10-2-5 金融资本收购资产地区分布

数据来源：IHS Herold

5. 储量交易价格随油价继续走低

2016 年，全球油气上游交易价格继续下降，实现探明储量交易价格 6.78 美元/桶，2P 储量交易价格 3.73 美元/桶，较 2015 年同比分别下降 37%和 48%。一是根据历史经验，全球油气上游并购储量交易价格变化趋势与国际油价变动趋势相同，但时间上滞后于国际油价变动，2015 年国际原油平均价格远低于上一个低油价时期（2008—2010 年），且总体呈下降趋势，因此储量交易价格在 2015 年基础上继续下降。另外，交易价格较低的中亚俄罗斯地区 2016 年达成交易比例增加，也加大了整体储量交易价格下降幅度。中国石油企业“走出去”获取资产应当正面临一个低价窗口期。按照以往储量交易价格与油价的关系分析，这一窗口期应当是 2016—2017 年期间。

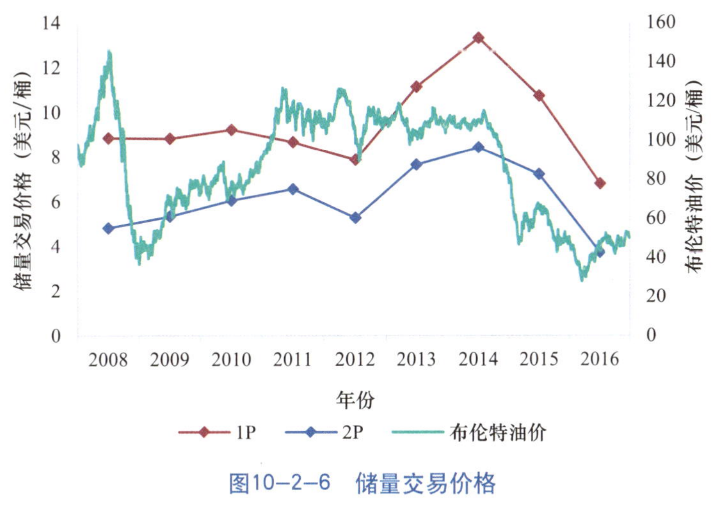

图10-2-6 储量交易价格

数据来源：IHS Herold

6. 2017年全球上游油气并购市场有望回暖

预计2017年全球上游并购市场将逐步回暖。油价低位反弹将会改变收购方的预期，是一个促进因素。国际大石油公司、金融资本和部分资金充裕的大型独立石油公司均跃跃欲试，亚洲石油公司也希望趁低开展收购，其中印度国家石油公司在2015年和2016年已经陆续开始有所动作，2017年将继续扩大其海外投资，日本政府出台新的法案，扩大国有机构JOGMEC的权力，允许其直接购买外国资产，同时鼓励日本公司积极购买海外资产。资源国国家石油公司的私有化进程有可能在2017年陆续实施，也将推动油气并购市场进一步回暖，哈萨克斯坦国家石油公司和巴西国家石油公司等资源国国家石油公司将实施私有化计划。另外，壳牌收购BG后的整合过程也将出售非核心资产，市场上待售资产将大幅增加。

（本章撰写人：金焕东）

石油公司篇

第十一章　国外石油公司经营状况与发展动向

2016 年，尽管国内外石油公司进一步压缩投资规模，但他们通过优化生产运行，提高生产效率，努力维持稳产增产。前三季度国际大石油公司合计油气产量同比增长 5.5%，国家石油公司油气产量增长 3%。

2016 年，由于国际油价持续低迷，国外石油公司的经营业绩继续下滑。前 9 个月，埃克森美孚、BP、壳牌、雪佛龙、道达尔等 5 家国际大石油公司收入和利润分别下降 21%和 41%；康菲等 5 家独立石油公司持续亏损；俄油、俄气、挪威、巴西、马来西亚、墨西哥等 6 家国家石油公司收入和利润分别下降 23%和 45%；斯伦贝谢等 7 家技术服务公司全面亏损。国外石油公司经过两年的调整，正逐步适应低油价环境，经营业绩逐渐企稳，降幅相比 2015 年有所减小。

2016 年，国际石油公司在继续控投资、压成本等措施基础上，注重综合施策，长效应对低油价带来的困难，优化资产组合、调整资产结构、瘦身健体、优化生产运行、努力减亏增效、持续推动技术创新，更加突出核心优势业务，着眼未来积极布局谋新发展。国家石油公司首次启动裁员计划，俄罗斯石油公司、沙特阿美与科威特国家石油公司通过启动私有化改革、计划出售部分业务的股权获得发展资金。技术服务公司大力发展低成本技术和装备，进一步提升综合一体化服务能力，加强与油公司共同技术攻关。

第一节　国际石油公司经营状况与发展动向

低油价时，国际石油公司经营继续面临较大下行压力。在第一年短期应急应对的基础上，2016 年，各公司转而综合施策，长效应对低油价带来的困难：控投资、压成本、优化资产组合、调整资产结构、瘦身健体、优化生产运行、努力减亏增效、持续推动技术创新，更加突出核心优势业务，着眼未来积极布局谋新发展。

一、国际石油公司经营状况

2016 年，由于国际油价持续低迷，国际大石油公司的经营业绩继续下滑，下游业务的营业利润也出现下降。国际大石油公司原油产量增加而天然气产量减少，独立石油公司则油气产量均出现下降。经过两年的调整，国际大石油公司正在逐步适应低油价环境，经营业绩逐渐企稳，降幅相比 2015 年减小。第三季度随着行业形势的好转和综合施策成效的逐步显现，国际大石油公司的经营业绩开始出现改善迹象。而独立石油公司引入套期保值理念，前三季度实现了减亏。

1. 根据市场价格变化，增油减气调产量

2016年，为减缓盈利下滑和经营现金流紧张的局面，国际石油公司优化生产运行，提高生产效率，增加营业收入，努力维持稳产或增产，加之前期新项目投产已见成效，前三季度国际大石油公司合计油气产量同比增长5.5%。其中壳牌主要受益于BG资产的贡献，产量同比增长22.7%。从油气产量结构看，原油产量增加而天然气产量减少，这是由于油价上半年走低，国际大石油公司因产量分成合同得到的份额油增多，原油产量同比增长4.5%；估计2016年五大石油公司合计原油产量为9260千桶/日。此外，由于原油实现价格远高于天然气，实行“增油减气”的生产策略可以为企业增加经营现金流入，所以前三季度大石油公司的天然气产量若不考虑壳牌的影响则出现下降。估计2016年五大石油公司合计天然气产量为39100百万立方英尺/日（表11-1-1和表11-1-2）。

表11-1-1　国际大石油公司原油产量　　单位：千桶/日

公司	2012年	2013年	2014年	2015年	2016年（估计）	2015年前9个月	2016年前9个月	同比增长（%）
埃克森美孚	2185	2202	2111	2345	2400	2300	2359	2.6
BP	2055	1176	1927	2045	2060	2013	2026	0.6
壳牌	1633	1541	1484	1509	1810	1501	1799	19.9
雪佛龙	1764	1731	1709	1744	1720	1733	1710	-1.3
道达尔	1220	1167	1034	1237	1270	1232	1276	3.6
合计	8857	7817	8265	8880	9260	8779	9170	4.5

表11-1-2　国际大石油公司天然气产量　　单位：百万立方英尺/日

公司	2012年	2013年	2014年	2015年	2016年（估计）	2015年前9个月	2016年前9个月	同比增长（%）
埃克森美孚	12322	11836	11145	10515	10050	10485	10027	-4.4
BP	7393	6259	7100	7146	7050	7091	7035	-0.8
壳牌	9449	9616	9259	8380	10500	8258	10377	25.7
雪佛龙	5074	5192	5167	5269	5200	5230	5153	-1.5
道达尔	5880	6184	6063	6054	6300	6074	6397	5.3
合计	40118	39087	38734	37364	39100	37138	38989	5.0

油价的暴跌对美国大型页岩油生产商的影响更大。为了应对油价低迷的困境，北美独立石油公司选择了削减产量的应对措施，原油产量和天然气产量均出现下降。其中马拉松石油公司前三季度油气产量398千桶/日，同比下降9.3%，该公司估计2016年的油气产量降至335~345千桶/日；阿帕奇估计2016年的油气产量减少11%（图11-1-1）。

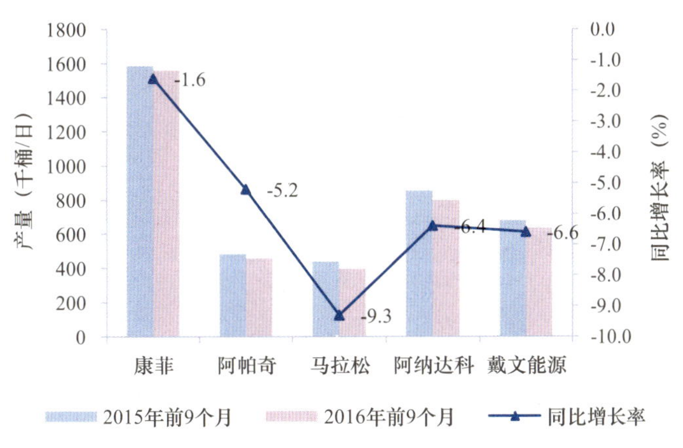

图11-1-1　独立石油公司油气产量

2．根据炼油毛利变化小幅调降原油加工量和油品销售量

2016年，全球正从原油供需过剩走向油品供需过剩，居高不下的库存压力迫使各地区炼油业不同程度降低开工率，全年全球炼厂开工率平均约为82.5%，低于上年的84%。全球炼油毛利也并未延续上年的强劲表现，各地区均出现不同程度下降，欧美地区降幅更为明显。考虑国际大石油公司趁炼油利润率未跌到谷底之时出售下游资产避免遭受更大的打击，其中雪佛龙出售了一家位于夏威夷的炼厂，还在为其加拿大的Burnaby炼厂、加油站和南非开普敦炼油厂寻找买家，壳牌同意出售马来西亚的壳牌炼油公司51%股权、丹麦的下游业务以及阿根廷600座加油站，由此使前三季度国际大石油公司的原油加工量和油品销售量小幅下滑。

表11-1-3　国际大石油公司原油加工量和油品销售量

公司	原油加工量			成品油销售量		
	2015年前9个月（千桶/日）	2016年前9个月（千桶/日）	同比增长（%）	2015年前9个月（千桶/日）	2016年前9个月（千桶/日）	同比增长（%）
埃克森美孚	4444	4235	-4.7	5779	5473	-5.3
BP	1701	1699	-0.1	5534	5571	0.7
壳牌	2863	2702	-5.6	6478	6490	0.2
雪佛龙	1703	1744	2.4	2747	2690	-2.1
道达尔	1938	1949	0.6	1825	1788	-2
合计	12649	12329	-2.5	22363	22012	-1.6

3．受持续低油价影响，经营业绩继续下滑但逐步企稳，降幅小于上年

1）国际一体化大石油公司收入净利润继续下滑，降幅明显小于上年

2016年，尽管石油总产量有所增长，但受到持续两年低油价的影响，前三季度国际大石油公司的经营业绩继续下降，前9个月的合计营业收入虽同比下降20.7%，但均实现了逐季的增长；合计净利润同比下降41%（2015年前9月合计营业收入降幅38.03%，合计净利润

下降69.09%），降幅均小于上年。其中，BP和雪佛龙2016年前三季度实现了扭亏为盈；壳牌由于2015年三季度计入79亿美元的支出导致基数较低，2016年前三季度利润同比大幅增长且呈逐季增加走势（图11-1-2和图11-1-3）。

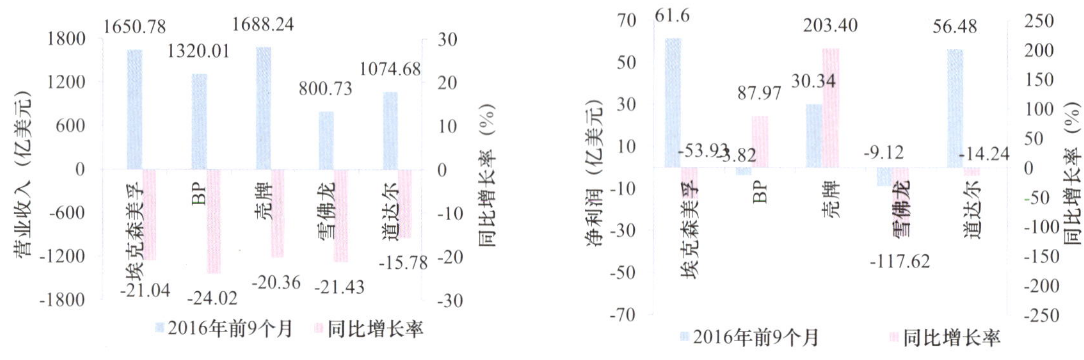

图11-1-2　国际大石油公司营业收入（亿美元）　图11-1-3　国际大石油公司净利润（亿美元）

过去两年，受油价持续下跌冲击，国际大石油公司被迫采取减员、降本、控投资等一系列措施。经过两年的调整，国际大石油公司降本增效综合施策的措施初见成效，正逐步适应低油价，形成新的平衡。2016年，国际油价触底回升，虽然国际大石油公司的经营业绩仍低于2015年，但呈现出缓慢回升的态势。估计随着行业形势的进一步企稳，四季度石油公司的业绩还会出现不同程度反弹（表11-1-4）。

表11-1-4　2016年国际大石油公司收入和净利润变化　单位：亿美元

公司	2016年1季度		2016年2季度		2016年3季度		2016年（估计）	
	收入	净利润	收入	净利润	收入	净利润	收入	净利润
埃克森美孚	487.07	18.1	576.94	17.0	586.77	26.5	2200	70
BP	385.12	−5.83	464.42	−14.19	470.47	16.2	1750	−11
壳牌	485.54	4.84	584.15	11.75	618.55	13.75	2200	40
雪佛龙	230.7	−7.25	278.44	−14.7	291.59	12.83	1050	−8
道达尔	328.41	16.21	372.15	20.88	374.12	19.25	1250	40

2）上游经营利润继续下降，下游营业利润不如上年

分业务来看，上游勘探开发业务受到的冲击加深，前三季度国际大石油公司上游勘探开发经营利润同比由盈利56亿美元转为亏损14亿美元。与2015年不同，国际大石油公司还受到了下游业务利润下降的影响。2015年是炼油行业周期性的高峰，油价暴跌，原料成本下降，使炼油毛利大幅增加，较好的盈利促使欧美等主要地区炼厂加工量大幅增加，再加上中东等地区新建装置的投产，全球油品库存大幅增加，而全球油品需求并未增加太多，居高不下的库存压力迫使2016年各地区炼油业降低开工率，炼油毛利下降。大石油公司受到原油加工量和炼油毛利下降的双重影响，下游利润（包括炼油、化工、销售）同比下降28.6%（表11-1-5和表11-1-6）。

表11-1-5 2016年前九个月国际石油公司经营情况

项目	埃克森美孚		BP		壳牌		雪佛龙		道达尔		康菲		阿帕奇		马拉松		阿纳达科		戴文能源	
	数量	同比(%)	数量	同比(%)	数量	同比(%)	数量	同比(%)	数量	同比(%)	数量	同比(%)	数量	同比(%)	数量	同比(%)	数量	同比(%)	数量	同比(%)
营业收入	1650.8	-21.04	1320.01	-24.32	1688.24	-20.36	800.73	-21.43	1074.68	-15.78	171.06	-29.22	39.03	-27.82	32.61	-25.65	54.82	-17.50	88.47	-13.76
净利润	61.6	-53.93	-3.82	-87.97	30.34	203.40	-9.12	-117.62	56.48	-14.24	-35.8	266.05	-12.23	-80.70	-7.69	-45.50	-25.56	-53.03	-36.33	-63.38
总资产	3393.9	0.78	2622.16	0.15	4196.48	22.10	2598.63	-1.77	2295.05	0.17	578.28	0.74	152	-5.06	323.1	-6.82	144.15	-5.40	167.52	-9.26
经营现金流	146.86	-43.44	82.63	-38.30	114.45	-61.61	89.83	-39.71	95.03	-37.10	29.6	-50.47	16.34	-34.46	9.44	-57.84	18.77	187.96	12.21	-71.62
资本支出	144.75	-38.76	114.85	-13.10	164.02	-12.90	171.67	-32.07	146.75	-31.55	38.7	-51.09	34.28	-23.14	6.84	-66.60	23.21	-49.27	16.59	-60.77
资产负债率	47.8	0.35	64.6	2.19	55.0	2.30	43.1	1.24	55.9	-0.78	61.3	2.45	65.7	2.88	51.6	-2.77	31.7	-1.15	62.5	-0.21
油气产量	4030	-0.42	3239	0.09	3588	22.67	2569	-1.38	2449	4.43	1560	-1.64	459	-5.17	398	-9.34	800	-6.43	635	-6.62
原油加工量	4235	-4.70	1699	-0.12	2702	-5.62	1744	2.41	1949	0.57	—	—	—	—	—	—	—	—	—	—
油品销售量	5473	-5.30	5571	0.67	6490	0.19	2690	-2.07	1788	-2.03	—	—	—	—	—	—	—	—	—	—

注："营业收入""净利润""总资产""经营现金流""资本支出"单位为"亿美元"；"资产负债率"单位为"%"；"油气产量""原油加工量""油品销售量"单位为"千桶/日"。

表11-1-6　国际大石油公司分板块经营利润

公司	上游板块			下游板块		
	2015年前9个月（亿美元）	2016年前9个月（亿美元）	同比变动（%）	2015年前9个月（亿美元）	2016年前9个月（亿美元）	同比变动（%）
埃克森美孚	62.44	8.38	−86.6	86.61	67.03	−22.6
BP	13.31	−0.77	−105.8	58.92	51.89	−11.9
壳牌	−53.3	−12.08	−77.3	77.41	50.13	−35.2
雪佛龙	−6	−34.67	−477.8	65.9	30.78	−53.3
道达尔	40.26	25.02	−37.9	50.51	42.38	−16.1
合计	56.71	−14.12	−124.9	339.35	242.21	−28.6

3）独立石油公司收入降幅大于国际大石油公司，采取多种方式实现减亏

2016 年前 9 月，受油价低迷影响，以上游业务为主营业务的独立石油公司同比营业收入继续下降，但降幅较上年明显减缓。主要独立石油公司同比营业收入降幅在 14%～29%之间（2015 年同期营业收入降幅 25%～60%），仍大于上下游一体化国际大石油公司平均 20%的降幅（表 11-1-7）。

表11-1-7　独立石油公司营业收入　　单位：亿美元

公司	2012年	2013年	2014年	2015年	2016年（估计）	2015年前9个月	2016年前9个月	同比增长（%）
康菲	620.04	582.48	555.17	309.35	220	241.69	171.06	−29.2
阿帕奇	165.64	155.6	138.51	63.66	46	54.07	39.03	−27.8
马拉松石油	119.66	113.25	108.46	55.22	41	43.86	32.61	−25.7
阿纳达科	133.07	148.67	163.75	94.86	78	66.45	54.82	−17.5
戴文能源	95.01	103.97	195.66	131.45	113	102.59	88.47	−13.8

2016 年，虽然油价仍然低迷，阿帕奇等独立石油公司通过谨慎投资、剥离资产、优化资产组合、优化生产运营、控制人工成本等措施实现了减亏。如戴文能源公司剥离了金额为 19 亿美元的美国非核心上游资产和 11 亿美元的管道权益，通过资产剥离减少了 12 亿美元的长期负债。另外，许多美国独立石油公司在低油价下对油气销售价格采取了套期保值措施，通过现货与期货之间建立的对冲机制，使价格风险降至最低，随着 2016 年油价的回升获得了收益（表 11-1-8）。

表11-1-8　独立石油公司净利润　　单位：亿美元

公司	2012年	2013年	2014年	2015年	2016年（估计）	2015年前9个月	2016年前9个月	同比增长（%）
康菲	84.28	91.56	68.69	−44.28	−160	−9.78	−35.8	−266.1
阿帕奇	19.11	23.8	−54.03	−231.19	−45	−63.37	−12.23	80.7
马拉松石油	15.82	17.53	30.46	−22.04	−12	−14.11	−7.69	45.5
阿纳达科	23.91	8.01	−17.5	−66.92	−31	−54.42	−25.56	53.0
戴文能源	−18.5	−0.2	16.07	−144.54	−53	−99.22	−36.33	63.4

二、国际石油公司发展动向

2016 年，国际低油价进入第二个年头。国际石油公司的经营发展已由油价暴跌伊始采取的大幅裁员、砍投资、压成本等应急短期应对措施转变到 2016 年的综合施策长效应对谋长远发展上来，其发展和相关举措呈现出一些新的特点。

1. 从短期应急应对转向综合施策长效应对低油价

基于对未来较低油价还将持续一段时间的普遍预期，国际大石油公司 2015 年下半年以来，在应对低油价上逐步转向综合施策长效应对，在公司发展策略上将应对当前与谋长远发展兼顾结合起来，出现了以下转变。

1）从减员降本到实施瘦身战略

降低成本是低油价形势下石油公司提升盈利空间、增强竞争实力的必然选择。自油价下跌以来，各大石油公司纷纷大力降低桶油成本，外降承包商费用，内压运营成本，取得显著效果。同时，各大石油公司采取了保持现有资产、不盲目追求扩大规模、缩减员工总量、精简业务、改善业务地域分布等瘦身增效措施。2016 年前 9 个月，五大石油公司中除壳牌因收购 BG 导致总资产同比上升之外，其余公司均保持总资产稳定或略有下降。在员工规模上，各公司继续执行或宣布新的减员计划。2016 年 1 月，BP 宣布将在本年度裁减上游业务部门员工 4000 人，此后将进一步于 2017 年底前在下游业务部门裁员 3000 人。壳牌也宣布将在 2016 年完成与 BG 的收购整合后裁减约 12500 名员工。雪佛龙宣布到 2016 年底削减 8000 个工作岗位，占其全球员工总数的 12%。道达尔计划全年削减 2000 个工作岗位，公司旗下原油勘探、炼化和化工部门停招新员工。此外，国际石油公司近年来减少非洲等高风险地区业务，逐渐向北美上游、中东亚太下游等回报稳定、市场潜力大的地区集中。2016 年延续了这一做法，各公司宣布计划或实施了不少资产业务剥离项目。壳牌宣布计划从业务涉及的 70 多个国家中退出 10 余个国家，涉及尼日利亚、北海、加蓬等地的资产，而把重点放在巴西深海、惠州石化等项目，成为更精干简约的公司。道达尔计划剥离 40 亿美元非核心资产，退出管道和化肥业务，退出刚果沿海油田项目等。埃克森美孚退出加拿大部分加油站业务。雪佛龙拟退出新西兰、南非等地的下游业务和印度尼西亚、菲律宾的地热业务。BP 在为偿付巨额环保罚款退出不少地方资产业务的同时，仍在继续有选择地退出一些地方的不同类业务。这些国际大公司现时的追求是不求做大但求做强做精做盈，成为精干高效、可持续发展的公司与典范。

2）从压减投资到优化投资方向

自 2014 年四季度起，国际大石油公司大幅减少资本支出。2016 年也继续压减资本支出，前 9 个月五大石油公司资本支出同比下降 27.5%（表 11-1-9）。

表11-1-9　国际大石油公司资本支出　　单位：亿美元

公司	2012年	2013年	2014年	2015年	2016年	2015年前9个月	2016年前9个月	同比增长(%)
埃克森美孚	397.99	424.89	385.37	310.51	230	236.35	144.75	−38.8
BP	243.42	366.12	237.81	195.31	170	132.16	114.85	−13.1
壳牌	325.76	401.45	318.54	261.31	289	188.32	164.02	−12.9
雪佛龙	342.29	418.77	403.16	339.79	266	252.72	171.67	−32.1
道达尔	294.77	344.27	305.09	280.33	190	214.39	146.75	−31.5
合计	1604.23	1955.5	1649.97	1387.25	1145	1023.94	742.04	−27.5

注：2016年数据为各公司公布预算。

2016年，各大石油公司在大幅压减投资的同时有意识地调整投资方向，将有限的资本支出投入到盈利能力强的优势项目和短中期有较高收益的项目上，集中到风险较低、赢利状况更好、发展前景更优的地域上来，以便为公司创造更大的经济效益。

在上游板块，国际大石油公司抓住盈利能力强的大油田进行扩建，在短周期、高回报的项目上进行投资。雪佛龙和埃克森美孚决定在此前投资的基础上向哈萨克斯坦田吉兹油田扩建项目继续投资368亿美元。这是自油价大跌以来最大规模的油田逆势扩建投资。田吉兹油田是目前盈利能力最强的油田之一。自1993年雪佛龙公司成为首家与哈萨克斯坦达成协议的外资公司以来，该油田已给雪佛龙公司带来700亿美元以上的收入和400亿美元利润。此次扩建投资将使田吉兹油田产量从目前的80万桶油当量/日增至100万桶油当量/日，将于2022年实现第一批产出。同时，各大石油公司也纷纷优先发展周期较短、回报高、回收快的项目和完成时下正在实施的有价值的重大项目，推迟、暂停或取消高成本、高投资、高风险、长周期项目，如油砂、液化天然气和深水等项目，轻装前行。壳牌搁置了加拿大皮埃尔河油砂项目，并退出正在建设的Carmon Creek油砂项目，未来一段时间将不投资任何新的油砂项目。埃克森美孚、道达尔、马拉松、雪佛龙均停止了在波兰境内的页岩气勘探作业。壳牌、康菲等多个公司于5月宣布放弃在美国北极水域石油开采权。埃克森美孚、BP、雪佛龙均暂停了加拿大北极圈内的勘探活动。壳牌秉持“简约发展”的思路，将资产和业务集中在深水和石化等少量优势业务上，延期或取消了大量中下游项目，特别是高成本的重油、页岩等项目。

在国际大石油公司缩减上游板块资本支出的同时，下游板块的资本支出受到的影响并不大，甚至略有增加。这主要是由于下游板块本身投资规模较小，且在低油价下，下游板块的盈利能力强于上游板块，能够有效减缓低油价对经营业绩的冲击，所以即便是在严格的资本支出控制之下，国际大石油公司依然保持下游板块的资本支出强度，增加下游盈利性，体现了国际大石油公司坚持上下游一体化发展战略的思路。2016年前9个月，国际大石油公司上游资本支出为609亿美元，同比降幅达31.7%，而下游资本支出为128亿美元，同比反而有2.7%的小幅增长。从目前已宣布的情况看，国际大石油公司2017年的资本预算支出仍将削减。美国第二大石油公司雪佛龙公司2017年的资本支出将比2016年减少约15%，从而连续4年削减了其资本支出。其他公司的情况也大致如此（图11-1-4和图11-1-5、表11-1-10）。

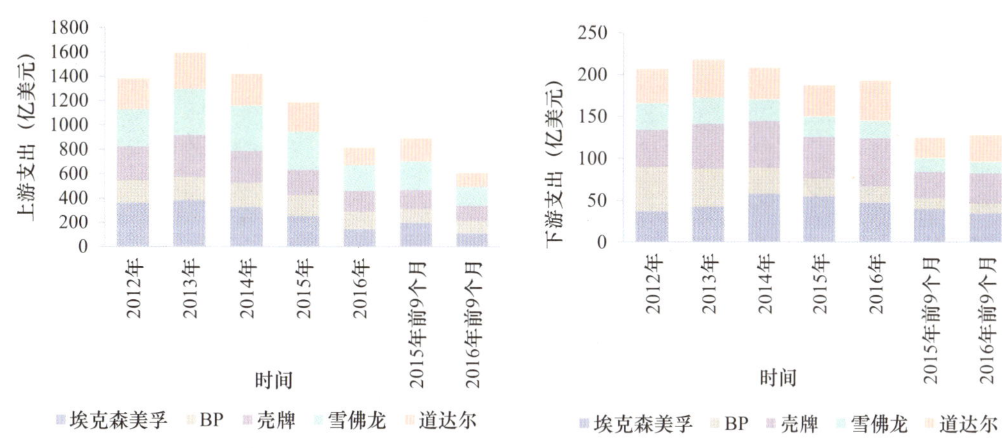

图11–1–4　国际大石油公司上游板块资本支出　　图11–1–5　国际大石油公司下游板块资本支出

表11–1–10　国际大石油公司上下游投资占比

业务板块	2014年	2015年	2016年
上游占比	86%	84%	83%
下游占比	12%	13%	14%

3）从抛售资产到优化资产组合调整资产结构

国际油价低迷伊始，国际大石油公司为应对现金流紧张、负债经营的局面，应急抛售了一些资产以对付恶化的经营状况。随着油价持续低位趋于常态化，国际大石油公司纷纷借此转变经营模式，实现转型发展，借助资本市场进行业务优化调整和资产优化重组，在出售一些资产的同时也有意识地转入或进入有发展前景和潜力的业务领域，为公司长远发展打造核心资产。

BP将资产和业务结构集中在深水、天然气、巨型油田和高质量的下游4个领域，降低业务结构复杂度和风险。BP不断巩固在巴西、墨西哥湾、北海、安哥拉深水地位。利用低油价而石化产业业绩表现良好的时机，正计划出售上海赛科石油化工有限责任公司、美国和英国等地的下游资产，以实现高价套现。同时，BP从发展天然气业务的考虑出发，认为页岩气在中国的能源清洁化、能源转型方面具有重要的战略地位和长远的发展前景，从而积极布局中国天然气业务，接连与中石油签署两份页岩气勘探、开发和生产的合作协议。

壳牌并购BG集团后在2016—2018年期间将继续资产剥离计划，以搞好并购后的资产整合与结构优化，预计将在3年间削减300亿美元资产，其中2016年将削减60亿～80亿美元资产。壳牌将中国作为重要合作伙伴，希望把从上游油气资源到下游市场的整个能源业务链整合起来。在上游与中石油、中海油合作进行天然气的勘探开发，在下游则剥离了市场已饱和、装置规模相对较小、发展前途已不大的日本、丹麦、澳大利亚等地的下游炼厂股份，为公司获取急需的现金流，同时保持已有的旗下大型下游业务，积极参股有发展前景的中海油惠州石化二期项目建设和发展在华加油站业务等，以使下游业务集中在最有竞争力和发展前景的地区（表11-1-11）。

表11-1-11　国际大石油公司部分资产组合优化项目

公司	退出的项目	进入的新项目
BP	考虑以30亿美元出售上海赛科石油化工有限责任公司50%股份； 出售英石油管道系统UKOP部分股份； 把英国燃料运输业务外包给Hoyer物流集团； BP位于印度尼西亚西巴布亚省的东固第三条LNG生产线项目的投资预算从120亿美元大幅削减到80亿～100亿美元； 出售印度下游企业Castrol India 11.5%的股份	与中石油签署两份页岩气勘探、开发和生产的合作协议； 与科威特石油公司签署框架协议，双方有意在全球范围内寻找油气上中下游的投资及合作机会，包括石油、天然气、贸易和石化等领域
壳牌	剥离部分老旧和等级较低的资产来提升资产组合的质量，包括墨西哥湾地区和北美部分资产； 以10亿美元出售加拿大西部的页岩油气； 以6630万美元的价格将位于马来西亚的壳牌炼油公司51%股权出售给马来西亚恒源国际公司； 以8000万美元的价格出售位于丹麦的下游业务	将专注于天然气一体化和深水油气领域，预计将对巴西海上盐下资源进行大规模投资，到2020年之前使公司在巴西的油气产量增加三倍
道达尔	把哈里亚加油田20%的股份连同作业权一起转让给俄罗斯扎鲁别日石油公司，由于复杂的地质条件以及伴生气中高含量的硫化氢，该项目在技术上具有挑战性； 计划出售旗下的特种化学品和设备子公司安美特公司； 决定退出规模较小的刚果沿海油田项目； 计划剥离40亿美元的非核心资产，如管道和肥料业务	与伊朗国家石化公司签署了在伊建石化工厂的谅解备忘录，将在伊朗沿海地区新建一套裂解装置； 将报价收购Saft集团，以加强道达尔在可再生能源和电力业务方面的竞争力
埃克森美孚	以21亿美元出售其加拿大子公司帝国石油公司加油站	重点加强北美非常规油气业务； 坚持投资北美石化项目； 将收购埃尼在莫桑比克海上4号区块巨型天然气发现15%的权益； 向哈萨克斯坦田吉兹油田扩大投资进行大规模扩建
雪佛龙	计划2017年前出售50亿～100亿美元的资产。可能出售的资产包括印度尼西亚和菲律宾的地热能资产、夏威夷的一座炼厂、加州的一条原油管道、墨西哥湾的油气资产以及位于新西兰和南非的下游资产	加强LNG、深水地位，将利用现有基础设施，在短周期、高回报的项目上进行投资； 决定向哈萨克斯坦田吉兹油田扩大投资进行大规模扩建，提高油田产量

4）加大研发投入强度，为降本增效、可持续发展服务

国际大石油公司一直以来视拥有自主知识产权的关键技术为公司核心竞争力，长期重视并持续投入以保持技术领先。低油价时期，新技术在降低成本、提高效率和经济效益、为企业未来转型提供技术储备等方面将发挥越来越重要的作用。国际大石油公司普遍重视技术研发和创新工作，在资本支出大幅削减的情况下，继续保持一定的研发投入，虽然研发支出有所下降，但以研发投入占营业收入比例衡量的研发投入强度则不降反升。国际大石油公司2015年的研发投入强度为0.41%，明显高于2014年的0.3%。在具体做法上，低油价下，国际大石油公司更加倾向于协同分担资金压力，优先考虑具有降成本潜力的技术和工艺，以节

省资本开支，提高作业效率（表 11-1-12）。

表11-1-12　国际大石油公司研发投入强度

公司	营业收入（亿美元）		研发投入（亿美元）		研发投入强度（%）	
	2014年	2015年	2014年	2015年	2014年	2015年
埃克森美孚	4119.39	2688.82	9.71	10.08	0.24	0.37
BP	3535.68	2228.94	6.63	4.18	0.19	0.19
壳牌	4211.05	2649.6	12.22	10.93	0.29	0.41
雪佛龙	2004.94	1299.25	7.07	6.01	0.35	0.46
道达尔	2361.22	1434.21	13.53	10.68	0.57	0.74
合计	16232.28	10300.82	49.16	41.88	0.30	0.41

国际大石油公司在上游领域重视提升勘探效率、地震成像、油藏评价模拟技术和低油价下成熟油田提高采收率等技术的研发，下游领域则着眼于提升经济效益，重视高附加值产品的差异化技术和环境友好产品技术，为企业未来的转型升级及可持续发展做好技术储备。国际石油公司非常重视新技术在降低成本方面的作用，把新技术充分运用到生产运营当中，起到减少雇员、提高效率、降低成本的作用。如 BP、道达尔在油田钻井详细检查作业中充分发挥无人航空器的作用，提供先进的信息服务，在彻底消除作业人员安全隐患、降低成本的同时还将几星期的作业时间减少到几天完成。此外，国际大石油公司还重视信息和计算机技术、大数据技术等在油气行业中的运用。壳牌、埃克森美孚等公司用计算机软件加强数据管理，有效减少建筑材料订单并节约成本。他们还重视公司之间的合作与技术共享。壳牌在印度、荷兰、美国、加拿大、中国、挪威等多国设立研发中心，寻求多方合作，还联合雪佛龙、道达尔等公司共同进行技术研发，未来共同合作的力度还将加大。

2. 积极转型，重视天然气和新能源领域，推行绿色发展策略

尽管当前低油价下国际石油公司的经营面临很大困难但仍不忘谋划未来，密切关注和研究未来可能的投资发展领域，关注公司在未来新形势下的可持续发展。国际石油公司采取与相关机构合作、参与影响政策制定、开展低碳能源技术研发、提高消费端和生产端能源效率、选择发展新能源业务等举措，积极谋划实施绿色发展策略。

在天然气领域，国际石油巨头普遍看好天然气未来前景。壳牌逆势大手笔收购 BG，展示了向天然气业务转型的决心，在今后的发展中，将侧重发展液化天然气和深水油气业务。埃克森美孚在过去 5 年中将其投资的 80%投向了天然气领域，目前正与埃尼洽谈收购其在莫桑比克海上的天然气权益。道达尔与韩国天然气公司签署了扩大 LNG 业务合作的协议，旨在确定和寻找亚洲及新进口国中开发 LNG 市场的机会。BP 的业务发展越来越偏重于天然气，当前天然气已占 BP 上游业务组合的近 50%，到 2020 年，这一比例将上升到 55%。

在新能源业务领域，道达尔组建了专门从事天然气、可再生能源和电力贸易的子公司。壳牌在既有的天然气一体化事业部中增加了新能源业务，新建了天然气一体化和新能源事业

部。壳牌未来将重点投资发展三个领域：新燃料、天然气和新能源发电、通过数字化和互联网服务能源终端用户的解决方案。在壳牌每年 10 亿美元的研发预算中，新能源业务将占到 1/5，新能源投资将成为其未来的重要增长点。

3. 坚持股利发放稳中有增以稳定投资者信心，保持资本市场良好表现

近期持续的低油价使得各大石油公司的股东们一度对近年来公司持续增长的分红政策产生疑虑。为保持并稳定投资者信心，使公司在资本市场上保持良好表现，为公司的大规模资产重组、资本运作提供坚实的支持，即使承受着较大的经营压力乃至亏损，各大石油公司仍一直对股利发放不做压缩甚至略有增长。2016 年前 9 个月，BP、壳牌和雪佛龙公司的每股股利与去年同期持平，而埃克森美孚公司则增长了 3.7%（表 11-1-13）。

表11-1-13　国际大石油公司每股股利　　单位：美元

公司	2014年前9个月	2015年前9个月	2016年前9个月
埃克森美孚	2.01	2.15	2.23
BP	1.74	1.8	1.8
壳牌	2.82	2.82	2.82
雪佛龙	3.14	3.21	3.21

2016 年，世界经济缓慢复苏，道琼斯指数在年初小幅下滑后持续上升，截至 12 月 30 日较年初上涨 13.4%。同期，随着国际油价的缓慢回升，国际五大石油公司的股价也不同程度的上升，总体走势好于大盘（图 11-1-6）。

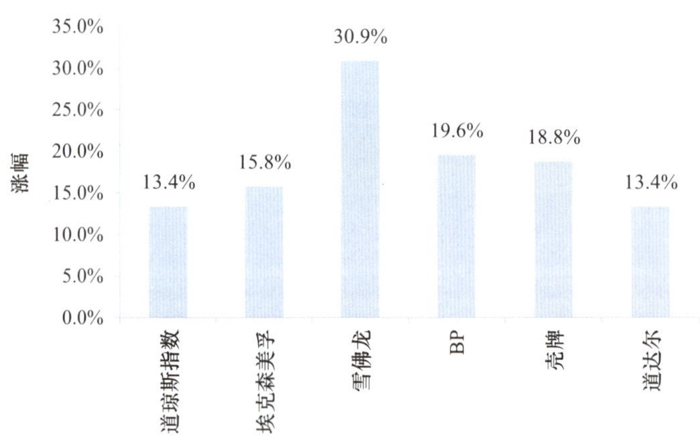

图11-1-6　国际大石油公司2016年股价涨幅

（本节编写人：殷冬青　王　超）

第二节　国家石油公司发展动向

受低油价拖累，国家石油公司（简称 NOC）经营状况不容乐观。2016 年多数 NOC 仍能保持稳定的油气生产，但是收入、利润、投资持续大幅下降。为了适应持续低油价，NOC 缩减资本支出预算，运用多种手段降低成本，也有一些公司结合自身情况，改革公司体制，调整股权结构。

一、经营状况

2016 年，持续低油价下，NOC 油气产量继续增长，经营业绩持续恶化，资本支出大幅压缩。

1. 原油产量两极分化明显

低油价环境下，估计 2016 年 NOC 原油产量总体仍保持增长态势，增幅在 5%左右。NOC 石油产量出现明显的两极分化，2016 年前 9 个月，新兴市场 NOC 石油产量基本保持平稳，资源国 NOC 则差异显著。

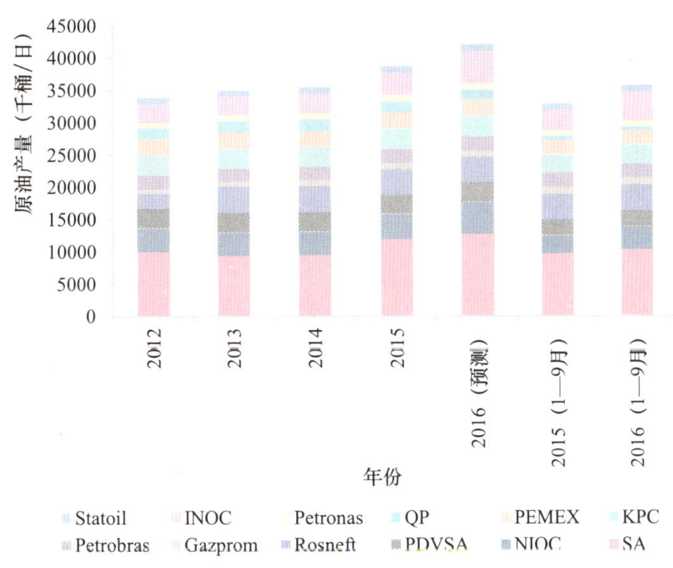

图11-2-1　2012—2016年前9个月主要NOC原油产量

SA—沙特阿美；NIOC—伊朗国家石油公司；PDVSA—委内瑞拉国家石油公司；Rosneft—俄罗斯石油公司；Gazprom—俄罗斯天然气公司；Petrobras—巴西国家石油公司；KPC—科威特国家石油公司；PEMEX—墨西哥国家石油公司；QP—卡塔尔国家石油公司；Petronas—马来西亚国家石油公司；INOC—伊拉克国家石油公司；Statoil—挪威国家石油公司

2016年全年产量为预测值，Gazprom是半年数据

数据来源：PIW，OPEC公报，公司年报和季报

2016 年前 9 个月，伊拉克国家石油公司和伊朗国家石油公司开足马力生产，力争把产量

恢复到战前(或制裁前)水平，确保现在和未来在国际市场中的配额，石油产量分别增长 44%和 26%。相比之下，由于投资不足、主要油田老化等因素，卡塔尔国家石油公司和墨西哥国家石油公司石油产量下滑显著，同比分别下降了 10%和 4%。受国内海上平台停工检修及海外资产出售影响，巴西国家石油公司石油产量同比下降 2%。

2. 天然气产量小幅下降

2016 年，多数 NOC 天然气产量平稳增长，但受个别公司下降明显的影响，预计 NOC 天然气产量总体下降 1%（图 11-2-2）。

墨西哥国家石油公司 2016 年前 9 个月天然气产量下降 8%，主要源自投资不足、天然气生产活动减少，对 NOC 总体天然气产量形成拖累。

估计 2016 年俄罗斯石油公司天然气产量大幅上涨 7%。增长主要源自 Novy Urengoy 天然气处理厂二期启动、库页岛两口新井的投产、Barsukovsky 油田天然气处理厂试运行。

受投资减少、国内与独联体国家需求减少等影响，俄罗斯天然气公司自 2015 年以来天然气产量一路下滑，2016 年上半年继续下降 5%。公司已将其 2016 年天然气产量计划削减到了历史最低纪录的 4098 亿立方米。

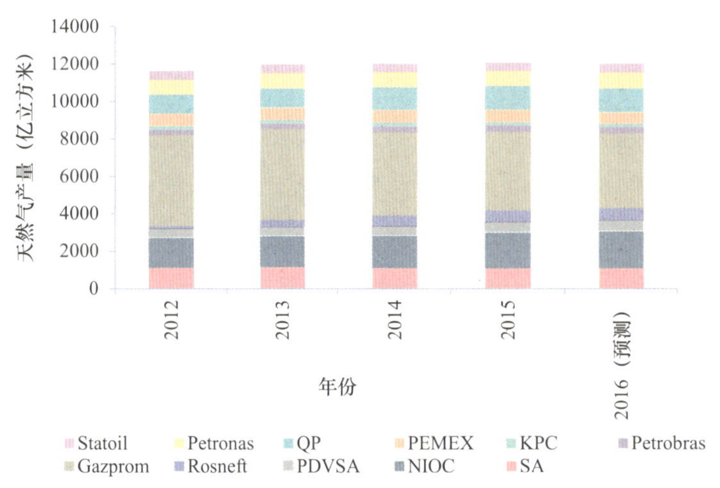

图11-2-2 2012—2016年主要NOC天然气产量

数据来源：PIW，公司年报

3. 炼油能力和原油加工量整体下降

2015 年，油价低位徘徊，NOC 炼油能力整体下降 6%，其中委内瑞拉国家石油公司因国内经济危机、公司投资严重不足、炼厂频出事故被迫关停等原因，导致炼油能力降幅最大，达到 33%，减少了 4657 万吨/年，成为 NOC 炼油能力下降的主要原因。另外，由于部分炼厂关闭，巴西国家石油公司 2015 年炼油能力同比下降 17%，减少了 940 万吨/年（图 11-2-3）。

NOC 原油加工量整体下降 1%，其中巴西国家石油公司和墨西哥国家石油公司降幅最大，但也有一些公司原油加工量增加（图 11-2-4）。

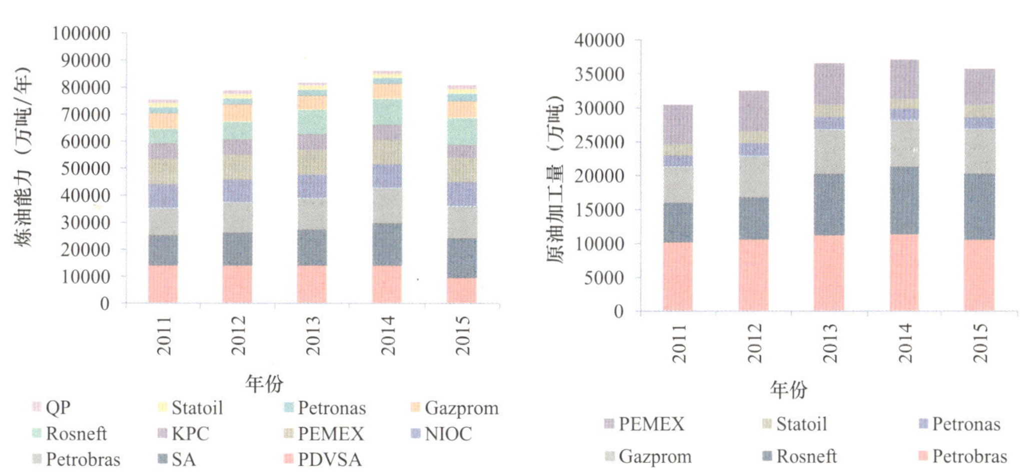

图11-2-3　2011—2015年部分NOC炼油能力　　图11-2-4　2011—2015年新兴市场国家NOC原油加工量

数据来源： PIW　　数据来源：公司年报

巴西国家石油公司 2015 年原油加工量同比下降 7%，减少了 775 万吨。低油价及贪腐事件使得巴西国家石油公司不仅缩减重点新建、改扩建项目未来的投资计划，还计划关闭其在日本的炼厂。

墨西哥国家石油公司 2015 年原油加工量同比下降 8%，炼厂利用率下降 5%。2016 年加工量继续下降，旗下炼厂安全事故频出，高额的炼厂设备维护费用与不断削减的资本支出计划拖累了炼油业务的发展。

俄罗斯石油公司 2015 年原油加工量下降 3%，主要是由于俄罗斯成品油相关税收增加以及国内需求下降，使得公司炼油毛利下降，原油加工量减少。

另外，有的公司原油加工量不降反增，挪威国家石油公司原油加工量同比大幅提升 24%，主要受益于公司 3 家炼厂的产能利用率的提升。

4. 国家石油公司经营业绩持续恶化

2016 年，大部分 NOC 经营状况持续恶化，收入与利润下降明显。前 9 个月，主要 NOC 以美元计算的总收入同比下降 23%；净利润变化差异较大，原亏损的公司实现了同比减亏，原来盈利的公司则未能实现同比增加盈利。

2016 年前 9 个月，巴西国家石油公司经营业绩急剧恶化，收入下降 20%，亏损 51.79 亿美元。公司国内石油产品销售量下降 8%，原油与石油产品出口价格下降，国内天然气销量和销价下降，是造成经营业绩下滑的主要原因。

俄罗斯石油公司 2016 年前 9 个月总收入下降 11%，净利润下降 61%。尽管原油、石油产品及 LNG 总销量提升 10%，低油价导致销售收入与净利润双下降。2016 年上半年，俄罗斯天然气公司以美元计算的总收入与净利润分别下降 14%和 26%，主要源自营业费用大幅增加（表 11-2-1 和图 11-2-5）。

表11-2-1　2013—2016年主要NOC总收入和净利润　　单位：亿美元

公司名称	2013年		2014年		2015年		2015年（1—9月）		2016年（1—9月）	
	总收入	净利润	总收入	净利润	总收入	净利润	总收入	净利润	总收入	净利润
挪威国家石油公司	1079	68	963	35	596	−52	466	−41	331	−1
巴西国家石油公司	1415	108	1437	−75	973	−86	752	5	600	−52
俄罗斯天然气公司	1650	358	1474	41	1001	133	508	120	—	—
俄罗斯石油公司	1474	171	1433	91	832	58	683	51	531	20
马来西亚国家石油公司	1008	208	1006	146	635	54	497	63	358	30
墨西哥国家石油公司	1230	−130	1079	−361	678	−414	530	−208	387	−135

数据来源：公司年报和季报。

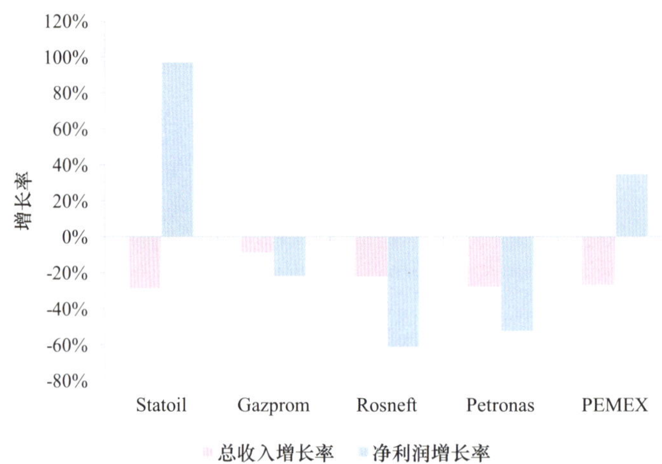

图11-2-5　主要NOC2016年前9个月总收入和利润同比变化情况

2016 年前 9 个月，挪威国家石油公司减值损失大幅下降，以及控成本成果显著，使经营费用下降 20%，在上述因素共同作用下，利润仅亏 1 亿美元，同比减亏 40 亿美元，估计 2016 年该公司能够扭亏为盈。墨西哥国家石油公司实现了大幅减亏（同比减亏 35%）,支出减少和税费负担减轻是减亏的主要原因。

5. 资本支出减少，专注主营业务

2016 年，多数 NOC 缩减资本支出以适应低油价，投资规模大幅下降，但上游仍是投资重点。2016 年前 9 个月，巴西国家石油公司资本支出下降 34%，其中炼油、运输与营销板块投资降幅高达 57%；勘探与开发业务投资下降 31%。公司的投资重点是深水区域的核心盐下资产，勘探开发投资占比不降反升。

马来西亚国家石油公司2016年的资本支出同比下降33%，投资仍主要集中在RAPID一体化项目、国内上游及SAMUR尿素项目。

俄罗斯石油公司与众不同，2016年前9个月资本支出不降反升。以美元计算的资本支出同比上涨1%，以本币表示的资本支出上涨16%。收购支出增加是造成这种现象的重要原因。2016年，俄罗斯石油公司完成了包括对印度Essar石油49%股权及俄罗斯巴什公司50%股权的收购，两次重大资产收购增加资本支出178亿美元，其中，130亿美元收购Essar石油，48亿美元收购巴什公司（图11-2-6）。

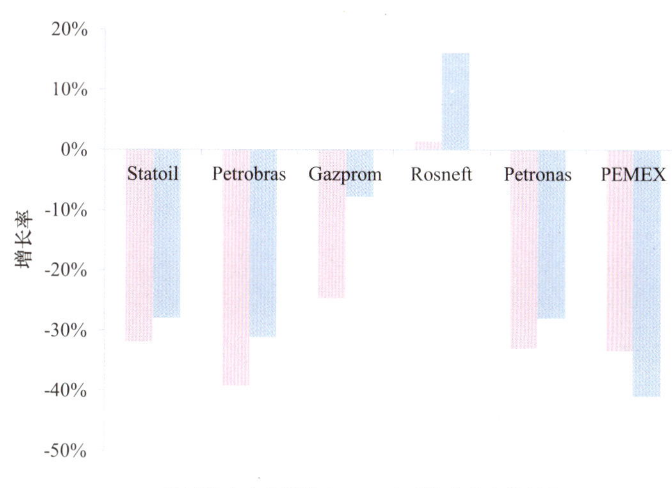

图11-2-6　主要NOC2016年前9个月资本支出同比变化情况

数据来源：公司年报和季报

二、发展动向

1. 中短期资本支出计划差异化显著

NOC基于各自发展战略与财务状况的不同，在资本支出方面的差异显著。以巴西国家石油公司为代表的NOC采取缩减规模的投资策略，对未来投资计划整体压缩，退出非主营业务，更集中在自身有优势的业务领域。如巴西国家石油公司将国内深水盐下资源开发作为重点；以沙特阿美为代表的NOC采取的是逆市扩张的投资策略，此类NOC在低油价环境下顶住压力，坚持既定长期战略目标，继续加大投资力度，全面发展油气一体化业务（表11-2-2）。

2. 严控成本，启动裁员计划

在持续了两年多的低油价环境下，NOC像国际大石油公司一样，普遍采取低成本发展策略，运用各种措施降本增效。NOC一改以往“降薪不减员”的做法，进行机构重组、精简人员，部分 NOC 首次启动了裁员计划。这说明，持续低油价已经使 NOC 不能在不减员的基础上实现成本控制目标，NOC 控制成本的做法越来越接近国际大石油公司（表 11-2-3）。

表11-2-2　2016年部分NOC调整的投资计划

公司名称	投资计划	投资与资本运作计划内容
巴西国家石油公司	新的五年计划（2017—2021年）	2017—2021年的投资计划较2015—2019年减少约180亿美元，至741亿美元。各板块的投资均有所下降。 2017—2018年，公司计划出售195亿美元资产；计划在2018年年底前出售其在巴西石化公司中持有的股权；计划以约52亿美元的价格出售旗下天然气管道公司（NTS）90%股权；盐下油田将是投资重点
挪威国家石油公司	2016—2017年	将本公司2016年资本支出削减10亿美元，从130亿美元削减到120亿美元。这包括勘探支出计划从20亿美元削减到18亿美元。 以9600万美元现金的价格将美国马塞勒斯页岩区的陆地资产出售给Antero 资源公司；主要投资仍集中在油气勘探开发业务
俄罗斯天然气公司	2016—2017年	将2016年的投资计划提高了1.75亿美元，至135亿美元，其中包括27亿美元的长期投资计划以及1.65亿美元购买固定资产的费用
沙特阿美	十年计划（2025年）	计划投资3340亿美元采购原料和服务，上游与维持石油产能计划；投资页岩气等非传统资源。 上游业务占42%，地面设施占31%，常规和非常规天然气业务等占27%
墨西哥国家石油公司	2016年和2017年	公司削减投资55亿美元，至212亿美元，其中公司勘探和生产分公司（PEP）承担46.8%，工业转型分公司（TRI）承担36.2%，公司管理部门和物流部门将分别承担13.1%和3.6%，其余部门承担0.3%；2017年公司持续削减预算投资53亿美元至207亿美元
科威特国家石油公司	2016—2022年	总投资达410亿美元（126.3亿科威特第纳尔），包括多个重大项目。公司将持续提升产油能力，并将发展炼油化工业务，成为一体化的石油石化公司

表11-2-3　部分NOC采取的降本增效措施

公司名称	降本增效措施	裁员计划
巴西国家石油公司	狠抓生产运行管理、加强现场施工管理、优化钻完井设计、优化投资策略	将通过自愿裁员计划裁减1.2万名工人
俄罗斯天然气公司		旗下子公司俄气营销及贸易公司裁员20%，约170人，包括至少6名主管
挪威国家石油公司	通过简化程序和提高钻井效率将8个计划中的油气项目的成本削减了44%，这些项目当前估计的成本从先前的2700亿克朗大幅降至1500亿克朗	在2016年年底前裁减约1500名全职员工和数百名顾问
马来西亚国家石油公司	与多家同行合作建立为时5年（2015—2019年）的"降本联盟"（Cost Reduction Alliance 2.0），2015年共有25家石油企业承包商与100多家服务公司参与了11项降本增效方案，共节约6.15亿美元	计划裁掉1000个冗余岗位，并重组部分高层管理人员
墨西哥国家石油公司	公司上游部门减少作业平台和设备、推迟项目、寻求勘探生产合作伙伴；下游部门搁置炼厂升级计划、低硫燃油生产项目，并出售3座炼厂的部分股份	首次提出2016年裁员13600名，中层管理人员岗位减少27%，达 355名，区域经理、区域副经理、项目经理及副经理被辞退，年内中层管理人员将再减少460名；2017年还将持续实施裁员计划

续表

公司名称	降本增效措施	裁员计划
阿布扎比国家石油公司	精简业务，合并部门，降低体制成本，如对天然气上下游18个业务部门进行整合；提高注水效率，降低原料成本，如采用海上混合原油替代市场价格较高的穆尔班原油；提高采购能力，优化库存和运营资金，降低管理成本	计划在2016年年底前裁员5000人，其中2000人已经被裁

3. 多种手段融集发展资金

自2014年底油价暴跌以来，对包括俄罗斯、沙特阿拉伯、科威特等国家财政收入高度依赖于石油产业的经济体造成了严重影响。部分NOC在自身资金压力及该国政府的积极推动下，利用市场化、私有化等多种手段，实现资本市场融资，筹集可持续发展资金，缓解政府财政赤字和公司发展资金不足的问题。利用市场的手段融集发展资金，主要有两个途径，一是发行债券，NOC以往经常使用；二是出售股份，这在资源国，尤其是中东资源国确实是重大突破。俄罗斯石油公司、沙特阿美与科威特国家石油公司通过启动私有化改革、出售部分业务的股权获得发展资金（表11-2-4）。

表11-2-4　部分NOC融集资金

公司名称	融集资金方案
俄罗斯石油公司	出售公司19.5%的股权，引入战略投资者，从股权出售中获得最大溢价
沙特阿美	沙特阿美计划最晚于2018年成为拥有上市子公司的控股公司，沙特阿拉伯政府将出售该公司不到5%的股份，届时沙特阿美市值将超2万亿美元，可获得超过1000亿美元的融资，将大大缓解政府财政赤字和公司发展资金不足的问题
科威特国家石油公司	效仿沙特阿美，科威特政府计划推进本国石油公司的私有化进程，并将部分股份在国内上市，以吸引外资和民众投资，减轻政府赤字
尼日利亚国家石油公司	尼日利亚政府将对本国石油公司进行业务拆分，并计划于2018年公开募股（IPO），向公众出售部分股份，使国家石油公司的财务更加透明
墨西哥国家石油公司	截至10月底，公司2016年累计发行债券100亿美元，包括美元债券、比索债券和日元债券，获得的资金用于偿还到期债务，改善财务状况
委内瑞拉国家石油公司	公司推迟偿还2016年和2017年到期的70亿美元债券，将用2020年到期债券与投资者置换，缓解公司现金紧张

4. 公司改革重组走向盈利发展模式

低油价对NOC最大的冲击是，收入的大幅下降迫使所在国政府重新考虑NOC的地位，承认并强化NOC的市场主体地位、赋予其更多的自主经营权，希望用新的机制增强公司的国际竞争力。越来越多的NOC启动体制机制变革，同时，在低油价重压下，从自身发展出发，探寻新的发展盈利模式。

巴西国家石油公司作为一家政企合一的国有企业，遭遇了贪腐丑闻冲击，公信力严重受损；负债增加，发展资金严重不足，正面临前所未有的挑战。在巴西政府取消了对盐下资源控制权的法令后，2016 年 8 月，巴西国家石油公司以 25 亿美元将一盐下区块 66%的股份出售给挪威国家石油公司，后者成为该区块的作业者，这笔交易说明巴西国家石油公司正逐步适应政府开放深水盐下油田勘探开发的新政法令，积极与具有先进的盐下资源开发技术及资本充足的公司合作，寻找新的盐下资源开发商业模式。

尼日利亚国家石油公司在低油价和腐败的影响下严重亏损多年，政府为了铲除腐败、扭亏为盈，决定对国家石油公司进行重组，即按照上游、中游、下游、天然气发电销售、炼化和事业单位等五大业务将国家石油公司拆分成约 30 家独立公司，独立核算，自负盈亏。另外，政府计划将在 10 年内出售新的国家石油公司 40%的股权，从而实现国家石油公司走向盈利发展。在政府的推动下，该国国家石油公司制定了 16 项（包括扩建天然气管道、发展天然气业务和偿还国际石油公司欠款等）影响公司当前和长远发展的改革措施。

三、值得关注的事件

马来西亚国家石油公司牵头成立“降本联盟 2.0”

“降本联盟 2.0”（CORAL 2.0）是马来西亚国家石油公司于 2015 年 3 月牵头建立的为时 5 年（2015—2019 年）的联盟机制，是“降本联盟 1.0”（1994—2005 年）的延续，旨在促进马来西亚国家石油公司与石油承包商和油服公司的紧密合作，保持国内上游领域的行业竞争力，2019 年后，联盟所取得的成果将成为行业标准。

为了应对低油价，马来西亚国家石油公司首次针对国内的油气勘探开发提出“降本联盟 2.0”，希望与利益相关方共同努力，相互合作，以达到优化成本、提升效率和促进产业创新的目的。马来西亚国家石油公司通过增加透明度、加强预测分析和制定最低成本指导标准三种手段，联合利益相关方共同实施降本措施，降低各方的生产运营成本，从而实现各利益体共赢。

“降本联盟 2.0”将督促利益相关方形成具有成本意识的思维模式，制定最低成本服务技术标准，加强合作创新，在保证基本要求前提下，削减不必要的工作量和降低冗余技术要求，使降本增效制度化、标准化。为实现上述目标，马来西亚国家石油公司与利益相关方采取了 11 项核心措施：通过优化钻井设计、操作、物流及技术实现钻井成本控制；通过提高计划水平与库存管理改善剩余材料管理；通过与利益方重新商讨合同价格保证勘探与开发活动的经济性；通过对服务与材料的联合采购，实现成本控制；通过推进平台类型、系统、装备和配件的技术标准化，优化项目资本支出，缩短项目周期；通过统一安排规划合同商之间资源的物流情况，实现资产利用率最大化；通过对操作费与管理费进行对标分析，制定运营支出的行业标准；与利益方建立资本支出行业标准；在保证安全性的前提下优化老旧设施的运营维护。

截至 2015 年底，共有 25 家石油工程承包商和超过 100 家油服公司参与“降本联盟 2.0”，并实施了 11 项降本增效方案，2015 年该联盟共缩减成本 6.15 亿美元。2016 年，“降本联盟 2.0”继续发挥降本作用，仅前 9 个月就节约 4.9 亿美元。

（本节撰写人：余　岭　熊　靓）

第三节　国际石油技术服务公司经营状况与发展动向

2016 年是国际油价持续下降的第二年，对工程技术服务行业的影响进一步加深。工程技术服务公司前三季度全面亏损，公司收入的地域结构发生变化，中东和亚洲成为最稳定的市场。工程技术服务公司继续调整公司战略，更加注重技术装备的经济实用性，通过技术整合实现一体化服务。经过两年的努力，工程技术服务公司逐步适应低油价，实现了新的平衡。第三季度随着行业形势的好转和成本控制成效的显现，工程技术服务公司的经营业绩开始出现改善迹象。

一、国际技术服务公司经营状况

1. 经营业绩继续大幅下滑，前三季度行业全面亏损

营业收入降幅扩大。2016 年，随着油价连续两年持续低位运行，全球勘探开发投资减少，工程技术服务市场规模和服务价格进一步下降，工程技术服务公司营业收入下降幅度超过 2015 年。位于行业前列的三家综合型技术服务公司对恶劣环境的应对能力相对较强，前三季度营业收入下降幅度较小，其他规模较小或业务结构单一的公司营业收入降幅均超过 40%。全球最大的钻井设备供应商 NOV，营业收入同比下降了近 54%（表 11-3-1）。

表11-3-1　2011—2016年国际石油技术服务公司收入变化

公司	收入（亿美元）							同比增长（%）
	2011年	2012年	2013年	2014年	2015年	2015年前9个月	2016年前9个月	
斯伦贝谢	365.79	417.31	452.66	485.8	354.75	277.31	207.03	−25.3
哈里伯顿	248.29	285.03	294.02	328.7	236.33	185.51	118.66	−36.0
贝克休斯	198.31	213.61	223.64	245.51	157.42	123.48	74.31	−39.8
NOV	134.75	171.94	192.21	214.4	147.57	120.35	55.59	−53.8
威德福	129.88	152.15	152.63	149.11	94.33	74.21	43.43	−41.5
CGG	31.81	34.11	37.66	30.95	21.01	15.13	8.68	−42.6
Nabors	60.60	69.90	61.52	68.04	38.64	31.26	16.89	−46.0

数据来源：根据各公司年报及季报整理。

行业全面亏损。2015 年，全年仅有斯伦贝谢在萧瑟凋零的行业背景下实现了盈利。2016 年，随着行业形势的进一步恶化，前 9 个月工程技术服务公司呈现全面亏损的状态。其中哈里伯顿由于资产减值以及终止与贝克休斯的合并协议支付相关费用，前三季度共亏损 56.14 亿美元。只有 CGG 因为不再计提无形资产和商誉的减值，同比实现了减亏（表 11-3-2）。

三季度业绩小幅回升，预计下半年业绩出现反弹。2016 年上半年以来，油价触底后出现小幅回升，部分油气生产厂商恢复勘探开发活动。根据贝克休斯公司数据显示，全球动用钻

机数在年中开始增长，这对于技术服务公司来说是一个积极的信号。相比上半年，三季度各工程技术服务公司经营业绩有所回升，其中斯伦贝谢和哈里伯顿净利润扭亏为盈，贝克休斯亏损减少。预计随着全球动用钻机数的回升，下半年业绩将出现反弹，斯伦贝谢也表示将把工作重点从管理利润率的下降转移至进一步提升市场份额（表 11-3-3）。

表11-3-2　2011—2016年国际石油技术服务公司净利润变化

公司	净利润（亿美元）							同比增长(%)
	2011年	2012年	2013年	2014年	2015年	2015年前9个月	2016年前9个月	
斯伦贝谢	49.97	54.90	67.32	54.38	20.72	30.88	−14.82	−148.0
哈里伯顿	28.39	26.35	21.25	35.00	−6.71	−6.43	−56.14	−773.1
贝克休斯	17.39	13.11	10.96	17.19	−19.74	−9.36	−23.21	−148.0
NOV	19.94	24.91	23.27	25.02	−7.69	7.54	−16.98	−325.2
威德福	1.89	−7.78	−3.45	−5.84	−19.85	−7.77	−28.43	−265.9
CGG	−0.3	0.55	−6.92	−10.65	−14.68	−12.17	−3.00	75.4
Nabors	2.49	1.65	1.40	−6.71	−3.73	−2.09	−6.94	−232.1

数据来源：根据各公司年报及季报整理。

表11-3-3　2016年三大技术服务公司收入和净利润变化

公司	2016年1季度		2016年2季度		2016年3季度		2016年全年（估计）	
	收入	净利润	收入	净利润	收入	净利润	收入	净利润
斯伦贝谢	65.2	5.01	71.64	−21.6	70.19	1.76	280.0	5.0
哈里伯顿	41.98	−24.12	38.35	−32.08	38.33	0.06	160.0	−20.0
贝克休斯	2.67	−9.81	24.08	−9.11	23.53	−4.29	90.0	−18.0

数据来源：根据各公司年报及季报整理。

2. 收入地域结构发生变化，中东和亚洲地区成为最稳定的市场

过去几年，在页岩气革命的刺激下，北美地区成为全球油气勘探开发最为活跃的地区。北美地区油服市场规模大，利润水平高，是工程技术服务公司争夺的核心市场。工程技术服务公司的“三巨头”凭借竞争优势不断扩大在北美地区的市场份额。受近两年持续低油价的影响，与非常规油气勘探开发联系最为紧密的北美市场首当其冲，市场规模萎缩幅度超过其他地区，斯伦贝谢和贝克休斯等公司也不得不减少北美地区的部分作业，转向市场规模降幅较小且比较稳定的中东和亚洲地区。

与北美市场相比，中东和亚洲市场的业主大多是国家石油公司，面对连续两年的低油价，北美地区大幅缩减勘探开发活动，而中东地区的国家石油公司多采取稳产增产的策略，前 10 个月中东地区动用钻机数只同比减少了 2.8%。2016 年前三季度，中东和亚洲地区在三大公司各地区收入中降幅最小，在地区的收入结构中比重增大。其中中东和亚洲市场收

入在斯伦贝谢总收入中的占比由 28%增长至 33%，第一次超过了北美地区，成为公司收入的最重要来源（表 11-3-4）。

表11-3-4　2016年前9个月三大公司地区收入

公司	项目		北美地区	拉美地区	欧洲/非洲/独联体地区	中东/亚洲地区	其他地区	合计
斯伦贝谢	收入（亿美元）	2015年前9个月	78.56	46.06	72.25	76.5	3.94	277.31
		2016年前9个月	49	32.79	55.18	67.91	2.16	207.04
	同比增长（%）		−38	−29	−24	−11	−45	−25
哈里伯顿	收入（亿美元）	2015年前9个月	87.01	24.55	32.13	41.82	—	185.51
		2016年前9个月	49.68	14.32	23.17	31.49	—	118.66
	同比增长（%）		−43	−42	−28	−25	—	−36
贝克休斯	收入（亿美元）	2015年前9个月	48.72	13.71	25.55	26.21	9.29	123.48
		2016年前9个月	21.61	7.55	17.11	20.18	7.86	74.31
	同比增长（%）		−56	−45	−33	−23	−15	−40

数据来源：根据各公司年报及季报整理。

3. 资产负债率增加，公司债务偿还风险加大

2014 年以来，随着行业环境的恶化，国际工程技术服务公司资产负债率加大，公司价值缩水，负债水平上升，偿还债务风险加大。相比大型综合技术服务公司，规模较小、业务相对集中的公司在低油价环境中债务承受能力差，资产负债水平高且上升较快。CGG 2015 年底资产负债率 75%，相比 2014 年增长 14%；威德福的财务危机从 2012 年开始显现，高额的负债和近两年持续低迷的行业环境令威德福雪上加霜，截至第三季度，债务高达 75 亿美元，资产负债率也飙升至 81%，11 月初因涉嫌财务造假遭 SEC 罚款 1.4 亿美元，威德福 CEO 也被迫宣布辞职（图 11-3-1）。

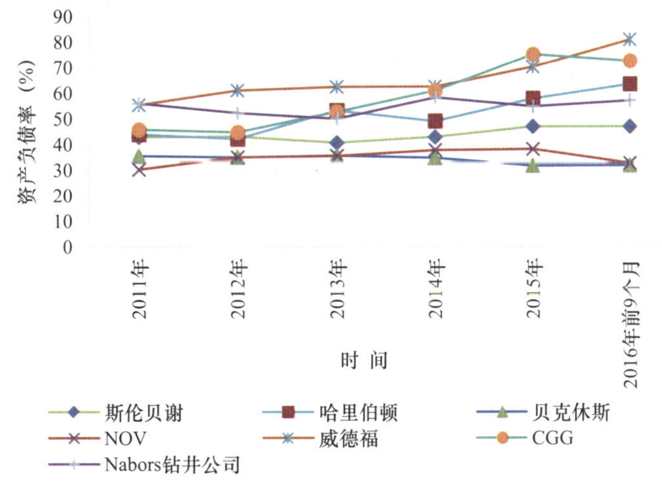

图11-3-1　2011—2016年国际石油技术服务公司资产负债率变化

二、国际技术服务公司低油价下的应对策略

1. 继续推进削减资本支出、降低成本的措施

缩减投资预算。2016 年，低油价已成常态，控投资、降成本也成为整个石油行业的主题。面对持续低迷的油气市场环境，各大石油公司继续压缩资本支出，减少工作量，工程技术服务公司也进一步缩减资本支出，平均缩减比例在 50%左右（表 11-3-5）。

表11-3-5 2011—2016年国际石油技术服务公司资本支出变化

公司	资本支出（亿美元）							同比增长（%）
	2011年	2012年	2013年	2014年	2015年	2015年前9个月	2016年前9个月	
斯伦贝谢	40.16	46.94	39.43	39.76	24.1	17.83	14.01	−21.4
哈里伯顿	29.53	35.66	29.34	32.83	21.84	17.48	6.25	−64.2
贝克休斯	24.61	29.1	20.85	17.91	9.65	7.51	2.26	−69.9
NOV	4.83	5.83	6.69	6.99	4.53	3.32	2.21	−33.4
威德福	15.24	21.77	15.75	14.5	6.82	5.42	1.36	−74.9
CGG	3.66	3.69	3.47	2.82	1.46	1.13	0.69	−39.2
Nabors	20.43	15.19	11.78	18.21	8.67	7.44	2.85	−61.7

继续通过压缩规模、降薪裁员压缩成本。CGG 在 2015 年 4 季度出现亏损后，2016 年进一步将所属船队规模由 8 艘削减至 5 艘以降低成本，并表示重新专注于地质业务，远离船舶运营等成本较大的活动。虽然经历了 2015 年的裁员潮，2016 年工程技术服务公司依然没有停止裁员的脚步，斯伦贝谢 2016 年上半年裁员 1.6 万人，自 2014 年 11 月以来，共裁员 5 万人，并在 2016 年底再次宣布裁员。哈里伯顿前 9 个月裁员约 1.3 万人，自 2015 年年初以来已裁员约 40%。贝克休斯一季度裁员 2000 人，9 月份又宣布在接下来的 14 周里实行减薪政策。

经过两年的调整，工程技术服务公司正在主动适应低油价，形成新的平衡。从 2014 年开始，工程技术服务公司就积极控制资本支出，推进成本削减措施，经过两年的努力初现成效。哈里伯顿表示全球结构性的成本节约措施的影响正在显现，三季度的经营业绩也从成本削减中受益。NOV 也表示经过两年降低成本、提高效率的举措，三季度 4 个业务部门中的 3 个利润率环比有所提高。

2. 通过多种措施稳定现金流

2016 年，随着市场环境连续两年的低迷，工程技术服务公司的经营业绩继续大幅下滑，经营现金流进一步下降，前三季度哈里伯顿和威德福的经营活动现金流首次出现负值。5 月，哈里伯顿收购贝克休斯的协议因为美国司法部和欧盟反垄断部门的反对而终止，哈里伯顿被迫向贝克休斯支付 35 亿美元现金的“分手费”，导致财务状况紧张及 2016 年两公司现金流的

此消彼长（表 11-3-6）。

低油价下，技术服务公司更加注重现金流的稳定来保持公司的流动性，保留一定的现金流可以使公司在市场出现复苏时有进行快速反应的能力。2016 年，虽然工程技术服务公司的经营现金流同比减少，但通过增加折旧、折耗，加强应收账款和存货管理等方式，经营现金流下降幅度小于净利润的降幅。由于工程技术服务公司采取控制资本支出和成本缩减等措施，NOV，CGG 等 4 家公司的自由现金流出现小幅增长（表 11-3-7）。

表11-3-6　2011—2016年国际石油技术服务公司经营现金流

公司	经营活动现金流（亿美元）							同比增长（%）
	2011年	2012年	2013年	2014年	2015年	2015年前9个月	2016年前9个月	
斯伦贝谢	58.8	69.15	106.9	111.95	88.05	66.27	42.48	−35.9
哈里伯顿	36.84	36.54	44.47	40.62	29.06	20.21	−27.62	−236.7
贝克休斯	15.07	18.35	31.61	29.53	17.96	12.65	35.97	184.3
NOV	21.43	6.2	33.97	26.14	13.32	7.18	8.07	12.4
威德福	8.52	12.21	12.29	9.63	7.06	3.83	−4.50	−217.5
CGG	7.9	9.21	9.08	8.64	4.08	2.90	2.60	−10.3
Nabors	14.56	15.63	14.18	17.82	8.57	6.05	4.05	−33.1

表11-3-7　2011—2016年国际石油技术服务公司自由现金流

公司	自由现金流（亿美元）							同比增长（%）
	2011年	2012年	2013年	2014年	2015年	2015年前9个月	2016年前9个月	
斯伦贝谢	15.87	18.49	58.45	61.58	49.56	41.58	14.81	−64.4
哈里伯顿	7.31	0.88	15.13	7.79	7.22	2.73	−33.87	−1340.7
贝克休斯	−9.54	−10.75	10.76	11.62	8.31	5.14	33.71	555.8
NOV	6.22	−17.16	3.86	16.24	7.93	3.86	5.86	51.8
威德福	−6.72	−9.56	−3.46	−4.87	0.10	−1.59	−5.86	−268.6
CGG	4.24	5.52	5.61	5.82	2.63	1.79	1.91	6.7
Nabors钻井公司	−5.86	0.44	2.40	−0.39	−0.11	−1.39	1.20	186.3

三、国际石油技术服务公司战略动向

技术是工程技术服务公司的立命之本，发展之源。对持续的低油价，工程技术服务公司的发展依然是聚焦技术创新、技术服务能力和技术研发能力的集成与提升。2016 年，技术服务公司技术发展更加注重技术装备的经济实用性，通过技术整合实现一体化服务，并且注重通过技术服务公司之间的合作以及和油公司的合作提升技术实力。

1. 大力发展低成本技术和装备

随着作业数量的大幅降低，工程技术服务公司的规模效益下降。以美国为例，2015年完井数比2014年减少35%，2015年总钻井进尺同比减少27%。作业量下降，促使服务公司大力发展低成本技术和装备，井下震源、井下实时流量测量系统、新型压裂泵送系统、完全溶解压裂桥塞等低成本技术被广泛应用，使项目运营成本平均节省10%～20%。

2. 提升产业链综合服务能力

借助低油价的有利时机，大型技术服务公司积极拓展产品和服务布局，提升综合一体化服务能力，因此也催生了一系列公司收购兼并活动。2016年，既有FMC与Technip合并、GE兼并贝克休斯等大型重要并购事件发生，也有众多中小收购，如ION收购GDI加强其拖缆采集装备与技术应用能力。法国Technip与美国FMC技术公司两公司均为实力强、效益好、排名靠前的公司，两家公司为进一步提升市场地位，强化技术优势采取强强联合的方式。合并后，新公司的领先地位更明显，TechnipFMC成为海工龙头企业，水下装备占40%市场份额，地面装备市场份额达到25%，直追与市场份额第一的卡梅隆（30%）。合并的公司实现了业务链的扩张，形成了海上—海底工程和装备的综合性业务。

3. 通过结盟或合资，提升技术实力

斯伦贝谢、哈里伯顿等大型技术服务公司积极推动与业务不交叉的行业内公司形成战略联盟，补全公司业务结构的“短板”。斯伦贝谢和德国Bauer公司合资成立陆上钻机制造合资公司，进一步提高装备制造能力；威德福联合Enthought公司提升岩心分析技术水平；CGG宣布与哈里伯顿合作，提升在提高采收率方面的地球科学应用软件能力。

4. 加强与油公司共同技术攻关

技术服务公司充分重视前沿领域，更加注重与油公司共同攻关解决现有技术难题，使油田开发效益最大化。斯伦贝谢与挪威国家石油公司合作开发了随钻前探电阻率测井技术，实现了钻井期间电阻率测量钻头前数米至数十米地层，实现了石油工业多年的科研难题。雪佛龙和威德福合作开发用于泰国海域极端高温环境下的MWD，LWD和地质导向工具，仪器可以承受200℃高温和30000psi（约206.84兆帕）高压，并能在该温度、压力条件下连续工作200个小时。

四、重点事件：通用电气并购贝克休斯

2016年5月，哈里伯顿和贝克休斯的合并事宜因反垄断机构的反对而终告失败，通用电气（GE）趁机迅速出手，在10月31日宣布与贝克休斯合并，成立一个在世界油气工业占据领先地位的全新公司，GE和贝克休斯分别持有新公司62.5%和37.5%的股份。新公司的业务

结合 GE 原有业务优势，从油田基础数字化装备和油田服务，进一步拓展到发电领域，建立从油田到发电的整个服务链条，预计年营业收入可达到 320 亿美元。到 2020 年，新公司依靠协同效应，可削减成本节约 16 亿美元。为了能完成这次收购，GE 将拿出 74 亿美元用于向贝克休斯现有股东派发每股 17.5 美元的特别股息。

GE 公司具有为油气上下游行业提供包括钻井与生产、石油天然气管线、储气库、炼油和石油化工等在内的工业设备和服务的能力，业务覆盖了上下游油气领域，分布在全球 120 个国家。此次并购将使 GE 获得一个依托贝克休斯的业务体系、有效延伸油田服务业务链的机会。同时，对贝克休斯而言，则获得了 GE 的研发与装备制造方面的强力支持，提升了设备和软件一体化解决方案的能力。并购完成后，贝克休斯的油田服务和技术将接入 GE 近几年着力打造的工业互联网数字平台，实现将油田基础建设和油田服务于一体的数字化服务。

从上述意义上说，GE 收购贝克休斯与之前哈里伯顿并购贝克休斯有所不同。哈里伯顿与贝克休斯合并后，贝克休斯公司消失，哈里伯顿只是实现了公司规模的扩大，是量变，并且双方的业务高比例重叠，二者合并难免存在垄断的嫌疑。GE 并购贝克休斯虽然也有大量注资行为，但贝克休斯公司依然独立存在，只是从股权结构上看是 GE 公司的一家子公司，有效地规避了反垄断审查。二者合并后，GE 的技术内涵注入新组建的贝克休斯，形成质变，此贝克休斯已不再是彼贝克休斯。业界对此次 GE 的并购普遍看好，合并后将对油服行业进行重新洗牌，通过两者技术优势的结合，在一些领域甚至可能超越斯伦贝谢。

（本节编写人：王　超　田洪亮）

第十二章　国内石油公司经营状况与发展动向

2016 年 1—9 月，国内三大石油公司（本章三大公司均指股份公司，下同）销售收入继续下滑，业绩表现各异。油气产量等主要生产运营指标小幅下降，业绩表现与国际大石油公司大致相当。面对低油价的严峻形势，国内石油公司突出质量效益，压缩投资，降本增效。同时，深化改革，抓管理，调结构，促转型升级，积极适应新常态；加快油品质量升级，推进绿色低碳发展。民营企业抓住有利时机积极参与国内外油气业全产业链的经营活动，取得长足进步。

第一节　国内石油公司经营状况

2016 年，国内三大石油公司面对严峻形势，积极应对挑战，主动适应市场变化，深化企业改革，科学组织生产，大力开展降本增效，合理调整产品结构，狠抓精细化管理，基本实现了生产经营的平稳运行。但受国际油价持续低迷的影响，前三季度销售收入和实现利润仍有较大幅度下降，公司经营面临较大困难。

一、生产运行总体平稳，主要生产运营指标小幅下降

2016 年，国内石油公司继续面临严峻考验，油价持续不振，竞争加剧，经济效益下降明显。1—9 月，三大公司生产运行总体平稳，原油产量（含国内外，下同）小幅下降，天然气产量稳步增长，原油合计产量达到 1.68 亿吨，较上年同期下降 5.08%；天然气合计产量达到 943 亿立方米，同比增长 4.65%。原油加工量、成品油产量均有所下降。同时根据市场需求变化积极调整产品结构（表 12-1-1），适当增产汽油，减少柴油产量，降低生产柴汽比，增产高附加值产品，保持了生产经营的平稳运行。估计 2016 年全年，中石油、中石化、中海油油气当量产量分别达到 1.98 亿吨、6050 万吨和 6560 万吨。这与同期国际大石油公司生产运营状况大致相似（图 12-1-1 和图 12-1-2）。

在市场需求不振、投资缩减的不利局面下，三大公司在油气勘探中加强综合地质研究，优化方案部署，推行效益勘探，取得了可喜成效，奠定了可持续发展的坚实基础。中石油新区新领域勘探取得 12 项重要发现，石油勘探形成 6 个亿吨级整装规模储量区，天然气勘探形成 5 个千亿立方米整装规模储量区，新增油气储量继续保持高位增长；中石化在塔里木盆地顺北油田勘探取得重大商业发现，探明资源量达到 17 亿吨，其中石油 12 亿吨，天然气 5000 亿立方米；中海油 1—9 月共获得 10 个新发现和 37 个成功评价井，其中渤海垦利 16-1 和南海流花 21-2 均为中型含油构造。

表12-1-1　2016年1—9月国内三大石油公司生产经营状况

项　目	2016年1—9月			2015年1—9月			同比变化（%）		
	中石油	中石化	中海油	中石油	中石化	中海油	中石油	中石化	中海油
原油产量（万吨）	9428	3230	4110	9783	3695	4186	−3.64	−12.58	−1.83
天然气产量（亿立方米）	687.8	157.8	97.2	648.2	150.1	102.6	6.11	5.09	−5.22
油气产量（万吨）	14907	4539	4921	14948	4941	5036	−0.27	−8.13	−2.29
原油加工量（万吨）	9580	17525		10038	17832	—	−4.56	−1.72	—
汽柴煤产量（万吨）	6366.9	11102		6880.2	11218	—	−7.46	−1.04	—
汽油（万吨）	2456.3	4209		2382.7	4085	—	3.09	3.04	—
柴油（万吨）	3463.1	5015		4094	5332	—	−15.41	−5.95	—
煤油（万吨）	447.5	1878		403.5	1801	—	10.90	4.28	—
成品油销量（万吨）	11872.7	14572		11930	14075	—	−0.48	3.53	—
乙烯产量（万吨）	414.7	811.5		359.5	827.3	—	15.35	−1.91	—

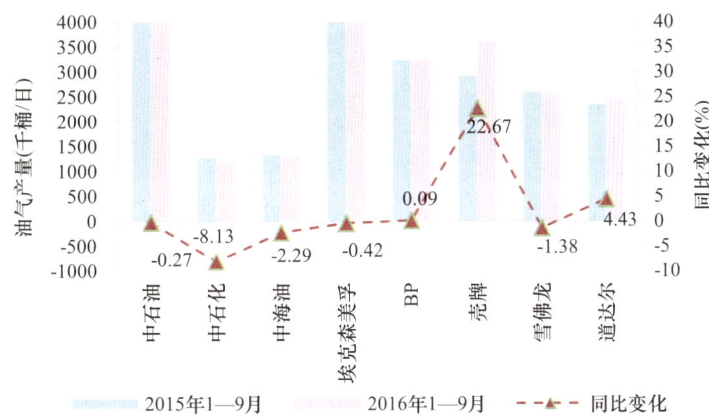

图12-1-1　国内外八大石油公司油气产量对比

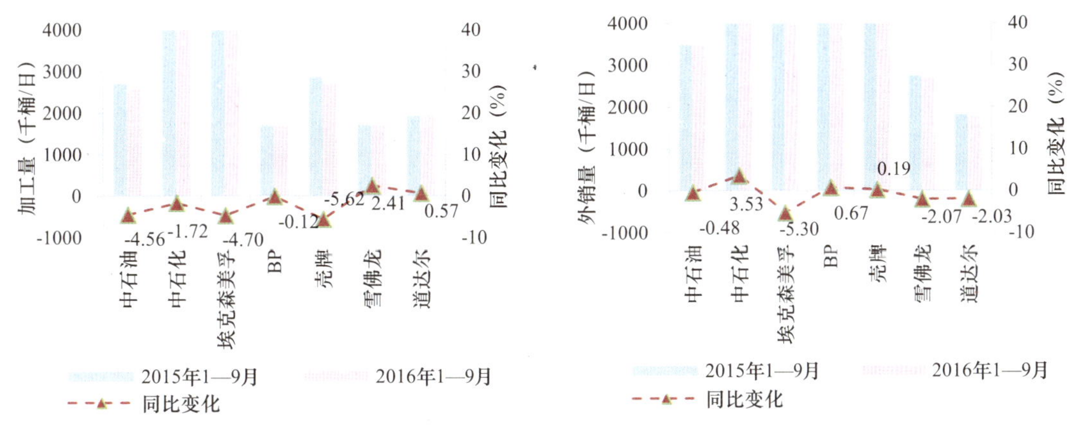

图12-1-2　中石油、中石化与国际大石油公司原油加工量成品油外销量对比

值得一提的是，在2016年财富世界500强排名中，中石油、中石化、中海油分列第3、4、109位，这是中石油历史最高排名，也是2016年所有石油公司中的最高排名。

二、前三季度中石油、中海油业绩大幅下滑

2016年，国内三大公司受国际油价持续低迷和国内经济放缓带来的市场需求增长乏力等因素的共同影响，经营业绩继续大幅下滑。1—9月，中石油、中石化、中海油销售收入同比分别下降11.85%、11.25%、23.22% 。分季度的销售收入降幅各异，其中，中海油前两个季度降幅均超过了20%（图12-1-3、表12-1-2）。在严峻形势下，三大公司以质量和效益为中心，推进降本增效，取得一定的成效，但受油价持续低位震荡的影响，第四季度业绩难有明显起色，全年销售收入仍会有较大幅度下降。

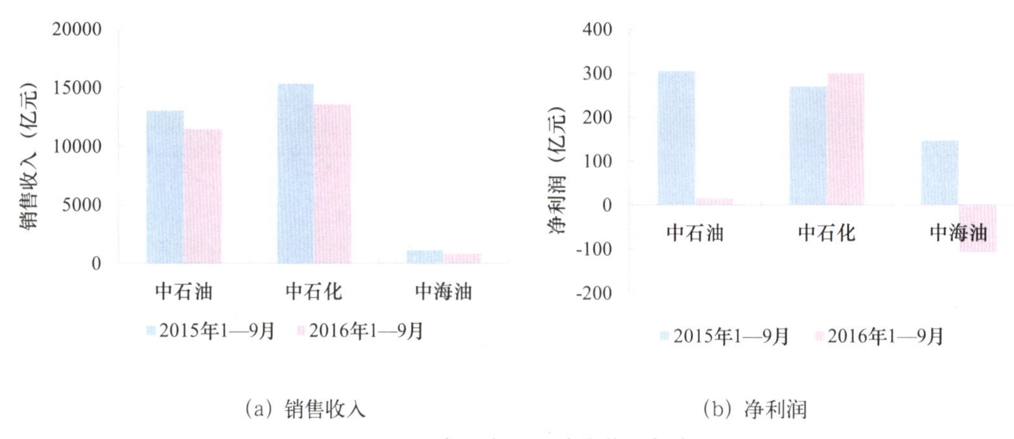

（a）销售收入　　（b）净利润

图12-1-3　国内三大公司销售收入与净利润

中海油净利润为2016年1—6月数据

2016年1—9月，中石油实现净利润同比大幅下降94.74%,中石化则实现增长11.25%（表12-1-3），中海油上半年大幅亏损77.35亿元。因三大公司资产结构和业务布局不同，油价大幅下跌对各公司盈利的影响不同，中石油和中海油主要资产和投资在上游业务板块，而中石化下游资产比重较大，在持续低油价情况下，中石油、中海油业绩大幅下滑，而中石化则依靠下游业务的优势实现了业绩增长。

表12-1-2　2016年国内三大石油公司各季度销售收入

指　标	中石油			中石化			中海油		
	2016年（亿元）	2015年（亿元）	同比变化（%）	2016年（亿元）	2015年（亿元）	同比变化（%）	2016年（亿元）	2015年（亿元）	同比变化（%）
一季度	3528.3	4103.36	−14.01	4137.9	4782.41	−13.48	258.19	367.19	−29.68
二季度	3862.37	4672.88	−17.34	4654.3	5628.9	−17.31	410.13	528.7	−22.43
三季度	4113.7	4274.81	−3.77	4847.25	4957.06	−2.22	227.99	271.56	−16.04

表12-1-3　2016年1—9月国内三大石油公司经营业绩

指　标	中石油			中石化			中海油		
	2016年1—9月	2015年1—9月	同比变化（%）	2016年1—9月	2015年1—9月	同比变化（%）	2016年1—9月	2015年1—9月	同比变化（%）
销售收入（亿元）	11504.37	13051.05	−11.85	13639.45	15368.37	−11.25	896.31	1167.45	−23.22
净利润（亿元）	17.31	305.98	−94.34	301.07	270.75	11.20	—	—	—
经营利润（亿元）	455.15	633.21	−28.12	514.3	493.76	4.16	—	—	—
勘探与生产（亿元）	−39.49	465.13	—	−308.65	−34.44	—	—	—	—
炼油（亿元）	257.16	16.61	1448.22	435.04	149.05	191.88	—	—	—
销售（亿元）	68.05	-9.78	—	258.39	215	20.18	—	—	—
化工（亿元）	85.95	13.98	514.81	191.35	150.08	27.50	—	—	—
天然气与管道（亿元）	178.57	253.84	−29.65	—	—	—	—	—	—
资本支出①（亿元）	508.67	616.53	−17.49	249.69	380.65	−34.40	336.44	478.17	−29.64
原油实现价格（美元/桶）	35.79	51.16	−30.04	35.44	48.91	−27.54	39.23	54.49	−28.01
天然气实现价格（美元/千英尺^3）	4.67	6.4	−27.03	5.48	7.12	−23.03	5.4	6.5	−16.92
经营现金流（亿元）	1909.17	1993.41	−4.23	1317	1162.39	13.30	—	—	—
资产负债率②（%）	43.68	44.53		43.56	39.53		42.73	43.48	

①中石油资本支出为1—6月数据；

②资产负债率为1—6月数据。

分季度看，一季度中石油大幅亏损137.85亿元，中石化净利润则大幅增长206.77%；二季度由于国际油价反弹，中石油实现净利润弥补了一季度亏损，中石化净利润下降；三季度油价继续下行，中石油净利润再度大幅下降，而中石化则大幅增长（表12-1-4）。

表12-1-4　2016年中石油和中石化各季度净利润

指　标	中石油			中石化		
	2016年(亿元)	2015年(亿元)	同比变化（%）	2016年(亿元)	2015年(亿元)	同比变化（%）
一季度	−137.85	61.5	−324.15	66.63	21.72	206.77
二季度	143.16	192.56	−25.65	132.56	232.51	−42.99
三季度	12	51.92	−76.89	101.88	16.52	516.71

综观全年，由于原油价格反弹力度有限，同时，成品油价格随着国际油价同步频繁调整，估计2016年中石油实现净利润大幅度下降，中海油继续亏损，中石化则保持利润的小幅增长。展望2017年，预计国际油价将有小幅反弹，三大公司经营发展面临的境况将有所好转。

2016年，国内三大公司销售收入大幅下降及业绩表现与国际大石油公司的业绩表现基本一致，其原因是国内石油公司与国际大石油公司一样，经营业绩与国际油价高度相关。2016年1—9月，埃克森美孚、壳牌、雪佛龙、道达尔、BP等公司销售收入同比均有不同程度下降（图12-1-4）；除壳牌实现利润大幅增长外，其他4家公司实现净利润均不同程度下降，其中BP和雪佛龙分别亏损3.82亿美元和9.12亿美元，与同期中石油、中海油的情况类似，而中石化2016年以来效益相对较好（图12-1-5）。

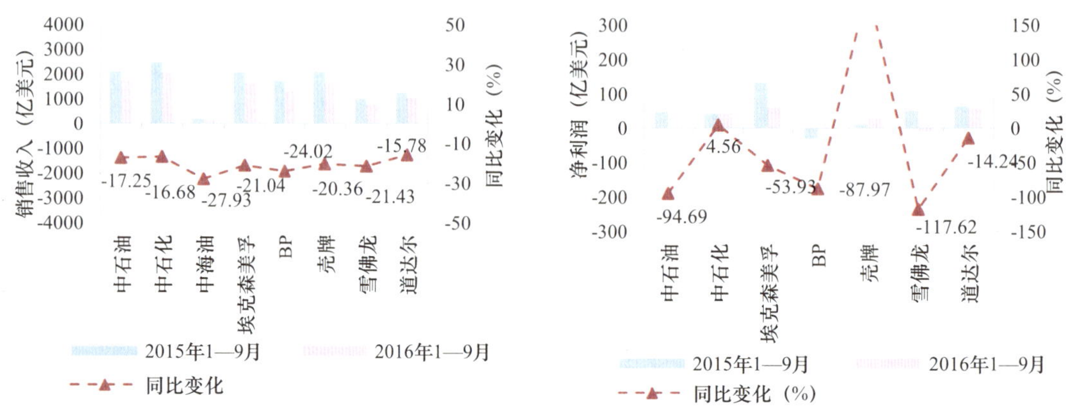

图12-1-4　八大石油公司销售收入比较　　图12-1-5　中石油中石化与国际大石油公司净利润比较

三、资本市场表现总体强于大盘

2016年，世界经济缓慢复苏，国际资本市场在震荡中小幅攀升，国内A股年初大幅下跌后缓慢震荡反弹，港股则在震荡中微幅上涨。截至2016年12月31日，港股市场，恒生指数上涨0.4%，同期中石油、中石化、中海油港股价格涨幅分别为14.83%、19.55%、26.10%，三大公司股价涨幅大于恒生指数。上证A股方面，上证指数收于3103.64点，下跌12.31%。同期中石油下跌4.33%，中石化则上涨12.24%，表现强于大盘（图12-1-6）。总体看，三大公司2016年资本市场表现强于大盘，主要是由于2015年严重超跌，今年有所价值回归。三大公司本着回报投资者的宗旨，继续坚持每年两次派发现金红利，继续保持合理的利润分配。2016年中期，中石油、中石化分别派发现金红利每10股0.2131元和0.79元，中海油每股派发现金0.12港元。

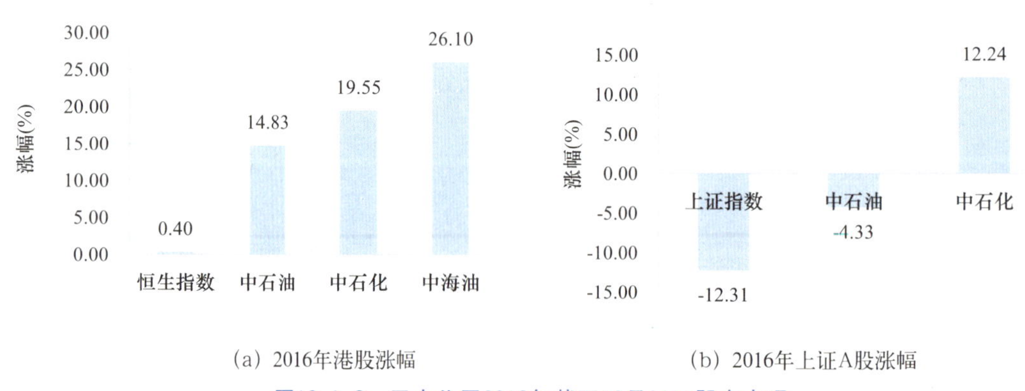

（a）2016年港股涨幅　　（b）2016年上证A股涨幅

图12-1-6　三大公司2016年截至12月31日股市表现

（本节撰写人：刘　松）

第二节　国内石油公司发展动向

2016 年，世界经济复苏缓慢；中国经济运行总体平稳但下行压力较大；国际油价继续低位震荡。国内外石油市场总体供大于求，需求不振，部分资源国地缘政治风险加大。

面对严峻形势，国内石油公司从低油价刚开始阶段的被动应对转为综合施策长效应对，主动适应市场变化，强化统筹协调运行，上下游联动，科学组织优化生产，注重质量效益，合理调整结构，狠抓精细化管理，大力开源节流，降本增效，实现生产经营平稳运行。同时，在深化改革、提升管理、调整结构、创新驱动、转型升级、引领新常态方面迈出了坚实步伐；在加快油品质量升级、节能减排、推进绿色低碳发展取得新进展。

一、提质增效，走低成本发展之路

国内石油公司利用低油价的成本倒逼机制，开源节流，通过抓住“市场”“成本”“管理”三个重心，从全产业链各环节上降本增效，搞好整体优化，力争利润最大化，推动企业稳健发展。

1．严控规模，优化结构，提高投资质量，向创效领域倾斜

2016 年，国内三大石油公司坚持量入为出，严控投资规模，根据油价变化动态优化调整投资规模和结构。从上年的被动调整投资规模，逐步转向在控制总量的前提下，以优化投资结构，提高投资回报为目标，进一步完善投资管理制度，强化每项投资的经济效益评价，有保有压，将有限的资金向创效领域倾斜，夯实公司可持续发展基础。

2016 年，三大石油公司资本支出进一步减少（与上年同期相比，中石油、中石化、中海油投资支出分别降低 19.5%、34.4%、29.6%），降幅略小于上年同期。在资本支出结构方面，2016 年各公司有保有压，突出投资效益，保证核心业务的竞争优势。中石油资本支出重点仍是上游勘探开发与生产板块，占资本支出的 70%以上，以确保上游勘探开发业务平稳发展；中石化的勘探开发支出大幅缩水 55%，下游支出仅比上年同期减少 8%，以维持其核心效益领域。中海油投资向主营业务、高效项目和补短板业务倾斜（图 12-2-1）。

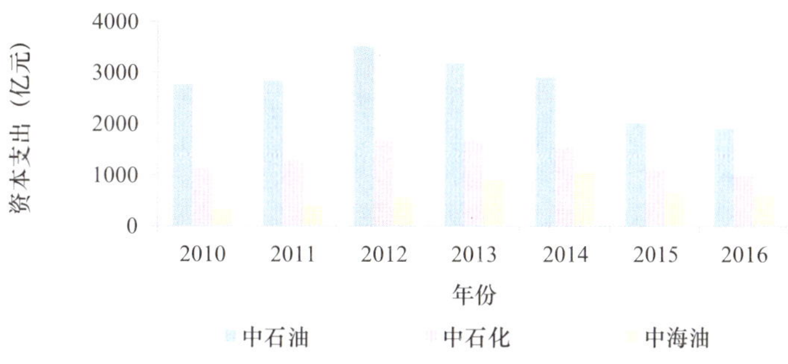

图12-2-1　三大公司2010年至2016年资本支出情况

2016年资本支出为计划数

2．强化成本费用管控，深化亏损专项治理，着力降本增效

2016 年，三大石油公司开展全价值链全产业链的成本费用管理，坚持压减各项支出，降本增效双管齐下，提升质量效益。

（1）上游领域：一是开展效益勘探，以优质储量发现为核心，用尽可能少的投资找到更多优质储量，从而从源头上提升了效益。2016 年，中石油面对日益复杂的地质条件和外部环境，新区新领域勘探取得 12 项重要发现，石油勘探形成 6 个亿吨级整装规模储量区，天然气勘探形成 5 个千亿立方米整装规模储量区，新增油气储量继续高位增长；中石化取得了 2 项重大突破、2 项重要发现、10 项新发现、16 项商业发现的勘探成果。

二是油气生产坚决摒弃过去重产量、轻效益的传统做法，转向以效益为中心的轨道上，建立新常态下的经济运行新模式，以效益为目标，做到无效油田关停，有效油田生产，加强操作成本管理，力争实现油气单位操作成本和完全生产成本双降（表 12-2-1）。同时，通过精细化管理和创新思维，挖掘新的效益点。中石化胜利油田经严格测算，年初带头暂时关停了 4 个占总产量 0.23%的无效油田。一些尚有效益的边际油气田和开发项目被“唤醒”，如中石化西江油田和中海油涠洲油田的一些油井和开发项目等。

（2）炼化方面，各公司实施全流程优化，努力使原料、产品和加工过程的所有生产要素配置最优化，推行各生产环节的精细化管理，搞好绩效管理，促进降本增效。

一是不断优化企业管理，深化亏损专项治理，持续提高企业管理水平，持续控亏、减亏、扭亏。2016 年中石油不少炼化企业实现了扭亏为盈。旗下抚顺石化经过两年的艰苦奋战，实现了由亏转盈的大逆转，2016 年前 7 月实现盈利 21.3 亿元。

表12-2-1　国内三大石油公司单位成本

公司	单位油气操作成本		
	2016年1—6月（美元/桶）	2015年1—6月（美元/桶）	同比变化（%）
中石油	11.32	12.61	−10.23
中石化	16.02	17.71	−9.54
中海油	7.42	9.6	−22.71

二是狠抓资源优化，最大限度降低原料成本，调整产品结构，优化生产运行，深化细扣降本增效，提升炼化业务盈利能力。中石化自 2013 年起，连续 3 年吨乙烯成本下降均超过 100 元，3 年累计降本增效超过 40 亿元。中石油乙烯装置平均能耗创历史新低。

（3）销售方面，各公司进一步完善销售网络，统筹规划资源、市场、运输方式，搞好产销衔接，促降低营销成本，同时大力发展非油业务，实现油非互促。

2016 年前 9 月，中石油非油业务增幅达到 15%，成为销售业务提质增效不可或缺的贡献点。中石化在“混改”后非油业务发展加快，取得了营业收入和效益的双丰收。

3. 贴近市场，发挥一体化优势，调整产品结构，积极增效创效

国内石油公司主动应对外部环境变化，更加关注市场、贴近市场，根据市场变化主动调整产品结构和经营策略，发挥一体化优势，不断提升市场营销水平和增效能力（表 12-2-2）。

表12-2-2　国内石油公司紧跟市场促增效措施

公司	方面	主要措施
中石油	发挥一体化优势	根据公司全产业链、上下游一体化运行特点，坚持内部市场化方向，建立健全内部价格管理体系，发挥价格杠杆作用，促进内部资源优化高效配置和上下游协调顺畅运行； 鼓励具备条件的企业探索内部市场化运作，持续提高服务质量和创效能力
	炼化	炼化以降低柴汽比为重点，组织优化催化剂配方及催化装置操作； 化工业务根据市场调研掌握的数据，不断研发新产品，并增产高附加值产品，主动抢占市场
	销售	以市场为导向，以客户为中心，以效益为目标，多渠道、多元化加快销售网络建设，结合互联网营销，深入推进市场化战略，努力拓展营销网络，持续提升销售能力和运营质量
中石化	发挥一体化优势	用中下游效益的最大化来弥补上游的亏损，从而实现全公司的整体盈利。同时创新完善产销研用一体化协作模式，推动产销研用深度融合，让科技创新成果尽快在企业落地生根，发挥效益
	炼化	进一步增强市场观念和服务意识，以客户需求为导向，细分产品和客户，加快产品结构调整； 推进化工业务提质增效升级，迈向中高端市场。其中聚丙烯抗冲透明料等已成功占领高端市场； 化工销售系统不断完善市场信息收集、预测和研判工作，改进销售服务
	销售	从有效竞合、精准营销、客户开发与维护、完善服务、规范管理、风险防范等方面积极适应市场变化，不断优化调整经营策略，发展非油业务
中海油	发展完善体化	引入壳牌，共建世界级大炼化惠州炼化二期。该项目总投资达466亿元，主要包括2200万吨/年炼油改扩建及100万吨/年乙烯工程，对中海油拓展中下游产业链、补中下游短板具重要意义
	炼化	优化产品结构，增加石脑油、芳烃、航煤等高效益产品产量； 加大来料加工出口力度，积极开拓海外市场
	销售	加大市场开拓力度，紧盯终端客户需求，开展多种促销活动，拓展销售范围，多渠道建立产品战略合作伙伴

二、加快转型升级，适应引领新常态

国内油公司在“十三五”的开篇之年，明显加快了转型升级的步伐，以适应新常态、引领新常态，促进可持续发展，在优化能源生产结构、提升油品质量、有序发展新能源、创新驱动、节能减排、绿色发展、双化融合等诸多方面取得了新的发展。

1. 优化能源生产结构，加大天然气开发力度，加快油品质量升级步伐

1）加大天然气开发利用力度

国内石油公司根据形势需要，加大天然气勘探开发力度，提高清洁能源的供应比重，助

推中国能源结构转型升级。

中石油加大天然气勘探开发力度，提升其产能规模，2015年公司国内天然气产量和供应量已分别占全国市场份额的70%以上。2016年5月，国内内陆最大油气项目全面投产，日处理天然气能力达900万立方米，年生产能力达30亿立方米。同时多领域推进“以气代煤”和“以气代油”工程，加速“气化中国”；并通过西气东输改善长江三角洲生态环境，在缓解和治理环境污染方面发挥了重要作用。

中石化把天然气开发作为其“十三五”期间上游业务发展的重点。2016年，在贵州遵义钻获大型气藏，取得重大突破性成果。

中海油深耕天然气上中下游产业链，在继续开发南海大气田等国内资源的同时，未来5年天然气业务比例将提高至20%以上。同时拓展液化天然气进口渠道，打造资源池；加快LNG接收站和天然气骨干管网等基础设施建设，加大海外LNG的开发力度，不断增大供应和服务区域。2016年已拥有福建LNG、海南LNG等7个世界级大型LNG接收站，中海油年接卸国外LNG能力超2800万吨。

2）加快油品质量升级

国内各大油公司按照国家成品油质量升级要求，制订升级工作计划和项目投产时间表，通过加大投资、加快新技术研发和应用，按时或提前完成了这一轮汽柴油质量升级工作，为向市场供应更清洁和高效的油品做出了应有的贡献（表12-2-3）。

表12-2-3　2016年国内石油公司油品升级情况

公司	油品升级情况
中石油	国内炼厂生产的车用汽柴油全部达到国Ⅳ标准，并提前向东部11个省（市）市场供应国Ⅴ标准车用汽柴油，2016年底全部完成国Ⅴ标准车用汽柴油质量升级
中石化	国内大部分炼厂具备了生产国Ⅴ车用汽油的能力，部分已经具备生产国Ⅴ车用柴油的能力，能保证北京、天津、上海、广东、江苏等省市区国Ⅴ车用汽柴油的生产供应，并已完成了东部地区11省市全面供应国Ⅴ标准汽车柴油等任务
中海油	惠炼油品100%达到国Ⅴ标准，正在建设的惠州炼化二期项目也将在2017年投产时直接生产国Ⅴ标准汽柴油。届时，惠州炼化国Ⅴ汽柴油总产能将超过1200万吨/年

2．加快老油田转型升级

低油价下，国内石油公司一方面大力推动降本增效，同时也积极促进老油田转型升级。例如，中石油出台了《关于大庆油田当好标杆旗帜建设百年油田的意见》，提出了大庆油田“当好标杆旗帜，建设百年油田”的总体目标，推动大庆油田可持续发展。大庆油田按照新的发展要求，积极构建长垣、外围、天然气、海外“四位一体”的新格局。

一是立足长垣老区，充分发挥“压舱石”作用。目前大庆油田剩余可采储量的60%和原油产量贡献的80%仍然在长垣老区。大庆油田加大提高采收率技术攻关力度，立足水驱控递减、聚驱提效率，进一步探索老油田开发的有效途径，确保老区持续发挥应有的作用。

二要突出外围，加快难动用储量开发步伐。松辽盆地的剩余待发现资源，主要分布在长垣外围，虽然这些资源品位比较低、动用难度大，但却是可以依托的接替资源。大庆油田通过技术提产、管理增效和一体化降本等措施，加快推动外围资源开发。

三要以气补油，培育新的经济增长点。大庆油田立足松辽、加快塔东产能建设，加快建设东北地区最大的天然气生产基地。并提出 2020 年天然气产量达到 50 亿立方米、2030 年达到 70 亿立方米的发展目标。

四要发展海外，开辟“以外补内”新格局。“走出去”是大庆油田振兴发展的必由之路，大庆油田提出 2020 年海外油气产量当量达到千万吨规模，2030 年海外油气产量当量达到油田总产量的“半壁江山”的发展目标，大幅提升国际化程度，打造百年国际化企业。

3. 高瞻远瞩，为未来发展谋篇布局

国内石油公司积极把握能源发展走向，在发展传统能源、提高竞争力和绩效的同时，未雨绸缪，积极主动地发展非常规油气和可再生能源，不断优化能源结构，为未来的能源竞争和企业可持续发展提前布局。

1）继续布局非常规油气

尽管低油价对非常规油气发展带来严峻挑战，但国内石油公司着眼未来，顶住压力，继续巩固页岩气勘探的战略地位，加强非常规油气布局。

中石油通过“对外合作”和“企地合作”模式，继续布局非常规油气。2016 年两度携手 BP 签署页岩气勘探、开发和生产的产品分成合同，并计划成立第二家“企地合资”的页岩气勘探开发公司——四川页岩气勘探开发有限公司。截至 11 月 20 日，长宁—威远国家级页岩气示范区累计生产页岩气 20.09 亿立方米。

中石化页岩气勘探开发实现储量产量双丰收。截至 11 月 10 日，涪陵页岩气气田投产气井 232 口，2016 年前 10 月页岩气销量达 40.10 亿立方米。同时，中石化通过与重庆市合作，加大页岩气勘探开发力度，力争“十三五”末在渝累计建成页岩气年产能 150 亿立方米并努力实现年产量 100 亿立方米的目标。

2）有序发展新能源

三大公司把发展新能源业务作为推进战略性新兴产业的重要内容，有序开发利用生物质能、地热能、太阳能等可再生能源，并将积极探索地浸铀矿、天然气水合物等资源开发利用，切实发挥新能源在构建可持续能源供应体系中的作用。销售业务不断拓展天然气等清洁能源、新能源的网点布局，持续推进传统加油站向可以同时加油、加气或充电的站点转型。2016 年，中石油通过与一汽集团合作，使得新能源汽车的充电业务在加油站试点和推广，并在重点城区及高速公路新建或增设电动车充电站及天然气加气站。中石化高度重视地热利用与发展，

目前已探索出多种地热开发模式和成功案例，在技术、管理经验和运作模式方面形成一套可复制、可推广的先进经验。中海油持续研究海洋新型能源，高度重视并持续推进可燃冰、海洋能、海上核电等战略性海洋新型绿色能源的相关研究，建成了兆瓦级风储互补示范系统。

4. 创新驱动促升级

在效益下滑、投资压减的情况下，国内石油公司仍努力确保科技投入，加快适用技术和新产品的研发和推广应用，通过科技创新降本增效，通过科技创新促进产品质量提高和产品结构的高端化，促进公司技术水平和核心竞争力的提升（表 12-2-4）。

表12-2-4　国内石油公司科技创新发展实例

公司	典型实例
中石油	（1）“特低渗透—致密油气田勘探开发技术创新”项目获2015年度国家科技进步一等奖； （2）“山地复杂构造精确地震成像与气层识别技术及工业化应用”获2015年度国家技术发明二等奖； （3）“库车前陆冲断带盐下超深特大型砂岩气田的发现与理论技术创新”与“满足国家第四阶段汽车排放标准的清洁汽油生产成套技术开发与应用”项目获2015年度国家科技进步二等奖； （4）中石油旗下的低渗透油气田勘探开发国家工程实验室、油气管道输送安全国家工程实验室和油气钻井技术国家工程实验室成为国家工程实验室； （5）“环保型超重力液化气深度脱硫成套技术”研发取得成功，有重大推广价值； （6）“低频可控震源与低频地震勘探技术”项目获中国地球物理科技进步一等奖，达到国际领先水平； （7）“深海高压油气输运高强厚壁管材关键技术研究”通过国家科技部验收，达到国际先进水平
中石化	（1）多产轻质油的催化裂化馏分油加氢处理与选择性催化裂化集成工艺（IHCC）为国际首创，对石化行业应对原油重质化与劣质化、促进重油资源深度和高效转化、增加轻质油品等具有重要意义； （2）推出具有完全自主知识产权的压裂微地震资料处理解释软件系统——FracListener，打破国外非常规压裂微地震监测技术垄断； （3）中石化高效环保芳烃成套技术使中国不仅成为成套技术专利商，而且成为工程建设EPC承包商，打破了发达国家在这方面的技术垄断； （4）国内最大20万吨/年气体裂解炉完成性能考评，中国大乙烯自主创新成套技术含金量再提升； （5）超高压大功率油气压裂机组获国家科技进步二等奖； （6）“乙烯三聚制1-己烯新型催化体系及成套工艺技术”获得国家技术发明二等奖； （7）胜利油田“埕岛油田海洋平台延寿安全保障工程”荣获海工领域（Be）创新奖； （8）“一种用于生产非短链氯化石蜡的长链蜡的制备方法”获得国家发明专利授权； （9）中石化SGEB稀乙烯制乙苯成套技术实现从12万吨/年规模到30万吨/年规模的跨越
中海油	（1）“海上稠油聚合物驱提高采收率关键技术及应用”获国家科技进步奖二等奖； （2）海洋石油勘探国家工程实验室和石化工业水处理国家工程实验室成为国家工程实验室； （3）自主研发的精细地质建模技术“储层成因单元界面等效表征方法”获国家发明专利； （4）中海油服随钻电阻率测井三维反演技术研究获得重大突破，已达到国际一流水平； （5）自主研发的“一种基于砂体构型图版的海上油田储层预测方法”获国家发明专利

5. 强化节能减排，走绿色发展之路

国内油公司持续加大节能减排技术的研发投入，实施相关综合整治计划，减少生产过程

中的碳排放。

中石油持续推进"十大减排工程"、"十大节能工程"，将节约优先的理念融入生产过程中，通过加快节能技术革新、实施炼化能量系统优化和完善管理制度等举措，努力减少能源消耗，真正实现以绿色的方式提供清洁能源。

中石化为期 3 年的"碧水蓝天"行动 2016 年圆满完成任务。在还清企业大量历史欠账的同时，新增削减能力为 COD3400 吨/年，氨氮 4900 吨/年，二氧化硫 4.2 万吨/年，氮氧化物 7.1 万吨/年，VOCs（挥发性有机物）2.5 万吨/年。《"十二五"主要污染物总量减排目标责任书》要求的 34 个废水和 36 个废气治理项目全部建成投运。

中海油持续致力于研究二氧化碳捕捉、封存与利用技术。加强碳盘查，开展中国自愿减排（CCER）项目开发，通过实施环保减排治理、放空伴生气回收促减排、多措并举治理氮氧化物排放、异味大等。

6．"两化"融合，打造多业态的商业服务和生产运营管理新模式

各石油公司继续利用信息化手段改造传统产业，"两化"（信息化和工业化）融合，变革生产组织模式，形成上下一体的协同生产、调度指挥新模式。

（1）以智能制造为主攻方向，积极构建数字化、自动化、智能化的生产运营管理新模式，促进企业提质增效、转型升级。中石化 4 家智能工厂试点建设项目于年底通过总部验收，初步形成数字化、网络化、智能化生产运营新模式，劳动生产率提高 10%以上，有效促进了企业转型升级与提质增效；提出了信息化"421 工程"，加快发展智能制造、加快推进集成共享、加快自主软件开发、加快提升大数据分析应用能力，并制定了到 2020 年的发展目标计划（表 12–2–5）。

表12–2–5　中石化"两化"融合发展智能制造

项目	典型实例
智能工厂	继续推广建设智能工厂建设，在前期4家企业成功试点基础上，力争"十三五"建成10家智能工厂
智能管线	继续完善提升智能化管线系统，开展智能巡线管理、大数据分析等深化应用
智能油田	完成智能油田试点建设方案和初步设计，开展智能油田示范区建设并取得突破
ERP	EPBP（中石化勘探开发业务协同平台）首家推广试点取得成功、勘探开发软硬件资源共享中心初步形成，进一步提升了中石化生产经营管理的效率和效益，推进油田企业提质增效和转型发展
自主软件开发	发布了两款具有中石化自主知识产权软件产品——EPBP V1.0和PCS（中石化生产运行指挥系统）V1.0，标志着中石化油田企业信息化建设进入新阶段

中石油大力建设物联网系统，其中包括油气生产物联网和工程技术物联网两大部分。仅通过油气生产物联网系统的实施就减少一线用工 2117 人，明显提升了油气田的生产效率和效益。目前生态物联网系统已经完成了 10 万余口油气水井的现场实施，实现了生产现场数据的自动采集、远程传输和生产运行的实时监控、科学调度，大幅度提高了员工劳动生产率。此

外，长庆油田通过信息传输、数字管理、智能控制、远程监控等先进技术，推进了基层劳动组织架构的变革，百万吨用工由原来的1600人下降至1000人。

中海油在持续推进“数字海油”的基础上，重点推动“互联海油”建设，向“智慧海油”愿景迈进的战略目标，并逐步建立和完善了符合海油特色的信息化规划管理体系。

（2）加快培育商业新业态。各公司落实国家“互联网＋”战略，加快培育商业新业态，搭建线上电商平台，建设互联高效的客户服务平台，建成统一的支付与金融服务系统。2016年，中石油化工产品电商平台、中石化化工品电商平台（石化e贸网）正式上线运营，推动了化工产品营销模式创新，使化工企业融入“互联网＋”，进一步与市场深度融合，将实现化工产业链信息流、资金流、物流高效运转，推动化工销售业务互联网再造，推动服务客户的流程更优化、内容更丰富。中海油探索运用“互联网+”技术推动产业转型升级和提质增效。例如，通过开发煤层气生产数据一体化解决方案，实现煤层气生产井实时数据经由无人机传回地面，大幅降低人工成本，并提高了工作效率。

三、以“一带一路”为重点，上中下游联动，打造国际化经营升级版

国内三大公司上中下游联动，以“一带一路”沿线为重点，稳步推动“走出去”战略，进一步融入全球勘探开发市场，提升资源获取能力，助力全球油气供应，逐渐构建亚太地区油气贸易与市场体系，提升油气消费市场话语权，发展中国与相关国家的国际炼化产能合作，推广应用中国工程技术和产业标准，发展互利共赢的国际合作，打造国际化经营“升级版”（表12-2-6）。

2016年，中石油配合国家“一带一路”战略，逐步把中亚地区建设成为“资源、供应、效益、品牌”四位一体的“一带一路”核心油气合作区，并构建涵盖中亚各相关国家的“多国多方”管线运营管理协调沟通机制，为“一带一路”油气互联互通体系构建提供“中国石油模式”。同时加大装备制造业务国际合作力度，推动国际产能合作。目前，中石油在“一带一路”沿线19个国家执行49个油气合作项目，“一带一路”已成为中石油海外油气产量和经济效益的主要来源地。中石油目前在阿拉伯国家联盟（简称阿盟）8个国家参与了22个油气合作项目，在6个国家管理和运行着15个油气合作项目，原油年生产能力超过1亿吨。同时在阿盟11个国家开展工程技术和工程建设服务，每年从东南亚国家联盟国家进口原油近2000万吨。其中，中石油与苏丹20年的合作成果被赞誉为“中苏合作和南南合作的典范”。中石油已成为在伊拥有油田产量最高、投入规模最大的石油公司。旗下工程建设公司2016年成功签约阿尔及尔炼厂、伊拉克老厂改造等项目，为其可持续发展以及深度开拓非洲市场提供了有力支点，也提升了品牌实力。此外，大庆油田海外市场增长迅速，2016年依靠特色技术获得印度尼西亚国家石油公司千万元大单，实现高产值、规模化进入纯外方市场。

表12–2–6　2016年国内石油公司主要海外合作项目

公司	领域	主要海外项目
中石油	上游	1月，和雪佛龙合作投产罗家寨高含硫气田
		5月，与莫桑比克国家石油公司签署了双边合作框架协议
		6月，与阿塞拜疆国家石油公司签署了关于加强两国油气加工和石化领域合作谅解备忘录
		8月，大庆油田获得印度尼西亚国家石油公司开发技术服务合同，合同金额突破1000万元
		11月，联合道达尔与伊朗签约合作开发天然气田
		11月，与委内瑞拉签署《中国石油和委国家石油合作项目进展备忘录》以及增加石油产量协议
	其他	1月，与沙特阿美签署战略合作框架协议
		6月，与俄罗斯石油公司、俄罗斯天然气工业股份公司签署合作协议，进一步深化双方互利合作
		9月，与俄罗斯石油公司在俄罗斯远东经济论坛上签署协议，深化一体化合作
		10月，与孟加拉石油公司签署《孟加拉单点系泊及双管道项目EPC合同》
		10月，与壳牌公司签约伊拉克巴士拉天然气公司老厂改造项目，合同额约2.8亿美元
		11月，与俄气签署谅解备忘录以探究双方在天然气汽车（NGV）领域进行合作的机会，同时将对沿欧洲—中国国际运输路线使用LNG作为汽车燃料可能性进行联合营销研究
		11月，与马来西亚能源公司签署管道项目合同
		11月，与阿尔及利亚国家石油公司正式签约价值5.6亿美元的阿尔及尔炼厂改扩建项目
		12月，旗下公司成功中标埃塞俄比亚2017年成品油供应合同
中石化	上游	1月，在沙特阿拉伯设立中东研发中心
		12月，与阿帕奇联合中标埃及路上油气勘探区块，获得新区勘探面积6355.5平方千米
	其他	1月，沙特阿美与中石化合资延布炼厂投产
		4月，旗下中原石油工程公司中标克山公司钻井大包项目，合同额2.45亿美元
		8月，与法国Veolia投资30亿欧元成立水处理合资企业
		8月，与哈斯基能源签署下调天然气项目气价协议
		9月，沥青产品重返印度市场

中石化继续扩大与阿盟国家以及俄罗斯的互利合作，通过发挥阿盟国家的资源优势和中石化的产业一体化和市场优势，以重大油气资源和炼化合作项目为抓手，重点加强与沙特阿拉伯、埃及、科威特等资源国的全面战略合作。油气勘探开发方面，中石化目前主要在7个阿拉伯国家开展油气合作，累计投资逾90亿美元，累计权益油产量达到近4000万吨油当量。下游炼化仓储投资以及炼化工程技术服务方面，先后承建了卡塔尔管道、科威特新建炼油厂一系列炼化工程建设项目，累计完成合同额88亿美元。2016年，中石化与沙特阿美合资建设了延布炼厂，并在沙特阿拉伯设立中东研发中心，并将通过技术转让、带资建设和合资合作等多种方式，与阿拉伯国家共同发展现代化的炼油化工工业。此外，多次与俄罗斯石油公

司签署协议，深化一体化合作。

中海油海外项目有取有舍，在油气上游领域也与阿拉伯地区展开了合作。其中，中海油、土耳其国家石油公司、伊拉克钻井公司等与伊位克米桑石油公司签署了米桑油田群技术合作合同，将该油田的石油产量提高了 60%，累计总产量达到 2.46 亿桶。截至 2016 年年底，中海油在该项目的总投资为 18.63 亿美元，在 2017—2021 年预计继续投资 38.66 亿美元。中海油在沙特阿拉伯、阿联酋、卡塔尔、埃及、也门均有石油生产、工程技术服务、LNG 贸易方面合作。此外，海油工程推进国际市场的开发，加速布局海外市场，成立远东作业公司。其中，中海油服的“南海八号”“南海九号”进军俄罗斯。目前，中海油服的海外服务市场已覆盖 30 多个国家和地区，海外钻井装备数量达 32 座，上半年社会市场和海外市场收入同比增长 27%，贡献率持续提高。

四、深化改革，助推企业稳健发展再上新台阶

2016 年是国内石油公司进一步深化改革、提升管理的第二年。三大公司在国家的总体部署下，以推进供给侧结构性改革为主线，在内涵式发展上下功夫，通过进一步完善公司治理、理顺管理关系、推动放权试点，着力完善产业发展机制和激励约束机制，继续“瘦身健体”、分离移交“企业办社会”职能，打造金融板块，全力提效率、增活力、打造竞争力，稳步推进相关举措，完善现代企业制度改革（表 12-2-7）。

表12–2–7　2016年国内石油公司深化改革重大事件

类别	重大事件
混改	1月，中石化西北油田与新疆巴州政府签订了《巴州、西北油田AT28井区合资合作协议》，标志着新疆与中石化在西北油田的首次混合所有制改革正式启动； 1月，中石化在西南地区的首家专业化技术服务合资公司在四川成立，标志着中石化驻川企业混合所有制经济改革正式拉开帷幕； 12月，中石油通过《集团公司市场化改革指导意见》和《集团公司混合所有制改革指导意见》，对于优化资产结构和业务结构、完善经营机制、激发内在活力、放大国有资本功能、提高运营效率和效益等都具有重要意义
油气改革	9月，中石油通过了《天然气销售管理体制改革方案》； 10月，中石油、中石化、中海油根据国家油气管线改革的需要陆续公开管网信息，标志着油气领域中游环节引入第三方竞争，逐步实现管网独立取得重大进展； 10月，中海油通过了《天然气产业体制机制改革实施方案》； 12月，中石化以228亿元出售旗下管道公司50%股权
人事改革	4月，中海油首推任期考核，推进领导人员竞争性选拔机制、退出机制等措施的落实，还将进一步推进建立健全工资效益联动机制，完善与考核评价结果紧密挂钩、与承担风险和责任相匹配的直管领导班子薪酬机制； 8月，中海油旗下公司通过了混合所有制改革及员工激励方案，试点科技型企业员工分红持股； 10月，中石化制定出台《中国石化领导人员选拔任用暂行办法》，进一步提高选人用人工作的科学化水平，加强领导班子和干部队伍建设； 12月，中石油出台《关于进一步深化人事劳动分配制度改革的指导意见》，立足市场化机制，积极推进三项制度改革，强化岗位管理，增强队伍活力

续表

类别	重大事件
专业化重组	3月，中石化启动石油工程区域化重组，在江苏地区整合旗下两家石油工程公司为新的华东石油工程有限公司，在河南地区整合下属两家石油工程公司为新的华北石油工程有限公司； 5月，通过与*ST天利交易，中石油将工程建设业务上市并置于统一的管控平台下； 9月，中油资本置入*ST济柴，推动了中石油集团旗下金融资产业务的独立上市； 11月，中石油拆分天然气销售和管道业务布局全产业链，对天然气销售业务实行“天然气销售分公司—区域天然气销售分公司”两级管理架构
瘦身健体放权试点	2016年，中石油、中石化的分离移交“企业办社会”职能改革也在提速，均逐步将水电气暖并入大系统，供水、供电、供热、供气和物业服务将交由社会化专业公司管理，优化资源配置； 7月，中海油通过了《总公司深化改革意见（送审稿）》，明确到2020年完成向国有资本投资公司转型，形成与公司发展战略相匹配的管理体制和市场化经营机制； 10月，中石油推出总部改革方案，改革重点放在理清各层级管理界面、优化职能配置、盘活现有人力资源、优化人员结构，建立员工能进能出的机制，为今后集团公司全面深化改革奠定基础，12月初，中石油率先撤并质量与标准部； 11月，中石油通过了《装备制造企业“五自”经营改革试点框架方案》及《东方物探公司扩大经营自主权试点方案》，对装备制造企业试点下放经营自主权，对东方物探公司扩大经营自主权试点； 12月，中石化胜利油田对试点单位下放一定的经营管理自主权，探索小油气块、油气田、边远区带承包经营模式
打造金融板块、完善金融管理	8月，中石化保险经纪有限公司正式开业运营，从而加强了企业内部保险业务的集中统筹管理，提高了风险管控水平； 12月，中石油中油资本公司正式成立，进一步完善金融业务管理体制、促进金融业务稳健发展

五、积极谋划，努力走出低油价下发展困局，实现“十三五”新发展

低油价给国内石油公司带来三大困局。一是油气供需进入宽松期，石油公司的市场潜力相对缩小。未来一个时期，国内石油消费增速将呈下降趋势，市场竞争主体增多，交通替代将形成电动车、甲醇、生物燃料以及煤制油等多种形式共同发展的格局，成品油供应过剩压力增大；二是石油公司现金流紧张，压缩投资规模，使油气增储上产难度加大。低油价下中石油、中石化大幅核减储量，原油储量替换率急剧下降，2015 年中石化修正储量当量下调 6.8 亿桶（17.5%），中石油修正下调约 17 亿桶（7.6%），原油储量出现大幅下降，石油公司可持续发展受到制约；三是天然气消费由高速增长转入中高速增长，预计 2020 年前国内天然气供应能力大于需求，进口气量增加与进口气亏损矛盾突出，环保要求日益严格为天然气发展提供了机遇，但同时天然气与煤炭相比经济性较弱，市场开拓难度较大。

面临低油价下发展困局，国内石油公司积极谋划，加快转变发展方式，更加突出发展油气核心业务，不断推进体制机制创新，努力实现从规模速度发展向质量效益发展转变，从投资拉动向创新驱动转变，从常规发展向绿色低碳发展转变。

主动适应新常态，推动公司转型发展。进一步丰富发展战略内涵，突出经济效益和价值创造，将经济责任放在突出位置，注重产业链各环节价值提升，大力调整投资结构，投资向高价值业务倾斜，严格投资标准，提升投资回报水平；注重创新驱动，针对业务发展需求，加强关键技术攻关和推广应用，注重现有技术集成配套，进一步完善科研体系；加快传统产

业升级，中石化“十三五”要力图实现三个转变：由粗放型外延式发展转变为集约式内涵式发展、产业结构由“石油+化工”转变为“能源+材料”、由加工制造创造价值转向主要靠技术创新和服务增加价值。培育五大经济增长点：天然气产业链、非油品业务、节能环保产业（将工业水处理、热交换、尾气回收利用等节能环保业务打造成单独业务板块）、新能源业务、新材料业务。

“十三五”期间，国内三大石油公司坚持利用两种资源、两个市场的发展思路，大力实施资源、市场、国际化、创新等战略，突出发展油气主营业务。立足国内勘探开发，稳定东部老油田产量，加快发展西部和海上潜力区，稳油增气，常非并举，陆海并进；严格控制炼油规模，加快升级改造。在国内总体炼油能力相对过剩的背景下，三大公司将更加注重控制新的炼化项目建设，对现在炼厂进行技术升级改造，努力增加高标号汽油、航煤等高附加值产品产量，控制柴油产量，降低柴汽比，积极推进汽柴油质量升级，推动炼化业务增益发展；三大公司将继续优化国内资源配置，推进高效加油站建设，完善销售网络，优化物流配置，更加注重市场开发和客户管理，推动销售业务与互联网的结合，注重开拓周边国家和地区成品油市场。三大公司将坚持专业化、市场化、国际化的发展方向，鼓励油田服务企业开拓国外市场，扩大工程技术服务企业的发展空间。注重服务企业与油气田企业的紧密结合，实现油气主业与服务业务协调有效发展。

（本节撰写人：刘月洋）

第三节　民营企业在国内油气行业的发展状况

2016年对于民营油企而言，是一个转折发展之年。这一年国家对民企的支持政策更加明确细化，“十三五”石油石化行业民营企业的宏伟发展目标已经确定；民营炼油企业在上年开始陆续取得“两权”的基础上，生产发展投资的积极性得到很大释放，取得显著进展；借低油价抄底之机，民营油企海外并购和对外合作继续推进；民营企业还在LNG、煤制气等领域取得了新进展。

一、国家对民企的政策支持更加明确，石油和化工行业民企“十三五”发展目标已经确定

2016年，国家继续出台具体实施措施，鼓励民营企业进入油气行业。5月底，国家能源局公布了《国家石油储备条例（征求意见稿）》，鼓励社会资本参与石油储备设施建设运营。10月13日，国家发展和改革委员会发布《促进民间投资健康发展若干政策措施》，要求相关部委和地方按照国务院两个“36条”、一个“39条”要求，进一步开放油气勘探开发、配售电、国防科技等领域，市场准入对投资主体要一视同仁，鼓励民间投资进入。根

据国家新公布的油气管线改革的精神要求，4 季度三大石油公司陆续公开了管网信息，为在油气领域中游环节引入民企在内的第三方竞争创造了条件。目前的这些信息已经足够民营资本进行参与管网运营的前期准备工作。同时，有关部门对地方炼厂放开“两权”的核查审批工作继续稳步推进。

在过去的“十二五”期间，国内石油和石化民营企业取得了长足进步。主营收入、资产总额、利润总额已占行业总数相当比例。“十三五”期间还将有更大的发展，将着力培育一批大型的民企和“专、精、新、特”的创新型民企（表 12-3-1）。

表12-3-1　石油和化学工业民企“十二五”发展情况和“十三五”主要目标

“十二五”发展情况（2015年底统计数）				“十三五”发展目标	
民企数量	16212家	占比	54.50%	“十三五”发展目标主营业务收入年均增速	10%
主营业务收入	4.06万亿	占比	30.90%	2020年主营业务收入及占比	6.5万亿元，占35%以上
资产总额	2.43万亿	占比	20.10%	2020年主营业务收入超100亿民企数量	5家
利润总额	2404.61亿	占比	47.30%	2020年主营业务500亿～800亿民企数量	10家
				2020年主营业务800亿～1000亿民企数量	10家

二、地方炼油企业借放开“两权”东风，加快发展与投资，进展明显

自 2015 年国家商务部明确符合条件的地方炼油企业可获得原油进口资格以来，经核定，2015 年有东明石化、盘锦北燃等 14 家地方炼厂， 2016 年又有齐润、海右、无棣鑫岳燃化、恒源、清源等 9 家地方炼厂，共 22 家获得累计 8193 万吨进口原油使用配额，其中 18 家为民营炼厂。截至 2016 年底，全国地方炼厂（含央企收购或控股的地方炼厂）的炼油总能力为 2.62 亿吨/年，占全国炼油总能力的 34.8%。以民营炼厂居多的地方炼厂在规模上已在全国炼油业中“三分天下有其一”。

随着“两权”的不断下放，民企炼油原料问题基本得到解决。2016 年，地方炼厂的开工率、原油加工量、汽柴油产量、原油进口量在国内所占市场份额等都有了明显增加。据初步统计，2016 年前 10 个月地方炼厂自主进口原油近 3400 万吨，占国内原油进口总量的 11.3%；地方炼厂原油加工量约 8200 万吨，同比大增 26.4%；开工率由上年的 40.5%升至约 51.8%，创历史高位；同期汽柴油产量同比大增 23.4%；地方炼厂国内市场份额由上年的 18.9%升至 23%。

同时，不少民企也获得了成品油经营资质和成品油仓储经营许可。国家商务部 2007 年至今颁发的成品油批发资质的企业总数已达 370 余家，其中属于中石化、中石油、中海油、中化、中航油 5 家央企直属或控股的石油公司占 22%左右；其他国有及民营企业占企业总数 70%左右。2016 年，商务部授予 43 家企业成品油经营资质。在获得成品油批发经营许可的 33 家企业中，民营企业有 14 家，占 42%；获成品油仓储经营许可的民营企业有 6 家，库容约 72 万立方米（表 12-3-2 和表 12-3-3）。

表12-3-2　2016年获得成品油经营批发许可的民营企业

企业名称	库容（万立方米）	获批日期
重庆川维物流有限公司	1.3	2016.03.01
锦州船舶燃料供应有限责任公司	8	2016.03.01
山东滨化石化贸易有限公司	3	2016.03.01
大连能源有限公司	1.64	2016.03.01
新疆屹丰石油储运有限责任公司	2.02	2016.03.01
山东天托立石化有限公司	6	2016.03.01
福建东港石油化工实业有限公司	2.8	2016.05.16
重庆江顺石油有限公司	1	2016.05.16
内蒙古京东石油物资有限公司	6.15	2016.05.16
滑县盛昌石油化工有限责任公司	1	2016.05.16
临邑恒源石化产品销售有限公司	3.6	2016.07.13
海南华信国际控股有限公司	40	2016.07.13
安达安瑞佳成品油销售有限公司	2	2016.07.13
黑龙江森港经贸有限公司	1.6	2016.07.13

表12-3-3　2016年获得成品油仓储经营许可的民营企业

企业名称	库容（万立方米）	获批日期
东莞市盛源石油化工有限公司	37.4	2016.03.01
中国石化销售有限公司湖南长沙石油分公司	1.3	2016.05.16
湛江市恒茂石化有限公司	7	2016.05.16
舟山市金润石油转运有限公司（仅限柴油）	14	2016.07.13
惠州兴盛石化仓储有限公司	11.6	2016.07.13
益阳新华联石油化工有限公司	1.03	2016.07.13

在获得“两权”炼油生产得到较快发展、较好运行的情况下，民营炼厂2016年已开始着手解决扩大销售、理顺销售渠道、开展相关储运管输基础设施建设、扩大成品油出口等问题。2016年，民营炼厂所产成品油主要批发给国内三大石油公司及社会加油站，市场遍及华北、华南和西南多个省市，自营加油站不多。目前山东地方炼厂自有加油站仅400座，为了寻求新的销售渠道，增加企业盈利，一些炼厂开始完善产业链，布局规范统筹加油站建设。2016年，山东东明石化集团成立终端销售公司，计划未来3年在山东、河南、安徽、江苏、湖北、河北、山西、四川等省市拥有1000座加油、加气站。山东京博控股公司有300座加油站。由山东21家地方炼厂以及山东省炼油化工协会共同投资成立的山东石化公司，将整合山东民营加油站资源，将自主品牌“山东石化”打造成统一的加油站平台。同时，利华益集团股份有限公司、山东天弘化学有限公司等公司与BP等公司签订了原油进口战略协议。山东恒源石

油化工股份有限公司还出资 6600 多万美元收购壳牌马来西亚炼油公司的 51%的股权，成为山东地方炼油企业海外并购的第一例。在扩大成品油出口方面，地方炼厂也正在积极筹划，2016 年已出口几十万吨成品油。

为了解决获得“两权”后原油成品油储、运、销中遇到的瓶颈制约问题，山东省政府有关部门应请求联合出台了全省油气输送设施规划建设方案，将在多地港口规划新建 13 座原油码头、38 座油品和液体化工品码头及 3 座 LNG 码头，建成主要服务省内、辐射周边省份的油气海运陆运体系。毫无疑问，山东众多民企将投资参与此项规划的建设。

放开“两权”极大地激发了地方炼厂投资扩能的冲动与热情，据不完全统计，目前已有恒力石化、盛虹石化、浙江石化等民企已获批或正在计划在大连、浙江、江苏等地建设 1600 万吨/年至 2000 万吨/年甚至更大规模的大炼化项目。如这些项目建成，将改变国内炼油格局，使地方炼厂得到更大发展，但这也将进一步加剧国内炼油能力过剩。

三、天然气相关领域已成民企关注发展的又一热点

天然气业务是国内油气行业今后发展的重要方面，也是民营企业近年来关注和正积极参与介入发展的领域。新疆广汇能源股份有限公司积极发展天然气业务，2016 年上半年，公司累计生产天然气 4.976 亿立方米，较上年同期增长 30.46%，新投入运营站点 9 座，新增民用接驳供应居民户数 4.62 万户。公司旗下的哈萨克斯坦斋桑油气开发项目有天然气井 16 口，2016 年上半年生产和输送天然气 1.99 亿立方米。公司在江苏南通吕四港区 LNG 分销转运站工程项目已办理完成开工所需的全部手续。其准东喀木斯特 40 亿立方米/年煤制天然气项目前期手续办理工作正在积极推进。

近年来，国内 LNG 接收站建设打破了过去主要由中海油、中石油、中石化承担的局面，一些有实力的民营企业已获批在东南沿海一带建设大型进口 LNG 接收站，为其后续在沿海地区天然气业务的发展创造了有利条件。同时，一些民企已开始拥有 LNG 的仓储设施（表 12-3-4 和表 12-3-5）。

表12–3–4　民营近期新建进口LNG接收站

经营者	目前状态	一期产能（万吨/年）	完全产能（万吨/年）	一期投产时间
新奥能源	获批	41.4	41.4	2017年
广汇能源、壳牌	获批	8.3	41.4	2017年
中天能源	获批	13	13	2018年
哈纳斯	获批	50	100	2018年
哈纳斯	获批	50	100	2018年

表12–3–5　民营企业拥有的LNG仓储容积

炼厂	LNG仓储（万立方米）
山东东明石化集团有限公司	5000
宝塔石化集团有限公司	20000
山东汇丰石化集团有限公司	10000

四、民营油企借力互联网模式，融合金融服务工具，搭建“大众储油”模式，进军大众用油市场

近年来，“互联网+”模式风靡全国，也成为民营石油企业借此拓展业务的利器。例如，2016年1月11日，光汇石油（控股）有限公司在深圳成立全资电商公司，以“互联网+金融+能源”的模式，依托其20多年来经营的石油产业链及油品物流供应链体系，创新性地推出了能源金融电子商务平台——光汇云油，并于2016年1月12日正式上线。光汇云油的模式，是通过提供石油金融创新产品，让石油产品“货币化”，兼具消费、保值等多种功能，目的就是要利用好经济及行业周期性，让民间消费者也能“储油”，在油价的波动中控制用油成本、对冲价格风险。光汇云油计划用三到五年时间先做好国内市场，迅速抢占中国成品油、燃料油、陆地及海上在线和线下销售市场，再试图把这个平台推向全球。光汇云油作为国内首个能源金融电子商务平台，改变了成品油的传统消费模式，为消费者提供了储油投资管道，这种商业模式的创新对行业的发展具有借鉴意义。

五、海外石油业务迅速扩展

近年来，国际家油价低位震荡，国际上不少中小油企受到很大冲击，不少濒临破产或者面临很大的经营困难。这也成为国内一些民企乘机抄底进行海外石油业务拓展的好时机。2016年正是如此。据粗略统计，2016年民企海外收购石油资产的金额约为44亿美元（表12-3-6）。

表12-3-6　2016年民企海外拓展石油业务

公司	项目内容	投资额
洲际油气	通过上海泷洲鑫科能源投资有限公司收购班克斯公司100%股权、雅吉欧公司51%股权及基傲投资100%股权	4.404亿美元
盘锦北方沥青燃料有限公司	从中东、非洲、南美等地区进口约30个品种的原油，使油源得到保障	
吉艾科技(北京)股份公司	与塔吉克斯坦能源部签署战略合作协议，合作范围覆盖勘探、炼化和基础设施建设等领域，2016年10月，吉艾科技的丹格拉炼厂全面复工	
新潮实业	通过收购宁波鼎亮汇通股权投资中心(有限合伙) 100%的权益份额，由该公司通过MCR(US)公司收购美国得克萨斯州Midland盆地东北角的两处页岩油藏资产	人民币82亿元
新奥集团	子公司新奥生态控股股份出资7.5亿美元收购弘毅投资所持澳大利亚桑托斯公司11.7%股份	7.5亿美元
山东恒源石化	并购壳牌马来西亚炼油公司51%股权，这是山东地方炼油企业首例海外并购	1.3亿美元
天弘化学	与BP集团综合供应与贸易部签订了原油进口战略协议	
利华益	与BP、荷兰壳牌、瑞士维多等多个全球原油生产和贸易商建立了战略合作关系，并签订了国际原油进口协议	

（本节撰写人：刘　红）

中期展望篇

第十三章　国内外油气行业中期展望

2016年，世界政治波谲云诡，黑天鹅事件频发，展望2020年，全球经济发展充满变数，不确定因素增多。进入“十三五”，中国在新常态下坚持稳中有进，并将走出全面深化改革的发展轨迹。在此背景下，油气行业对能源发展大势、油气供需和贸易价格、上下游产业面临的问题和挑战，需要较为合理的预测和较为清醒的判断，更需要深入的思考和有效的建议。

第一节　国内外能源2020

对2020年全球宏观环境的6点判断：一是到2020年，政治格局将由目前的美、欧、中、日、俄的多极化逐步演变为以美国为一超、以中国等为多极的格局。二是经济全球化在间歇中艰难向前挺进，2017—2019年很可能出现逆全球化趋势，2019年后再步入全球化轨道，全球经济在小幅受挫后将重回平稳增长。三是地区格局趋稳，但大国博弈，甚至军事冲突的风险加大。四是全球科技进步将对能源行业带来重大变化，尤其是储能技术和氢燃料技术发展。五是全球气候变暖的趋势将持续，控制气温上升是各国共同的责任，化石能源清洁利用和新能源发展是实现《巴黎气候协定》目标的必然选择。六是中国在习近平的引领下实现中国梦的目标不会动摇，未来中国经济将持续平稳增长。

在此情景下，2020年前，世界能源消费增长放缓，能源消费结构逐步优化，煤炭消费进入平台期。亚太地区成为煤炭消费主要增长区域，也将成为全球可再生能源发展的增长引擎。期间，中国能源消费年均增长1.2%，电力消费年均增长5.5%。随着能源革命的推进和供给侧改革的深入，煤炭消费比例下滑至58.2%，能源结构持续向清洁低碳方向发展。

一、世界能源展望

1. 能源消费增长放缓，能源消费结构优化明显

世界能源消费增速放缓，清洁能源快速发展。受全球人口增长、各国生活水平提升影响，全球能源消费总量将增加，但能效提升和科技进步将抑制增速，2020年将达到137亿吨油当量，年均增长1.5%左右，低于2000年以来2.3%的增速。天然气消费作为能源清洁低碳发展的主要途径，预计2020年前消费年均增长1.5%以上，石油和煤炭分别年均增长1.4%和0.2%。非化石能源加速发展，核能年均增长1.8%，水能年均增长1.3%，其他可再生能源增长9.6%，

能源消费结构进一步优化。2020年，全球清洁能源消费比例将达41.3%，比2016年上升1.7%。其中，天然气消费比例上升0.5%，核能比例基本保持不变，水能比例下降0.1%，其他可再生能源比例上升1.3%（图13-1-1）。

不同地区能源需求发展不平衡。发达国家能源消费量稳中有降，北美地区有望在2020年实现能源自给甚至输出，欧洲能源消费保持平稳。亚太地区能源需求缺口加大，将由2010

年的9.3亿吨油当量升至2020年的15亿吨油当量；能源对外依存度由2010年的20.6%上升到2020年的23.3%，中东油气更多向亚洲流动。

美国能源政策或面临重大调整，低碳、清洁发展面临倒退可能。特朗普奉行“能源独立”政策，有可能取消对发展燃煤电厂限制，放开联邦土地下和近海的油气开采，减轻化石能源排放约束；还有可能消极对待《巴黎气候协定》，减少对新能源和可再生能源的补贴，给新能源发展造成负面影响，影响《巴黎气候协定》的最终执行效果。

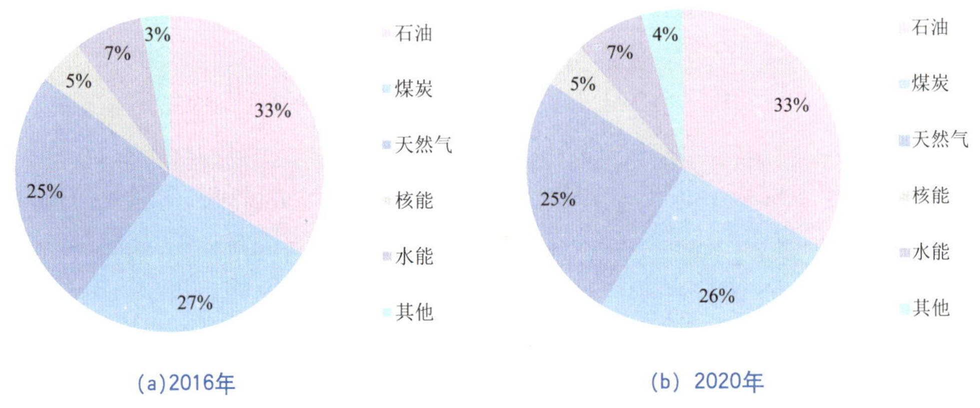

图13–1–1 2016年和2020年世界能源消费结构

数据来源：中国石油集团经济技术研究院

2. 煤炭消费进入平台期，清洁化利用和现代煤化工成为行业可持续发展有效途径

全球煤炭消费在2020年前将进入平台期，预计消费总量达34.8亿吨油当量，比2016年增长0.7%（图13–1–2）。期间，预计美国煤炭消费年均减少2.8%；欧盟煤炭消费年均减少3.1%；印度作为全球煤炭消费增长极，预计煤炭消费年均增长6.0%；中国煤炭消费年均减少2.0%（图13–1–3）。

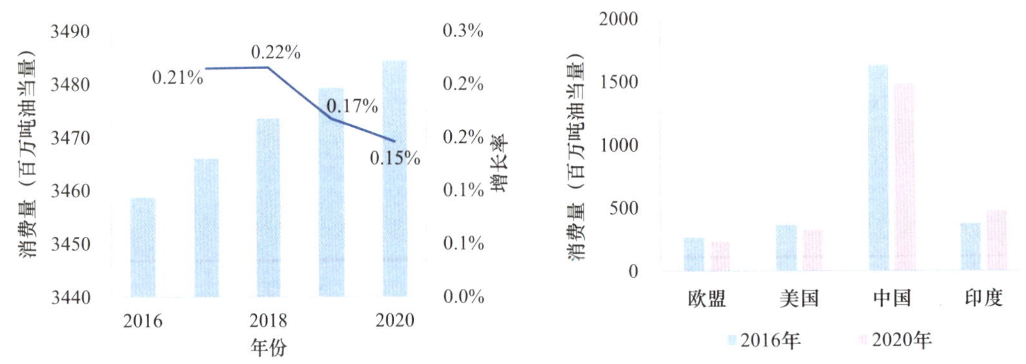

图13–1–2 2016—2020年全球煤炭消费量及增长率

数据来源：中国石油集团经济技术研究院

图13–1–3 2016年和2020年主要国家和地区煤炭消费量

数据来源：中国石油集团经济技术研究院

传统煤炭消费国全球占比下降明显，印度保持增长。欧盟和美国煤炭消费占全球煤炭消费比例分别由 2016 年的 7.8%和 10.6%下降到 2020 年的 6.8%和 9.3%；中国钢铁、水泥等行业去产能和经济结构转型升级促使煤炭消费下降明显，煤炭消费比例下降至 42.5%，比 2016 年下降 4.7%。印度煤炭消费全球占比增至 13.6%，基础设施、发电、钢铁和水泥行业对煤炭需求进一步增长（图 13-1-4）。

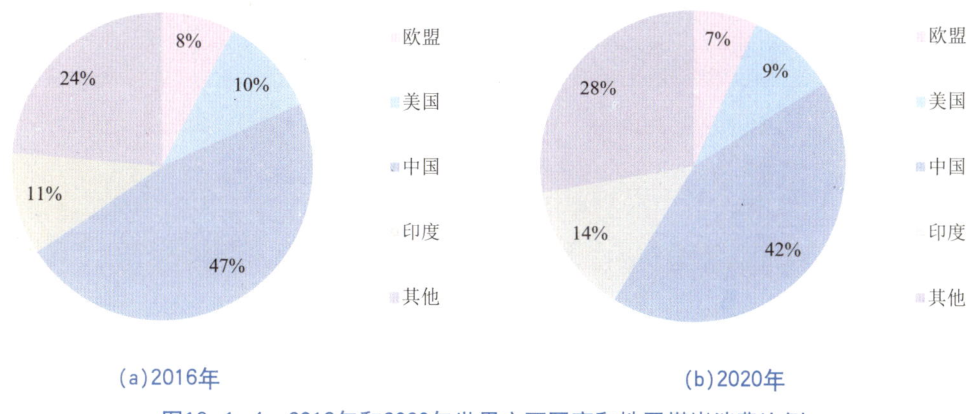

(a)2016年　　(b)2020年

图13-1-4　2016年和2020年世界主要国家和地区煤炭消费比例

数据来源：中国石油集团经济技术研究院

煤炭清洁化利用和现代煤化工是煤炭行业可持续发展的有效途径。到 2020 年，中国煤炭消费全球占比明显下降，但依然是最大的煤炭消费国，煤炭在国家能源消费中的绝对地位仍未改变。随着未来几年煤炭清洁化利用、直接液化、间接液化、煤制烯烃和煤制气等现代煤化工技术和示范工程建设取得成功，中国将有望引领全球煤化工产业发展，为世界煤炭可持续发展探索出一条有效路径。

3. 全球可再生能源继续快速发展，光伏与风电是拉动增长引擎

全球可再生能源技术不断进步，应用规模不断扩大，推动能源低碳清洁转型，应对气候变化。2016—2020 年期间，全球光伏发电新增装机容量将达 345 吉瓦，年均增长 25%；风电新增装机容量达 225 吉瓦，年均增长 12%（图 13-1-5）。近年，风电设备和光伏组件价格分别下降了约 20%和 60%，可再生能源发电成本有望进一步下降。到 2020 年，全球光伏和风电新增装机将占可再生能源发电新增总量的 79.1%，高于 2016 年的 74.9%（图 13-1-6）。

亚洲成为全球可再生能源发电增长引擎。预计 2020 年中国和印度可再生能源发电新增装机容量将占全球增量的 46%，比 2016 年上升 4%，中国继续保持世界第一大可再生能源增长国；美国可再生能源新增装机占全球增量的 13%；欧盟可再生能源发展逐渐放缓，届时增量仍将占全球的 12%（图 13-1-7）。

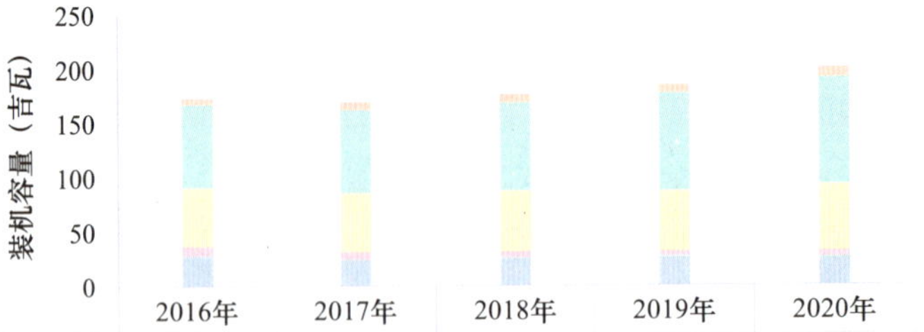

装机容量（吉瓦）

	2016年	2017年	2018年	2019年	2020年
其他	6.4	7.8	7.7	8.3	9.4
光伏	76	76.3	80.7	89.5	98.4
风电	54	53.8	55.7	55.3	60.4
生物质	8.9	7.1	6.4	5.3	6.2
地热	0.7	0.6	0.8	1.1	1.2
水电	27.6	24.2	25	25.9	25.2

图13-1-5　2016—2020年全球可再生能源新增装机容量

数据来源：彭博新能源财经，中国石油集团经济技术研究院

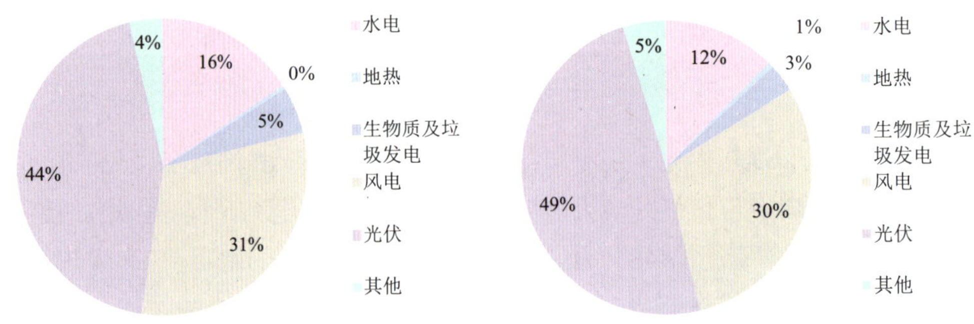

图13-1-6　2016年和2020年全球可再生能源新增装机容量占比

数据来源：彭博新能源财经，中国石油集团经济技术研究院

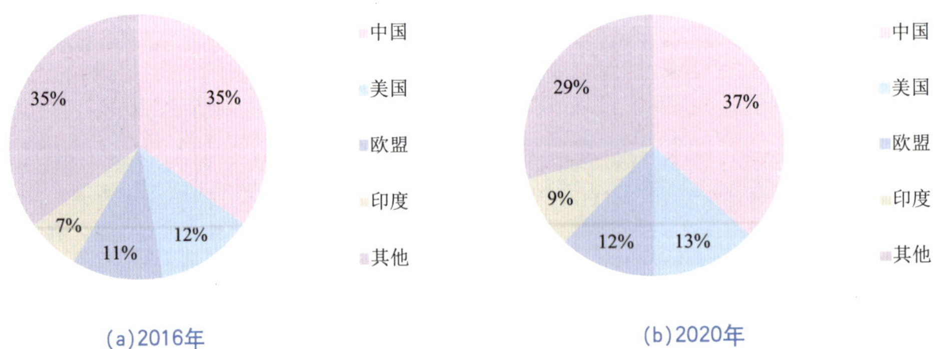

图13-1-7　2016年和2020年主要国家和地区可再生能源新增装机容量

数据来源：IEA《可再生能源市场中期报告2016》，中国石油集团经济技术研究院

二、中国能源展望

1. 能源消费总量小幅增长

中国能源需求增速先扬后抑，整体小幅增长，年均增速为 1.2%。预计 2020 年中国能源消费总量约为 45.9 亿吨标准煤，煤炭占一次能源比例降至 58.2%，天然气占一次能源比例升至 8.9%，非化石能源占一次能源比例升至 15%。随着能源革命的推进，能源消费结构继续向清洁化、低碳化方向发展（表 13-1-1 和图 13-1-8）。

表13–1–1　中国能源消费及结构预测

年份	能源消费总量（亿吨标准煤）	能源消费量增速（%）	消费比例（%）			
			煤炭	石油	天然气	非化石能源
2016	43.6	1.3	62.4	18.1	6.2	13.3
2017	44.2	1.5	61.1	18.1	6.9	13.9
2018	44.8	1.3	60.0	18	7.7	14.3
2019	45.4	1.1	58.8	18	8.4	14.8
2020	45.9	1.0	58.2	17.9	8.9	15

数据来源：中国石油集团经济技术研究院。

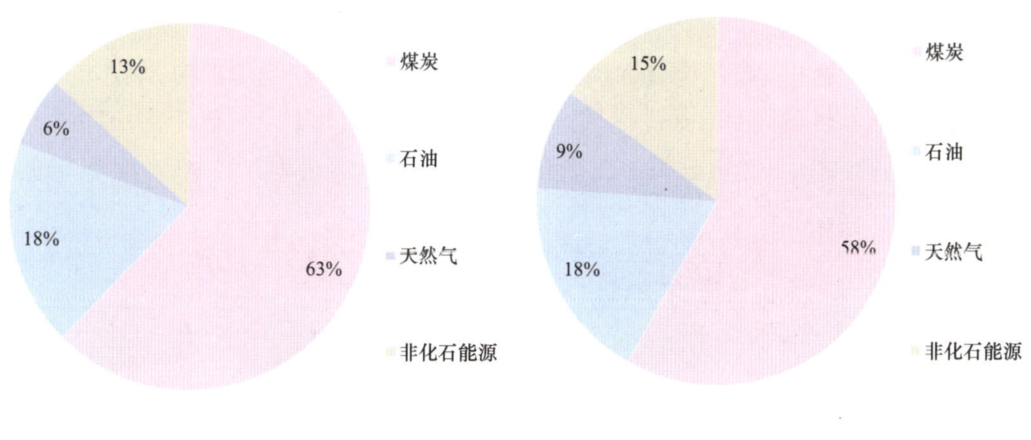

(a)2016年　(b)2020年

图13–1–8　2016年与2020年中国能源结构

数据来源：中国石油集团经济技术研究院

2. 煤炭比重继续下滑

预计 2020 年，中国煤炭消费量降至 35.6 亿吨，年均下降 2%，下滑速度逐年放缓。根据《煤炭工业发展“十三五”规划》，煤炭行业将深入推进供给侧改革，转变发展方式，提高发展的质量和效益，至 2020 年，煤炭行业将每年净减少产能 3 亿吨左右，基本建成集约、安全、高效、绿色的现代煤炭工业体系。

3. 电力消费增长，电源结构持续优化

预计 2020 年中国全社会发电量将达 7.4 万亿千瓦时，年均增速 5.5%。其中，非化石能源发电量 2.3 万亿千瓦时，占发电量的 31%，较 2016 年增加 4.8%（图 13-1-9）。

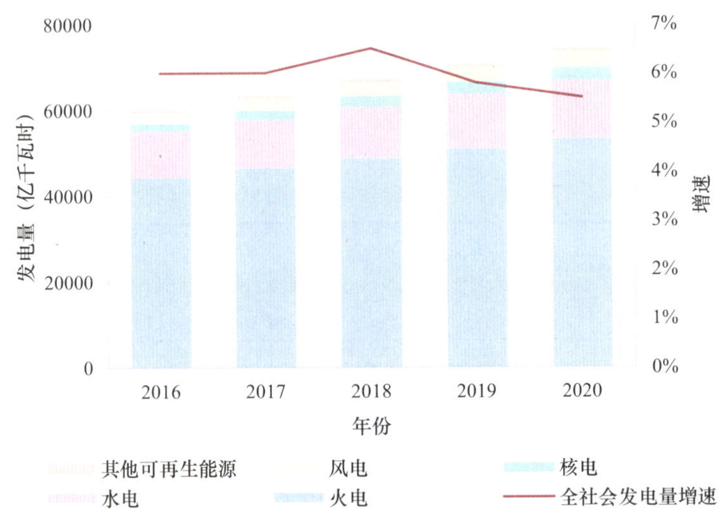

图13-1-9 全社会发电量增速及分品种发电量

数据来源：中国石油集团经济技术研究院

2020 年，中国发电设备新增装机容量将达 20.1 亿千瓦，年均增加约 8%，较 2016 年增加约 5 亿千瓦。发电装机结构持续优化，非化石能源发电装机增加 2.5 亿千瓦，达 7.7 亿千瓦，发电量占比提高到 31%，发电结构占比提高到 39%；煤电装机力争控制在 11 亿千瓦以内，占比降至约 55%（表 13-1-2）。

表13-1-2 中国发电设备容量及结构预测

年份	全国发电设备容量（亿千瓦）	发电设备结构(%)					
		煤电	气电	水电	核电	风电	其他可再生能源
2016	15.9	66.4	2.5	18.2	2.1	9.1	4.2
2017	17.1	64.2	3.1	17.8	2.3	9.4	5.3
2018	18.3	62.0	3.7	17.3	2.4	9.7	6.4
2019	19.5	59.8	4.3	16.9	2.6	10.0	7.5
2020	20.1	55.0	5	17.5	3.0	11.0	8.5

数据来源：中国石油集团经济技术研究院。

思考与建议

全球能源发展进入新的转型期　未来全球能源消费增速放缓，能源消费的多元化和结构清洁化程度不断提高，全球能源发展主要表现为：能源消费主体转移，新的生产大国崛起，美国由能源消费大国向能源生产大国转变；煤炭、石油等高碳能源消费向以天然气为主的清洁低碳能源消费转移；随着新能源和可再生能源的成本不断下降，对传统化石能源冲击加大。

中国煤炭消费进入下滑通道　随着中国经济转型升级、高耗能行业进入平台期和能源供给侧改革的推进，中国煤炭消费逐年下滑，但仍在一次能源中占有绝对优势，下滑幅度逐年收紧。非化石能源发展迅速，电力消费保持增长，能源结构持续优化。

（本节撰写人：闫　勇　刘　畅）

第二节　国内外石油市场2020

2020年前，世界石油需求平稳增长，供应弹性增强，供需基本面很难出现大的不平衡，油价回归50～60美元/桶价值中枢。国际成品油贸易规模持续扩大，但原油贸易仍占主体地位。替代能源较快发展，但规模较小，尚难以对石油形成较大冲击。中国石油需求将进入低速增长阶段，成品油需求逐步进入平台期，炼油能力加速扩张将导致国内甚至亚太地区供过于求形势进一步加剧。

一、国际石油市场展望

1. 世界石油市场基本面整体呈微平衡态势

世界石油需求维持平稳增长，发展中国家依然是石油需求增长的主要来源。回顾2011—2016年，世界石油需求年均增速为1.3%，较2003—2007年2.0%的年均增速明显放缓，这背后既有金融危机后全球经济增长放缓的因素，也有能效提高、能源结构调整等原因。展望2020年，世界经济缺少再次走向繁荣的新动力，总体缓慢复苏，经济增速在3%～4%的区间。同时，能效提高使得经济发展对石油的依赖度减弱，低油价对石油需求的边际拉动效应继续下降，但石油替代能源受技术和经济性制约，快速发展尚需时日。预计石油需求总体将维持平稳增长，年均增速1.4%，2020年超过1亿桶/日。发展中国家处于经济发展和结构转型的关键时期，依然是世界石油需求增长的主要来源。发达国家清洁能源消费转型步伐加快，石油需求总体趋降，经合组织国家石油需求占世界比例将由 2016 年的 48%进一步下降至 43%，美国石油需求或因特朗普主张增加基建投资并回归传统石油业而有所增加。

世界石油供应能力总体保持增长，美国成为重要的机动供应国。2010—2014 年，世界石油供应在高油价的环境下快速增长，2014 年油价下跌以来，收益降低迫使全球石油生产商对上游油气的投资累计压缩了 47.5%，这将显著抑制未来几年石油产能增速，但成本压缩及效率提升使得石油生产者应对低油价的能力不断增强，石油供应能力总体保持增长。非欧佩克国家石油供应将明显增长，主要是美国增产潜力大。特朗普推崇美国“能源独立”，主张重振美国油气工业，加之页岩油生产收放灵活，美国原油产量有望恢复增长，并使美国成为重要的机动供应国。主要产油国短期内将执行限产协议，而美国页岩油生产会继续发展，各方势必展开供应博弈，持续限产的可能性不大。

世界石油供应可满足需求，供需调节节奏加快。世界石油市场在连续 3 年宽松后，预计 2017 年起石油供需将基本恢复平衡，2020 年前供应能力基本可以满足需求，美国对于供应的机动调节将令市场总体呈宽松平衡的状态，不会出现类似 2014—2015 年供应大量富裕的情形，也不会长时间供应大幅短缺。从石油市场的中长期规律来看，油价升降与供需松紧相互影响、相互制约，供需的深层调整需要较长时间，一个完整的市场变动周期往往达一二十年。随着技术进步加快、市场化条件成熟，石油市场供需双方调整的灵活性增强，未来石油供应和需求的调节节奏将加快，周期将缩短。

2. 国际油价运行的中值区间为 50～60 美元/桶

2020 年，国际油价将重返其价值中枢。供需基本面形势决定油价基本价值，美国页岩油供应调整灵活，其成本将成为重要的市场心理价位。由于美元正处于长期升值区间，预计 2020 年前将有 10%左右的升值空间，将对以美元计价的油价构成一定打压。综合判断，2020 年前油价在 40～80 美元/桶的范围内呈锯齿形波动将是大概率事件，油价运行的中值区间为 50～60 美元/桶，较 2016 年上移，但不会回归高油价时代。此外，值得注意的是，世界正处于动荡期，地缘政治、经济格局发生深刻变化，黑天鹅事件频发，特别是特朗普就任美国总统后施政方略的调整变化、欧盟分崩离析的潜在危机、中东矛盾复杂难解，这一切将不同程度地持续影响市场和油价。

3. 美国成为重要的石油输出国，国际成品油贸易规模持续扩大

世界石油消费增长将带动国际石油贸易总量继续增加。展望 2020 年，国际原油市场将形成北美、中东两大出口中心，随着原油产量的提升，美国将从当前的原油净进口国向重要的原油输出国转变，墨西哥和加拿大也将加大原油出口。中国、印度将保持全球石油需求重心的地位，中国将成为最大的原油进口国，2020 年原油进口量将达 800 万桶/日。

世界石油贸易将从以原油为主逐步向原油、成品油并重转变，成品油贸易重要性逐步提升。受世界各地资源禀赋、需求增长及炼油能力扩张速度各异等因素影响，成品油贸易流向

呈多元化发展。美国成品油出口目标市场不断增多；中东在炼油能力增长推动下，将大量出口成品油；亚太地区中国、韩国及印度成品油净出口国地位稳固；拉美和非洲炼油能力难以满足自身需求增长，仍需大量进口成品油。在全球成品油贸易中，传统的中短程运输将逐步转为跨区域的长距离运输和中短程运输并重（图 13-2-1）。

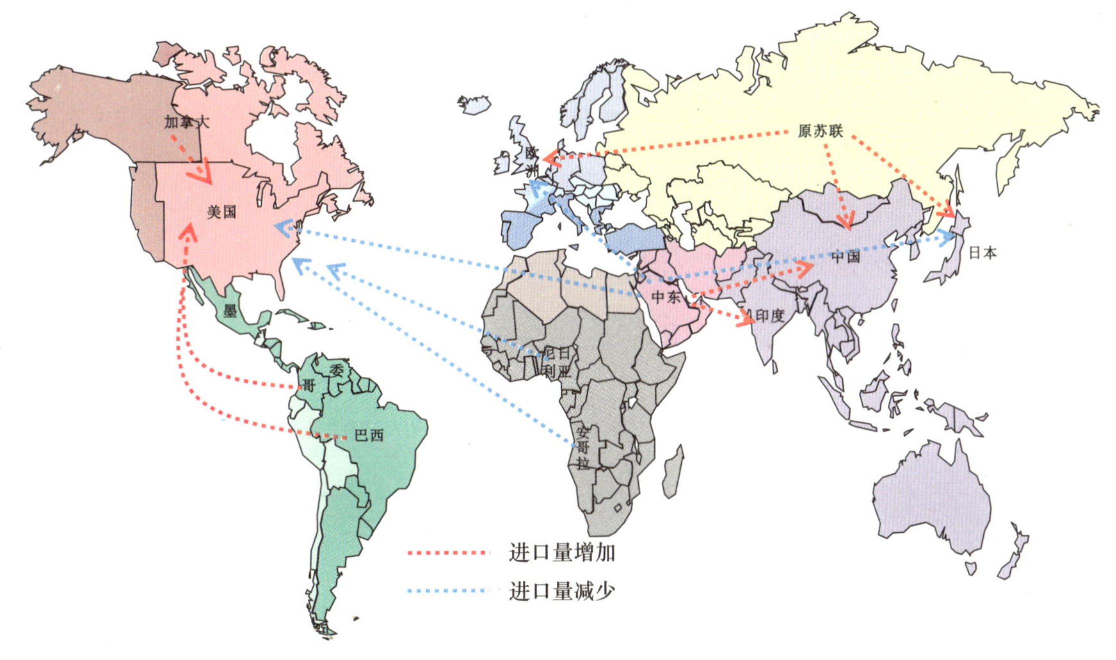

图13-2-1 原油贸易流向图

数据来源：中国石油集团经济技术研究院

4. 替代能源发展尚难以对石油形成重大冲击，石油利用由交通燃料向化工原料和交通燃料并重转变

石油在一次能源消费中的份额自 1973 年达到峰值 49%后一直处于下降态势，2010—2016 年降速趋缓，基本维持在 33%的水平。预计 2020 年，石油替代能源发展程度有限，石油消费占比基本保持不变。石油替代主要发生在发电、工业和客运交通等领域。发电和工业用油不断被天然气、可再生能源，甚至煤等燃料替代。客运交通用油面临电动汽车的严峻挑战，中国是最大的电动汽车市场，主要因政策扶持，但中国将逐步减少电动汽车补贴。从规模来看，2015 年全球电动汽车保有量为 1300 万辆，仅占全球汽车总量的 0.1%。考虑到电池技术近期难有突破性进展，预计 2020 年全球电动汽车增至 1 亿辆，占汽车总量的比例仍不到 1%，对石油消费的影响有限。

化工、货运交通以及航空、水上运输等领域的用油需求缺少有竞争性的替代能源，特别是石油化工行业的节油空间不大，缺少大规模的替代原料。由此来看，虽然石油作为燃料的重要地位将有所削弱，但作为化工原料仍有较好前景。石油利用将更多地由交通燃料向化工原料和交通燃料并重转变。

二、中国石油市场展望

1. 中国石油需求低速增长，成品油发展进入平台期

随着中国经济增长放缓以及经济结构变化，预计2020年中国石油需求进入低速增长阶段；成品油需求逐步进入平台期，需求增速由中速降为低速。具体而言，“十三五”重大项目陆续落地，将一定程度上支撑交通运输业、建筑业的柴油需求，但随着经济转型和传统工业调整，柴油需求将呈现负增长；受乘用车持续快速发展的推动，汽油需求将保持中速增长；中国民航业仍处于大众化和多元化发展的重要时期，煤油保持中高速增长。同期，多种替代能源凭借环保、经济、政策优势，将得以快速发展，2020年较2016年共增长1800万吨，增量贡献主要来自天然气（44.4%）、燃料甲醇（5.2%）、煤制油（31.6%）、电动汽车（18.8%）。综合预计，2020年石油和成品油需求分别达到6.08亿吨和3.41亿吨，增速均为2%左右（表13-2-1）。

表13-2-1　2016年与2020年中国石油市场变化情况

项目	2016年（估计）	2020年(估计)	年均增速
原油产量（亿吨）	1.98	2.00	0.3%
原油加工量（亿吨）	5.39	5.91	2.3%
石油消费量（亿吨）	5.56	6.08	2.3%
石油消费弹性系数	0.42	0.34	-5.1%
石油消费强度（吨/亿元）	0.13	0.11	-4.1%
石油净进口量（亿吨）	3.56	4.08	3.5%
石油对外依存度（%）	64.4	67.1	1.0%
汽煤柴产量（亿吨）	3.45	3.90	3.1%
汽油产量（亿吨）	1.28	1.55	4.9%
煤油产量（亿吨）	0.40	0.5	5.7%
柴油产量（亿吨）	1.78	1.84	0.8%
汽煤柴消费量（亿吨）	3.13	3.41	2.2%
汽油消费量（亿吨）	1.19	1.43	4.7%
煤油消费量（亿吨）	0.31	0.38	5.2%
柴油消费量（亿吨）	1.63	1.60	-0.5%
汽煤柴净出口量（亿吨）	0.33	0.49	10.4%
消费柴汽比	1.37	1.12	-4.9%
替代能源替代量（亿吨）	0.30	0.48	12.5%

数据来源：中国石油集团经济技术研究院。

2. 中国炼油能力过剩，成品油出口量大幅增加

2020年，中国炼油能力将达到8.7亿吨/年，产能过剩形势将持续加剧，成品油净出口量将接近5000万吨。一方面，全球炼油能力充裕，亚太市场竞争尤为激烈，而中国成品油出口仍存在运输成本高、品质与目标市场差异较大、接卸港口配套措施不健全等问题，都将为中

国成品油出口带来不确定性。另一方面，随着“一带一路”战略逐步实施，贸易政策不断释放，中国将加快开拓“一带一路”沿线国家成品油市场，也将为成品油出口带来新的机遇。

3. 各省成品油供需情况各异，区域发展不平衡

按区位商的方法测算，东北、华北、华南的成品油需求增长空间较大。考虑各省的炼化布局，预计2020年东北和华北地区汽柴油出现严重的供应过剩，但西南和华中地区汽柴油将存在供需缺口（图13-2-2）。

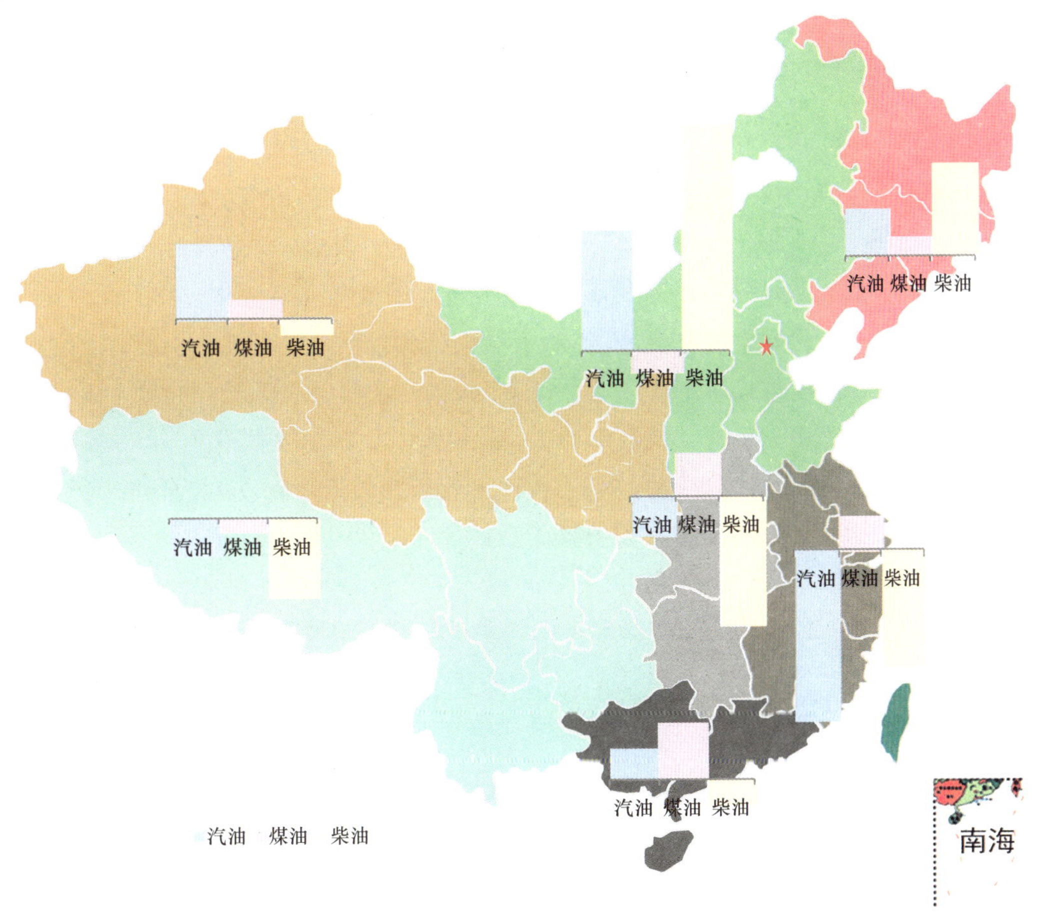

图13-2-2　2020年各区域汽煤柴油供需差

数据来源：中国石油集团经济技术研究院

4. 市场化改革加速推进，市场格局重塑

到2020年，中国市场定价机制基本完善，科学、规范、透明的价格监管制度和反垄断执法体系基本建立，价格调控机制基本健全。自2009年5月《石油价格管理办法》颁布以来，国内成品油价格与国际原油价格密切联动，尤其在2013年3月新机制出台后，计价周期由22个工作日减少到10个工作日，限制波动幅度由4%调整到50元/吨，此后调价频率逐渐加快，中国成品油价格已基本完成“准市场化”的过渡阶段。2015年10月15日，国务院发布

《中共中央国务院关于推进价格机制改革的若干意见》(以下简称《意见》),为石油、天然气、电力等领域的价格改革划定了清晰的时间表。《意见》明确指出,按照"管住中间、放开两头"总体思路,推进油气价格改革,促进市场主体多元化竞争,还原能源商品属性。同时强调,建立市场决定价格的机制,择机放开成品油价格,加快推动中国石油资源的合理配置。

到 2017 年,竞争性领域和环节价格基本放开,政府定价范围主要限定在重要公用事业、公益性服务、网络型自然垄断环节。国内部分地区若能在 2017 年如期放开成品油价格,使主营单位价格下行与社会单位趋同,国内批发环节完全竞争市场开始形成,零售环节也将成为国内成品油销售的主战场,则 2020 年国内成品油市场竞争将成为常态。

思考与建议

油价将回归价值中枢 美国页岩油做为新的全球石油市场的调节者,提升了石油工业整体的运行效率,石油供需关系调整节奏加快,但油价不会大幅上涨。石油企业必须坚持低成本战略和创新发展战略才能在发展中立于不败之地。

中国成品油出口空间有限 成品油出口已经成为中国解决产销矛盾的重要抓手。目前,中国已经恢复成品油出口退税政策,未来一段时间将促进一般贸易出口和进料加工贸易出口数量。但亚太地区炼油工业快速发展,新加坡、韩国、日本、印度等传统出口强国仍具有强大竞争力,中东、美国等地区也因炼油能力扩张而不断增加出口,中国成品油出口的目标市场空间将被逐步挤占。

国内成品油市场竞争加剧 随着市场放开以及成品油资源供过于求,中国成品油市场竞争将愈加激烈。在成品油市场化改革不断推进的过程中,与之相匹配的监管水平至关重要。加强对炼厂石油流量、流向的统计和监督,提高对税收缴纳和油品质量升级等核查工作的监管,将为市场公平有序竞争提供保证。

(本节撰写人:王 婧 李 然)

第三节 国内外天然气市场 2020

2020 年前,全球天然气需求增速稳中趋缓,消费重心继续东移。全球天然气产量增速放缓,LNG 供需剩余扩大。全球天然气贸易快速增长,区域市场联动性增强。国际气价维持相对低位,油气价格关联性减弱。中国天然气需求将保持中高速增长,进一步扩大需求有赖政策推动。多元化供气格局蔚然形成,市场供需宽松形势不改。市场化改革步入快车道,非居民气价有望全面放开。储气调峰能力虽有改善但依然不足,季节性供需矛盾仍将持续。

一、国际天然气市场展望

1. 全球天然气需求增速稳中趋缓，消费重心继续东移

预计 2016—2020 年，全球天然气消费量增至 3.76 万亿立方米，年均增速从过去 10 年的 2.2%降至 1.6%左右。受经济放缓、替代能源发展较快、区域市场和贸易机制不够成熟等因素推动，全球天然气需求增长慢于之前乐观预期。

全球天然气消费重心继续东移，亚太和中东地区天然气消费增量分别占全球 40%和 22%。亚太地区领跑全球天然气消费，但增速较过去 10 年放缓，受核电重启、煤电增加以及电力强度下降等影响，日本、韩国天然气需求将持续下降；由于进口成本降低和环保政策不断推进，中国、印度天然气需求有望回弹。中东地区 LNG 进口增加、伊朗天然气外输能力增强，天然气消费增速将持续高于全球平均水平，有望继北美和亚太地区后成为全球第三大天然气消费地区。北美地区天然气需求缓慢增长；欧洲碳排放标准趋于严格，大批煤电机组或被淘汰，天然气需求增速将由负转正（表 13-3-1）。

表13-3-1　2016—2020年分区域天然气消费量　　单位：亿立方米

区域	2016年	2017年	2018年	2019年	2020年	2005—2015年平均增速	2016—2020年平均增速
北美	9778	9914	10014	10074	10134	2.1%	1.0%
拉美	1762	1774	1787	1799	1812	3.5%	0.7%
欧洲	4215	4362	4444	4504	4543	−2.1%	2.4%
欧亚大陆	5793	5677	5621	5592	5581	0.1%	−1.4%
中东	5152	5283	5418	5556	5699	5.8%	3.1%
非洲	1443	1491	1541	1592	1645	4.8%	3.9%
亚太	7125	7355	7599	7867	8144	5.4%	3.2%
合计	35266	35853	36418	36981	37555	2.2%	1.6%

数据来源：中国石油集团经济技术研究院。

发电仍是天然气最大消费部门，但增速大幅放缓。受可再生能源挤压和与低成本煤电竞争激烈影响，预计 2016—2020 年在全球天然气新增需求中，发电用气的占比将从过去 10 年的近 1/2 降至 1/3，其中以美国等 OECD 国家发电用气需求放缓最为严重。与 2016 年全球天然气消费结构相比，2020 年发电用气占比由 42%微降至 41%，工业用气占比由 23%增至 25%，民商用气占比由 20%降至 19%（图 13-3-1）。

2. 全球天然气产量增速放缓，LNG 供需剩余扩大

预计 2016—2020 年，全球天然气产量年均增速为 2%左右，较过去 10 年下降 0.4 个百分点。需求回调与投资下滑将对全球天然气生产形成打压，非 OECD 亚太、中东、欧亚大陆、拉美和欧洲产量增速均下跌；北美和亚太地区将贡献全球天然气生产增量的 60%，产量在全球的占比从 27%和 15%增至 28%和 17%。美国管输能力增强，钻机效率提高，气价回升，产

量将逐步回弹。随着多个LNG新项目上产，澳大利亚2020年产量有望翻一番。

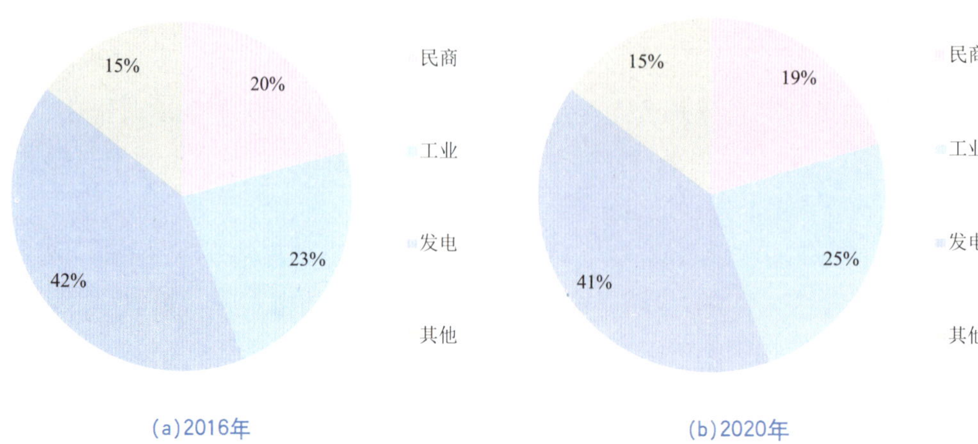

(a)2016年　　(b)2020年

图13-3-1　2016与2020年全球天然气消费结构

数据来源：IEA

全球LNG供过于求将加剧，供应能力剩余将从2015年的5500万吨/年扩大到2020年的7700万吨/年。2010年以来，基于对市场需求的乐观判断，天然气生产商在全球各地陆续启动了一大批LNG项目，这些项目将在今后几年密集投产。2016—2020年，全球规划、设计、在建LNG总液化能力达3.34亿吨/年。由于投资风险增加、供应商现金流和利润空间缩减，投资较大和收益率较低的在建项目将被推迟，未进入最终投资决定（FID）的项目可能被搁置，预计2020年全球LNG液化能力达到4.32亿吨/年，低于计划32%，但仍较2015年大幅增加42%（图13-3-2）。

3. 全球天然气贸易快速增长，区域市场联动性增强

全球天然气贸易将保持高速增长。受惠于市场供需宽松和进口成本降低，预计2020年贸易量较2016年提升约1/3，年均增速保持在7%左右，LNG在全球天然气贸易中的占比由32%提高至34%。

LNG供需区域分布格局发生改变。LNG供应多元化发展，全球LNG出口重心从中东向亚太和北美地区转移。2016—2020年，亚太LNG液化能力占比从34%增至35%，澳大利亚于2018年前后取代卡塔尔成为全球第一大国；北美占比从2%增至16%，美国将于2020年前后超过澳大利亚成为第一大国；中东和非洲占比则从33%和20%跌至24%和13%；拉美、欧亚大陆和欧洲占比变化较小。传统LNG买家需求疲弱，东北亚日、韩LNG进口将持续下降。欧洲基础设施完备、市场化水平较高，LNG进口量将持续复苏（图13-3-3）。

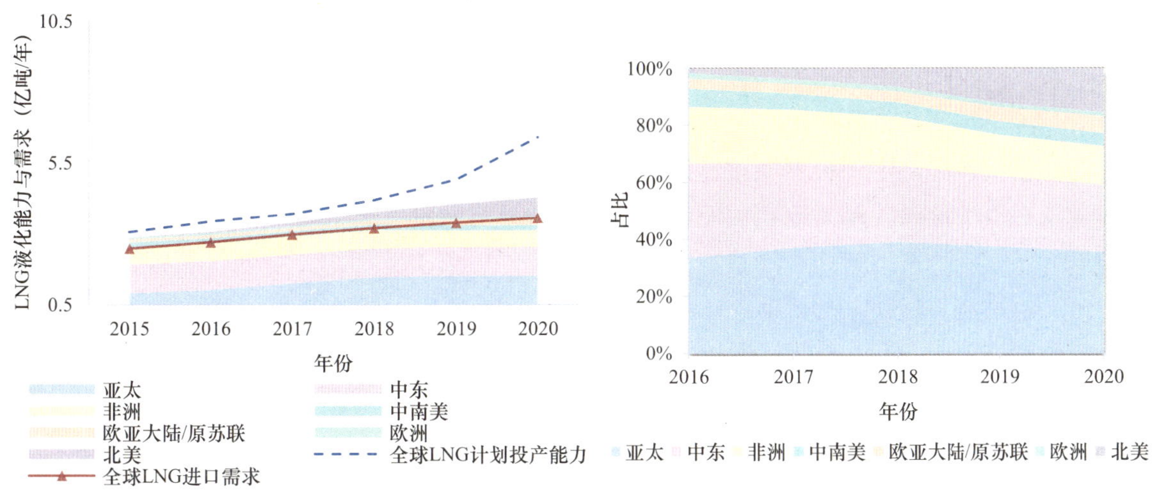

图13-3-2 2015—2020年全球LNG液化能力与需求

数据来源：IHS，中国石油集团经济技术研究院

图13-3-3 2016—2020年分区域LNG液化能力占比

数据来源：IHS，中国石油集团经济技术研究院

欧亚天然气市场联动加强。随着供需宽松带来的气价大幅下降，供应商趋利而动，天然气贸易量增长。欧亚大陆间的管道联通，如中俄、中亚与俄欧天然气管道，促成了欧亚天然气市场的价格联动。随着美国增加 LNG 出口，这种联动还将从欧亚传导到北美，目前体现在全球天然气现货价格的区域差异缩小，以后将带动长贸价格的联动。

在市场全球化加速和资源流动性增强的影响下，LNG 贸易的灵活度继续提高，目的地条款逐步被淘汰，现货及中短期合同比例增加，浮式液化装置（FLNG）和浮式存储气化装置（FSRU）数量持续增多。

4．国际气价维持相对低位，油气价格关联性减弱

受全球天然气需求增速趋缓、市场供需宽松逐渐收窄影响，国际气价呈震荡微升走势，但难以升至过去 5 年的水平。预计 2016—2020 年，美国 HH 价格将由 2.5 美元/百万英热单位缓慢上升至 3.3～4 美元/百万英热单位；英国 NBP 价格将由 4.6 美元/百万英热单位震荡上升至 5～5.7 美元/百万英热单位；东北亚 LNG 进口平均价格将从 7 美元/百万英热单位逐步回升至 11 美元/百万英热单位；LNG 现货均价 6 美元/百万英热单位左右。

油气价格关联性减弱，天然气独立性增强。随着全球天然气市场规模增大，市场间联动性（首先表现在欧亚市场）增强，特别是欧美天然气交易中心发展成熟，LNG 现货占比快速提升，未来天然气价格与国际油价的关联性将进一步削弱。目前，长贸价格基本与油价挂钩，未来将会逐步脱节。美国已经提供了一个油气价格独立的范例。

二、中国天然气市场展望

1. 天然气需求呈中高速增长，受政策影响显著

环保依然是推动中国天然气市场发展的主要动力。继《大气污染防治行动计划》后，国家或将出台更为严格、覆盖面更广的环保政策，天然气持续替代高污染燃料。中国将继续加快天然气市场化改革，推动气价更具市场属性、输配价格更趋合理，天然气基础设施第三方准入进入实践阶段，价格改革及体制改革的红利有望释放天然气市场需求。

在基准情景下，预计2020年中国天然气需求达2800亿立方米，年均增速8%。天然气利用结构进一步优化，发电用气占比升至20%以上，化工用气占比降至10%以下，城市燃气和工业用气占比小幅提升。城市燃气用气量将超过1000亿立方米，居民用气人口将超4亿，生活用气量稳步提升；中央要求加快推进北方地区冬季清洁取暖，拉动采暖用气量较快增长；交通用气主要受LNG重型货车拉动稳步增长。中国气电装机将达1亿千瓦，发电用气量达600亿立方米。燃气分布式及燃气热电联产成为推行“煤改气”的重要方式，在京津冀、长江三角洲、珠江三角洲等地区较快推进。工业用气量将超过850亿立方米。环保约束下，天然气替代煤炭力度加大，工业燃气锅炉数量有望较快增长。随着化肥用气价格的全面放开，低成本原料气失去政策保障，气头化肥企业难以扭转经营困难，化工用气总体呈小幅下降趋势（图13-3-4）。

在政策推动情景下，预计2020年中国天然气需求达3200亿立方米，年均增速12%。中国散烧煤基量大、污染重，天然气在工业、采暖等领域替代散烧煤空间广阔。但受制于经济性较差、环保政策执行不到位等因素，工业企业“煤改气”积极性较弱，部分地区采暖“煤改气”推进不及预期。未来若天然气价格改革到位，非居民气价有望下浮，加之环保硬约束继续强化，政府扶持清洁能源力度加大，“煤改气”有望拉动天然气需求大幅提升（图13-3-5）。

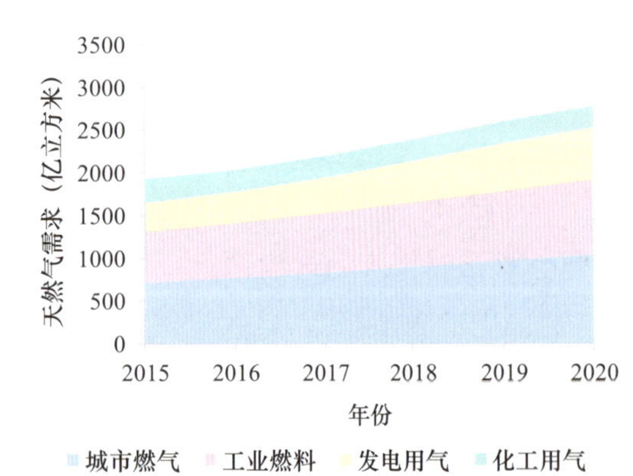

图13-3-4　2020年天然气需求展望（基准情景）

数据来源：中国石油集团经济技术研究院

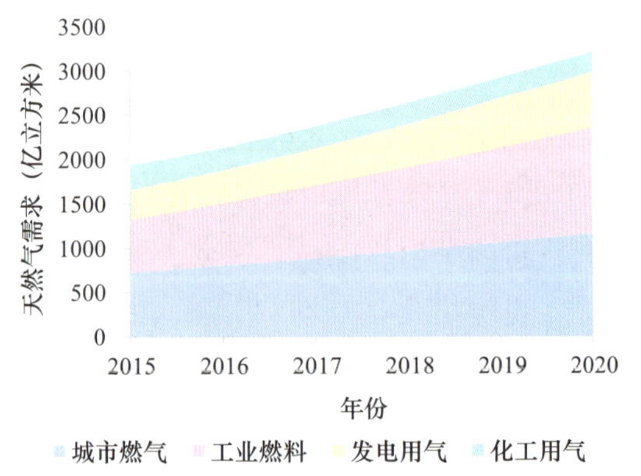

图13-3-5　2020年天然气需求展望（政策推动情景）

数据来源：中国石油集团经济技术研究院

2．多元化供气格局形成，市场供需继续宽松

中国天然气供需总体宽松。预计 2020 年供应能力将达到 3200 亿立方米，国产气供应量将达 2000 亿立方米。其中，常规天然气稳健增至 1700 亿立方米；页岩气达 150 亿立方米，较难实现国家规划目标；煤层气利用量稳步升至 150 亿立方米；煤制气 50 亿立方米，受技术、经济、环境等多重因素影响发展缓慢。

中国天然气进口能力大幅提升。随着中亚 D 线、中俄东线项目有序推进，预计 2020 年管道气进口能力将超过 1000 亿立方米，管道气进口量将保持较快增长。中石化天津南港、广汇启东、新奥舟山 LNG 接收站和现有接收站二期在建项目陆续投产，中国 LNG 总接收能力将超过 6000 万吨/年，完全能够满足 LNG 进口需求。

央企、地方国企、民企群雄逐鹿，供气主体多元化。九丰集团、华电集团、新奥能源等企业目前已签署的 LNG 进口合约超过 200 万吨/年，未来将继续增多。广汇能源、新奥能源、华电集团等企业也将加快推进 LNG 接收站建设。

3．市场化进程加快，市场运行机制进一步完善

非居民用气价格有望全面放开，居民气价改革稳步推进。继政府陆续放开进口 LNG、页岩气、直供用户、化肥用户门站价格，中国非居民用气价格有望较快全面放开，更多气量将进入交易平台，实现市场定价。

输配价格更趋合理。新版《天然气管道运输价格管理办法（试行）》将于 2017 年执行，跨省长输管道运价全面重新核定，价格更透明、公开、合理。预计下一步改革重点将转向区域输配管网。2016 年 8 月，政府发文要求加强对地方天然气输配价格监管，广东、浙江、江西等省纷纷下调了省管网输配价格，预计未来地方输配气费率将更趋合理化。

未来几年，在供需形势总体宽松、供气主体日趋多元的市场形势下，全国多数地区“气—气竞争”的市场态势将愈演愈烈，价格涨跌体现供需关系，市场运行机制进一步完善。

4．储气调峰能力小幅改善但仍不足，季节性供需矛盾难以缓解

2020 年前，中国调峰形势仍然严峻。在清洁采暖需求拉动下，未来北方地区季节性峰谷差将进一步拉大。“十三五”期间，随着中石油已建成储气库（群）逐步扩容，中石化“文 23”等储气库建成投产，2020 年，中国储气库调峰能力有望升至 150 亿立方米，约占天然气消费总量的 5%，较 2015 年有所提升，但仍远低于发达国家 15%左右的水平。即使考虑 120 亿立方米的 LNG 调峰能力，尚有近 100 亿立方米的调峰缺口需要弥补。

思考与建议

中国天然气需求增长需多方政策引导 中国中长期天然气需求空间不确定性与相关政策不确定性并存。要实现2020年天然气占比达到10%的能源结构目标，需要继续加快天然气市场化改革，健全市场机制，强化环境约束，体现环境成本，多方引导培育，释放天然气市场活力。

季节性供需矛盾突出有碍市场健康发展 "十三五"期间，中国储库调峰能力建设滞后于市场需求，天然气供应企业仍需通过气田调峰、用户压减等手段实现调峰需要，既违背气田的科学开采规律，也不利于市场的健康、可持续发展。

（本节撰写人：王新哲　樊　慧）

第四节　国内外油气勘探开发2020

2020年前，随着油价回升，全球勘探开发投资将逐渐恢复，剩余探明可采储量保持稳定增长，油气产量在2017年下降，此后恢复增长。国内油气上游投资有望逐步恢复，但难以达到2013年的高峰，新增油气储量中非常规致密油气比重增加，油气产量有望保持油稳气增。

一、全球油气剩余探明可采储量增长，油气生产新格局正在形成

1．上游投资缓慢恢复，油气储量可保持增长

随着油价在2016年初触底后震荡回升，全球油气上游投资已从2016年中期开始出现好转，预计到2020年，全球油气勘探开发投资将由2016年的3752亿美元恢复至5765亿美元，但难以达到7000亿美元的高峰水平。

由于上游勘探投资下降，2015年全球石油剩余探明可采储量自2000年来首次出现下降，降幅0.2%；天然气剩余探明储量基本维持稳定。随着投资逐步恢复，2020年全球油气剩余探明可采储量可保持2410亿～2450亿吨和190万亿～195万亿立方米的水平。

2．低油价对产量滞后影响逐渐消除，新格局正在形成

在高投资期的一些油气生产项目的陆续投产保证了低油价下全球石油产量继续小幅增长，但勘探开发投资连续3年削减可能对全球油气产量产生滞后影响。欧佩克和部分非欧佩克产油国将在2017年1月实施限产协议，预计全球石油产量在2017年出现小幅下降后回升。勘探开发投资回升也将刺激未来全球油气产量保持增长态势。预计2020年，油气产

量分别达 45 亿吨和 4.05 万亿立方米，年均增幅分别为 1.5%和 2.5%，石油产量增长主要来自传统产油国。

在目前的经济和技术水平下，高成本、难动用等劣质资源不具有开发价值，但随着技术进步和油价回升，这些资源将越来越多地可能转变为经济可采资源。未来油气产量增长的重点区域将是里海区域、非洲海上和巴西盐下。随着哈萨克斯坦卡沙甘项目复产、田吉兹油田扩建项目以及阿塞拜疆沙赫杰尼兹气田 2 期项目陆续投产，将带动里海周边国家油气产量增长；非洲海上多数未获审批的项目将推迟到 2020 年后生产，之前产量不会大幅增长，但埃及地中海 Zhor 气田计划在 2017 年投产，2020 年产量可达 7650 万立方米/日，埃及天然气产量可增至 770 亿立方米。巴西盐下石油产量虽有较大增长空间，但巴西政府对外国公司参与盐下油田开发设限，且油价下跌，致使巴西深水项目推迟，2020 年前产量不会大幅增长。美国页岩油产量还将保持快速增长，2020 年页岩油产量将达 508 万桶/日，年均增幅 4.7%。

二、 国内油气产量保持油稳气增

1. 上游投资由减转增，非常规油气储量可望增长

国内油气勘探开发上游投资已经延续 3 年递减，2015 年跌至 2500 亿元人民币。随着油价企稳，投资可能有一定程度恢复，预计 2020 年可恢复至 3000 亿元人民币左右，离 2013 年高峰期的近 3700 亿元人民币上游投资高峰还有较大距离。

勘探开发投资减少可能导致未来几年新增探明石油可采储量下降。预计 2020 年，中国石油剩余探明可采储量仅可维持 25 亿吨水平；天然气剩余探明储量可增至 4 万亿立方米以上，年增幅约 1.8%。随着非常规油气勘探的深入，致密油、页岩油气和煤层气的探明可采储量预计将有较大幅度增长。

2. 原油产量努力维稳，非常规气增产有潜力

低油价带来的减产以及老油田产量递减会导致后期增产潜力不足。尽管致密油等非常规油的生产可能有较大突破，预计 2020 年之前，国内原油产量将徘徊在 2 亿吨水平。天然气产量受需求和进口刚性增长影响存在不确定性，预计为 1800 亿~1950 亿立方米。非常规天然气增产潜力较大，其中，页岩气有望达到 150 亿立方米，煤层气地面开采可实现 100 亿立方米（表 13-4-1）。

表13-4-1　2020年中国油气产量预测

年份	原油产量（亿吨）	天然气产量（亿立方米）			
		常规气	页岩气	煤层气（地面开采）	合计
2016年	1.98	1260	70	48	1378
2020年	2.0	1700	150	100	1950

数据来源：中国石油集团经济技术研究院。

思考与建议

中国海外油气投资布局要适应新格局 全球油气生产新格局逐步形成，油气生产分布发生变化，中国海外油气投资布局应做相应调整，确保国家油气供应安全。

保障石油供应安全需设定国内基础供应 持续低油价导致效益大幅减少甚至亏损，石油生产企业被迫减产，国内原油产量大跌7%，破2亿吨，中国原油对外依存度将突破70%，严重威胁到国家石油供应安全，国内基础供应设限应引起足够重视。

（本节撰写人：汪 红 张燕云）

第五节 国内外炼油业2020

2020年前，世界炼油能力继续较快增长，炼油毛利总体将低于2015年水平，各地区炼油业发展不平衡，炼油业加快全球化步伐，区域竞争加剧。中国炼油能力仍将较快增长，过剩形势严峻，成品油市场竞争加剧，油价回升使得炼厂成本上升，炼油毛利可能难以维持较高水平。

一、世界炼油业展望

1．全球炼油能力稳步增长，炼油毛利较低

全球目前仍有大批炼油项目处于在建和计划之中，其中大部分新建炼油项目集中在亚太和中东地区，预计2020年前，全球新增炼油能力约3.3亿吨/年，炼油总能力有望达51.8亿吨/年。期间，由于全球经济增长放缓、能效提高、替代能源发展等因素，油品需求增速将有所放缓，世界炼厂原油加工量和开工率将维持较低水平，2020年前，世界炼油毛利总体将低于2015年高峰期水平（表13-5-1）。

表13-5-1 2020年世界各地区新增炼油能力情况

单位：万吨/年

国家和地区	新增能力
亚太	19135
中东	8997
北美	1200
非洲	650
拉美	950
原苏联	1019
地中海国家	1000
世界总计	32951

数据来源：中国石油集团经济技术研究院，PIRA。

2. 亚太炼油能力过剩严重，“一带一路”沿线炼油能力将大幅增长

世界炼油业将保持亚太、北美、西欧、中东“四分天下”的格局，而炼油重心将继续东移动。中东、美国、中国、印度和俄罗斯等国炼油工业在满足国内需求同时，将向欧洲、拉美、亚太和非洲增加出口过剩炼油产品。西欧、日本等地炼油业将面临新一轮调整或关闭。全球清洁油品和船用燃料规格日趋严格，主要地区油品规格加快升级后逐步趋同，将使炼油工业和油品贸易加快全球化。区域内和区域间炼油业竞争将加剧，一些有竞争力的炼厂将从炼油全球化中受益，而另一部分国际竞争力不强的炼厂将受到冲击，甚至被淘汰。亚太地区炼油能力和主要成品油区域过剩日益凸显，炼油毛利将处于全球较低水平，炼厂开工率持续承压。

“一带一路”沿线国家炼油工业发展仍有上升空间。一些国家炼厂设施老旧、工艺水平较落后，将持续投资加快对炼厂进行升级改造以提升油品质量，同时还将有多座新建炼厂建成投产，新建项目主要集中在印度、沙特阿拉伯、马来西亚、越南等国。亚太地区“一带一路”沿线国家炼油能力将新增近2亿吨/年，中东地区将新增能力约9000万吨/年，而炼油能力一直短缺的拉美和非洲炼油能力也有望提升以缓解成品油进口压力（表13-5-2）。

表13-5-2　2020年前“一带一路”国家和地区新增炼油能力情况　　单位：万吨/年

国家和地区	地点	公司	新增能力
马来西亚	Johar	马来西亚国家石油	1500
越南	宜山	越南国家石油	1000
	永罗	Technostar	800
文莱	大摩拉岛		800
印度		Kochi Refineries Ltd.	1800
中国			12000
亚太其他地区			1235
亚太地区合计			19135
伊朗	阿巴丹	伊朗国家石油公司	560
	阿巴斯港	伊朗国家石油公司	979
伊拉克	巴士拉	伊拉克国家石油公司	350
	卡尔巴拉	伊拉克国家石油公司	700
科威特	祖尔	科威特国家石油公司	3075
	Mina Abdulla	科威特国家石油公司	855
沙特阿拉伯	吉赞	沙特阿美	1875
	朱拜勒	SATORP	200
阿曼			403
中东地区合计			8997
非洲			648
拉美			950
原苏联地区			1019

数据来源：中国石油集团经济技术研究院，PIRA。

二、中国炼油业展望

1. 炼油能力将升至8.7亿吨/年，过剩能力至少1.1亿吨/年

中国炼油能力仍将继续快速增长，或将导致严重过剩。进入新常态后，国内成品油需求增速放缓，但近几年低油价下炼油毛利总体较好，早已确定的一些在建项目投产，加上“两权”放开刺激国内民营企业加大扩能，预计2020年，中国还将新增炼油能力1.2亿吨/年，总能力将达8.7亿吨/年（表13-5-2）。考虑需求以及出口空间后，2020年中国炼油能力至少过剩1.1亿吨/年；再考虑亚太地区一些传统进口国近年新建或改扩建炼厂，成品油自给率提高、进口减少，中国炼油能力过剩程度将进一步加剧，可能达1.5亿吨/年以上。由于油价回升使得炼厂成本上升，行业多元化主体格局进一步发展，未来炼油毛利难以维持较高水平，炼油能力过剩加剧导致成品油市场竞争加剧（表13-5-3）。

表13-5-3　2020年前国内基本确定投产的炼油项目　　单位：万吨/年

投产年份	企业名称	所属集团	新增能力	省份	建设进度
2020年前	云南石化	中石油	1300	云南	2017年投产
	华北石化（改扩建）	中石油	500	河南	2017年投产
	惠州炼厂（二期）	中海油	1000	广东	2017年投产
	大榭石化（改扩建）	中海油	600	浙江	在建，2018年底建成
	恒力石化	恒力	2000	辽宁	在建，2019年投产
	一泓石油化工	浅海	1500	河北	在建，2019年投产
	中科大炼油	中石化、科威特等	1000	广东	中外合资，2019年投产
	盛虹石化	盛虹	1600	江苏	二次环评，着手建设
	舟山石化（一期）	荣盛、巨化等	2000	浙江	二次环评，着手建设
	其他地方炼厂	—	500	—	—
	合计		12000		
2020年后	东方石化	中石油、俄罗斯	1300	天津	规划
	揭阳石化	中石油、委内瑞拉	2000	广东	规划
	古雷石化	中石化	1600	福建	规划
	华锦石化（新建）	中国兵器	1500	辽宁	规划
	曹妃甸（一期）	中石化	1500	河北	规划
	西中岛（一期）	中石油	1500	辽宁	规划
	上海漕泾	中石化	2000	上海	规划
	合计		11400		

数据来源：中国石油集团经济技术研究院。

2. “两权”继续放开，地方炼厂崛起将使中国炼油业格局发生较大变化

随着地方炼厂崛起，成品油市场竞争加剧。2020年前，“两权”将继续对地方炼厂放开，

随着获批的浙江舟山石化、辽宁恒力石化等多个千万吨级民营炼油大项目的陆续建成，地方炼厂产能规模占比将接近 1/3。预计 2020 年，地方炼厂原油进口总量将达 1 亿吨，占国内原油进口总量的 25%左右，成为原油进口的生力军；地方炼厂市场份额或将从 2016 年的 23% 增至超 30%，凭借价格优势及其经营的灵活性，其对市场批发价的影响力进一步增强；地方炼厂逐步整合销售终端，质量水平和品牌能力将有所提升。成品油市场面临民企崛起，主营炼油企业存量市场和增量市场将受到严重冲击，市场竞争加剧（图 13-5-1）。

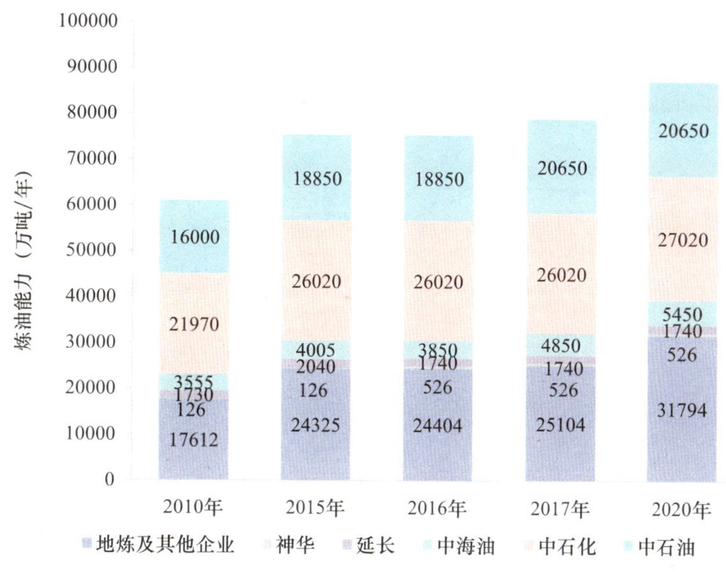

图13-5-1　2020年前国内分企业炼油能力

数据来源：中国石油集团经济技术研究院

3. 炼厂加快转型升级，节能减排绿色发展，推进智能化建设

未来炼油业面临油品质量进一步升级与产品结构进一步调整的双重压力。2019 年起，国Ⅵ车用汽柴油标准将在全国范围内实施，中国炼厂将集中优势力量，抓紧国Ⅵ标准汽柴油技术攻关，“一厂一策”推进油品质量进一步升级；同时加快研发相关技术，加快构建资源消耗低、环境污染少的绿色低碳型炼厂，在提高生产效率和产品性能的同时，降低成本，提升竞争力。随着工业化和信息化加速融合，“十三五”期间，中国将建成一批智能化炼油化工企业。

4. 借“一带一路”东风，“走出去”规模加大

炼油业“走出去”力度加大。尽管在流程优化及重油深加工、高端润滑油等方面中国炼油业与世界领先水平总体还存在一定差距，但目前既能依靠自有技术和装备建设世界先进水平的千万吨级炼厂，也能设计、建设、运行世界先进水平的百万吨级乙烯工程、百万吨级芳烃工程。中国石化企业已投资了至少 11 个海外炼化项目，炼油工程建设队伍多年来转战海外，参与了东南亚、中东、非洲、中亚等地不少炼厂的建设项目，中国炼油企业有实力有条件在 2020 年前进一步发展炼油业的国际产能合作。

思考与建议

防止产能继续过快增长 中国应加强炼油行业规划的约束，立足国内需求发展炼油业，做好炼油行业供给侧结构性改革，通过市场调节、油品升级淘汰落后产能以及政府关停并转不达标企业等多种方式进行产业优化升级。

注意避免“大进大出” 中国作为原油净进口大国，在原油进口保障中花费了大量的国家资源，不宜走“大进大出”“两头在外”的加工贸易之路。此外，进口大量原油再进行油品出口也不利于中国节能减排，油品出口的快速上升也需要炼厂进一步提升国际竞争力。

（本节撰写人：徐海丰　金　云　费华伟）

专题分析篇

专题一

未来几年油气行业进入新常态

新世纪以来，全球油气行业快速发展。2012 年以来，石油市场供需由紧张逆转为宽松，随着宽松程度的不断加大，油价于 2014 年下半年开始进入断崖式下降。经过两年多的调整，油气行业逐步进入“再平衡”阶段，未来几年油气行业将步入新常态。

一、石油供需关系调整节奏加快，油价围绕价值小幅频繁波动

自 2014 年国际油价大幅下降以来，全球油气行业开始回归供需再平衡的轨道。期间，美国得益于页岩油革命，成为国际石油市场中除沙特阿拉伯外又一个机动供应国，打破了行业原有格局，提升了市场运行效率。总体判断，未来几年石油供需基本平衡或略有宽松，美国作为完全市场化的机动供应国，有能力依市场行情变化及时做出响应，中期（2020 年之前）国际油价将因此围绕价值中枢呈小幅频繁波动态势。

从需求侧看，世界石油需求表现相对刚性，增长较为平稳，增长主要来自发展中国家。2020 年世界石油需求可达 1 亿桶/日，年均增幅 1.4%。新增需求主要来自于非 OECD 国家，OECD 国家可能会有小幅下降（图 1）。

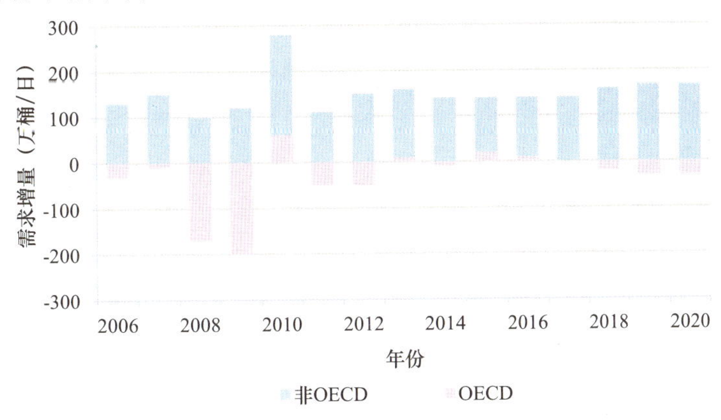

图1 2006—2020年世界石油需求变化

数据来源：中国石油集团经济技术研究院

从供应侧看，随着技术进步，大量资源进入经济可采序列，全球油气资源增长，供应相对充裕。过去 10 年，全球储采比持续增长，2005—2010 年储采比平均为 50 年，2011—2015 年上升为平均 53 年。同时，技术进步也促进了油气生产成本下降，最为突出的是美国，其平

均井口盈亏成本从2014年的70～80美元/桶降至2016年的30～40美元/桶（图2）。

从市场角度看，机动生产能力可迅速有效平衡市场的失衡。美国油气生产具有完全市场化的特点，作为全球石油市场一个新的机动供应国，生产商对市场价格信号反应迅速。相对于传统的机动供应国，主要是欧佩克国家，特别是沙特阿拉伯，美国的比较优势体现在：石油生产弹性大、市场化程度高，对油价的调节较为及时自如。因此，美国的机动生产能力可迅速有效释放。

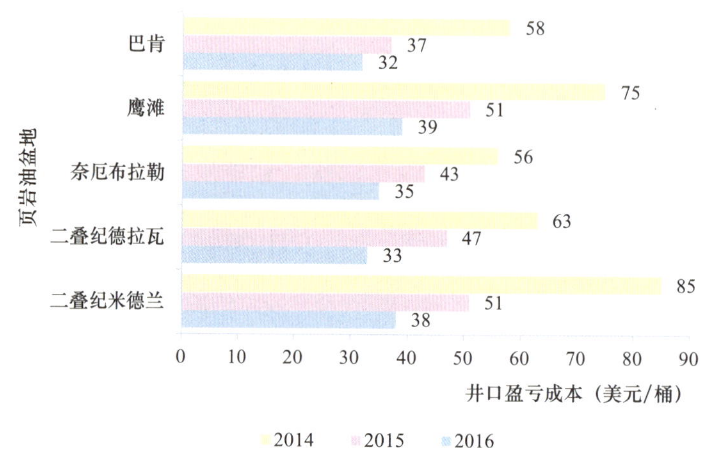

图2 美国主要页岩油盆地井口盈亏成本

数据来源：Rystad Energy

从长期历史规律看，油价将围绕价值中枢上下波动，石油更多地回归商品属性。以往，由于地缘政治、突发事件等原因使市场出现阶段性失衡，导致国际油价会出现大起大落，但在价格调节作用下，石油供需终将逐渐平衡，使油价回归价值本身。纵观半个世纪的市场变化，国际油价基本围绕50~60美元/桶的价值中枢波动。鉴于未来供应相对充裕，需求相对稳定，机动生产调整能力增强，供需较易于达成平衡，油价将更多地回归反映石油商品价值，围绕价值中枢波动。

二、全球天然气供应过剩，不同市场间联动加强，油气市场互动性减弱

全球天然气需求增长慢于预期，前期过于乐观的判断造成市场供应相对宽松，短期难以达成供需平衡。跨地区贸易增长致使地区间的价格联动增多，同时也增强了天然气市场的独立性。

天然气黄金时代没有如约而至。IEA在《世界能源展望2011》报告中提出“天然气黄金时代”情景，预计2008—2015年年均增速2.27%，2015—2035年年均增速1.67%。但现实发展中，天然气的黄金时代并没有到来，2008—2015年全球天然气消费量年均增速仅为1.85%；2015年中国天然气消费量1932亿立方米，远低于IEA预测的2470亿立方米，也低于中国石

油集团经济技术研究院预测的2300亿立方米。

全球天然气市场相对宽松。天然气生产商基于对市场需求的乐观判断，2010年以来在全球各地陆续启动了一大批LNG项目，这些项目将在今后几年密集投产。预计2020年前，全球天然气供应能力继续快速提升，产能较2015年增长近50%，增量主要来自澳大利亚、美国和俄罗斯。与此同时，受全球经济放缓、替代能源发展加速、区域市场和贸易机制不成熟的影响，预计2016—2020年全球天然气需求增速仅为1.5%甚至更低的水平，期末LNG富余能力将超过7000万吨/年，市场供应过剩进一步加剧（图3）。

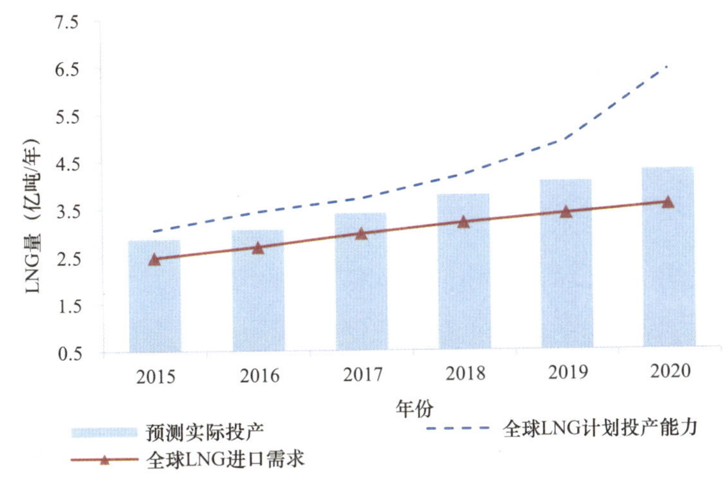

图3　2020年前全球LNG液化能力和需求变化

数据来源：中国石油集团经济技术研究院

天然气贸易活跃，欧亚天然气市场联动加强。随着供需宽松带来的气价大幅下降，供应商趋利而动，致使贸易量增长。欧亚大陆间的管道联通，如中俄、中亚与俄欧天然气管道，也促成了欧亚天然气市场的价格联动。随着美国增加LNG出口，这种联动还将从欧亚传导到北美，首先体现在全球天然气现货价格的区域差异缩小，以后也将带动长贸价格的联动。

油气价格关联性减弱，天然气独立性增强。随着全球天然气市场规模增大，市场间联动性增强（首先表现在欧亚市场），特别是欧美天然气交易中心发展成熟以及LNG现货占比快速提升，未来天然气价格与国际油价的关联性将进一步削弱，美国已经提供了一个油气生产独立的范例。目前，长贸价格基本仍与油价挂钩，未来将会逐步脱节，为了便于比较图4已将布伦特原油价格换算为“美元/百万英热单位”。

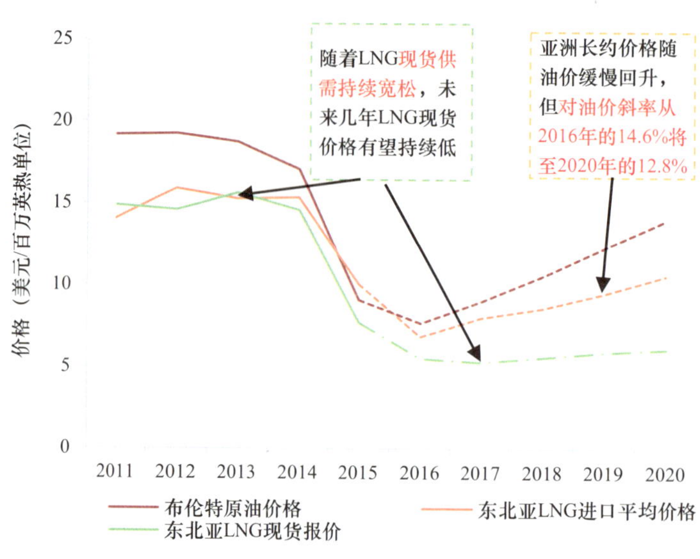

图4　东北亚LNG进口价格与布伦特原油走势

数据来源：中国石油集团经济技术研究院

三、美国“能源独立”和中国“一带一路”倡议促使石油地缘政治不断重构

美国“能源独立”趋势不会改变。美国能源政策与页岩油气革命相辅相成，期间美国石油对外依存度从2010年的60%降至2016年的32%（图5）。当选总统特朗普主张增加基础建设投资，虽然将刺激石油需求增长，但他的政策取向主张重视美国传统化石能源，对美国油气行业的长期发展利好。未来随着技术创新、生产成本降低以及特朗普新政，美国石油对外依存度将会进一步下降，美国能源独立将对世界经济政治格局产生显著而深远的影响。

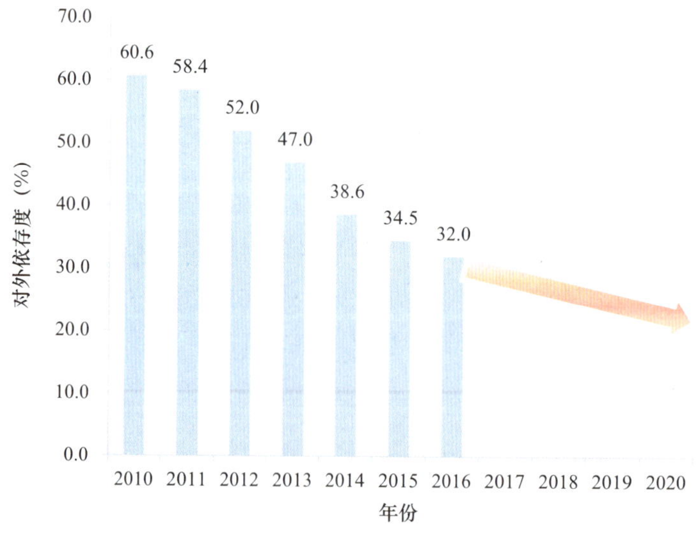

图5　美国石油对外依存度

数据来源：BP与中国石油集团经济技术研究院

欧佩克市场份额和影响力下降。欧佩克近年一直处于两难选择，油价过高，将刺激美国页岩油开发以及包括新能源在内的替代能源发展；油价过低，对石油高度依赖的国家经济不可持续。2016 年底欧佩克与以俄罗斯为代表的部分非欧佩克产油国达成联合减产协议，说明沙特阿拉伯年轻王储提出的不计油价增产保市场份额的策略在现实中遇到了压力。对于这些产油国来说，国际油价绝不仅仅是原油生产成本的简单反映，还要体现主要产油国的财政收支需求，事关政局与社会稳定。要改变这一现状并非易事，中期还难以看到成效。与此同时，非欧佩克原油生产国，特别是美国的生产成本持续下降，应对低油价能力显著提升。这“一升一降”将动摇欧佩克在未来石油市场的主导地位。近年来中东北非产油国财政收支平衡油价变化见表 1。

表1　中东北非产油国财政收支平衡油价变化　　单位：美元/桶

国家	2014	2015e	2016f	2017f
海合会国家	86.7	78.7	65.2	65.7
巴林	116.9	117.7	110.1	111.4
科威特	51.2	49.3	47.2	44.9
阿曼	108.8	90.2	80.2	82.2
卡塔尔	43.9	49.3	54.9	61
沙特阿拉伯	107	100.4	77.6	77.4
阿联酋	80.5	69.4	62.3	56.4
伊朗	119.1	83.8	73.9	68
尼日利亚	124.7	88.9	85.4	85.8
俄罗斯	103.5	73.1	66.1	74.6

资料来源：德意志银行。

油气生产西移，消费东移，区域不平衡加剧。生产方面，东半球的俄罗斯、中亚、中东和北非等资源国构成了传统石油供应链。西半球的北美和拉美地区构成非常规资源供应链，该地区剩余石油储量在世界石油总储量占比，已由 20 世纪 90 年代的 18%大幅升至 2015 年的 33%；石油产量占比由 2005 年的 24%上升至 2015 年的 28%。消费方面，传统欧洲市场正在萎缩，北美和欧洲油气消费渐近峰值，在全球石油消费中的占比将分别由 2015 年的 23%和 16%下降到 2020 年的 21%和 14%；亚太超过欧美成为最大的油气消费中心，消费占比全球三分之一。亚太地区资源不足需要大量进口，对外依存度越来越高，区域不平衡加剧，带来石油市场贸易流向的新变化。

中国“一带一路”倡议重塑地缘政治格局。中国在 2013 年提出“一带一路”倡议，其核心是创新合作模式，逐步形成区域大合作格局。共建“一带一路”的关键是寻找各方利益契合点，东南亚、中东、中亚俄罗斯乃至非洲，既是“一带一路”的重要节点，也是传统的油气资源国，充分发挥油气合作的龙头功能和框架作用，有助于深化相关合作，提升区域合作影响力。随着“一带一路”沿线国家合作的深入，终将对地缘政治格局调整产生带动作用。

四、替代能源加速发展，石油需求峰值提前

虽然化石能源在较长时期内仍然占据能源消费的主力地位，但新能源在环境需求和政策刺激作用下，正快速兴起。中长期来看，将成为改变石油需求增长轨迹的重要因素。

中长期内油气主体能源地位不会动摇，石油和天然气将长期占据全球一次能源消费的半壁江山。在相当长的时间内，石油和天然气仍将是支撑人类社会发展的主体能源。

温室气体减排和大气污染治理迫使能源结构加快转型。巴黎气候大会后，气候变化问题成为引导未来能源供需走向加速转变的重要因素，实现低碳发展已是未来能源行业的主题。《巴黎气候协议》已于2016年11月4日正式生效，这一有约束力的全球性新协议将会抑制传统化石能源消费增长，推动新能源加快发展。

交通运输业是实现新能源发展迅速替代的主要方向。无论是中国还是世界，包括电动汽车在内的新能源汽车均快速发展。全球的新能源汽车销量从2009年的0.56万辆增加到2015年的62万辆，保持了119%的年复合增长率（图6）。2016年1—11月，中国的新能源汽车销量为40.2万辆，同比增长62.7%，保有量近90万辆；新能源汽车替代2016年成品油约70万吨，占全国成品油消费量的0.6%。随着规模效应加大和技术成本下降，新能源汽车将呈加速发展的趋势，虽然目前对成品油消费影响有限，但中长期来看，将成为影响石油消费的重要因素之一。

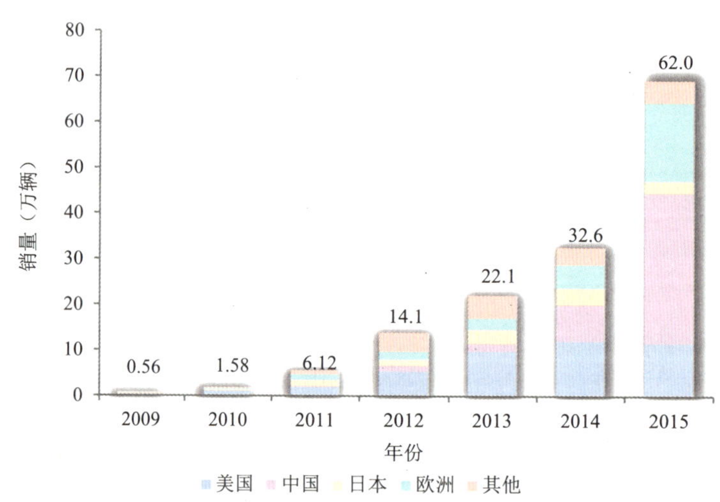

图6 世界新能源汽车销量发展变化

数据来源：中国石油集团经济技术研究院

石油需求峰值将提前到来。新世纪初更多地考虑供应峰值而不是需求峰值，但随着替代能源和新能源的快速发展，关注的重点转向了需求峰值的问题。石油需求的峰值主要受到交通运输燃料需求的影响，根据中国石油集团经济技术研究院研究预测，全球石油消费2030

年超过 51 亿吨后，进入高位平台阶段，2040 年后加速回落，这比大家的预想要提前很多。国内主要机构对中国的石油需求峰值预测均有所提前，部分机构甚至表示柴油需求已经达到峰值，汽油需求在 2025 年达到峰值，石油需求在 2030 年达到峰值。

五、技术创新活跃，油气行业面临更多不确定性

全球能源技术创新进入高度活跃期，绿色低碳成为主要方向。新一轮能源技术革命正在兴起，新的能源科技成果不断涌现，新的技术突破逐步逼近临界点，这一切正在并将持续改变世界能源发展。

在油气生产方面，新技术对能源行业的影响将不断增大。新世纪以来，以定向钻井和水力压裂为代表的技术创新，成就了北美的页岩油气革命，冲击了整个行业版图。未来以数字技术为标志的“两化融合”技术创新将改变油气行业的未来。

在油气消费方面，能源效率的提升将进一步抑制消费。无论政府还是业界，都在强调使用效率提升。未来效率提升将进一步抑制全球油气消费。特别是能源互联网的建设，使能源发展摆脱资源、时空和环境的约束，无论是生产效率还是消费效率都得到提升，这将对未来油气行业产生很大影响。

替代油气技术、低碳能源技术以及跨界技术将更广泛地应用。在低碳经济时代，能源技术创新不但关系到减排目标的实现，也关系到一个地区、一个国家未来的经济繁荣和竞争力。例如电动汽车技术、电池技术，一旦实现突破，成本可行，使用方便，得到市场用户的认可与接受，势必会对油气行业产生颠覆性的冲击。

商业模式的改变，未来可能出现没有油田的石油公司。如今已出现没有商场的商业企业，像阿里巴巴；没有出租车的出租公司，像 Uber、滴滴快车等。未来也将会出现没有油田的石油公司，这类新型公司将用技术帮助石油公司生产，它们虽然没有油田，但拥有核心技术，未来有可能控制石油的生产。

（本专题撰写人：钱兴坤　石　卫　戴家权）

专题二

化石能源转型的机遇与挑战

在生态环境问题和气候变化问题日益严峻的今天，环境友好呼声越来越高，绿色健康成为美好生活的重要发展理念，清洁低碳、安全高效、可持续发展的新一代能源系统将是能源转型的重要标志。“十三五”期间乃至更长时间，不仅将是新能源和可再生能源发展的加速期，也是化石能源承载使命变革转型的关键期。

一、基本判断：化石能源依然在世界能源体系中扮演重要角色

纵观人类能源发展历史，从薪柴到煤炭，再到油气，直至如今加速发展的新能源和可再生能源，展示了一个不断清洁、低碳、智能的渐进过程。从历史规律看，任何一种能源占比的提升都走过一段漫长的发展历程，BP 2016 年世界能源数据回顾显示，世界石油消费在一次能源消费占比从 1%到 10%，用了 40 多年时间；而天然气发展了 50 多年，其消费占比才从 1%升至 8%。

1. 化石能源仍将在较长时期发挥重要作用

在未来新能源和可再生能源快速发展期，化石能源仍将发挥重要作用。根据中国石油集团经济技术研究院《2050 年世界与中国能源展望》分析，2050 年全球化石能源消费在一次能源消费占比仍保持在 77%左右，中国的化石能源消费占比达 70%左右（图 1）。未来能源变革离不开化石能源的清洁化生产与利用。

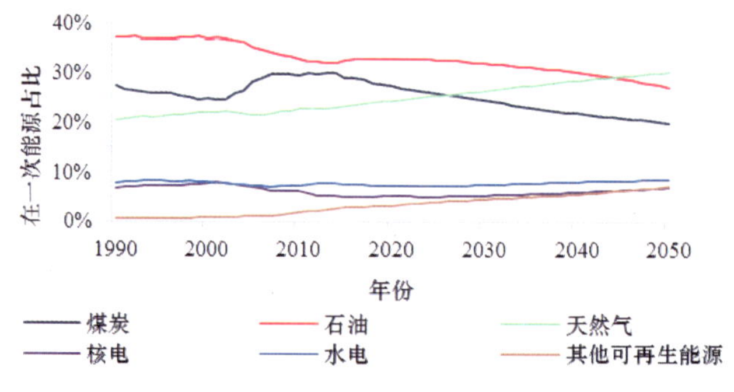

图1 全球一次能源消费结构趋于清洁化

数据来源：中国石油集团经济技术研究院《2050年世界与中国能源展望》

未来天然气将超越石油成为第一大能源。全球天然气消费在一次能源消费占比将由目前

的 23%升至 2050 年的 30%，2025 年后超过煤炭成为第二大能源，2045 年前后超过石油成为第一大能源。而伴随着可再生能源的快速发展，未来包括天然气和可再生能源在内的全球清洁能源的占比到 2050 年达到 50%以上。

2．发达国家石油消费在全球占比将呈下降趋势

2000 年至今， OECD 国家化石能源消费量总体呈现下降趋势，其中天然气消费量在持续增长，而石油和煤炭均已过需求高峰期，开始呈总体下降趋势。

到 2035 年，OECD 国家石油消费在全球占比将从 2015 年的 48%降至 37%，到 2050 年将进一步下降到 32%。欧洲地区石油消费将在目前基础上持续下降，北美和中南美洲石油消费在 2030 年前小幅增长，之后趋于下降（图 2）。

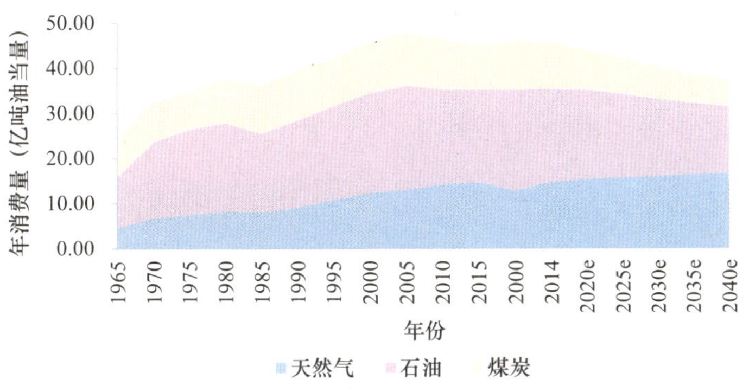

图2 发达国家化石能源消费及需求预测

数据来源：BP与中国石油集团经济技术研究院

3．新兴经济体国家将是化石能源增长的重要来源

经济发展与人口增长是能源需求不断增长的主要驱动因素。到 2035 年，世界人口将接近 88 亿，这意味着需要为 15 亿新增人口提供能源。2030 年印度人口将超过中国成为全球第一人口大国。同时，中国和印度也将一起贡献一半的全球 GDP 增量。

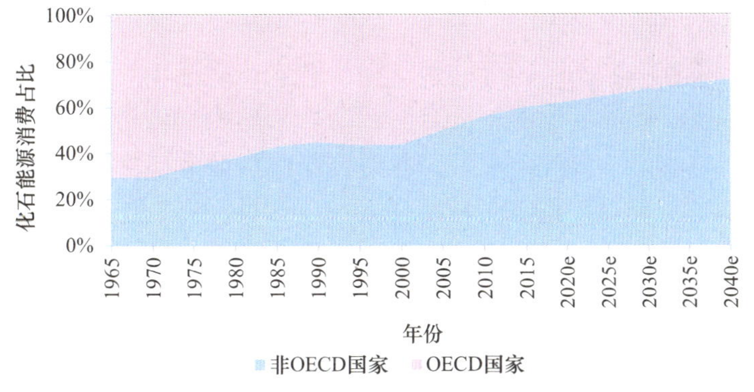

图3 OECD国家与非OECD国家化石能源消费占比

数据来源：BP与中国石油集团经济技术研究院

根据中国石油集团经济技术研究院发布的展望数据推算，到2030年，支撑世界经济发展的一次能源需求将比2015年增长16.9%，其中石油和天然气将分别增长15.4%和26.5%，煤炭增长2.3%。核电、水电及其他可再生能源虽然合计增长接近25.9%，但在一次能源中占比也只有17.3%左右。未来全球石油需求增长将主要来自非OECD国家（图3）。

4. 中国的化石能源消费将在2030年达到峰值

中国经济进入“新常态”后，能源发展随之进入新的阶段。中国能源发展与经济增长的关系符合周边日本、韩国、中国台湾地区的发展规律，即经济换挡后，能源消费增速以较大的幅度回落。

研究显示，在中国经济放缓、结构调整加快和控制能源消费总量等政策影响下，中国能源消费增速明显放缓，能源结构不断完善，中国能源消费将在2035年前后达到峰值，中国的化石能源消费将在2030年达到峰值（图4）。这将给全球碳减排和应对气候变化带来深刻影响，世界能源发展轨迹也将因此产生新变化。

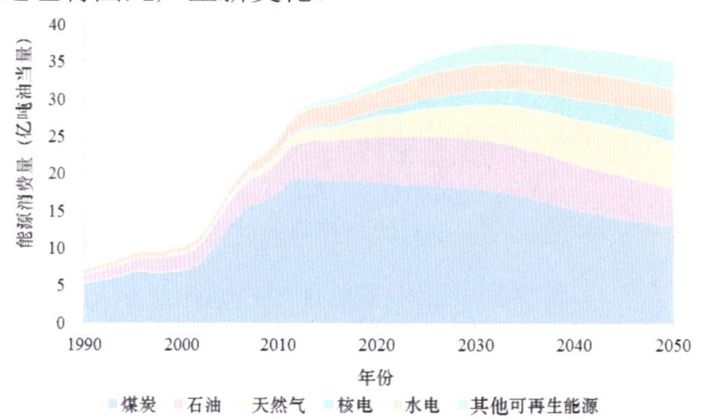

图4　中国一次能源消费总量2030—2035年达到峰值

数据来源：中国石油集团经济技术研究院《2050年世界与中国能源展望》

二、转型实践：清洁低碳智能共享是全球能源转型的主要趋势

随着《巴黎气候协定》在2016年11月4日正式生效，转变能源发展方式，调整能源结构，实现能源的清洁化、低碳化，逐步成为全球各国公认的满足未来能源需求、实现可持续发展的根本途径。科技创新将从根本上决定能源转型的速度和进程，体制和发展模式创新将进一步提高能源供应清洁化、智能化水平，并培育形成新的能源产业和业态。部分国家的能源转型实践，值得中国能源改革和转型发展借鉴。

1. 美国以非常规气为主，市场与政策影响能源转型

美国走的是以清洁能源为主要发展目标的模式。发展天然气和可再生能源作为能源转型重点，大规模开发非常规天然气，同时大力发展可再生能源。

美国的能源市场特点是：煤炭几乎全部立足国内，石油产供与消费全球化，天然气主要

基于北美大陆，并正在向全球性转变。市场、政策和技术推动美国化石燃料转型，目前市场推动力更大，但未来的转型速度很大程度上要取决于政策推动和技术突破。美国市场与政策对不同化石能源的影响见表1。

过去十年，美国煤炭使用下降几乎全部源于市场因素，但新出台和可能会出台的政策将与市场共同推动未来的进一步转型。如果深度脱碳成为目标，到2050年美国将基本上不再用煤。

美国石油市场供应增加和消费减少，是市场和消费侧政策共同作用的结果。市场和政策，尤其是那些影响运输的市场力和政策，将对未来美国石油转型发挥关键作用。

美国天然气生产与消费完全市场化，相关政策推动天然气行业发展，但市场和政策存在的不确定性，会影响天然气行业发展前景。比如，轻度脱碳一般会增加天然气的使用，深度脱碳则会减少天然气的使用。有分析预测，到2040年，美国页岩气产量将在2015年的基础上翻一番，日产量达到22.4亿立方米，相当于天然气总产量的70%。

美国能源发展最大的变数来自当选总统特朗普的经济和能源政策。特朗普的能源计划提出的“能源独立”，概括起来有三个方面：解除美国国内化石能源生产限制；削弱政府监管；减少联合国气候变化项目的花费。

表1 美国市场与政策对不同化石能源的影响

		煤炭	石油	天然气
全球对美国市场影响水平		低	高	低到中
近期转型动力	市场作用	高	价格对需求：中 技术对供给：高	技术对供给：高 价格对需求：高
	政策作用	低	中	低
未来转型动力	市场作用	低到中	技术对供给：高 消费/技术对需求：中	价格对供给：中 价格/技术对需求：高
	政策作用	对需求：高 对供给：低或中	对需求：高	对需求：高 但方向不明

2. 沙特阿拉伯提出经济多元愿景，能源转型还是将来时

沙特阿拉伯2016年4月公布了《2030愿景》，希望通过15年的时间，改变沙特阿拉伯过度依赖石油收入的现状，实现经济的多元化。

《2030愿景》是一份全面的改革蓝图，为沙特阿拉伯确定了三大愿景：阿拉伯与伊斯兰世界心脏、全球性投资强国、亚欧非枢纽。实现三大愿景是沙特阿拉伯的长期战略目标，即建设一个充满活力的经济、繁荣的社会、雄心勃勃的国家。

沙特阿拉伯将推进经济多元化，推进沙特阿美公司从石油生产企业转向全球工业集团转型，建立全球最大的主权财富基金，提高政府透明度和问责制。确立的能源目标是：可再生能源在国家能源结构中占比4%；延布可再生能源产业和技术本地化；在可再生能源领域增

加工作岗位；建立私营部门参与可再生能源开发机制；减少水和电补贴，提高发电用燃料效率，维持电力储备，发电企业私有化等。

3. 德国以可再生能源为主，能源转型迈出第二步

德国采取的是以提高可再生能源利用为主要目标的发展模式。在国际社会中，德国率先提出了告别化石能源的明确目标，通过可再生能源满足能源供应与消费。能源转型引发了德国工业政策及社会生活等方面的重大变革。

早在2000年，德国出台了《可再生能源法》，很大程度上促成了能源转型第一阶段的发展。该阶段的重点集中在电力生产方面，通过优惠并网补贴，启动可再生能源市场。能源转型第一阶段成果显著：可再生能源在总用电量中的占比由2000年的6.2%提高到2015年的32%，太阳能、风能及生物质能已共同形成了德国能源供应的重要支柱。

德国目前面临能源转型的第二阶段，该阶段将带来比过去15年更多的变革。《德国数字化战略2025》是德国联邦经济与能源部2016年3月发布德国版信息化国家战略，能源行业数字化发展也为转型提供了更新的业务模式。

德国提出，到2050年可再生能源在终端能源消费占比将达到60%。届时，德国80%的电力来自可再生能源，温室气体排放量较1990年下降80%～95%，并于2022年前全部关闭境内核电站。

4. 丹麦以零碳为目标，绿色发展相对成功

同样是欧洲国家，丹麦是以“零碳”为目标的路线发展，“丹麦发展路线”已经成为全球探寻能源供应和安全最为成功的案例之一。

丹麦28%的能源消费由可再生能源提供，风能占到丹麦2015年电力消费的42%，是全球最高的，丹麦计划到2020年将这个数字提高到70%。也就是说，在丹麦的可再生能源中，风能占到绝大部分。目前，丹麦陆上风能已超过了所有可再生能源，成为其电力新增装机中最便宜的能源来源。

丹麦绿色发展成功经验的五大关键要素是政策先到、立法护航、公私合作、技术创新、教育为本。丹麦坚持“节流”优先与积极“开源”的原则，制定并执行了一套完整的能源发展与能源安全战略及具体措施；在科技创新发展的框架内，在财富创造、可持续发展、保障能源供给安全之间，形成了稳定平衡的三角形结构（图5），实现了社会及人与自然的和谐良性发展，并向2050年全面建成“低碳社会”的目标迈进。

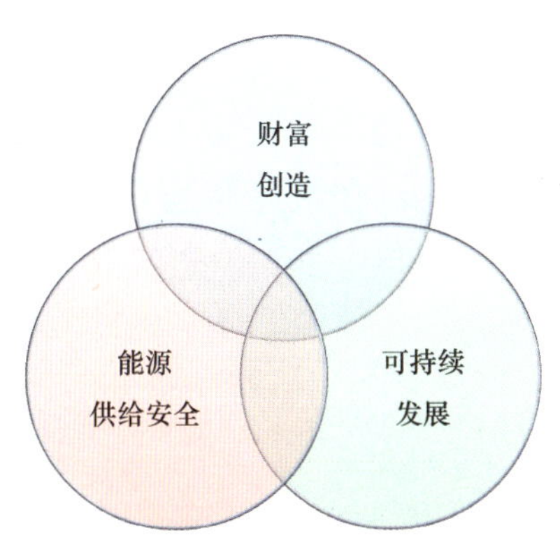

图5　丹麦低碳发展三角形架构

5. 日本资源匮乏，力求多种能源均衡发展

日本走出一条多种能源均衡发展的模式。既注重发展可再生能源，又注重化石能源清洁化利用，更注重节能和能源效率的大幅度提高。

日本计划，2030 年一次能源消费结构中，石油、煤炭、天然气、可再生、核能的占比分别为 32%、25%、18%、14%和 11%。电力消费结构中，可再生能源发电、核电、天然气发电、煤电占比分别为 22%、20%、27%和 26%；温室气体排放量较 2013 年减少 26%，燃煤电厂二氧化碳排放系数控制在每千瓦时 0.3 千克；节能效率改善 35%，普及“零耗能”住宅。

三、中国进入低碳发展深刻变革新阶段

中国环境承载能力有限，生态环保压力加大，部分地区环境承载能力已达到或接近上限，中东部地区的雾霾面积持续扩大。中国的煤炭消费占一次能源消费量 60%以上，比世界平均水平高出一倍；二氧化碳排放世界第一，在全球占比 27%以上，超过欧美之和（不足 27%）。

在中国，化石能源在一次能源消费中占比高达 88%，高于美国和全球平均水平（二者均在 86%左右）。能源转型离不开化石能源的绿色发展，化石能源的清洁化开发与利用将为中国能源变革做出突出的贡献。

1. 中国煤炭消费正处于消费的峰值期

从 1990 年到 2015 年，中国 GDP 从 1.87 万亿元增加到 67.67 万亿元，煤炭消费量从 10.6 亿吨增加到 39.50 亿吨（图 6）。过去两年，中国煤炭消费连续下降，预计未来将以每年 1 个百分点的速度下降，煤炭消费峰值或已提前到来。

严格控制煤炭消费总量是中国重点能源政策之一。煤炭清洁高效转型将着力推进煤炭集约化、生态化、智能化和国际化发展，促进煤炭由燃料向燃料与原料并重转变，煤炭行业发展将由资金和资源驱动型向技术创新驱动转变，煤炭开发利用方式将由粗放型向绿色低碳型转变，实现煤炭与环境的协调发展。

中国正持续探索煤炭高效清洁利用路径。燃煤发电已实现超低排放，截至 2015 年，煤电

装机总量中 22%已达到天然气排放标准，到 2020 年将全部达到超低排放。现代煤化工技术进步促进了煤炭清洁高效利用，煤炭转化为天然气、成品油等清洁能源和烯烃等化工产品。低阶煤分质利用、水煤浆和型煤等洁净煤技术也取得了积极进展。碳捕集和碳封存技术与燃煤发电和现代煤化工项目紧密结合，可促进高碳能源低碳利用。

图6 过去10年中国煤炭消费情况

数据来源：国家统计局

2. 石油正从保障供应转向优化发展

中国原油成品油消费增速趋缓。“十二五”期间，石油需求由中高速增长转为中低速，供应能力继续提升，供需呈宽松局面。产业发展思路由保障供应为主转向优化发展，更加注重开放条件下供应安全和需求侧管理，主要石化产品消费量增速均放缓。

有观点认为，未来成品油仍有 10 年左右的成长期。预计“十三五” 期间，成品油表观消费量年均增速约 3%，较“十二五” 期间放缓。目前，柴油需求已经进入增长平台期，汽油需求预计将于 2025 年左右进入平台期，柴汽比将进一步降低（图 7）。

成品油质量升级持续加速，从 2013 年《大气污染防治行动计划》，提升燃油品质；到 2014 年发布《能源行业大气污染防治工作方案》，推进企业升级改造，提前供应国五油品；再到 2014 年发布《大气污染防治成品油质量升级行动计划》，系统制定成品油质量升级工作方案；2015 年发布《加快成品油质量升级工作方案》，扩大范围，提高标准。中国已多次加快油品质量升级进度，周期从 4～5 年缩短为 2～3 年。国 V 标准实施提前 1 年，2017 年全国实施，2018 年实施普柴国 V 标准；成品油国 VI 质量升级接踵而至，即将分阶段实施。

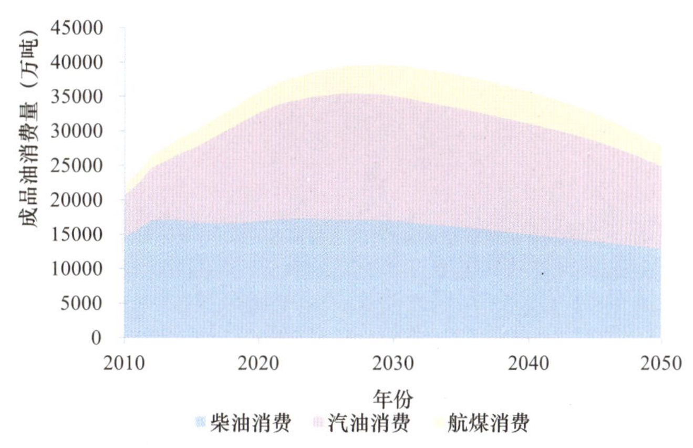

图7　中国成品油消费将在2030年左右达到峰值

数据来源：中国石油集团经济技术研究院《2050年世界与中国能源展望》

中国原油产量自 2010 年以来，一直维持在 2 亿吨以上，石油新增探明地质储量已连续 9 年超过 10 亿吨，根据最新一轮全国油气资源动态评价，预计 2030 年前，中国年均探明石油地质储量 10 亿吨。同时，中国原油进口多元化稳步推进，国内还有煤制油、生物质油等其他供应方式，中国石油供应多元化初步实现。

目前，中国炼油能力处于阶段性过剩状态，处于产业重要的调整期。应加强炼油能力总量控制，适度推进先进产能建设，改造升级形成一批先进产能；延长炼油加工产业链，增加供应适销对路、附加值高的下游产品。

3. 天然气将定位为未来发展的主体能源

能源转型的驱动力主要来自解决环境污染和气候变化两大难题，天然气的高效、清洁、低碳优势，既有利于解决空气污染问题，又可以很好化解碳排放问题。提高天然气在一次能源消费占比，对改善大气环境、推进绿色发展和生态文明建设、提高人民生活质量具有重要作用，天然气更加广泛的开发利用将成为能源转型的必由之路。

受经济进入新常态影响，中国天然气市场短期遇到挑战，但长期看仍将继续保持快速发展。中国政府致力于把天然气作为实现绿色低碳发展的重要途径之一，《能源发展战略行动计划（2014—2020 年）》和《国家应对气候变化规划（2014　2020 年）》提出 2020 年天然气利用量达到 3600 亿立方米以上的目标，到 2020 年天然气占一次能源的比例将达到 10%，到 2030 年将达到 15%。

中国天然气市场潜力巨大。中国人均天然气消费量低，2015 年仅为 144 立方米，在一次能源消费总量的占比仅为 6%；而全球人均水平分别为 472 立方米和 24%。对照发达国家的经验规律，中国天然气市场尚处于早期阶段，未来仍有较大潜力。目前中国的天然气利用主要集中在城市燃气、工业、发电、化工等领域，其中，城市燃气占 40%、工业占 30%、发电和化工各占 15%。未来需求增长主要来自城市燃气、发电用气、交通三大领域。

中国国内天然气资源丰富。常规气可采资源量 50 万亿立方米，页岩气可采资源 22 万亿立方米，煤层气可采资源量12.5万亿立方米。煤制天然气也将成为重要补充（图8）。

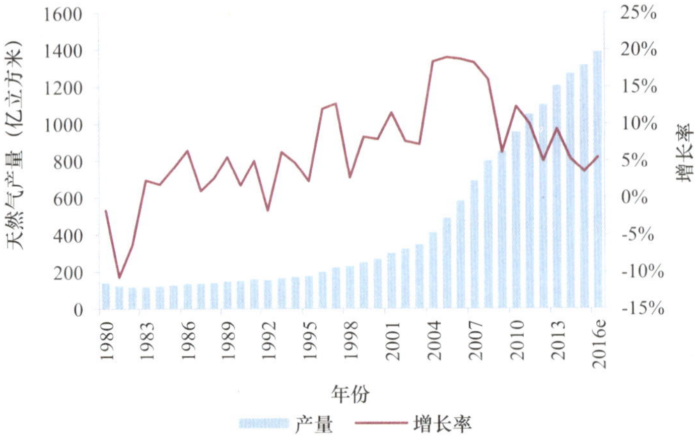

天然气产量（亿立方米）
增长率
年份
产量 增长率

图8 1980—2016年中国天然气产量变化

数据来源：中国石油集团经济技术研究院

同时，中国加快了天然气进口多元化布局，初步建成西北、西南、东北、海上四大天然气战略进口通道，进口国超10个。进口量从2006年的9亿立方米增至2015年的616亿立方米。未来进口量将持续增长，2020年达到1200亿立方米，在供应总量占比35%；2030年进口气2000亿立方米，在供应总量占比37%。

从中国天然气发展情况来看，仍面临一些挑战和问题，主要表现在：随着中国经济进入新常态，天然气消费需求增长明显放缓；国际油价大幅下跌之后，天然气的价格优势受到削弱；天然气基础设施建设滞后，管道里程远低于成熟市场国家，储气库等调峰设施能力不足，往往形成“淡季资源过剩、冬季供应紧张”的局面。此外，天然气利用市场开发不够、市场化的价格机制尚未形成等因素，也在一定程度上制约了天然气市场的发展、发育及提升。

要实现天然气产业快速健康发展的目标，需出台更有力的政策措施，推进国内天然气开发和储运设施建设，扶持天然气发电、煤改气、天然气高端化工等业务发展；加快完善天然气市场化价格机制，落实好环保、税收、金融及产业发展等配套政策；加大对进口国外资源的财税支持力度，统筹平衡国外天然气引进，促进国内国际两种资源合理利用。

4. 中国在可再生能源领域的迅速发展趋势

中国可再生能源跨越式的发展已经成为世界能源领域最耀眼的亮点。根据国家能源局统计，“十二五”期间，中国水电、风电、太阳能发电装机规模分别增长1.4倍、4倍和168倍，直接带动非化石能源消费比重提高了2.6个百分点。

可再生能源成本不断下降，可再生能源利用率持续提升。中国的可再生能源发电能力占全球的四分之一，吸引了全球三分之一的可再生能源投资，且可再生能源领域从业人数巨大，充分显示了中国在可再生能源领域的迅速发展趋势。

未来，可再生能源面临两个转型，一是如何从补充型能源向替代能源转型；二是从高贵能源向普惠能源转型。为实现上述两个转型，需要从技术创新、商业模式创新和能源管理创新着手。

5. “十三五”化石能源发展思路控煤、稳油、增气

截至目前，煤炭、石油、天然气在中国一次能源的占比分别为 63.8%、18.0%和 5.9%，非化石能源的消费占比约为 12.3%。能源转型一方面需要大力发展非化石能源，另一方面，在一次能源消费占比五分之四的化石能源如何实现清洁低碳发展，尤为重要。

为实现 2020 年和 2030 年非化石能源分别在一次能源消费占比 15%和 20%的目标，推动能源结构转型升级，“十三五”期间，中国将会基于控煤、稳油、增气、发展非化石的基本思路，保持国内原油产量基本稳定，节约替代并重，实现石油消费的低速增长；确保天然气快速增储上产，提高天然气在一次能源中的消费比，将天然气逐步发展成为中国的主体能源之一（图 9）。

中国能源转型发展将更加注重发展质量、调整存量、做优增量，积极化解过剩产能；更加注重结构调整，加快双重更替，推进能源绿色低碳发展；更加注重系统优化，创新发展模式，积极构建智慧能源系统；更加注重市场规律，强化市场自主调节，积极变革能源供需模式；更加注重经济效益，遵循产业发展规律，增强能源及相关产业竞争力；更加注重机制创新，充分发挥价格调节作用，促进市场公平竞争。

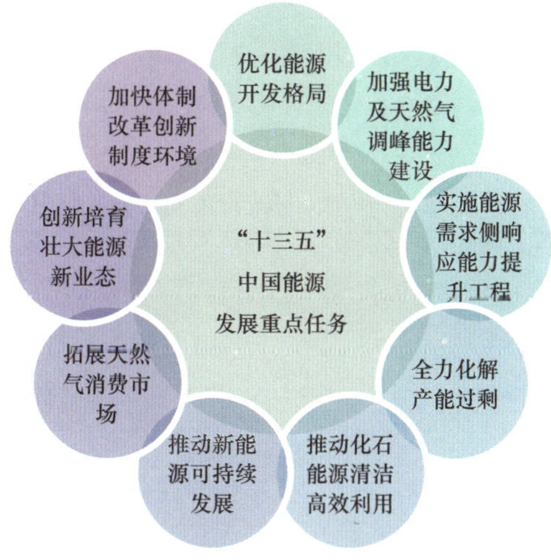

图9 中国“十二五”能源转型综合施治

综上所述，在未来能源体系中，化石能源仍将长期存在并被广泛使用，非化石能源短期内仍然无法代替化石能源成为主体能源。能源清洁化，从“高碳”向“低碳”进而迈向“零碳”的进程中，如何做好化石能源转型，如何发挥各类化石能源不同优势，将直接影响到整个能源体系转型进程。在化石能源转型进程中，市场竞争和政策引导都会发挥重要作用。在现实的竞争环境中，市场的推动作用最为显著；而从中长期转型速度看，可能很大程度上要取决于政策的引导。

（本专题撰写人：石 卫）

专题三

“一带一路”油气合作进展

2013 年 9 月和 10 月，中国国家主席习近平在出访中亚和东南亚期间，先后提出共建“丝绸之路经济带”和“21 世纪海上丝绸之路”的重大倡议，屈指算来已过去三年。“一带一路”重大倡议提出以来，赢得了沿线国家的积极响应和广泛参与，已经形成了各国共商共建共享的合作局面。在“一带一路”倡议的推动下，中国与“一带一路”国家的油气合作也不断拓展深化。

一、中国与“一带一路”沿线国家油气合作进展

“一带一路”倡议为中国石油企业带来了历史性发展契机。三年来，油气合作步伐逐步加快，合作领域进一步拓展，合作成果更加显现。

1. 政策沟通，赢得更多共识

加强政策沟通是“一带一路”建设的重要保障。三年来，中国已与其沿线 33 个国家建立各种战略伙伴关系，为“一带一路”油气合作创造更加广阔和良好的政策氛围（图 1）。

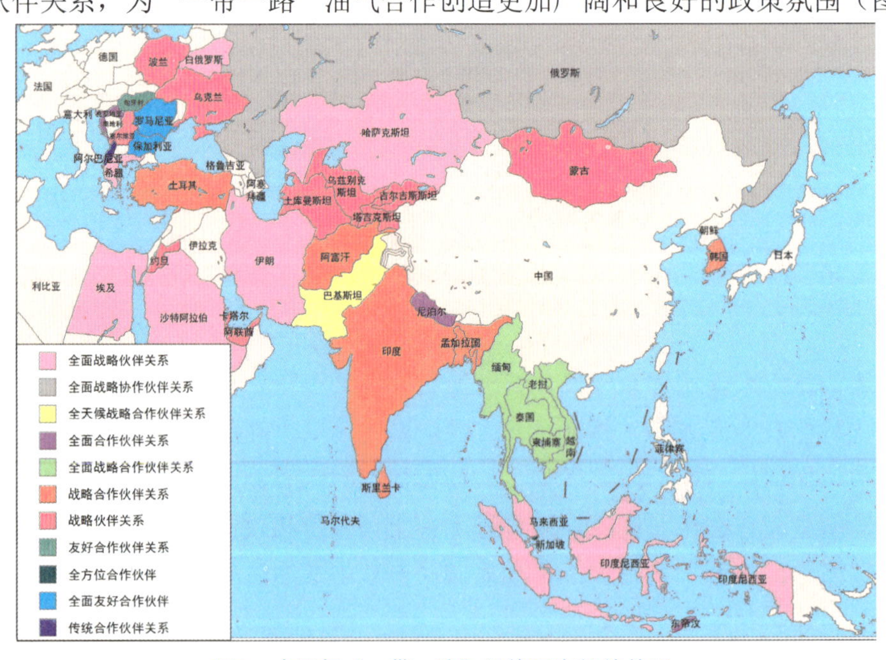

图1　中国与“一带一路”沿线国家伙伴关系

数据来源：ETRI

海外油气合作离不开能源外交的支持。能源外交成为近年高层互访的重要议题，重大项目得到国家高层的直接推动。同时，双边、多边政治关系的良性发展，也为海外油气合作奠定了稳固的政治基础。近三年中国与“一带一路”沿线国家或组织签署的部分协议见表1。

表1 近三年中国与“一带一路”沿线国家或组织签署的部分协议

时间	国家/组织	协议名称
2013年11月21日	欧盟	《中欧合作2020战略规划》
2014年5月5日	非盟	《关于全面深化中国非盟友好合作的联合声明》
2014年12月14日	哈萨克斯坦	《中华人民共和国国家发展和改革委员会与哈萨克斯坦共和国国民经济部关于共同推进丝绸之路经济带建设的谅解备忘录》
2015年6月6日	匈牙利	《中国政府和匈牙利政府关于共同推进“一带一路”建设的谅解备忘录》
2015年5月8日	俄罗斯	《关于丝绸之路经济带建设与欧亚经济联盟建设对接合作的联合声明》
2015年7月13日	蒙古、俄罗斯	《关于编制建设中蒙俄经济走廊规划纲要的谅解备忘录》
2015年11月24日	中东欧16国	《中国−中东欧国家中期合作规划》
2015年11月26日	波兰等中东欧6国	《关于共同推进“一带一路”建设的谅解备忘录》
2016年1月19日	沙特阿拉伯	《中华人民共和国政府与沙特阿拉伯王国政府关于共同推进丝绸之路经济带和21世纪海上丝绸之路以及开展产能合作的谅解备忘录》
2016年1月23日	伊朗	《中华人民共和国政府和伊朗伊斯兰共和国政府关于共同推进丝绸之路经济带和21世纪海上丝绸之路建设的谅解备忘录》
2016年9月8日	老挝	《中华人民共和国和老挝人民民主共和国关于编制共同推进“一带一路”建设合作规划纲要的谅解备忘录》
2016年5月18日	阿富汗	《中阿共同推进“一带一路”建设谅解备忘录》
2016年10月14日	孟加拉	《中华人民共和国政府与孟加拉人民共和国政府关于开展“一带一路”倡议下合作的谅解备忘录》
2016年9月20日	联合国开发计划署	《中华人民共和国政府与联合国开发计划署关于共同推进丝绸之路经济带和21世纪海上丝绸之路建设的谅解备忘录》

资料来源：根据新华社等媒体消息整理。

2. 设施联通，构建合作网络

基础设施互联互通是“一带一路”建设的优先领域。中国对“一带一路”沿线国家和地区能源基础设施建设输出节奏进一步提速。目前，中国西北、东北、西南和东部海上的四大跨国油气战略通道业已成型。三大陆上跨国油气管道连接中亚国家、俄罗斯以及缅甸等油气资源国与过境国，总长度近1.1万千米。2014年，中国—中亚天然气管道D线塔吉克斯坦段和中俄东线天然气管道俄罗斯境内段相继开工，陆上油气基础设施建设联通节奏进一步提速。近三年来，海上通道基础设施合作明显加快，带动了沿线国家港口、仓储、航运、物流等基础设施建设。目前中国陆上油气输送能力分别达到5700万吨、670亿立方米；国内码头接卸能力、LNG接收能力分别达到5.3亿吨、4080万吨，两翼齐飞格局初见端倪。

3. 贸易畅通，实现稳步进展

贸易畅通是推进“一带一路”建设的重要内容。中国与“一带一路”沿线国家投资合作稳步推进，增长潜力巨大。2015 年，中国企业共对“一带一路”相关的 49 个国家进行了直接投资，投资额合计 148 亿美元，同比增长 18.2%。2016 年 1—11 月，中国企业对“一带一路”相关的 53 个国家非金融类直接投资 134 亿美元，占同期总额的 8.3%（图 2）。

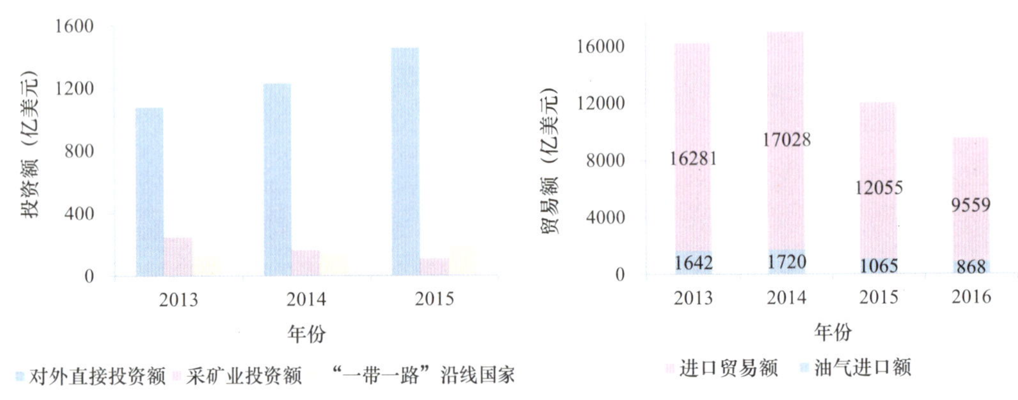

图2　中国与“一带一路”国家投资贸易情况

数据来源：商务部，Wind资讯

当前及未来一个时期，油气投资和贸易在区域贸易结构和总量中均占有重要地位。截至 2015 年底，中国石油企业在“一带一路”油气项目总投资高达 2000 亿美元。2014 年，中国与沿线国家油气贸易额达 2200 亿美元，占货物贸易总额的 20%；预计 2020 年、2030 年将分别再增 810 亿美元、1900 亿美元。油气投资和贸易带动物资、装备、服务等产业走出去。

4. 资金融通，取得显著成效

实现资金融通是保证“一带一路”建设顺利进行的重要支撑。油气领域是实现资金融通的重点。中国与沿线相关国家的双边贸易结构中，油气贸易比重高、数额大。同时，在沿线油气资源国的投资项目同样具有资金数量大的特点；而且在上述经贸合作中，中国都是资金输出国，为推动区域货币流通和本币结算创造了条件。

目前，人民币国际化进程正在加快，人民币跨境贸易和投资使用加速拓展，中国与俄罗斯、白俄罗斯等多个国家央行签署了一般贸易本币结算协定，与吉尔吉斯斯坦、哈萨克斯坦等国家央行签订了边贸本币结算协定；人民币业务清算行在“一带一路”沿线国家和地区已拓展到了 7 个。截至 2016 年 12 月，中国人民银行和境外 36 个国家和地区的央行或者货币当局签署了双边本币互换协议，总额度已经超过 3.15 万亿人民币，其中与 21 个“一带一路”沿线国家和地区签署了高达 1.3 万亿人民币规模的本币互换协议。人民币兑换和结算可大大降低流通成本，增强抵御金融风险能力，提高区域经济国际竞争力。

5. 民心相通，打下坚实基础

民心相通是“一带一路”建设的社会根基。多元文化融合，是中国石油企业在二十多年海外发展中积淀形成的先进企业文化。在海外油气合作中，注重促进当地油气产业发展，注重提升员工当地化比例，注重通过合作促进当地经济与社会发展，注重履行社会责任，在油气合作中持之以恒改善民生，实现与资源国、合作伙伴、当地社区的互利共赢，树立了良好的品牌形象，赢得了百姓口碑，为开展区域合作奠定了坚实的民意基础和社会基础。

例如，在哈萨克斯坦，2014 年中国石油投入超过 4000 万元支持当地公共设施建设和文化、教育发展。2015 年，中哈天然气管道合资公司资助 27 名哈萨克斯坦青年学生在哈萨克斯坦—英国联合技术大学就读。又如，在苏丹，20 年来中国石油企业为当地社区建医院、盖学校、打水井、修公路，并建设样板牧场和兽医站。再如，在缅甸，中缅油气管道项目累计向缅甸投入 2000 多万美元，用于改善管道沿线地区教育、医疗、供水、电力等方面的基础设施，受益人群达 80 万，让油气合作惠及当地，惠及民众，拉近了中国与当地人心与心的距离。

二、“一带一路”油气合作发展的五大转变

三年来，“一带一路”建设已经初步完成规划和布局，正在向落地生根、深耕细作、持久发展的阶段迈进。油气合作在“一带一路”倡议推动下，步伐加快，向纵深发展，发生了五个方面的转变。

1. 由重资源、重上游向全产业链合作转变

“一带一路”沿线国家，集中了俄罗斯、中亚国家以及中东地区的重要油气资源国。其中，中东地区石油剩余探明储量占世界 48%，产量占世界 30%以上；俄罗斯和中东地区天然气剩余探明储量占世界 60%，产量占世界 34%以上。自 20 世纪 90 年代中国成为石油净进口国以来，中国石油企业走出去与油气资源国的合作均是以保证中国石油安全为重要驱动，以上游勘探开发合作为重心，尽快掌控资源，中下游合作是为上游合作服务。在中国与油气资源国的合作中，上游领域合作项目占总项目数的 70%。随着“一带一路”建设的推进，油气合作正在向包括炼化、管道、工程技术服务在内的全产业链合作方向迈进，同时带动了装备、仪器、材料出口。

特别是在“一带一路”倡议的推动下，合作朝着科技研发、人才交流和教育培训等领域发展，向更深层次扩展。2016 年，中国石油与莫桑比克国家石油公司签署合作框架协议，中国石油将参与莫桑比克国内油气勘探开发和生产，推动在其气田服务领域合作，并为当地提供培训。2016 年中国石油与俄气公司签署了《中国石油与俄气公司标准及合格评定结果互认合作协议》，实现中俄标准对接，将更好地支撑中国产业、产品、技术、工程和服务“走出去”。

此外，油气合作促进了金融合作，中国人民银行已与 21 个沿线国家央行签订双边本币互换协议；中国石油与俄罗斯天然气工业公司等石油公司签署了合作备忘录，推动了油气贸易

中以人民币为结算货币。

2. 由陆上单枝突进向两翼齐飞转变

丝绸之路经济带和 21 世纪海上丝绸之路是“一带一路”建设的两翼，“一带”主要是陆路，“一路”主要是海路。三年前油气通道建设主要是以中亚油气管道和中俄石油管道建设为代表的陆上突进，将中亚油气资源以及俄罗斯石油资源引进中国。

“一带一路”战略实施以来，陆上通道联通继续推进，中亚 D 线、中俄天然气东线进入实施阶段，陆上油气合作继续深化、加快的同时，海路以重点港口为抓手的合作不断突进，包括承建海外港口项目、获取海外港口经营权、与港口所在国合作建设港口等参与方式，经过三年的努力，缅甸皎漂深水港及工业区、吉布提港口码头开始建设，巴基斯坦瓜达尔港正式开航，斯里兰卡科伦坡港口城项目全面复工，汉班托塔港二期工程即将竣工，中国和马来西亚组建涵盖马国 6 个港口和中国 10 个港口“港口联盟”，中马合建马六甲海峡巴生第三港。这些港口紧扼海上重要航线的咽喉，也是全球石油供应通道的重要支点。

沿线港口建设将进一步促进中国油气产业与所在国及周边国家的合作。海上通道建设不仅强化中东、非洲资源与中国和亚洲油气市场联系的稳定性，也将促进中国与沿线国家并延伸到欧洲的经贸联系的稳定性，从而激发利益相关国家共同关注并维护包括南海在内的通道安全。

3. 油气合作由国企为主向国企民企均等参与转变

“一带一路”倡议提出之前，中国参与国际油气合作主要是以三大油公司为代表的国有企业。近三年，国企仍是“一带一路”油气合作的主力军，在一些战略型油气合作中发挥着主导作用。同时，民营资本“走出去”步伐明显加快，成为“一带一路”油气合作不可忽视的重要力量。

2014 年，洲际油气以 5.25 亿美元收购哈萨克斯坦马腾石油公司 95%股权，又于 2015 年以 3.5 亿美元收购 KoZhan 公司（克山公司）100%股份。2015 年，华信能源获得俄罗斯东西伯利亚地区贝加尔项目 3 个油田区块股权，收购哈国油国际公司欧洲子公司 51%权益，并通过定增扩股与设立能源投资开发基金，进一步收购欧洲黑海、地中海区域加油站，拓展下游物流体系及上游资源股权，完善公司海外油气终端布局，推动公司的欧洲终端销售网络和炼化、储备一体化产业体系，与国内市场形成联动互补。新疆准东技术有限公司获得 Galaz 油田资产。新疆广汇石油有限公司计划投资哈萨克斯坦 LNG 清洁能源一体化项目。

民营企业充分利用其机制灵活的优势，在海外油气合作中获得了更多的合作机会。如，天狼星集团出资与俄罗斯投资者合资在俄罗斯组建公司，充分考虑合作伙伴利益，充分利用合作伙伴的影响力，以俄本土公司身份在俄远东获得勘探区块、炼厂建设等项目，并在普京总统的亲自过问和指令下获得了原油从油田到炼厂的管道输送配额。

4. 油气合作由先行向重要一极转变

油气合作在中国与周边国家经贸合作重点地位与作用发生了重大变化。“一带一路”战略实施前，中国与周边资源国的合作主要以油气为主，油气合作在经贸合作中具有先行地位和基础作用。“一带一路”战略实施以来，中国与沿线资源国的经贸合作全面展开，油气合作完成了先行示范的历史作用。

中国石油企业较早在“一带一路”沿线国家开展投资合作，随着油气合作规模的不断扩大，以及通道建设的建成投用，极大地满足了内陆资源国出口多元化的战略诉求，极大地促进了中国与周边资源国的关系，带动了双边经贸关系发展，发挥了先行和示范作用。随着“一带一路”合作的全面展开，高铁、电力、核能、通信等产业“走出去”步伐加快，油气合作先行使命已经完成，成为中国与沿线国家大经贸合作、大产业融合中的重要一极。

这一变化是发展的历史必然，且对油气合作利大于弊。“一带一路”连接了全球最大的油气资源富集区和全球最具潜力的油气消费市场，油气合作在中国与沿线国家合作中的重要地位不会下降，“一带一路”战略推动下的中国资本、产业和技术输出，以及大经贸合作对于提升合作国的经济发展水平，惠及所在国民众具有更直接的作用，也有助于改变资源国与中国合作仅是资源输出型合作，有助于分散和化解资源国内资源民族主义作祟带来的风险。

5. 由中国一家独奏向沿线国家合唱转变

三年前，中国提出“一带一路”倡议之初，沿线多国对中国提出该倡议的动机存在不解，甚至误解。而印度、俄罗斯等地区大国则是采取了观望、抵制的态度。在沿线国家看来，“一带一路”是中国的，是中国为提升政治影响力、扩大经济发展空间的自我发展战略。三年来，中国与沿线国家不断推进合作，落实各项规划与项目，积极利用现有双多边合作机制，有力推动了区域与跨区域合作。目前已经有 100 多个国家和国际组织参与到“一带一路”合作来，中国同 30 多个沿线国家签署了共建“一带一路”合作协议，同 20 多个国家开展国际产能合作。

推动双边合作。截至 2016 年 6 月 30 日，中国已经同 56 个国家和区域合作组织发表了对接“一带一路”倡议的联合声明，建立了双边联合工作机制，已与 11 个“一带一路”沿线国家签署了自贸区协定。

深化多边合作。围绕“一带一路”倡议，强化上海合作组织、中国—东欧 16+1、中国东盟 10+1、中国—海合会等组织和对接机制的合作，使“一带一路”的合作理念得到相关各方的充分理解，带动了更多国家和地区参与“一带一路”建设。

地区大国战略与“一带一路”对接。过去三年，“一带一路”倡议得到了沿线国家的积极响应，更得到了部分地区大国的呼应。地区大国由倡议之初的观望、质疑，到接受，继而要求战略对接，为实现地区大国之间的利益融合提供了重要基础（表 2）。这种重大转变对于降低未来中国与“一带一路”沿线国家油气合作的地缘政治风险具有重大意义。

表2　与“一带一路”倡议对接的部分大国战略

国家/组织	与“一带一路”倡议对接的战略/规划名称
俄罗斯	欧亚经济联盟
哈萨克斯坦	光明之路
欧盟	欧洲投资计划（容克计划）
环孟加拉湾经合组织	环孟加拉湾多领域经济技术合作倡议
印度	萨加尔马拉项目国家远景计划
沙特阿拉伯	2030年愿景
越南	两廊一圈
柬埔寨	“四角”战略和“2015－2025工业发展计划”
孟加拉国	孟中印缅经济走廊
印度尼西亚	全球海洋支点

资料来源：根据新华社等媒体消息整理。

从三年来“一带一路”油气合作的重大转变不难看出，中国与“一带一路”沿线国家的合作正在由单个项目的合作向区域经贸大合作、产业大融合的方向转变。政府搭台、企业唱戏的思路更加明确，在顶层设计、规划对接、政策沟通等层面实现政府搭台，充分尊重合作国的发展诉求，充分尊重市场经济规律，充分发挥投资机构专业化运作能力，充分发挥企业在合作中的主体地位，最终实现企业唱戏，让合作项目能经受住市场的考验。例如，中俄西线天然气管道项目，受市场和价格影响，项目经济性明显不及预期，合作双方在充分尊重事实的基础上重新调整计划，没有将其搞成一个单纯的政治项目。

油气合作促大经贸合作，大经贸合作带动油气合作进一步深化的格局已初步形成。随着中国与沿线国家的规划对接，中国油气行业中装备制造、材料工业、技术服务与沿线国家的合作步伐将进一步加快，炼化、管道等领域的合作也将进一步扩大，中国与沿线国家在油气领域的产业融合将进入一个新的发展阶段。

（本专题撰写人：孙依敏）

专题四

近十年来国际大石油公司投资策略分析

近十年来，国际大石油公司经营环境发生了很大变化。世界经济增速放缓，油气需求由供不应求转为供需宽松，国际油价由大幅上涨转为大幅下跌。面对复杂多变的外部环境，国际大石油公司围绕提效益、强核心、谋转型及时调整投资策略。高油价时期，紧紧抓住重要战略机遇期，不断扩大资本支出规模，加大上游投资力度。低油价时期，及时调整投资规模，优化投资结构，综合施策，有效应对低油价的冲击和影响。总体看，国际大石油公司投资效果十分显著。

一、投资策略

1．始终坚持审慎投资原则，根据环境变化灵活调整投资规模

2006—2013 年，国际大石油公司的投资总体呈现出快速增长态势，虽然 2008 年金融危机导致多数大石油公司的投资出现下降，但很快即恢复增长。2013 年国际大石油公司的投资达到历史新高，五家公司的合计投资额为 1956 亿美元，比 2006 年增长 1 倍多。埃克森美孚、壳牌和雪佛龙三家公司的投资均超过 400 亿美元。投资增长的主要原因是近年来国际大石油公司启动的一批大型项目大多进入投资密集期，以及由于材料、服务成本上升而带来的投资增长（表 1）。

表1　2006—2015年国际大石油公司投资额　　单位：亿美元

公司	2006	2007	2008	2009	2010	2011	2012	2013	2014	2015
埃克森美孚	199	209	261	224	322	368	398	425	385	311
BP	172	206	307	203	230	315	252	366	238	195
壳牌	229	246	351	265	269	263	326	401	319	261
雪佛龙	166	200	228	222	218	291	342	419	403	340
道达尔	149	161	201	186	216	341	294	345	305	280
五家合计	916	1022	1347	1101	1256	1578	1612	1956	1650	1387

数据来源：根据各石油公司年报整理。

虽然在高油价下国际大石油公司投资有较大增幅，但总体看，仍保持了审慎的投资策略。主要表现为三个方面。

一是审慎的投资决策。埃克森美孚公司认为，投资决策是事业成败的关键，该公司坚持

按照严谨的原则，在进行投资决策前都要对各种投资机会反复进行分析、评价、对比，同时还要将每个投资机会在变化较大的未来情景下进行严格的检测和审核，以了解每个投资机会的适应性，保证每个项目在技术上、运营上和财务上可行。除投资阶段外，严谨的投资还贯穿于设计、开工、投入运营的投资各个阶段，而且在投资项目完工后，都要对所有重大项目进行了严格的后评价，以吸取经验教训，完善未来的项目计划和设计。这一重要程序的严格执行确保了公司投资价值最大化。在埃克森美孚公司看来，如果投资决策出现失误，即使在繁荣时期也有可能一败涂地，在市场环境好时，专注和克制愈发显得重要。

二是中长期项目评估油价相对保守。例如，据花旗集团对全球237家石油公司的调查统计，2006年12月底美国独立石油公司、加拿大石油公司和北美以外石油公司2007年的评估油价（WTI原油）参数都超过了56美元/桶，而国际大石油公司选择的油价参数相对比较保守，平均为49美元/桶。

三是不论是高油价时期还是低油价时期，投资规模控制在现金流可承受范围内。埃克森美孚等国际大石油公司现金流与资本支出的比例始终保持大于 1，这也是国际大石油公司能够持续平稳发展的关键所在（图1）。

图1　埃克森美孚公司现金流与资本支出比

数据来源：根据公司年报整理

2014年下半年市场随国际油价的快速下跌进入下行周期，国际大石油公司开始以更加严格的手段管控投资。2014年表1所述五家石油公司的合计投资额出现近五年来的首次下降，降幅达16%。2015年、2016年继续下降。国际大石油公司对于中长期投资也变得更为谨慎。壳牌总裁表示，对未来可能得到巨大发展但目前仍处于初期阶段的业务，当前需要谨慎一些对待，不能进行过度投资。预计未来两三年内，国际大石油公司投资规模将进一步下降。在控制投资规模的同时，国际大石油公司十分注重维护资本市场信誉，保证股东红利，提振投资者信心，在资金运用上实现了投资与股东红利的较好平衡。

2．提效益，持续优化投资结构，投资不断向高回报业务和地区倾斜

高油价下实施投资向上游倾斜的策略。在高油价时期，勘探开发业务一直是国际大石油公司利润的主要来源，上游投资资本回报率明显高于其他业务。2006—2013 年，随着油价的上涨，上游盈利对各公司利润贡献率逐年上升。如埃克森美孚 2006 年上游对总盈利的贡献率只有 66%，而 2013 年随着原油价格上升，上游对总盈利的贡献率上升到 82%（图 2）。其他国际大石油公司基本类似，在高油价下上游已成为各公司盈利的支柱。

正是由于上游板块投资资本回报率高以及该板块对各公司总体利润贡献越来越大，因此，高油价时期国际大石油公司一直实施投资向上游倾斜的策略，不断加大对上游投资的力度，上游投资在总资本支出中的比例不断提高。五大公司上游投资占总投资的比例从 2006 年的 79%提高到 2014 年 86%（图 3、表 2）。

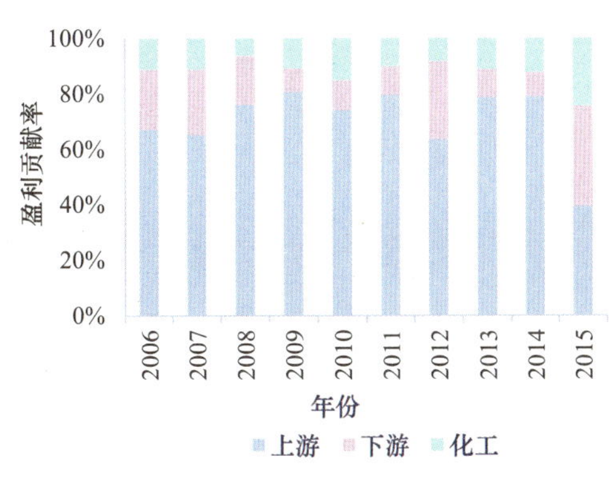

图2　埃克森美孚公司利润构成

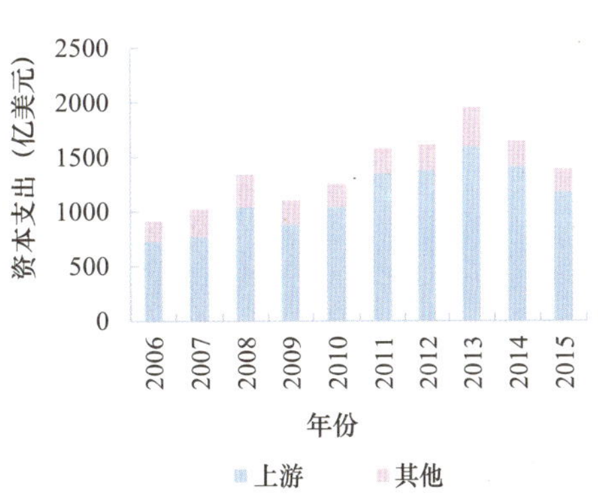

图3　五大石油公司资本支出构成

数据来源：根据公司年报整理

表2　2006—2015年埃克森美孚和道达尔投资资本回报率　　单位：%

公司	业务板块	2006	2007	2008	2009	2010	2011	2012	2013	2014	2015
埃克森美孚	上游	45.3	41.7	53.6	23.4	23.3	26.5	21.4	17.5	16.7	4.2
	下游	35.8	37.8	31.8	7.1	14.8	19.1	54.9	14.1	12.7	28.2
	化工	33.2	34	20.4	13.9	26.3	22.1	19.3	18.5	19.4	18.6
道达尔	上游	35	34	36	18	21	21	18	14	11	5
	下游	23	21	20	70	8	5	9	9	15	41
	化工（销售）	13	12	9	4	12	12	13	16	13	20

注：2013—2015年，道达尔下游投资回报率指炼油和化工，化工一栏调整为销售。

低油价下保持下游投资强度。2014 年下半年油价下跌以来，国际大石油公司下游业务盈利性凸显出来，为此，他们在缩减总体投资规模的同时，努力保持下游投资强度，以增加下游的盈利性。2015 年，国际大石油公司下游投资比例由 2014 年的 12%上升到 13%， 2016 年这一比例进一步上升到 14%（表 3）。在下游投资中，逐步向毛利较高的炼油和化工业务倾斜，降低了毛利较低的销售业务的投资比例。如雪佛龙公司炼油化工投资占下游总投资比例

从2006年的65%提高到2015年的82%，而同期销售投资占下游总投资的比例则从18%下降到8%（图4）。

表3　国际大石油公司投资结构

业务板块	投资占比		
	2014年	2015年	2016年
上游	86%	84%	83%
下游	12%	13%	14%

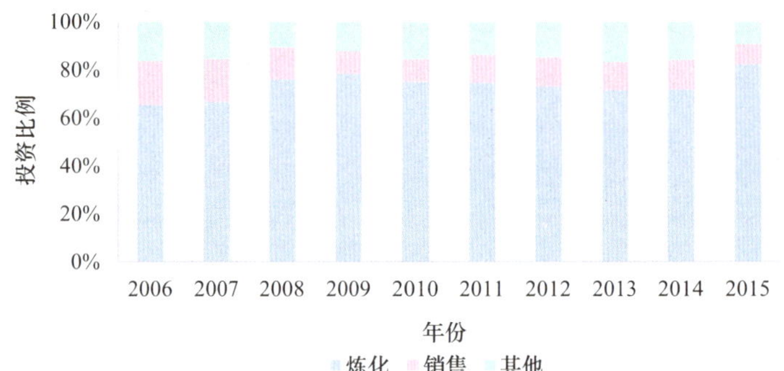

图4　雪佛龙公司下游投资构成

调整投资地域结构，减少高风险地区投资，投资向稳定地区集中，以获得长期、稳定的投资回报。从埃克森美孚投资地区结构调整看，近十年来，随着北美页岩油气的突破，投资重点也由非洲等一些高风险地区以及欧洲等成熟地区向北美转移，在美国的投资占比从2006年的19%提高到2015年的35%（图5）。道达尔计划到2017年在OECD国家上游投资资本将从2006年的29%提高至45%。BP确立了墨西哥湾、阿塞拜疆、安哥拉和北海四个盈利较高的地区为重点投资地区，到2020年公司经营现金流的50%将来自这四个高盈利区。

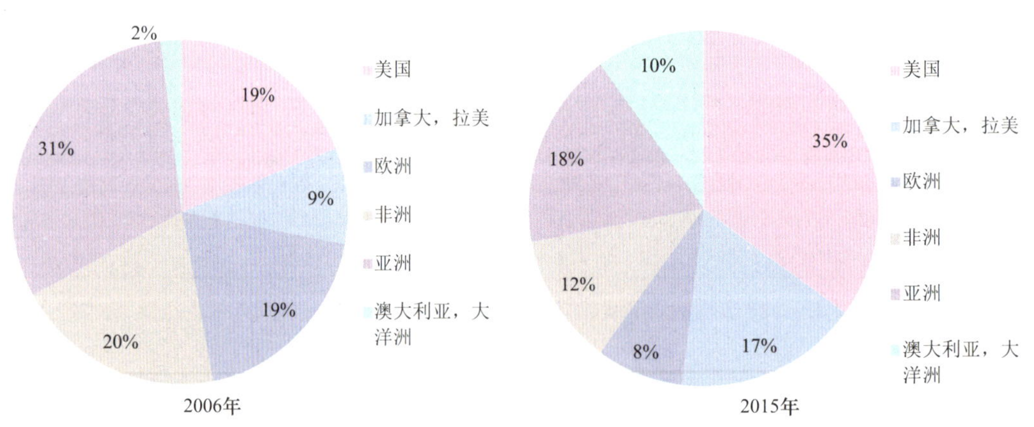

图5　埃克森美孚公司分地区资本支出

在下游领域，具有成本优势的中东和北美、具有巨大增长潜力的亚太是国际大石油公司下游投资的热点地区。在这些地区，国际大石油公司的投资集中在对大型炼厂进行升级改造、建设大型炼化综合一体化项目、扩大有优势的高附加值石化业务如高档润滑油、航煤、高标号汽柴油和高附加值、差异化、功能化石化产品以及在市场需求大或市场需求潜力大发展前景好的地区拓展零售网络等。

在中东，国际大石油公司主要利用优质低成本的原油、不断增长油品需求以及出口亚太的距离优势，投资重点是建设大型炼化综合一体化项目。

在亚太，国际大石油公司持续扩大在中国、新加坡和泰国的高档润滑油业务，提高精对苯二甲酸(PTA)等产能，拓展在中国的油品零售网络等。

3. 重协调，短长结合，努力实现短期提效与持续发展的有机平衡

合理配置短中长期投资需求，高油价下注重中长期增长大型项目投资。以壳牌和雪佛龙为例，壳牌的投资在六个领域中进行分配，分别是上游基础业务、下游基础业务、一体化天然气、深水、非常规和未来发展机会。其中，上游基础业务和下游基础业务指当前可提供大量现金流但增长前景有限的上下游资产，属于提供基础产量和现金流的业务，对于这些资产，投资的目的是通过技术和有选择性的勘探尽量延长上游成熟资产的寿命，提高下游业务的盈利性并有选择性地增长。一体化天然气、深水和非常规是三个支撑中长期增长的领域。未来发展机会也是可提供增长的领域。2013 年投向上游和下游基础业务的有机投资约 120 亿美元，约占公司有机资本支出的 35%；投向中期增长的有机资本支出 180 亿美元，约占公司有机资本支出的 53%。长期发展业务投资约占 12%。

雪佛龙上游重点投资于大型资本项目的开发，同时注重平衡长期增长（勘探和业务发展）、中期增长（大型资本项目）和近期产量（基础业务和小型资本项目）。2013 年这三方面的投资比例分别为 10%、60%和 30% 。

高油价下，加快大型项目建设，着力打造新油气核心资产。油气资源是石油公司生存和发展的基础，油气产量和储量也是投资者判断石油公司是否具有投资价值的最重要的指标。因此，国际大石油公司非常重视产量的长期增长。长期以来，国际大石油公司以营建新的核心资产为重点，十分重视大型项目建设。如 2009 年埃克森美孚等五大石油公司总计有近 30 个大型油气项目投产。未来几年，国际大石油公司普遍把产量目标定为年均增长 2%左右，而建立大型开发项目序列是保障油气产量目标实现的关键。从项目类型看，未来油气产量增长主要来自海上深水区、LNG、油砂、非常规气等领域。

在低油价下，为了确保公司现金流，国际大石油公司及时调整短期与长期投资组合，更

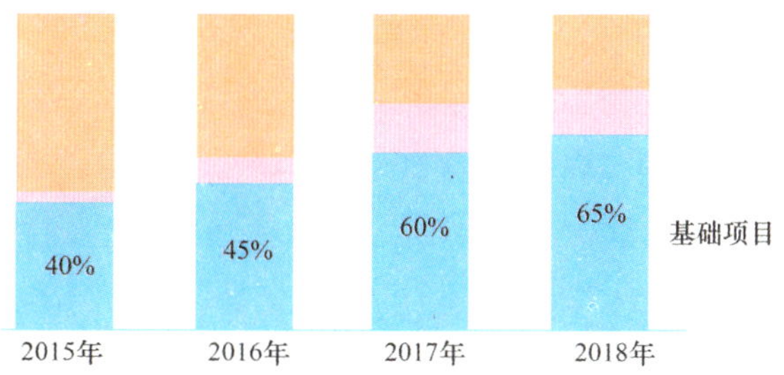

图6　雪佛龙公司投资结构

加注重向短期高回报项目倾斜。如雪佛龙计划将基础项目投资比例从2015年40%提高到2018年的65%（图6）。

4. 降风险，把握投资节奏，管控投资风险

2008年金融危机以来，特别2014年油价下跌后，国际大石油公司更加注重投资时机的把握。国际大石油公司在严格控制投资总额的同时，注重控制投资风险。首先调整勘探策略，减少高风险勘探活动，重视挖掘已探明区或现有油气田周边区的资源潜力。例如，在本轮下行周期中，五大公司普遍削减了勘探支出，减少盐下层、超深水、非常规和极地等高风险前沿区的勘探活动。道达尔对高风险前沿区的勘探投资占比从之前的40%下调到25%。壳牌放弃了投入数十亿美元的美国北极海域勘探计划，埃克森美孚、BP、雪佛龙均暂停了加拿大北极圈内的勘探活动。

其次全面审查、优化投资组合。将投资项目按经济效益排队，优先发展回报高、回收快的项目，推迟、暂停或者取消高成本、长周期项目。例如，壳牌将其所有在建和待建LNG项目根据建设成本和投资效益进行排队，优先发展成本可控、盈利能力强的项目，一些投资大、成本高的项目则按照5年甚至10年后发展进行规划。道达尔延长沙特阿拉伯朱拜勒炼化一体化项目投标期限，主要是为了选择一个成本更低的时期进行建设。该项目原计划投资120亿美元，调整投标时间后，项目预算降到100亿美元以下。本轮周期中重油/油砂、LNG、深水、石化等领域的投资均受到影响，重油/油砂等项目受影响最大。

5. 谋优势，加强优势领域和潜力领域投资，积极营造新一代核心资产

实施以做强为核心的上游投资策略。近十年来，国际大石油公司更加突出投资于各自的优势领域，积极营造下一代核心资产，非常规资源已成为国际大石油公司未来发展的重要动力。全球非常规油气技术的突破性发展、各国政府对非常规油气开发的扶持政策等给国际大石油公司发展非常规油气业务提供了有利的环境。凭借自身技术和开发管理优势，国际大石油公司加大非常规资源的开发力度，使其成为公司未来发展的重要动力。非常规资源主要包括非常规气、重油/ 油砂、LNG、深水油气等。当前这些资源类型已在国际大石油公司资源基础中占据了很大的比例。例如，埃克森美孚、壳牌和道达尔的非常规资源在公司资源基础中所占比例已达50%～70%，其中埃克森美孚高达70%，壳牌也达到了67%左右。BP资源量中常规油气的比例略高于50%。国际大石油公司的未来产量增长将在很大程度上依赖非常规资源。埃克森美孚支撑中长期增长的重大项目中非常规类型高达90%。BP在未来发展战略中明确指出，深水和天然气（含非常规气）是未来两大主要增长领域。

埃克森美孚重点投资加强非常规油气业务，2010年斥资410亿美元完成了对XTO Energy公司收购，成为当年世界石油业最大的一笔资产收购交易，此举大大增强了埃克森美孚在非常规天然气领域的地位。2013年斥资31亿美元收购加拿大能源公司Celtic Exploration，此项收购进一步扩大了该公司在北美地区的非常规油气资产规模。壳牌提出“简约发展”的思路，认

为“通向未来成功的跳板是将壳牌发展成为一个更精干、更盈利的公司”，公司的资产和业务应“集中在数量更少但价值更高的领域”。在集中发展优势业务思想的指导下，壳牌通过收购BG显著加强了两个最具优势的业务领域——LNG和深水。BP不断巩固在巴西、墨西哥湾、北海、安哥拉深水的地位；雪佛龙加强LNG、深水地位；道达尔加强常规领域投资（表4）。

表4　未来产量增长领域

	常规油气	深水	LNG	油砂	非常规油气
埃克森美孚	★★	★★	★★	★★★	★★★★★
BP	★★★	★★★	★	★★	★★★
壳牌	★★	★★★★	★★★★★	★★★	★★
雪佛龙	★★	★★★★	★★★★	★★	★
道达尔	★★★★	★	★★★	★★★	★

在下游方面，实施以做精做优为方向的炼化投资策略。近十年来，由于各国更加严格的燃料标准以及炼厂加工原油劣质化趋势，国际大石油公司炼油业务投资重点放在以提高重质原油和高硫原油的加工能力为主的升级改造，提高装置加工灵活性和综合加工能力和加工深度，降低加工原料成本，提高盈利能力。例如，道达尔公司2006—2010年炼油领域年投资为40亿欧元（不包括正常检修），其中增加炼油能力、重油和脱硫项目约占65%，其他方面投资约占35%。

加强一体化建设，加快向炼化一体化、大型化方向发展。一是注重规模化发展，炼厂规模进一步提高。2015年，国际大石油公司炼厂平均规模和深加工能力均高于世界平均水平，其中埃克森美孚、BP等的炼厂平均规模（700万吨/年左右）达到1000万吨/年以上。二是设备升级配套水平不断提高，原油加工程度日益深化。2000—2015年，埃克森美孚在美国的二次加工能力占一次加工能力比例从67%提高到70%以上（注：二次加工能力包括催化裂化、催化重整、加氢裂化、加氢精制等能力）。三是随着炼厂规模的扩大，炼化一体化趋势不断加强。国际大石油公司通过兼并重组或区域优化，使炼油厂、乙烯厂、芳烃厂从松散一体化走向紧密一体化，进而实现工艺合理搭配、装置科学组合、物料优化利用，各种生产要素优化配置，实现了效益最大化。以埃克森美孚为例，2002—2012年，埃克森美孚炼厂平均规模从840万吨/年提高到1078万吨/年，炼厂能耗降低10%。在其32个炼厂中，2000万吨以上炼厂有3个，炼化一体化炼厂12个，能加工15种不同品质的原油，从而降低了原料成本。

6．谋转型，加大天然气业务投资，重视新能源发展

按照纵向一体化的发展思路，加大对天然气业务的投资，培育新的经济增长点。国际大石油公司看好天然气长期增长趋势，纷纷将天然气业务作为新利润增长点，不断加大对天然

气业务的投资力度，巩固和加强在全球天然气市场的竞争优势。在天然气业务发展的上游，国际大石油公司以卡塔尔、澳大利亚、北美等天然气资源富集地区为重点，加大勘探开发投入，保持天然气资源良性接替。天然气储量占公司油气总储量的比例由2006年的45%提高到2015年的50%以上，已成为国际大石油公司的“半壁江山”。国际大石油公司在扩大天然气资源的同时，还积极推进天然气下游产业链的发展。

国际大石油公司积极布局新能源业务。道达尔成立了天然气、可再生能源和电力贸易子公司，这家新的子公司将帮助道达尔在未来20年里成为可再生能源和电力贸易领域的主力军。壳牌积极布局新能源业务，在使业务多元化的同时寻找新的业务增长点，对冲油价下跌带来的业绩下滑。预计新能源业务每年研发预算达2亿美元。2016年5月，壳牌集团在既有的天然气一体化事业部中增加了新能源业务，新建了天然气一体化和新能源事业部。壳牌认为，全球能源转型正值其时，希望参与这次转型，通过生产更多天然气以减少煤电，打造天然气发电一体化产业链。未来将重点投资新燃料、天然气和新能源发电、通过数字化和互联网服务能源终端用户的解决方案三个领域。在壳牌每年10亿美元的研发预算中，新能源业务占1/5，新能源将成为其未来的重要增长点。

7. 保研发，保持较高的技术投入强度，提升公司核心竞争力

国际大石油公司始终认为拥有自主知识产权的关键技术是公司发展的动力源泉，是提升公司核心竞争力的重要手段，因此，国际大石油公司坚持独创性原则，加大研发投资力度，保持技术上的优势，为提升公司核心竞争力提供技术支持。

随着全球资源获取难度的增加以及国家石油公司掌控资源量的上升，国际大石油公司赖以生存和发展的资源空间受到挤压，他们不得不凭借技术实力，越来越多地向地域偏远、环境恶劣、地质条件复杂、开采难度高的前沿领域拓展。因此加强研发投入，保持技术领先和创新能力，已成为国际大石油公司发展战略中必不可少的组成部分。

BP对关键业务领域的技术进行重点投入并有选择性地取得领先地位，对新兴领域的技术则以开放的形式与优秀研究机构合作研究。技术研发的重点是，在上游领域重视发展保证经营活动安全可靠、减少经营风险的技术；在下游领域重点发展对二甲苯、PTA和乙酰基系列化学品工艺技术；在替代能源领域发展生物燃料技术、风能技术、太阳能技术和碳捕捉技术。技术获取策略包括自主研发和技术合作。对于保证公司竞争优势的关键研究领域由内部负责研发、获得相关技术，BP在很多国家建立了独立或合作技术中心，并及时进行知识产权保护。另一方面以协议研发和开放式合作研发为主要方式开展技术合作，也是BP获取技术的一种重要方式。

埃克森美孚技术研发重点是发展降低原料成本、提高催化剂性能、优化设施运用的技术。技术获取策略也是自主研发与联盟合作相结合。埃克森美孚的上游研究公司负责上游技术的自主研发，研究与工程公司负责下游技术的自主研发，化工公司负责分布在美洲、欧洲和亚洲的10个研发中心和实验室的自主研究工作。对于周期长、耗资大、风险高的研发项目，埃

克森美孚一般采取技术合作、技术联盟、技术外包、技术收购等方式，以降低研发风险、提高研发水平。

道达尔技术创新战略的目标是通过科技创新与研发，支持新能源发展，帮助满足能源需求以保障安全的能源未来。其技术发展重点一是深水领域、超稠油、深层能源、含硫气和致密气藏技术；二是识别、预测和降低炼化设备运行限制并提高效率；三是开发新型催化剂和生物聚合工艺、新产品和纳米技术等。

在高油价时期，国际大石油公司研发投资呈上升态势。金融危机之后的五年（2009—2013年），五家国际大石油公司的年均研发投资均高于危机之前的五年（2004—2008年），增幅为28%～52%。

在低油价下，国际大石油公司仍保持较高的研究投入水平，研究投入强度有所上升（图7）。

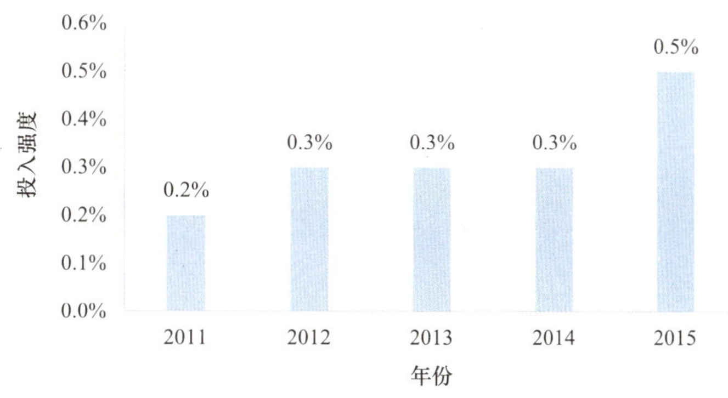

图7 国际大石油公司研发投入强度

二、投资效果

1. 经营业绩好于同业可比公司，低油价下保持了业绩相对稳定

利润水平高于同业可比公司。高油价时期，国际大石油公司实施向上游倾斜的投资策略，努力扩大上游业绩，利润水平高于同业可比公司。以油气产量规模基本相当的埃克森美孚和中石油比较，2013年，埃克森美孚净利润326亿美元，中石油209亿美元，埃克森美孚比中石油利润多117亿美元（图8）。低油价下，国际大石油公司经营业绩稳定性和抗低油价冲击的能力总体好于同类公司。2016年前9个月，国际大石油公司利润降幅由上年同期的69%收窄至41%，其中BP和雪佛龙实现了扭亏为盈，壳牌实现了利润的同比大幅增长和逐季增加，对持续低油价的适应性明显好于同业可比公司。相比之下，中石油利润降幅由上年同期的68.1%进一步扩大至94.7%。

投资回报率高于同业可比公司。近十年来，受投资规模扩大、成本上升等因素影响，国际大石油公司投资回报率呈现逐步下降趋势，特别是2015年油价下跌后，国际大石油公司投资回报率大幅下降。如埃克森美孚投资回报率从2006年的32.2%下降到2015年的7.9%。但与其他同业可比公司相比，国际大石油公司总体高于康菲、埃尼、中石油、中石化等公司的回报水平，显示出国际大石油公司在控制投资规模、优化投资结构等方面取得了较好的投资效果（图9）。

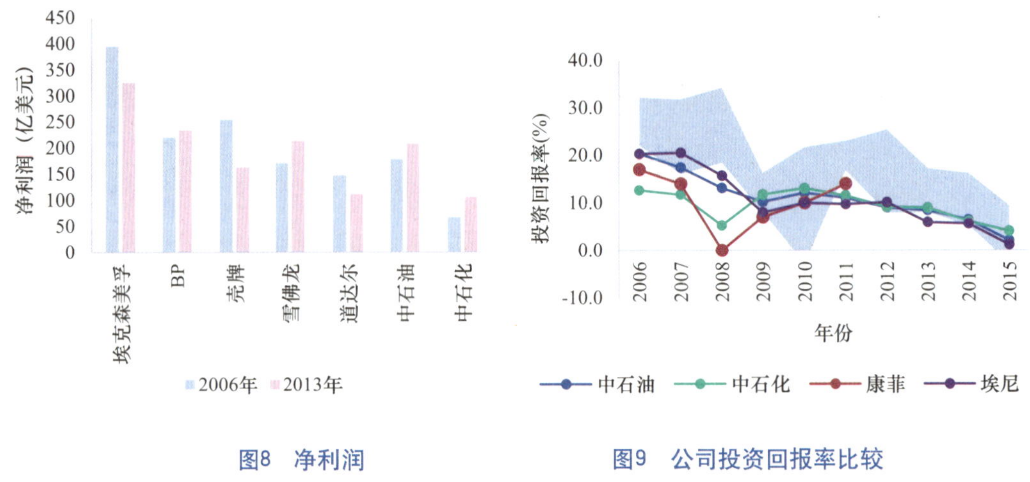

图8　净利润

图9　公司投资回报率比较

2. 扭转了原油产量下降趋势，为未来产量增长打下良好基础

近年来，虽然国际大石油公司投资大幅度增长，但各公司油气产能并没有同步增长。2006—2013年，受高油价下产量分成合同、成熟油气田产量递减以及大型油气开发项目投产期延期等因素影响，5家国际大石油公司原油产量从10451千桶/日下降到7817千桶/日。国际大石油公司加大天然气投资力度，保持了天然气产量有所增长，2006—2015年，天然气产量年均增长0.5%。

2014年油价下跌以来，为减缓盈利下滑和经营现金流紧张的局面，国际石油公司根据油气市场价格的变化优化生产运行，提高生产效率，竭力维持原油稳产以应对低油价带来的冲击，同时前期投资建设的大项目陆续投产，使国际大石油公司2014年、2015年和2016年前9个月原油产量分别增长5.7%、7.4%和4.5%，逆势下实现了三连增。随着前期投资的大型项目陆续投产，国际大石油公司未来油气产量预计将保持增长态势。原油及天然气产能见表5、表6。

表5　2006—2015年国际大石油公司原油产量　　单位：千桶/日

公司	2006	2007	2008	2009	2010	2011	2012	2013	2014	2015	年均增长
埃克森美孚	2681	2616	2405	2387	2422	2312	2185	2202	2111	2345	-1.4%
BP	2475	2414	2401	2535	2374	2157	2055	1176	1927	2045	-1.9%
壳牌	1948	1818	2401	1680	1709	1666	1633	1541	1484	1509	-2.5%
雪佛龙	1841	1783	1676	1846	1923	1849	1764	1731	1709	1744	-0.6%
道达尔	1506	1509	1456	1381	1340	1226	1220	1167	1034	1237	-2.0%
五家合计	10451	10140	10339	9829	9768	9210	8857	7817	8265	8880	-1.7%

表6　2006—2015年国际大石油公司天然气产量　　　　单位：百万立方英尺/日

公司	2006	2007	2008	2009	2010	2011	2012	2013	2014	2015	年均增长
埃克森美孚	9334	9384	9095	9273	12148	13162	12322	11836	11145	10515	1.4%
BP	8417	8143	8334	8485	8401	7518	7393	6259	7100	7146	−1.7%
壳牌	8368	8214	8569	8483	9305	8986	9449	9616	9259	8380	0.0%
雪佛龙	4956	5019	5125	4989	5040	4941	5074	5192	5167	5269	0.7%
道达尔	4674	4839	4837	4923	5648	6098	5880	6184	6063	6054	3.3%
五家合计	35749	35599	35960	36153	40542	40705	40118	39087	38734	37364	0.5%

3. 资源接替总体较好，未来发展的资源基础进一步扎实

近 10 年来，国际大石油公司重视勘探业务，不断加大对勘探投资力度。在全球筛选一切可能的勘探机会，并采取集中勘探的战略，增加核心区的勘探投入，集中在大盆地，着眼于发现大油田，油气储量接替率基本保持在 100%以上。油价下跌以来，国际大石油公司调整勘探策略，适度放缓一些高成本勘探投资项目，2015 年储量接替出现下滑。如埃克森美孚油气储量接替率从 2014 年的 111%下降到 69%。但雪佛龙在低油价下仍然加强勘探，实现了储量接替率不降反升，道达尔基本持平。总体看，国际大石油公司不论在高油价时期还是在低油价时期，始终不放松油气勘探工作，保持较高资源接替率，为未来发展筑牢资源基础（表 7）。

表7　2006—2015年国际大石油公司油气储量接替率　　　　单位：%

公司	2006	2007	2008	2009	2010	2011	2012	2013	2014	2015
埃克森美孚	128	76	136	100	209	107	115	106	111	69
BP	87	109	124	129	106	103	40	129	116	61
壳牌	126	17	107	272	110	99	44	127	26	−21
雪佛龙	69	11	146	112	24	171	112	85	89	107
道达尔	101	102	103	103	124	185	93	119	100	94

（本专题撰写人：张卫忠）

专题五

近十年来国际石油公司并购特点

过去 10 年里，国际油气并购市场发生了复杂多样的变化，国际油价经历两次大起大落，北美页岩油气产业兴起并成为热点，深水领域进入快速发展阶段，以消费国为主的国家石油公司加快国际化进程，已经是国际油气市场的重要参与者。这一时期，国际油气并购市场中的参与主体类型最全，国际石油公司的并购行为最具代表性，值得深入分析和品位。国际大石油公司、独立石油公司和以亚洲国家石油公司为主的国家石油公司及市场的新生力量金融资本，在油气并购市场中表现出不同特点。

一、国际大石油公司

国际大石油公司是熟练运用资本市场优化资产结构、实现增值的高手。近十年来，国际大石油公司经营发展战略明确，借油价波动之机，顺势而为，在油气并购市场中表现稳健，很有经验和章法。

1. 利用油价波动“低进高出”，高效率实现资产优化

在国际油价的波动中，国际大石油公司表现出了其优秀的资本运作能力，低价收购，高价卖出，高效率地实现了公司资产优化。在 2008 年以来两次油价大跌时期，国际大石油公司都是逢低买入者，而且都是大手笔实现华丽转身。2009 年埃克森美孚以 405 亿美元收购 XTO 公司，2015 年壳牌斥资 854 亿美元大手笔收购 BG 公司，有力地补充和增强了公司资产组合。2010—2014 年，国际油价持续维持高位，油气储量交易价格较高，国际大石油公司在此阶段出售更为积极，大量处置非核心资产获得更多现金流，用于发展核心业务。2010—2014 年，国际大石油公司共出售上游资产价值近 1800 亿美元，远高于同期收购额（图 1）。

2. 收购对象选择契合公司发展战略

国际大石油公司的重要收购中，对收购对象的选择充分表现其战略发展意图，每完成一次重大收购都会实现一次转型。国际大石油公司的收购有两类目的。一类是“补缺型收购”，通过收购补充公司业务短板或发展新业务。2009 年，埃克森美孚收购 XTO 公司一方面补强天然气业务板块，加快天然气业务的发展，另一方面也表示公司判断非常规油气业务随着水平井多段压裂技术进步，将快速发展，将页岩油气业务发展作为公司新的主要业务。另一种是强化优势型收购，目的是通过收购进一步增强自身核心业务的竞争优势。2015 年，壳牌收

购 BG 则是这一类。壳牌看好天然气行业的未来，也意识到公司在深水勘探、天然气液化与 LNG 运输方面需要加强，并认为 BG 公司在上述领域的优势恰可弥补其不足，BG 的优势可以与公司的规模、开发专长和资金优势很好地结合。

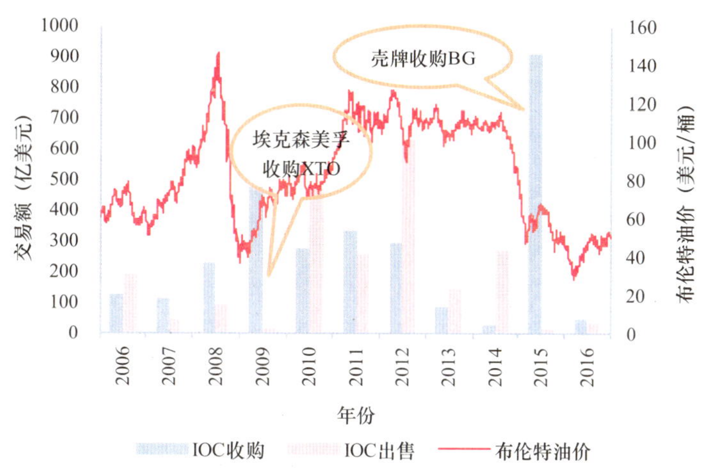

图1　2006—2016年国际大石油公司上游资产交易

数据来源：IHS Herold公司

3. 高油价时期利用收购和出售不断优化资产组合

国际大石油公司在高油价时期既是资产收购者，也是主要的资产出售者，而且收购和出售的资产除常规油气外，大部分重合，充分体现了国际大石油公司通过资产交易优化资产结构的战略意图。北美页岩油气和深水资产作为公司未来主要发展业务领域，基本是买多卖少。而常规资产，尤其是老油田资产，则买少卖多，公司利用油价高企的时机将这些还能盈利的资产高价出售。2009—2014 年的高油价期间，国际大石油公司收购的出售的资产类型主要涉及五种，深水、常规、页岩气、页岩油和公司权益。如表 1 可看出，国际大石油公司重点发展的深水、页岩油气资产均是收购大于出售，而公司逐步乘高出清的常规资产回笼资金 700 亿美元，几乎补足了期间收购深水、页岩油、页岩气等战略资产的差额。特别值得关注的是，期间，国际大石油公司通过转让公司权益还获得了高达 264 亿美元的净收入。

表1　2009—2014年国际大石油公司主要资产收购和出售情况　　单位：亿美元

资产类型	收购金额	出售金额	差额（收购-出售）
深水	328	225	103
页岩油	119	10	109
页岩气	570	81	489
常规	141	841	−700
公司权益	224	488	−264

数据来源：IHS Herold公司。

除了上游非核心资产的处置外，下游资产也是国际大石油公司出售的主要目标。出售的下游资产以炼厂和管道资产为主，主要集中在北美、欧洲和亚太等下游工业发达地区，这些地区的下游业务市场已经趋于饱和或部分过剩，国际大石油公司在这些地区的经营策略是保留高附加值产品业务，择机出售常规业务（图2）。

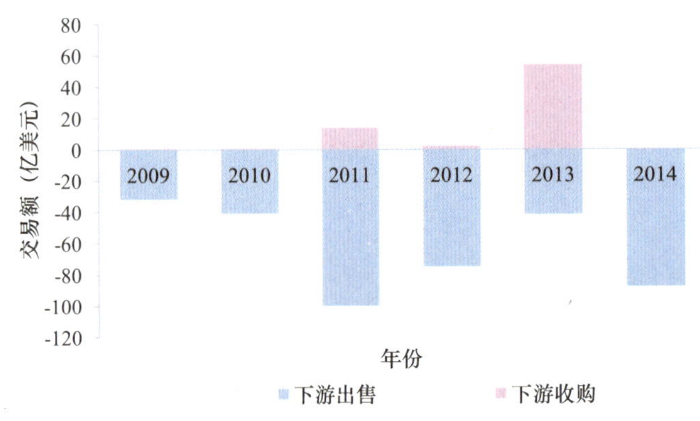

图2　2009—2014年国际大石油公司下游资产交易

数据来源：IHS Herold公司

二、独立石油公司

大型独立石油公司近十年来在国际油气并购市场比较活跃，在收购和出售两方面均表现积极。资产收购主要是补强公司优势领域和进军北美非常规领域，资产出售一是公司自身发展战略调整，二是在低油价时期成为大石油公司的并购目标，被迫出售。

1. 独立石油公司是重要参与者，也是国际大石油公司觊觎的并购对象

大型独立石油公司一直是油气并购市场的主要参与者。2006年以来，共收购资产2600亿美元，出售资产3800亿美元，分别占总交易金额的12%和17%（图3）。但这些公司既优秀又脆弱，业务领域比较单一，抗油价波动影响能力弱，拥有优质的资产组合，资产价值高，但资金链断裂的风险也大，是大型石油公司整体并购最理想的目标。十年来，两次低油价时期大型独立石油公司被国际大石油公司整体收购的事件时有发生。XTO公司是美国领先的非常规天然气生产商，拥有杰出的资源基础、超强的技术经验和高技能水准的员工，这符合埃克森美孚公司扩张非常规天然气业务的并购需求。BG公司2013年以来在两个大项目——巴西桑托斯深水和澳大利亚QGLNG项目上经营不顺，拖累了公司利润。随着低油价的到来，上游经营环境恶化，两公司均出现亏损，股价大幅降低，在股东的重压下，被迫接受大石油公司的城下之盟，成为其盘中餐。这种收购对公司经营者是一种无奈的选择，但为股东们所乐见，他们获得了公司出售的溢价和资本增值。

图3　2006—2016年大型独立石油公司资产交易

数据来源：IHS Herold公司

2. 为提升公司价值收购资产

十年来，与国际大石油公司不同，大型独立石油公司参与国际油气并购的行为与油价变化并无直接相关关系，公司收购资产主要为补强公司业务，将公司做大、做强，提升公司价值。实力增强后一方面可以抵抗竞争对手的恶意收购，另一方面公司整体出售也能获得更高价值。独立石油公司收购的资产主要是为了巩固、扩大自身核心业务。阿纳达科和阿帕奇等公司专注于深水和页岩油气领域的运营，收购的资产以深水和页岩油气为主；森科能源公司作为油砂生产商，不断通过收购扩大油砂业务；切萨皮克公司则看重北美页岩资产的发展潜力，收购的资产几乎全部为页岩油气资产，6 年间共斥资近 200 亿美元。

3. 受经营状况影响和股东压力出售资产

相对于国际大石油公司，独立石油公司出售资产多是被动出售。除了特殊时期被整体收购外，大型独立石油公司处置资产的原因主要有三种：一是一些公司经营面临压力，急于回收现金，如切萨皮克公司由于前期大量收购北美页岩气资产，且出现亏损，为此出售了一批北美非常规资产；二是部分公司为了集中优势发展核心业务，处置一些非核心资产，如赫斯公司为了专注于北美上游的勘探开发业务，将出售一批北美区域以外的资产，阿帕奇受到来自股东的压力，加快资产剥离，更关注美国陆上特别是得克萨斯 Permian 盆地的石油业务；三是为投资高的大型项目寻找合作伙伴，如阿纳达科是为了公司在东非莫桑比克大型天然气项目寻找合作伙伴，将卢旺达盆地 1 区 10%的权益出让给印度国家石油公司 ONGC，并保留了在该项目的作业者地位。

三、亚洲国家石油公司

1. 加快国际化过程中，亚洲国家石油公司扮演主要收购者角色

以中国、日本、韩国和印度为主的亚洲国家，油气消费快速增长，政府支持企业“走出去”获取海外油气资源，为国家能源安全提供保障。2009—2013年，以中国国有石油公司为主的亚洲国家公司正在加速进行国际化，积累海外资产是公司在这一阶段的主要战略，收购的主要目的是快速扩张业务规模，因而成为国际油气并购市场的主要购买者。其中，中国公司共斥资达1600亿美元。其中中国海油以总交易价值193亿美元（包括151亿美元现金和承担43亿美元净负债）收购加拿大尼克森石油公司是2012年全球油气并购市场最大的跨国并购，尼克森公司主要资产包括加拿大西部的油砂、页岩气资产以及北海、西非及墨西哥湾深水资产，完成收购后，中国海油海外业务规模实现翻番。日本公司共斥资超过300亿美元，投资的主要领域是天然气和LNG。

2009—2013年，是亚洲石油公司收购最活跃的时期，也是高油价时期，因而受到异议。造成这种情况有两方面原因：一是这些亚洲国家石油公司正处于国际化初期，国际资产严重不足，希望短时间完成积累；二是对国际油气供需形势产生的误判，当国际油价冲上100美元/桶的平台后，持续了6年时间。在此期间，绝大多数专家，包括以高盛为代表的权威机构，均判断国际油气供需紧平衡的状况将持续，国际油价将持续维持高位。尽管期间有不同声音，例如中国石油集团经济技术研究院在其2012年的报告中明确提出全球石油供需已相对宽松，高油价的基础已经动摇，但这种声音没有成为主流，被淹没在唱高的主流舆论中。正是在这种主流舆论的驱动下，亚洲国家石油公司继续买入，直到2014年油价断崖式下跌才戛然而止（图4）。

图4　2006—2016年亚洲国家石油公司资产收购

数据来源：IHS Herold公司

2. 优化调整期收购活动明显放缓

2014年以来，亚洲公司海外收购进入调整消化期，收购活动明显减少。随着中国、印度等国有公司收购活动减少，并购金额大幅下降。这主要是由于亚洲国家石油公司在前几年大幅扩张后开始调整发展战略，经营重心从购买资产转向对已收购资产的优化运营。此外，印度和韩国国家石油公司的收购活动由于受到政府更为严格的限制，收购更为谨慎。同时，2014年以来，亚洲国家经济增长普遍乏力，对公司经营造成一定影响，也是导致其放慢收购步伐的重要原因。油价下跌以来，亚洲国家石油公司经营状况也受到影响，并购活动明显放缓，但不愿错过低价收购的绝好机会，这些公司仍在审慎评估，等待时机。印度国家石油公司财务状况良好，过去几年没有过度参与国际并购，有一定资金实力，且国家政策开始鼓励公司积极拓展海外业务，已经重新开展并购。日本政府出台新的政策，鼓励企业趁低油价积极收购海外资产。未来几年，亚洲公司或将重新成为市场的主要收购者。

3. 资产收购行为跟随模仿国际大石油公司

亚洲国家石油公司相对于国际石油公司来说，是油气并购市场的新军，国际化经营和资本运作经验不足，在资产收购中处于探索学习阶段，主要跟随和模仿国际大石油公司。一是接手国际大石油公司出售的常规资产，利用自身老油田开发技术和低成本优势运营和发展；二是关注国际大石油公司动向，跟随行业发展趋势，对页岩油气、加拿大油砂、澳大利亚LNG和非洲深水等热门领域跟进收购，完善公司资产布局和丰富业务领域。

四、交易方式和参与主体多元

过去十年，油气并购市场出现新的变化，交易方式更加灵活多样，参与主体更加多元。在油价低迷时期和巨型交易时，收购方融资压力较大，会采用现金加股票或全股票方式收购。2009年，埃克森美孚405亿美元收购XTO公司采用全股票方式；2015年，壳牌854亿美元收购BG采用股票加现金方式；2016年发生两笔大的交易—森科能源63亿美元收购加拿大油砂公司和Range资源公司45亿美元收购Memorial资源公司均以全股票方式收购。

参与主体上，除了传统的国际石油公司，国家石油公司参与油气并购市场的程度不断加深，并在一段时间内表现最为抢眼。此外，金融资金近年来开始大举进入油气行业，尤其是2010年以来，收购数量和金额逐年递增，共完成收购金额3500亿美元，已成为油气并购市场中重要的新生力量（图5）。这些金融资本主要是私募基金和资产管理公司等机构投资者，大量活跃于北美市场。金融资本的大量进入，加快了油气资产的流转速度，并进一步在一定程度上影响资产交易价格。

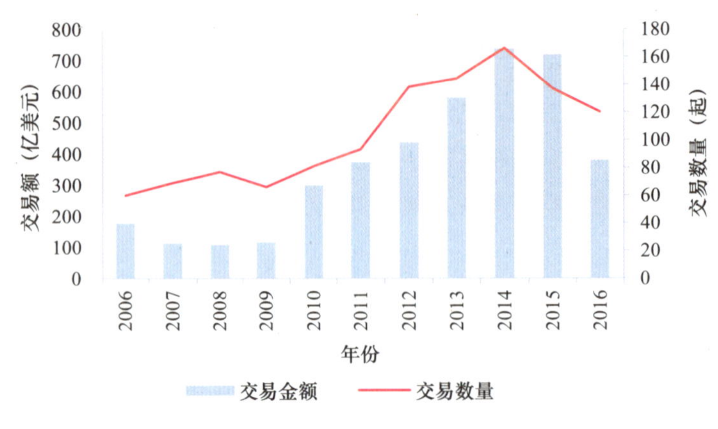

图5　2006—2016年金融资本上游资产收购

数据来源：IHS Herold公司

通过过去10年各类石油公司在资本市场上并购的特点分析不难看出：国际一流的大型石油公司首先必须是资本运作的高手。国际石油公司能做到把握油价波动产生的时机“低进高出”，在高油价时期借机调整，乘高出售尚能盈利的常规资产和明显升值的公司权益，同时使非常规油气和深水油气资产在交易中实现结构优化，在资本运作中实现增值。究其原因不外乎两点：一是对行业发展有准确的预判，例如埃克森美孚对非常规油气发展前景的预判；二是在预判基础上制定自身战略，并保持战略定力，始终用战略指导并购和出售行动。另外，独立石油公司因其资产优质，往往是大公司通过并购实现强化和扩张战略而追逐的对象。国际大石油公司的成功做法应当为中国石油企业所关注，并在未来的国际资本运作中学习借鉴。

（本专题撰写人：金焕东）

专题六

区域管网运营模式对中国天然气市场的影响

区域管网是连接上游供气商和下游用户的重要环节。随着中国天然气市场进入快速发展期，广东、浙江、福建等省市先后成立省级天然气管网公司，形成多种类型的区域管网运营模式。在中国天然气市场快速发展初期，区域管网推动了天然气市场的发展，同时，随之形成的各类天然气区域管网运营模式对区域天然气市场发展的影响也逐步显现。分析不同区域管网运营模式对天然气市场的影响对于加快区域天然气管网改革，促进中国天然气市场发展，推动国家能源消费革命极其重要。

一、中国天然气区域管网运行现状

2000 年以来，多省市成立省级天然气管网公司从事天然气管输和销售业务，目前形成“统购统销”“允许代输”“开放型”三种典型的省级管网运营模式。

1. 多省市建立省级天然气区域管网

目前，全国共有广东、上海、浙江、江苏、安徽、北京、河北、山东、山西、陕西、重庆、江西、湖北、湖南、广西、贵州、福建、吉林、内蒙古等 20 个省、自治区、直辖市成立了省级天然气管网公司。其中，湖南、江西、山东等省份还成立多家省级管网公司。典型省网企业包括浙江省天然气开发有限公司、广东省天然气管网公司、江西省天然气有限公司、陕西省天然气股份有限公司、山西天然气有限公司、上海燃气、北京燃气等。省天然气管网公司大多由省能源集团或投资集团控股，部分省管网公司有天然气上游供应商参股，实际控制人多为地方政府（图 1 和图 2）。

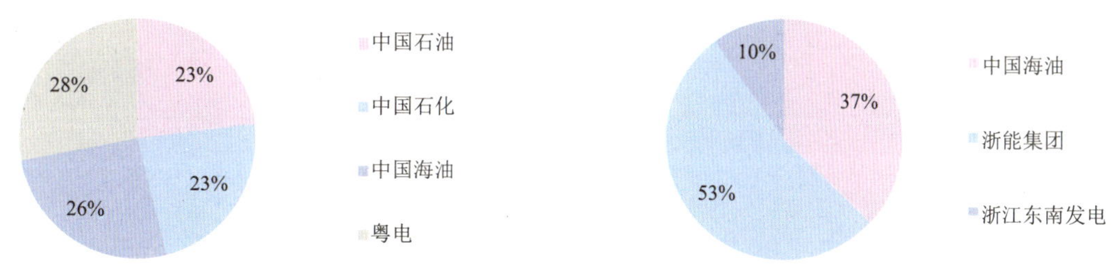

图1 广东省管网股东构成　　图2 浙江省管网股东构成

中国多数省管网公司业务范围集区域天然气管输与销售业务于一体，在省内管输、销售市场均具有较高的市场占有率，如浙江省管网、上海燃气、北京燃气市场占有率均超过90%，陕西省管网、湖北省管网市场占有率超过60%。多数省管网公司正积极向产业链上、下游延伸天然气业务，不仅投资参与城市燃气业务，还积极投资参与上游天然气业务。如浙江省天然气开发有限公司参与上游煤制气业务，江西省管网成立了页岩气投资有限公司，内蒙古西部天然气以煤层气为突破点，奠定天然气产业发展的资源基础。北京燃气与加拿大太平洋油气公司签署框架协议，年购买量超过100万吨，期限25年。

2. 中国主要存在三种区域管网运营模式

按照“上游供气商是否能够与下游用户直接交易”以及“省内管网建设运营是否为省管网特许经营”原则，全国天然气区域管网运营模式归纳为三类。

一是“统购统销”模式（以浙江、上海为典型代表）：省政府授权省管网公司特许经营省内天然气管网建设及运营，同时负责省内气源采购、省内天然气下游市场开发及销售，形成“多气源供应、全省一张网”，天然气供应商不能与下游用户直接交易（图3）。

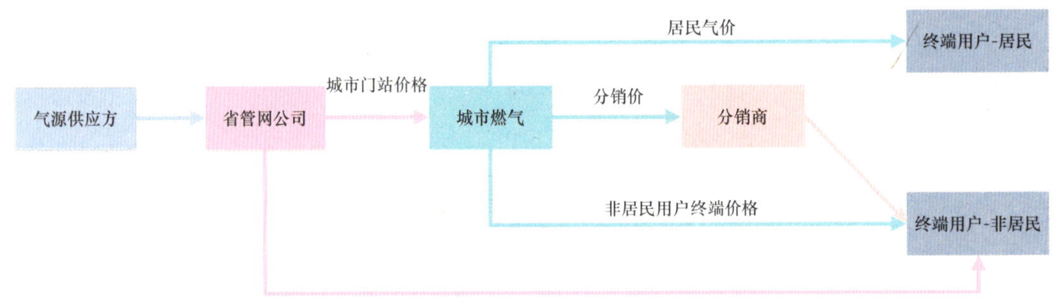

图3 浙江省“统购统销”天然气区域管网运营模式

二是“允许代输”模式（以广东为典型代表）：省政府授权省管网公司特许经营省内天然气管网建设及运营，省内居民和公服用气采用“统筹调配”模式，由省管网公司统筹采购并销售给城市燃气公司，省内发电、工业等用户可直接与供气商签订合同，由省管网公司提供代输服务，收取管输费（图4）。

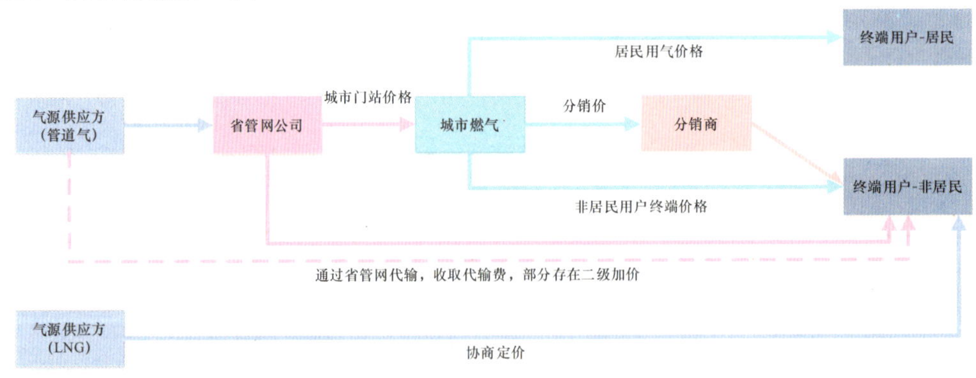

图4 广东省“允许代输”天然气区域管网运营模式

三是“开放型”运营模式（以江苏为典型代表）：上游供气商可直接与下游用户（包括城

市燃气、终端用户等）签订购销合同，省内管道建设运营主体多元化，可以由供气商、用户等直接建设，也可以通过省管网代输（图 5）。

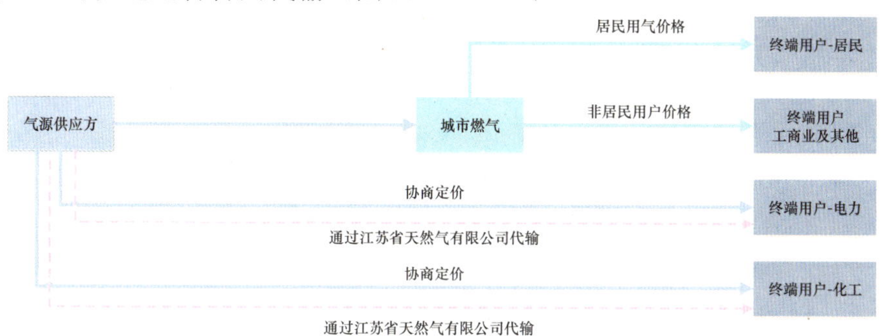

图5 江苏省“开放型”天然气区域管网运营模式

省管网“统购统销”模式和“允许代输”模式在中国天然气市场占据主导地位，实行“开放型”模式的省份较少。根据对长三角、东南沿海及环渤海等沿海地区天然气消费数据进行统计，实行“统购统销”模式地区的消费量占 37.2%；省“允许代输”模式地区消费量占 37%；“开放型”销售模式地区消费量占 25.9%。

二、不同区域管网运营模式下天然气市场差异较大

不同省级管网运营模式下天然气输配成本差异较大，对区域天然气市场的终端用户价格和市场规模造成很大影响。以下主要以江苏省、浙江省和广东省为例分析不同省级管网运营模式对天然气市场的影响。

1．“开放型”运营模式下江苏省天然气市场快速发展

江苏是中国经济大省和天然气消费大省。2004 年以后，随着西气东输一线的建成，江苏省天然气消费量快速增长。2014 年全省天然气消费量达到 135 亿立方米，占全国天然气消费总量 7.3%，天然气占省内一次能源消费 5.6%。受市场需求驱动，江苏省已经形成中石油西气东输、冀宁线、中石化川气东送及进口 LNG 为主的多气源供气结构，保证了省内天然气稳定供应。

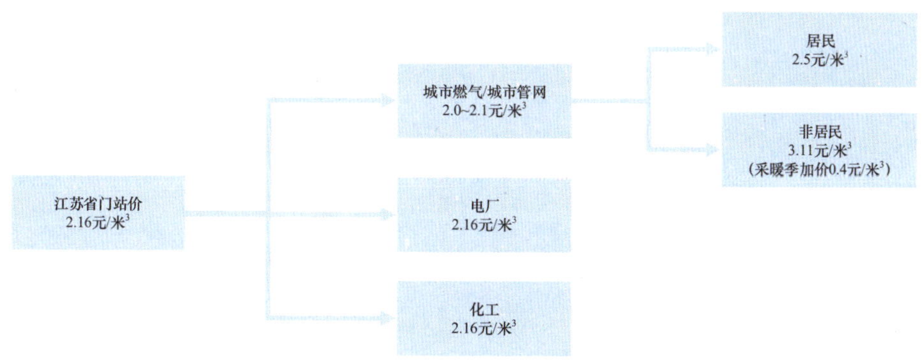

图6 2016年南京市天然气产业链价格

江苏省实行“开放型”管网运营模式，天然气从省门站到终端用户产业链环节较少，上游供应商可直接为电厂及化工用户直供。非化工的工业用户未纳入上游直供，由城市燃气公司配气，其终端价格较直供电力、化工用户高44%（图6）。直供用户价格优势推动江苏省发电用气快速增长，2005—2015年江苏直供电厂用气量年均增速约37%，远远超出同期全省用气量近30%的年均增速和非直供气的增长速度。

2.“允许代输”运营模式下广东省终端用户价格差异较大

2006年，随着中海油大鹏LNG接收站和海上天然气配套管线的建成投产，广东省开始利用天然气。“十一五”以来，广东省天然气消费快速增长，2006年全省天然气消费量仅为2亿立方米，2014年全省天然气消费量约130亿立方米。天然气主要消费在发电、商业、居民用气等领域，发电用气占总用气量的比重超过50%。从气源来看，广东省已形成深圳大鹏LNG项目、珠海金湾LNG项目、西气东输二线等多气源的天然气供应格局，天然气供应能力约350亿立方米/年。

2008年，广东省成立省级天然气管网公司，确立了“统购统销”的运营模式，输送网络覆盖21个地级以上城市，年输气能力达600亿立方米。2011年，广东省要求省管网向第三方开放，省管网运营模式调整为“统筹调配”和“代输”相结合的方式。工商业用户可以与上游直接交易，有效降低了用气成本。通过对比产业链不同供气环节成本，通过省管网代输的直供工商业用户用气成本2.44元/米^3；经由省管网统筹调配，城市燃气公司供气的非居民用户价格是4.36元/米^3（图7）。

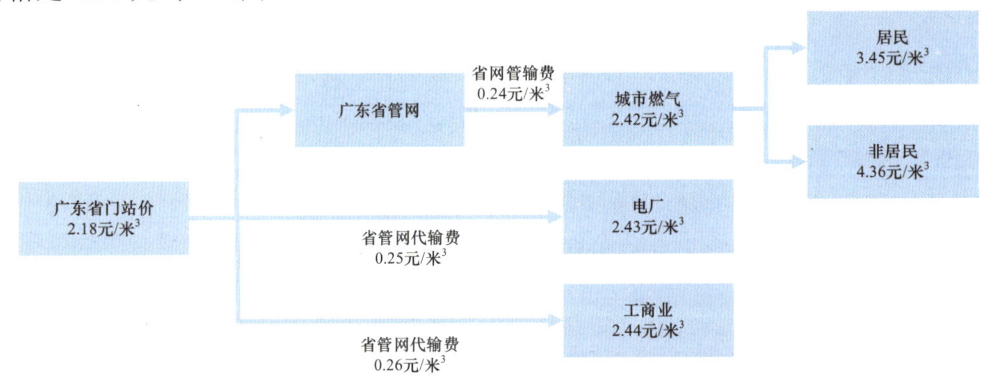

图7 2016年广州市天然气产业链价格

3.“统购统销”运营模式下浙江省天然气市场发展受到制约

2003年底，浙江省正式接入天然气。2010年以来，浙江省天然气消费量保持较快增长，2014年消费量76.5亿立方米，占全省能源消费总量的4%。截至目前，全省可用气源包括中石油的西气东输一线和二线、中石化川气东送、中海油海上气和宁波LNG。除中石油西二线直供金华、衢州外，其余均由省管网统购统销。

浙江省省级管网采用统购统销的运营模式。省级管网统一向上游购买气源，各种气源全部进入省级管网输送，统一调配输送至下游用户。省级管网直接与下游县（市、区）级门站、电厂门站以及直供大用户门站相连。该模式下，从省门站到终端用户的中间环节较多，工商业用气成本较高，制约了市场的发展。与周边省市相比，浙江省天然气省级管网覆盖面和天然消费水平差距较大，全省 11 个市、90 个县（市、区）目前仅 8 个市、44 个县（市、区）通达管道天然气，县级城市管网覆盖率仅 49%。杭州市天然气产业链价格见图 8。

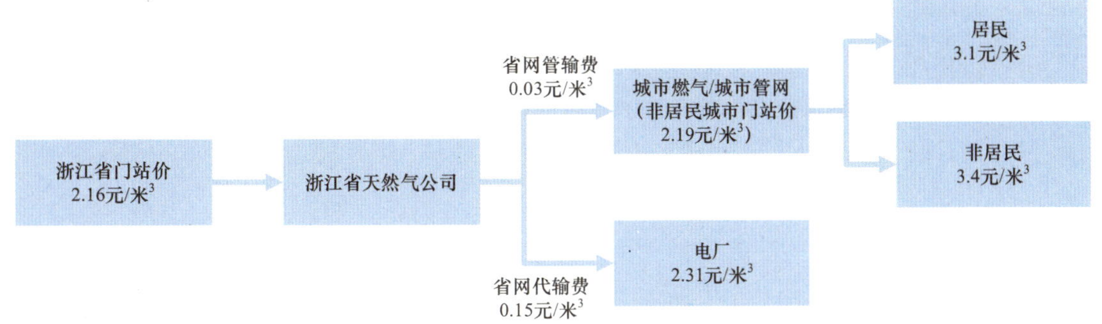

图8 2016年杭州市天然气产业链价格

三、天然气区域管网运营模式存在问题分析

中国天然气市场处于快速发展初期，多种区域天然气输配模式也处于探索过程中。经过多年实践证明，统购统销模式导致供需双方不能直接交易，增加了输配成本，提高了终端用户气价，对天然气市场发展形成制约，“开放型”模式优势突出，终端用户价格较低，有利于促进市场发展，而允许代输模式介于二者之间。

1. 省级管网增加输配气成本，终端用户需求受到抑制

不同省级管网运营模式下，天然气终端价格差异显著，“开放型”管网模式地区天然气终端价格优势明显。以采用“开放型”管网模式的江苏省南京市为例，尽管门站价格与广东、浙江近乎一致，但终端用户价格均低于浙江杭州及广东省广州市。其中，南京发电气价较杭州、广州低 6%及 11%；南京工业及商业气价分别较杭州、广州低 9%及 29%；南京居民气价分别较杭州、广州低 19%及 28%。

表1 2015年调价前后典型地区终端价格比较 单位：元/米^3

时间	城市	发电	工业	商业	居民
2015年11月调价前	南京	2.86	3.80	3.80	2.60
	杭州	3.00	4.64	4.64	3.10
	广州	3.16	4.85	4.85	3.45
2015年11月调价后	南京	2.16	3.11	3.11	2.50
	杭州	2.31	3.40	3.40	3.10
	广州	2.43	4.36	4.36	3.45

价格差异主要来自省内管输费及城市配气费。江苏省终端用气价格较低缘于无省网管输费

且城市燃气配气费用较低。典型省会城市燃气工业用户配气费差距较大，约在 0.8~2 元/米^3，广州配气费为南京 2 倍，为石家庄 2.5 倍。

高成本抑制了终端用户需求。天然气在发电、工业、交通、化工等领域面临着煤炭、燃料油、汽柴油等替代燃料的竞争，终端用户价格过高，天然气相对替代能源不具竞争力，部分地区甚至出现“气改煤”等燃料逆替代现象。此外，输配价格不合理也导致部分市场的不公平竞争。以浙江省湖州市为例，该市与江苏省临界，两省的工业企业地理位置仅隔一条公路，但用气价格相差约 20%，这直接影响用户企业的竞争力。为降低用气成本，用户希望通过上游供应商直供的诉求强烈。

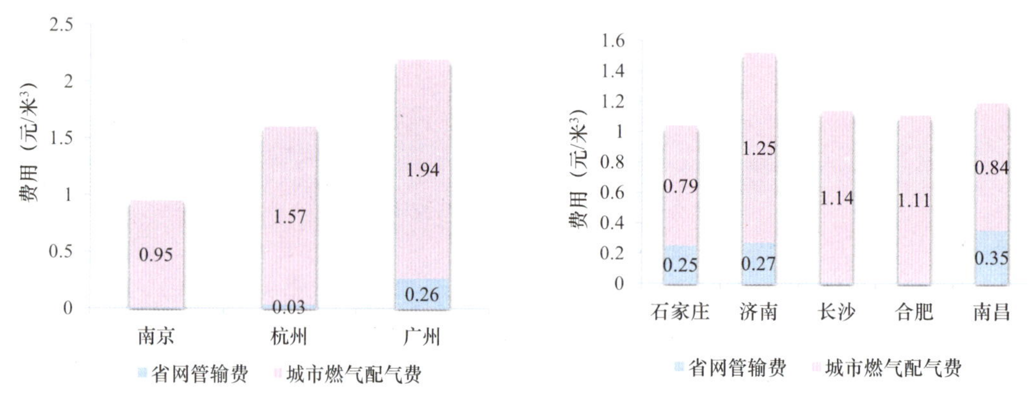

图9　重点省市管输费及配气费对比

2. “统购统销”管网运营模式制约天然气市场化进程

中国天然气价格改革的总体思路是最终实现竞争性环节的市场定价，包括批发价格及销售价格，对具有自然垄断环节的输配价格实行政府定价。“开放型”及“允许代输”区域管网运营模式下，上游供应商与下游用户可以直接谈判，有利于形成“气—气竞争”的市场价格，供应商与用户可以及时感知市场变化，利用价格杠杆调节市场供需。“统购统销”运营模式下，省管网公司相对区域上游供应商、下游用户均形成垄断，虽然提高了其对上游供应商的议价能力及省内资源平衡能力，但不利于形成“气—气竞争”的市场机制。此外，省管网公司并非终端用户，对市场形势变化反应较为迟钝，难以实现价格有效传导。当前中国天然气来源多样且供应充足，下游用户具有一定的议价能力，正是推动区域管网运营模式改革，推动天然气价格市场化的有利时机。

3. 省级管网不利于区域市场公平竞争

中国部分省管网公司是在引进气源的基础上由气源供应方与省政府联合组建。随着区域气源供应主体增加，受管网股权结构影响，较晚进入市场的供应商在省管网的资源调配中往往处于弱势地位，不利于管网第三方准入的实现及区域市场的发展。

四、加快天然气区域管网改革

近年，中国天然气需求增速大幅放缓，在当前加强大气污染防治和应对气候变化的双重背景之下，加快发展天然气至关重要。大力促进天然气市场发展的关键是降低终端消费价格，尤其是非居民用气终端价格。影响终端气价的因素很多，管输配气价格是重要因素。目前，国家已开始推动长输管网改革，强化运输费率监管，实现长输费率合理化。省级管网连接上游供气商和下游用户，区域输配费率也是影响终端气价的重要因素。因此，加快区域管网改革，加强区域管网输配费用的监管，减少中间交易环节及交易成本，对于降低终端用户成本，提高天然气竞争力具有重要意义。

1. 鼓励发展“开放型”运营模式

借鉴国外经验，鼓励大型工业用户直供，减少中间交易环节及交易成本，让下游用户真正享受市场竞争带来的优势。在省管网尚未覆盖的区域，鼓励市场竞争，不再建设具有自然垄断性质的省级管网，鼓励多元投资主体参与区域输配管网建设和运营。

2. 加快省级管网公司向纯输配公司转变

打破“统购统销”的区域管网运营模式，加快实现省级管网公司向单纯输配公司转变，剥离天然气销售业务。鼓励省内成立多家天然气营销企业，允许用户自主选择供气商，形成充分的市场竞争。

3. 加强省级管网输配费用监管

地方政府采取“管住中间、放开两头”的方式严格监管区域管输费，明确输配定价成本构成、归集办法以及主要指标核定标准，清晰界定管道企业合理利润水平，严格管道成本监审。

4. 打破垄断，允许跨省就近供气

当前不同省份管网公司划片为界，管道之间没有联通，已形成区域壁垒。由于省级管网之间的壁垒，低成本气源难以直接到达用户，应打破输配气的区域垄断格局，将选择权交给终端用户。

5. 放开省内管网建设，允许多元参与

当前中国多数地区的区域管网仍不能满足市场需求，成为制约天然气市场发展的重要因素。政府应严格执行天然气管道规划，积极引导各类市场主体及社会资本参与区域输配管网建设，为市场开发和区域管网公平开放提供基础设施保障。

（本专题撰写人：段兆芳　樊　慧）

专题七

现代信息技术对油气产业转型升级的影响

网络信息技术是全球研发投入最集中、创新最活跃、应用最广泛、辐射带动作用最大的技术创新领域，是全球技术创新的竞争高地。世界经济正加速向以网络信息技术产业为重要内容的经济活动转变。石油天然气产业作为典型的传统产业，当前正面临着国际油价持续低位运行、油气资源品质变差和自然条件恶劣带来投资和运营成本剧增等诸多困难和挑战，加快转型升级迫在眉睫。油气产业要把握这一历史契机，推动互联网和油气产业深度融合，加快提高产业的数字化、智能化水平，做大做强数字经济，拓展产业发展新空间。

一、现代信息技术快速发展，国际 IT 公司积极研发油气产业解决方案

当今信息技术迅猛发展，尤其是大数据、云计算、人工智能方面的技术突破正在颠覆传统产业，这场由数字技术带来的变革也创造了无尽的发展机会。云计算和移动互联技术的发展，使复杂数据分析、大规模计算和存储等成为可能，从而进一步快速推动了大数据、物联网、人机交互、认知计算、智能机器等技术的发展和应用。这些技术的发展和应用，对人类生活的方方面面正在产极其深刻的影响，一个万物互联、信息共享、智能运行、高效便利的社会正在逐步形成。在商业世界，新兴的信息化技术正促使各行业的商业模式发生转变，形成了新的商业生态。

1. 国际 IT 公司纷纷研发新技术和油气产业解决方案

1）IBM 公司

IBM 是全球最大的信息技术和业务解决方案公司。Watson 是 IBM 近年推出的一个技术平台，它采用自然语言处理和机器学习等技术，能够揭示并深刻理解非结构化数据蕴涵的知识，是认知计算系统的杰出代表。IBM 把 Watson 平台应用于油藏模拟和评价，运用认知计算技术和 Watson 平台，在充分挖掘利用内部积累的历史数据、外部大量非结构化数据和技术专家知识或经验，建立自己的认知计算分析系统(包括各种模型)，实现对油藏的快速、准确评价。该平台和技术已在澳大利亚的 Woodside 等公司开始建设应用。在成品油销售领域，IBM 综合运用大数据分析、移动互联、云计算、物联网等技术帮助建设覆盖全业务链的智慧加油站或便利店，从而大大提高加油站运营效益。

2）Oracle 公司

Oracle 是世界第二大软件公司，是全球领先的电子商务解决方案供应商和全球大型数据库软件公司。该公司是世界上少数几家能够提供从基础架构层到应用层全系列信息技术产品及解决方案提供商之一，特别是在当前全世界都在对云计算、大数据技术趋之若鹜的大趋势下，基于决策层对市场的敏感，Oracle 公司产品与服务开始全面云化，并快速地推出了几乎覆盖所有企业级应用的云计算及服务解决方案。Oracle 目前和今后一个时期的云化战略是自有云和公共云的建设，目的是标准化、降本增效和更安全。

3）SAP 公司

SAP 是世界第三大软件公司，也是全球最大的企业应用软件提供商。作为以企业管理软件方案为核心的信息平台提供商，SAP 提供包括 ERP，SRM，CRM， PLM，SCM 软件以及行业解决方案。目前新一代 S/4HANA 成为 SAP 最创新的解决方案，帮助企业实现简化、实时、高效的开发式技术平台和解决方案。ERP、行业解决方案及客户创新开发统一在 HANA 平台上运行。SAP HANA 是企业基于内存计算技术的高性能实时数据计算平台，是全球第一个发布商用的基于内存计算的产品，通过 SAP 内存计算技术优化应用，转变人们的思考、规划和工作方式。

4）VMware 公司

VMware 历经 18 年的发展，目前已成为世界第四大软件公司。该公司在全世界首次提出虚拟化的概念，是当今世界虚拟化和云计算方案的领导者。VMware 在虚拟化和云计算基础架构领域处于全球领先地位，所提供的经客户验证的解决方案可通过降低复杂性以及更灵活、敏捷地交付服务来提高 IT 效率。VMware 使企业可以采用能够解决其独有业务难题的云计算模式。VMware 提供的方法可在保留现有投资并提高安全性和控制力的同时，加快向云计算的过渡。VMware 的解决方案可帮助各种规模的组织降低成本、提高业务灵活性并确保选择自由。VMware 目前和今后一个时期聚焦的核心业务是上云方案和跨云整合。

5）Intel 公司

该公司是全球最大的半导体制造商，致力于计算机、网络及通信产品的制造与开发。该公司目前专注新技术开发主要集中在计算机芯片、5G 技术、云技术三个方面，他们开发的频率 28 的 5G 技术，对通信系统是一个重大技术变革，该技术将使接入网与核心网联到一起，对现在的机站式通讯运营模式是一种颠覆。该公司认为石油行业面临的最大挑战是如何用数据来分析和创造出新业务价值。技术创新是影响油气行业发展的关键因素，将大数据移动到云计算中，更好的硬件应用到网络变革中，大数据分析转变为更智能的计算分析。

6）兰德马克（Landmark）

兰德马克是哈里伯顿公司的一个部门，是全球最大的石油与天然气工作软件开发商之一，其产品涉及地球物理、地质、油藏管理、钻井与完井工程和石油专业信息管理等各个石油领域。兰德马克认为，在目前持续低油价的背景下，建立和完善信息系统正是企业渡过“寒冬”的途径之一。基于这样的认识，他们提出了“三个一”信息化建设理念，同时采用先进的IT专业技术，实现了端到端的勘探开发全生命周期管理。油气田全生命周期多领域的信息化建设解决方案包括一个共享的地学模型、一个企业级平台和一个集成的云。一个共享的地学模型：随着油田勘探开发生产历程的发展，信息管理部门、业务部门面临着日益增加的海量数据管理和应用的挑战，其中最大的挑战就是如何让所有的应用人员和管理人员的工作基于一个统一的、唯一的数据或者认识建立可继承、可修正的共享地学模型，兰德马克数据管理技术、地学和工程应用技术能够保证所有的专业人员的工作是基于一个统一的认识和数据上，不会让数据产生冗余，让数据管理变得简单、高效，让决策层的在最短的时间内进行决策，以推进勘探开发进程。一个企业级平台：企业级的勘探开发信息化建设离不开一个统一的企业级平台，兰德马克开发和建设了业界第一个勘探开发领域的统一平台DecisionSpace，基于该平台，企业能够优化其所有的技术环境，为用户提供高效、完整的工作流程，同时能够访问不同的专业研究软件和数据，把不同专业的研究人员紧密地连接在一起协同工作，DecisionSpace企业级平台为油公司提供了优化的工作流程，是企业提质增效、降低成本的有力工具。一个集成的云：勘探开发几乎所有的应用都可以通过兰德马克的云解决方案来交付，“一个集成的云”，能够让企业降低成本，提高工作效率。

7）GE数字集团（GE Digital）

GE是行业先进技术设备和服务的领先供应商。2015年，GE公司把GE Digital剥离为一家独立的软件公司。GE公司在过去5年期间，经过5000名研发工程师耗资100亿美元，打造出了全球第一个以云技术为基础的工业互联网平台——Predix，及在此平台之上开发出适用于油气行业的业务应用软件。作为传统制造业的技术引领者，凭借其长期的设备智能化技术优势，通用电气在工业互联网领域制定了长远发展规划，正通过Predix推动并形成分行业的统一工业互联网的标准，营造一个由用户、软件开发者、智能设备生产商及合作伙伴共同开发的数字化生态系统。应当说，此举抓住了一直以来业界在探讨的工业控制及信息管理系统之间的结合点。Predix是一个开放式平台，也可以私有部署。GE公司多年在计算模型和大数据分析方面的积累，加之丰富的制造产业链，使其在变革经营模式、节能降耗和优化生产效率方面有独到之处。

2．云计算、大数据分析和认知计算是现代信息技术发展的基本趋势

通过云计算、大数据分析、物联网、认知计算等，持续建设、完善、整合、集成信息系

统及相关感知系统（例如工控系统等），可以实现企业内外部的广泛连接和信息化与业务的深度融合，达到数字化运营的水平（例如数字油田、智能炼厂、智慧加油站等），提高企业运营的智能化程度和知识的内部共享程度，促进商业运营模式的变革和管理运行方式的转变，使自己的运营更加优化、高效，从而增加收入、降低成本、提升效益。

世界著名的大数据方面专家——哈里伯顿公司首席数据科学家 Satyam 博士认为，在有海量数据的前提下，大数据技术可将单纯的数据信息转化为有价值的“产品”，形成集多样化、多源性和复杂性于一体的数据池。Vmware 首席技术官 Paulstrong 认为，云是一种消费体验，它释放出创新活力，可以使你实现差异化，实现创新民主化，也带来特别激烈转型。IBM 公司的高管认为，认知计算不是一种程序，它包含信息分析、自然语言处理和机器学习领域的大量技术创新，能够助力决策者从大量非结构化数据中揭示非凡的洞察。认知计算类似人工智能，它通过一个问题找到证据支持，找出相关联的信息，可以做出预测答案。用认知计算可以降低油田勘探开发成本，实施非结构性数据，用外部数据分析投入新的项目。

SAP 公司研发出的大数据平台 SAP HANA platform，具备数据分析和提示问题解决方案的功能，该系统的总客包括 BP、壳牌、埃克森美孚等石油企业，充分证明大数据是有价值的，而平台建设对产业未来的发展具有决定性影响。VMware 公司是当今世界虚拟化和云计算方案的领导者，通过虚拟化技术，可以将硬件变成软件，所有的云存储、云计算、云端应用、设备交互应用都可以达到交互任何云、任何设备、任何应用，提高了效率。Oracle 公司推进“数据库硬件+云计算”，侧重于公有云和私有云的自由迁移、应用与转换，以期在企业私有云平台上保持优势。IBM 公司开发的 IBM Watson 系统具备认知计算和学习能力，可以给予用户一个所需要的答案与信息，它属于人工智能范畴，对非结构性数据尤其有价值。

二、油气产业应借助先进 IT 技术大力推进数字化转型

1. 数字化转型是现代企业发展的必由之路

包括石油公司在内的几乎所有的公司都把数字化转型作为传统产业升级转型的关键战略举措。德国的“工业 4.0”、美国的“工业互联网”和中国的“中国制造 2025”外延上有所区别，但内涵基本一致，都是推动传统工业与移动互联网、物联网以及云计算、大数据技术融合。“工业互联网”是 GE 公司 2012 年提出的概念，成为其数字化转型的口号。作为一家老牌的工业企业，与所谓的“互联网思维”似乎不太沾边，但实际上，GE 公司对互联网技术应用在深度和广度上都远远领先于中国的传统工业企业。GE 公司 2015 年 4 月宣布出售金融业务，专注于高端制造业，打造自己的核心优势，而“数字化转型”是其最重要的战略。在过去 5 年期间，GE 打造出了全球第一个以云技术为基础的工业互联网平台——Predix，在此平台之上开发出了适用于油气行业的业务应用软件。作为传统制造业的技术引领者，凭借其长期的设备智能化技术优势，通用电气在工业互联网领域制定了长远发展规划，正通过 Predix 推动并形成分行业的统一工业互联网的标准，营造一个由用户、软件开发者、智能设备生产

商及合作伙伴共同开发的数字化生态系统。作为传统工业企业的霍尼韦尔和哈里伯顿在数字化转型方面的行动已经为企业自身带来价值，同时，平台、产品和解决方案也在向外推广，在工业互联网标准制定方面争取更大的话语权。

2. 油气企业应把数字化转型作为发展的重要战略举措

目前，全球石油公司都面临油价、成本、市场竞争等多方面的巨大挑战。面对这些挑战，应当把数字化转型作为升级转型的重要战略举措，不断提升技术创新能力，顺应信息化技术快速发展的趋势，加快信息化技术的应用，持续创新自己的商业模式和内部运营管理方式，不断提高运营效率和发展质量，进而提高公司的效益和价值。在数字化转型中，数据是基础。要加强数据的收集、应用和分析预测，研究搭建有效的数据应用平台，通过完善数据标准、打破系统间数据壁垒、集成数据资源、分析理清数据线、建立分析模型等，对公司的主要业务、相关联业务，实施动态监控分析和预测。在结构性数据分析的基础上，加大非结构数据拓展，为决策提供更准更及时更可靠的支持。

1）合理规划企业私有云平台的搭建和使用

云计算技术的发展，是近年来IT的突破性进步，其超大规模的计算、存储能力和提供的虚拟化服务，能够极大地提高企业社会IT系统的运行效率、显著降低IT投资和成本、提升数据知识的共享程度。其带来的方便、快捷、通用、低价、可靠的信息系统，正在改变全社会IT技术使用模式，促进全社会的数字化运行。各石油公司应当在充分考虑信息安全和建设成本的前提下，统筹设计云技术应用方案，合理使用公共云，尽快全面建成应用自己的私有云平台。云化全部的基础设施、平台软件、应用软件和数据，进一步提高基础设施、软件平台和数据的共享程度。充分利用云能力，逐步实现桌面虚拟化，进一步降低IT投资和运行成本。依托私有云逐步建设形成可对外开放的石油石化行业IT解决方案和平台。

2）逐步建设“智能炼厂”

“智能炼厂”的基本要求是自动化感知、定量化预测、可视化协同、模型化优化和数字化集成。为达到上述基本要求，必须积极采用物联网、大数据等方面先进技术，建成相应的信息系统。此外，关键要实现信息系统之间的集成融合，把物联网（包括前端的工业控制系统)与相关数据平台、生产运行平台和供应链优化平台结合起来，实现生产管控、供应链管理和生产设备管理等方面的智能化，提高优化决策能力和企业效益。

3）努力实现“智慧销售”

建立共享客户资源云，实现客户、合作伙伴、供应商的精准分析，为客户提供优质便捷服务。随着市场竞争的加剧，加强差异化营销和个性化服务成为企业生存和发展的重要手段，企业需要了解并服务于客户。在大数据时代，电商、社交盛行，企业不仅要关注内部数据，还要想办法把企业外部数据整合利用起来，运用云计算、大数据等技术手段，实现客户数据的深度挖掘，为客户服务提供支撑。

打通油站与客户间的信息交互通道，搭建在线式营业模式，增强客户体验。客户体验是数字化转型的核心，随着客户在品牌互动中逐渐占据主导地位，企业必须建立跨渠道和触点的积极且相关的客户体验。要充分利用互联网分享、开放、互动的优势，借助云计算和移动互联技术，打造“为客户服务的公有云与为内部管理服务的私有云”相结合的“混合云”平台，构建“终端+应用”软硬一体化的商业模式，形成具有竞争力的营销生态系统，为客户提供定制化的用户需求、可触摸的用户体验，同时给企业带来更低的交易成本和更多的安全保证。

4）持续提升“数字油田”

油气生产物联网是油气田数字化转型、实现采油现场信息化、自动化的核心项目与载体，能够有效降低采油成本，大幅提升采油工劳动生产率，也是实现井场本质安全的有效支撑，同时也能够为员工提供大量培训，实现以人为本。可以进一步加大投入，让油气生产物联网创造价值的潜能在降本增效中发挥更大的作用。借鉴利用认知计算和数据科学开展油藏评价、开发增产等方面的经验，积极探索建立认知计算分析系统并大胆应用于实践。

5）搭建有利于企业 IT 部门和 IT 人员创新创造的平台

在数字化转型过程中，IT 能力和与业务融合的能力越来越成为公司的核心竞争能力。因此必须高度关注内部 IT 队伍建设，培养造就一支既掌握 IT 前沿技术、又熟悉石油石化业务运行，既具有精湛的专业技能、又善于项目管理的信息技术队伍。要加大人员培训力度，以跟踪掌握前沿技术为我所用。要调整完善激励约束机制，逐步建立与市场接轨的薪酬福利、符合 IT 行业特点的培养晋升等方面制度，以吸引和保留优秀人才。

（本专题撰写人：刘希俭　陈发晓）

附　录

2016 年石油大事记

1 月

1 月 1 日，《华尔街日报》报道，随着奥巴马签署解除美国原油出口禁令的法案，美国时隔 40 年后重启原油出口活动，而拔得头筹的是美国石油公司康菲。

1 月 7 日，中石油与一汽集团签署战略合作协议，双方将在互联网汽车及新能源汽车领域合作，加强新能源汽车研发制造和应用推广。

1 月 13 日，国家发改委称，国内成品油价格机制设置调控上下限。调控上限为每桶 130 美元，下限为每桶 40 美元，即当国际市场油价高于每桶 130 美元时，国内汽柴油最高零售价不提或少提；低于 40 美元时，国内汽柴油最高零售价格不降低；在 40 美元至 130 美元之间运行时，国内成品油价格按机制正常调整。

1 月 13 日，四川长宁—威远国家级页岩气产业示范区的页岩气日产量达到 700 万立方米，产能已超既定目标，标志着中石油首个国家级页岩气示范区建成。

1 月 18 日，环保部、工信部联合发布《关于实施第五阶段机动车排放标准的公告》。公告指出，东部 11 省市（北京、天津、河北、辽宁、上海、江苏、浙江、福建、山东、广东和海南）自 2016 年 4 月 1 日起，所有轻型汽油车、柴油车须符合国五标准要求；全国自 2017 年 1 月 1 日起所有轻型汽油车、重型柴油车须符合国五标准要求。

1 月 18 日，中石化西北油田与新疆巴州政府签订了《巴州、西北油田 AT28 井区合资合作协议》，标志着新疆与中石化在西北油田的首次混合所有制改革正式启动。

1 月 19 日，中石化和沙特阿美签署战略合作框架协议，双方将共同提升沙特阿美向中石化供应原油的竞争力，并积极探索在油气服务、炼油、成品油销售、石油服务、石化服务、新能源等其他领域世界范围内的合作。

1 月 20 日，中国在沙特阿拉伯最大的投资项目，中石化首个海外炼化项目——延布炼厂项目正式投产启动。

1 月 25 日，中石油与雪佛龙公司合作开发的川东北高含硫天然气项目正式投产。这一项目是中国陆上最人的合作开发天然气项目之一。

2 月

2 月 1 日，国务院印发《关于煤炭行业化解过剩产能实现脱困发展的意见》。明确在近年来淘汰落后煤炭产能的基础上，从 2016 年开始，用 3～5 年的时间，再退出产能 5 亿吨左右，减量重组 5 亿吨左右，较大幅度压缩煤炭产能。

2 月 2 日，中国化工集团与瑞士先正达公司达成交易协定，将以每股 465 美元的现金收购先正达，对后者估值超 430 亿美元。这是中国企业进行的最大一宗收购。

2 月 15 日，哈萨克斯坦经济部长表示，政府为支持石油、天然气、采矿和冶金行业，将对矿产开采减免税收，并将于3月1日起对这些行业实行出口关税浮动税率制。另外，为确保油气领域的金融市场稳定，燃料油出口关税将降至30美元/吨。

2月16日，日本经济产业省发布2019年日本石油储备计划，日本的国家原油储备量将由2015年的约117天消费量降低至约90天消费量。

2月17日，委内瑞拉总统马杜罗宣布，政府将采取新的经济措施，以克服国家当前面临的经济困难，其中包括改革汇率制度和提高汽油价格。

2月18日，国家能源局召开全面深化改革领导小组会议，会上审议通过了《国家能源局2016年体制改革工作要点》。

2月22日，墨西哥总统在剑桥能源周年会上表示，该国将加快燃油领域的开放进程，允许私营企业进口汽柴油。

2月25日，国家发改委、财政部、环保部、质检总局等11部门联合发布《关于进一步推进成品油质量升级及加强市场管理的通知》，要求严格按时限停售低标准油品，规范成品油流通管理，加强炼厂质量升级和生产监管。

2月29日，俄罗斯总统普京批准了将俄罗斯国内汽油和柴油的税率提高近25%的决定，这是俄政府在抑制其不断膨胀的财政赤字的最新举措。

2月29日，国家能源局发布《关于建立可再生能源开发利用目标引导制度的指导意见》，2020年全国非化石能源占一次能源消费总量比重要达到15%，各发电企业非水电可再生能源发电量应达到全部发电量的9%以上（专门的非化石能源生产企业除外）。

2月29日，中国地方炼厂石油采购联盟在济南正式宣布成立。该联盟第一批成员企业包含东明、汇丰、天弘等16家，其中已取得原油进口和使用资质的企业5家，占国内已取得资质的独立炼厂企业总量的62.5%。

2月29日，国家发展改革委、国家能源局、工信部联合发布《关于推进“互联网+”智慧能源发展的指导意见》，旨在推进能源互联网发展。

3月

3月1日，中石油与重庆燃气集团合资组建重庆天然气管道有限公司，这是中石油在全国首个与地方燃气公司合资成立的天然气管道公司。

3月10日，印度内阁批准了一系列新的油气勘探开发许可政策，其中包括发放“统一许可”证书、允许勘探和生产各种形式的碳氢化合物、修改产量分成合同等。

3月10日，中石油与阿里巴巴集团及其关联企业蚂蚁金服集团在北京签署战略合作框架协议。三方将在电子地图、互联网汽车、菜鸟物流，以及中国石油掌上营业厅等领域开展合作。

3月13—14日，中石化公司分别在郑州和南京召开华北石油工程公司与河南石油工程公司重组、华东石油工程公司与江苏石油工程公司重组动员大会，标志着两个区域石油工程企业的整合重组工作正式全面启动。

3月15日，中国设立的丝路基金斥资10.87亿欧元从诺瓦泰克公司购得亚马尔项目9.9%

的股权。至此，中方在亚马尔项目中的持股比例上升至29.9%，成为第二大股东。

3月20日，中石油董事长与道达尔董事长在北京共同签署《战略合作框架协议》。双方将在油气投资、技术研发、工程服务资源共享等方面开展合作，在管理、文化创新、企业社会责任等软实力建设方面加强交流与合作。

3月22日，中海油与壳牌共同宣布，双方正式达成协议扩建其各持股50%的合资企业——中海壳牌石油化工有限公司。

3月25日，国务院发布了《关于2016年深化经济体制改革重点工作意见的通知》，其中包括大力推进国有企业改革，完善创新驱动发展体制机制等内容。

3月28日，商务部对外公布今年首批准予及注销企业石油经营资质名单，其中新增10家成品油批发企业，民营企业占6席。

3月31日，BP和中石油签署了关于四川盆地内江—大足区块页岩气勘探、开发和生产的产量分成合同（PSC），这是BP在中国签署的第一个页岩气PSC合同。

4月

4月1日，国家能源局公布的《2016年能源工作指导意见》提出，2016年能源消费总量43.4亿吨标准煤左右，非化石能源消费比重提高到13%左右，天然气消费比重提高到6.3%左右，煤炭消费比重下降到63%以下。

4月11日，中国地质调查局广州海洋地质调查局承担的“南海天然气水合物资源钻探”项目取得突破性成果，在神狐钻探区开展了天然气水合物钻探工作，并首次发现了II型天然气水合物。

4月11日，印度石油部长访问伊朗，与伊朗签署原油进口、石化合作以及油气田开发的重要协议。

4月13日，国家能源局发布通知，要求鼓励和引导社会资本投资能源领域。

4月25日，沙特阿拉伯发布“2030愿景”。这一文件被沙特阿拉伯官方定位为未来15年经济社会发展的总纲领，确定了沙特阿拉伯社会、经济、国家建设等方面的中期发展目标。沙特阿拉伯宣布，将围绕“愿景”逐步推出若干配套规划和实施方案。

4月27日，工信部发布《工业节能管理办法》，自6月30日起施行。《办法》鼓励重点用能工业企业利用自动化、信息化技术，提高企业能源利用效率和管理水平。

5月

5月1日，加拿大艾伯塔省境内发生森林大火，导致壳牌、森科、尼克森等公司油砂矿区关停、生产人员撤离，全国油砂产量减少100万桶/日（降幅达40%），一度刺激国际油价上涨5%。

5月1日，美国油田服务公司哈里伯顿发布公告称，其在2014年11月宣布收购贝克休斯的交易终止，终止决定为双方共同作出。

5月10日，财政部和国家税务总局联合发布《关于全面推进资源税改革的通知》，决定自2016年7月1日起全面推进资源税改革。

5月12日，美国环境保护机构（EPA）发布了首个限制油气行业甲烷排放的联邦标准，这是奥巴马政府最新出台的一系列降低化石燃料温室气体排放量的法规之一。

5月17日，跨亚得里亚海天然气管线（TAP）正式开始建设，该项目投资50亿欧元。

5月17日，委内瑞拉贸易与工业部长称委内瑞拉与中国达成一项新的“石油还贷款”协议，对此前的协议进行改进。调整后中国向委内瑞拉贷款500亿美元。

5月23日，国家发改委等8部门联合印发《关于推进电能替代的指导意见》，明确将在北方居民采暖、生产制造、交通运输、电力供应与消费4个重点领域推进电能替代。

5月26日，中石油与*ST天利公司签署《重大资产重组框架协议》。*ST天利以向中石油发行股份购买资产等合法方式购买中石油下属的工程建设业务资产，包括中国石油天然气管道局、中国石油工程建设公司、中国寰球工程公司等标的资产。

5月27日，新潮实业以82亿元的价格抄底收购了美国的油田资产，并将公司名称由“新潮实业”更名为“新潮能源”。

5月27日，印度尼西亚石油公司与俄罗斯石油公司签署了138亿美元、日加工30万桶原油的炼油厂建设协议，双方投资比例为印度尼西亚55%，俄罗斯45%。

6月

6月1日，国家发展改革委员会、国家能源局正式印发《能源技术革命创新行动计划（2016—2030年）》（发改能源〔2016〕513号），明确了中国能源技术创新的总体目标和主攻方向，重点部署煤炭无害化开采技术创新、非常规油气和深层及深海油气开发技术创新、煤炭清洁高效利用技术创新等15项任务。

6月1日，中石油与阿塞拜疆国家石油公司签署了关于加强两国油气加工和石化领域合作谅解备忘录。阿方拟邀请中石油投资参加油气加工及石化综合体项目（OGPC），吸引中方金融机构资金，进一步深化双方在石化领域的合作。

6月6日，沙特阿拉伯内阁批准的国家转型计划（NTP）显示，沙特阿拉伯将减少对石油的依赖，但到2020年前仍将维持每日1250万桶的原油产量。

6月12日，中国与伊朗签署一项5.5亿美元新合同，将合作修建波斯湾南部的“格什姆石油码头”。

6月12日，国家发改委、工信部和国家能源局联合发布《中国制造2025—能源装备实施方案》。《实施方案》提出，到2025年前中国将形成具有国际竞争力的较完善能源装备产业体系，引领装备制造业转型升级。

6月25日，在俄罗斯总统普京访华期间，两国签署了一系列重要的能源协议，包括俄罗斯向中国公司出售多个项目股份、石油供应合同和中方投资俄罗斯石化项目等。

6月26日，扩建后的巴拿马运河正式通航。新路线使墨西哥湾至东北亚市场的运距缩短约三分之一，LNG 运输成本由 1.3 美元/百万英热单位降至 1 美元/百万英热单位。

6 月 29 日，北美三国（加拿大、美国、墨西哥）领导人在渥太华举行峰会，三国达成一致意见，到 2025 年实现北美地区清洁能源使用占全部能源支出一半的目标。

6 月 29—30 日，国家能源局在京举办二十国集团（G20）能源部长会议。会议通过了《2016 年 G20 能源部长会议北京公报》，围绕国际能源发展的机遇与挑战、能源技术与创新、能源可及性的需求和政策现状等议题进行了广泛讨论，达成多项共识。

6 月 30 日，尼日利亚政府宣布与中国企业签署了价值 800 亿美元的石油和天然气协议，拟对该国的石油和天然气基础设施进行升级改造。

7 月

7 月 1 日，BP 公司印度尼西亚东固 LNG 项目 80 亿美元的扩建计划获得了最终投资审批，为其第三条生产线在 2020 年投产铺平了道路。

7 月 2 日，海南规模最大的石油基地储备项目——华信洋浦石油储基地项目(一期工程)正式投运。至此，洋浦的油气储备能力突破 1000 万立方米，成为国内最大的商业石油储备基地之一。

7 月 5 日，由雪佛龙和埃克森美孚牵头的国际财团通过了重启哈萨克斯坦田吉兹油田扩建计划，共投资 368 亿美元，为 2016 年获批的最大宗石油开发项目。

7 月 12 日，科威特财政部表示，考虑向公众出售部分石油部门的股份，这是科威特私有化计划的一部分。

7 月 26 日，国务院办公厅印发《关于推动中央企业结构调整与重组的指导意见》（国办发〔2016〕56 号），对推动中央企业结构调整与重组工作作出部署。

7 月 27 日，中石油与 BP 签署了第二份页岩气勘探、开发和生产的产品分成合同，其覆盖四川盆地荣昌北区块大约 1000 平方千米的区域，将由中石油运营。

7 月 28 日，中国和非洲有关企业、金融机构在京签署 39 项合计约 170 亿美元的合作协议，包括基础设施、能源、制药和信息技术在内的多个领域。

8 月

8 月 3 日，国务院办公厅印发《关于石化产业调结构促转型增效益的指导意见》，部署了石化产业结构调整和转型升级工作。

8 月 4 日，中石油发布公告称，西气东输二线香港支线正式投产。

8 月 9 日，俄罗斯总统普京和土耳其总统埃尔多安在圣彼得堡举行会谈，双方同意修复两国关系，并确定恢复经贸往来和重启天然气管道建设项目。

8 月 16 日，中石油宣布，国家重点工程中俄原油管道二线工程在黑龙江省加格达奇地区开工建设。

8 月 23 日，国家发改委印发《关于进一步规范原油加工企业申报使用进口原油有关工作的通知》，从五方面对施行一年多的地方炼厂使用进口原油政策进行补漏和加固。

8月29日，中石化宣布，在中国塔里木盆地——顺北油田勘探取得重大商业发现，估算资源量达到17亿吨，其中石油12亿吨、天然气5000亿立方米。

8月31日，国家发改委发布《关于加强地方天然气输配价格监管降低企业用气成本的通知》，要求各单位全面梳理天然气各环节价格，降低过高的省内管道运输价格和配气价格，减少供气中间环节，整顿规范收费行为，建立健全监管长效机制。

9月

9月2日，国家统计局称，2016年初中国建成了8个国家石油储备基地，储备原油3197万吨。

9月4日，在中俄两国元首见证下，俄罗斯石油公司和中化集团公司签署了一项组建远东石化公司协议，其中俄油占股60%，中化集团占股40%。

9月7日，国家能源局印发《关于做好油气管网设施开放相关信息公开工作的通知》。要求做好原油、成品油、天然气等管道以及配套设施信息公开工作，抓紧制定依申请公开信息管理办法。

9月9日，*ST天利发布公告称，拟出售原有业务，同时以发行股份及支付现金方式收购实际控制人中石油旗下管道局工程公司、工程建设公司等7家公司各100%股权并募集配套资金，标的资产交易价格合计为251.31亿元。

9月14日，科技部、国家发改委、外交部、商务部联合出台《推进“一带一路”建设科技创新合作专项规划》，能源合作被列入“一带一路”科技创新合作的重点领域。

9月15日，广东振戎能源有限公司与库拉索自治国政府签署了关于库拉索能源基建升级改造项目的谅解备忘录。该项目包括炼厂升级改造、油罐区扩建和LNG接收站新建等三大方面，估计投资约30亿美元。

9月30日，国家能源局公布《页岩气发展规划（2016—2020年）》。《规划》指出，在政策支持到位和市场开拓顺利情况下，力争2020年页岩气产量实现300亿立方米。

10月

10月9日，国家发改委正式发布《天然气管道运输价格管理办法（试行）》和《天然气管道运输定价成本监审办法（试行）》（发改价格规〔2016〕2142号）。两个《办法》明确制定和调整天然气管道运输价格遵循“准许成本加合理收益”的原则，对价格监管的范畴、对象，价格制定和调整的方法、程序，以及部分核心指标如准许收益率、负荷率等均作了细致的规定。

10月9日，卡塔尔液化天然气公司（Qatargas）和巴基斯坦全球能源基础设施有限公司（GEIL）签署了一项为期20年的每年130万吨的LNG销售和购买协议。

10月14日，工信部印发《石化和化学工业发展规划（2016—2020年）》，到2020年末，中国石化和化学工业结构调整和转型升级要取得重大进展，质量和效益显著提高，向石化和化学工业强国迈出坚实步伐。

10月14日，哈萨克斯坦能源部发表声明称，卡沙甘油田恢复生产，首批原油已经投放市场。该油田原油储量达到160亿桶，其中可开采储量约为90亿～130亿桶。

10月19日，国家发改委发布《关于明确储气设施相关价格政策的通知》，明确储气服务价格、储气设施天然气购销价格由市场形成，意在鼓励各方投资建设储气设施，增强天然气供应保障能力。

10月21日，国家发改委正式下发《关于苏新能源和丰有限公司年产40亿标准立方米煤制天然气示范项目核准的批复》，同意该项目开工建设。

10月27日，通用电气公司表示，将把其石油和天然气业务与贝克休斯公司合并。新公司总营业额将达到320亿美元，通用电气公司将拥有新公司62.5%的股份，而贝克休斯股东将拥有37.5%。

10月31日，北京市环保局宣布，2017年开始实施“京Ⅵ”油品质量标准。

11月

11月2日，中石油通过了《装备制造企业“五自”经营改革试点框架方案》及《东方物探公司扩大经营自主权试点方案》，对装备制造企业试点下放经营自主权，对东方物探扩大经营自主权试点。

11月4日，财政部、国家税务总局发布《关于提高机电、成品油等产品出口退税率的通知》，提出将汽油、航煤、柴油、内燃发动机等产品的出口退税率提高至17%。通知自2016年11月1日起执行。

11月4日，《巴黎气候协定》正式生效，成为历史上批约生效最快的国际条约之一。全球10大石油巨擘宣布成立一个清洁能源发展基金。

11月7日，国家能源局印发《国家能源局关于支持新疆推进能源综合改革的复函》，批复新疆能源综合改革试点方案，新疆成为全国首个开展能源综合改革试点的省区。

11月8日，广东振戎与BP公司就库拉索项目签署了合作备忘录。

11月8日，伊朗与法国道达尔签署总值48亿美元协议。道达尔将与中石油和伊朗合作，开发经营伊朗南帕尔斯天然气田11段。这是伊朗自制裁取消后首次达成的协议。

11月8日，特朗普当选美国第58届总统。特朗普积极鼓励发展传统能源，入主白宫后美国的能源政策和战略或将发生重大变化。

11月10日，国家发改委发布《关于推进化肥用气价格市场化改革的通知》，决定自2016年11月10日起全面放开化肥用气价格，由供需双方协商决定。至此，除少量涉及民生的居民用气外，由市场主导价格的气量已占到中国天然气消费总量的80%以上，离中国全面放开天然气价格的目标又进一步。

11月14日，巴西众议院通过一项法规修改案，终止巴西国家石油公司需参与所有巴西石油出口业务的法规。

11 月 15 日，国家发改委印发《关于福建省天然气门站价格政策有关事项的通知》，决定在福建省开展天然气门站价格市场化改革试点。指出，西气东输供福建省天然气门站价格由供需双方协商确定，不再执行政府指导定价。

11 月 16 日，中石油在海外的大型投资项目伊朗阿扎德甘油田的首船原油 203 万桶运抵大连港，标志着经历 7 年建设的该项目正式转入回收阶段。“十三五”期间，该项目是中石油海外项目中净现金流最大的项目。

11 月 17 日，中石油和委内瑞拉签署一项价值 22 亿美元的投资协议，这项投资协议将把双方的联合石油日产量增加 27.7 万桶。

11 月 17 日，美国地质调查局发布报告称，在得克萨斯州的西得州沙漠发现一原油储量达 200 亿桶的巨大油田，创下美国最大的非常规原油储量纪录。

11 月 17 日，国务院总理、国家能源委员会主任李克强主持召开国家能源委员会会议，《能源发展“十三五”规划》获国家能源委审议通过。随后，由国家能源局组织编制的电力、水电、风电、煤层气、生物质、可再生能源、天然气、太阳能等一大批能源领域专项规划相继公布。

11 月 18 日，美国内政部宣布，出于保护北极独特生态环境等多因素考虑，决定在 2022 年前禁止油气公司在阿拉斯加北部楚科奇海和波弗特海开展新的油气钻探，还决定维持之前所做的禁止在大西洋海岸开展油气钻探的决定。该方案将于明年 7 月生效。

11 月 20 日，中石油长庆油田日产天然气量高达 1.0875 亿立方米，突破 1 亿立方米。

11 月 22 日，南非内阁会议批准了南非综合能源计划草案，为天然气和可再生能源在 2050 年前大规模扩建装机容量指明了方向。

11 月 23 日，国土资源部发布《石油天然气工程项目用地控制指标》，自 2017 年 1 月 1 日起实施，有效期 5 年。

11 月 25 日，中石油对天然气销售管理体制改革进行动员部署。此次改革对天然气销售业务实行“天然气销售分公司—区域天然气销售分公司”两级管理架构。

11 月 26 日，上海石油天然气交易中心正式投入运行，能源市场化改革再进一步。

11 月 29 日，巴西总统特梅尔签署海上油气新政法案，放松对海上盐下区块管制。新法规定，解除巴西国家石油公司作为海上盐下区块唯一作业者的限制要求；松绑巴西国家石油公司盐下区块最低 30%占股要求。

11 月 30 号，欧佩克成员国在维也纳举行的欧佩克部长级会议达成原油减产协议。协议决定从 2017 年 1 月 1 日起 6 个月内每日减产 120 万桶原油，同时设定了日产原油的天花板上限为 3250 万桶。

12 月

12 月 2 日，国家能源局发布《煤层气（煤矿瓦斯）开发利用“十三五”规划》，“十三五”期间中国将新增煤层气探明地质储量4200亿立方米，建成两三个煤层气产业化基地；2020年煤层气（煤矿瓦斯）抽采量达到240亿立方米。

12月5日，国家能源局出台《生物质能发展“十三五”规划》，规划指出到2020年，生物质能基本实现商业化和规模化利用，生物质能年利用量约5800万吨标准煤。

12月6日，委内瑞拉国家石油公司PDVSA宣布已与壳牌公司签署一份协议，双方计划将合资拥有的成熟重质油田的产量提升至34.4万桶/日，投资达28亿美元。

12月6日，国家能源局印发《关于加快推进天然气利用的意见》提出，通过推进试点、示范先行，有序支持重庆、江苏、上海、河北等省市开展天然气体制改革试点。同时，八份天然气价改政策也已密集出台为此铺路。

12月7日，中石油西气东输管道公司与广汇能源签署框架协议，中石油西气东输管道将向广汇能源江苏启东LNG分销转运站实行第三方开放。

12月7日，普京在俄罗斯国家电视台宣布，嘉能可和卡塔尔投资局以102亿欧元（约110亿美元）的价格收购了俄油19.5%的股份。

12月10日，欧佩克和非欧佩克产油国在维也纳达成了减产协议，俄罗斯等11个非欧佩克产油国已同意自2017年起将日产油量削减55.8万桶。这是自2001年以来双方第一次达成关于消减石油产量的协议。

12月12日，来自中亚和塔里木气区的天然气经过近7000千米的长途输送，正式到达福建省福州市，西气东输三线东段工程宣布建成通气。

12月13日，中石油宣布，总部机关改革确定机关人员编制和处室总量同步压减20%，在2017年3月完成。

12月13日，中石油长庆油田当年油气当量已突破5000万吨，意味着长庆油田连续四年年产油气当量突破5000万吨。

12日14日，中石化发布《关于中石化川气东送天然气管道有限公司增资引进投资者的公告》，拟由中国人寿及国投交通以共计228亿元现金认购管道有限公司50%股权。

12月14日，国家能源局发布《关于加快推进天然气利用的意见》，指出要逐步将天然气培育成为现代能源体系的主体能源。

12月15日，中国华信与哈萨克斯坦国家石油天然气公司举行哈石油国际股权转让交接签字仪式。根据协议，中国华信拥有哈石油国际公司51%股权，哈萨克斯坦国家石油公司拥有其另外49%的股权。

12月18日，西北油田与新疆维吾尔自治区阿克苏地区签订合资合作协议，成立中石化新疆阿克苏油气开发有限公司，正式启动顺北油气田合资合作开发建设。

12月19日，中石油在官网披露，中国石油集团资本有限责任公司正式成立。该公司是集团公司金融业务管理的专业化公司，是集团公司金融业务整合、金融股权投资、金融资产管理和监督、金融风险管控的平台。

12月19日，国家发改委印发《可再生能源发展“十三五”规划》，提出在“十三五”

期间，中国在可再生能源领域的新增投资将达2.5万亿元，比“十二五”增长近39%。

12月20日，美国总统奥巴马颁发禁令，禁止在大西洋与北冰洋上的联邦水域进行石油与天然气钻探活动。

12月20日，国家能源局发布《能源行业信用体系建设实施意见》提出，到2020年，信用制度和标准体系基本健全，全国统一的能源行业信用信息共享交换平台和“信用能源”网站建设完成并良好运行，市场主体信用记录覆盖率达到95%以上。

12月20日，中石油召开全面深化改革领导小组第十五次会议，审议并原则通过《集团公司市场化改革指导意见》《集团公司混合所有制改革指导意见》。由此，中石油成为本轮混合所有制改革以来第一个通过混改方案的央企。

12月20日，伊朗国家天然气公司（NIGC）和俄气签署一项有关天然气贸易和投资的谅解备忘录。伊朗称今后几年在天然气领域投资将达620亿美元。

12月20日，国务院对外发布《政府核准的投资项目目录（2016年本）》。特别强调，原则上不再核准新建传统燃油汽车生产企业，积极引导新能源汽车健康有序发展。

12月27日，全国能源工作会议在北京召开。会议提出，2017年，中国一次能源消费总量要控制在44亿吨标准煤左右，煤炭消费比重下降到60%左右，要深入推进电能替代，重点开展居民采暖、交通运输等领域电能替代。

12月28日,中国石油天然气销售南方分公司相关筹备工作已基本完成，将于2017年1月1日正式启动运行，成为首家投入正式运行的中国石油区域天然气销售分公司。

12月28日，神华宁煤集团400万吨／年煤炭间接液化示范项目正式投产，是全球单套规模最大的煤制油项目。国家主席习近平发电祝贺。

12月30日，中央全面深化改革领导小组组长习近平主持召开中央全面深化改革领导小组第三十一次会议。会议审议通过了《矿业权出让制度改革方案》《矿产资源权益金制度改革方案》以及其他部分领域改革意见或方案。

（大事记撰写人：张雅铭　周红波　李　沂）

参考文献

[1] 国土资源部. 2015 年全国石油天然气资源勘查开采情况通报，2016.

[2] 国家统计局. 中国能源统计年鉴. 北京：中国统计出版社，2016.

[3] 国家统计局. 2015 年国民经济和社会发展统计公报，2016.

[4] 中国石油和化学工业联合会.2016 年度石化行业产能预警报告.[2016-04-14]. http：// www.ccin.com.cn/ccin/news/2016/04/14/333212.shtml.

[5] 工业和信息化部. 石化和化学工业发展规划（2016—2020 年）[2016-10-18]. http：//www.miit.gov.cn/n1146290/n4388791/c5288779/content.html.

[6] BP. Statistical Review of World Energy,London: BP,2016.

[7] IEA. Oil Market Report， 2016.

[8] EIA. Short-Term Energy Outlook， 2016.

[9] IEA. World Energy Outlook: IEA, 2016.

[10] IEA. Oil Market Report. [2016-11-10].

[11] 中国石油天然气股份有限公司. 2015 年年度报告. [2016-03-24]. http://www.petrochina.com.cn/petrochina/ndbg/201603/5825397440eb43f89c840d407eacece4/files/9c6c75b5242e4214908c6d8388fbac13.pdf.

[12] 中国石油天然气股份有限公司. 2016 年半年度报告. [2016-08-25]. http://www.petrochina.com.cn/petrochina/rdxx/201608/6b7397954b4f46fe9aee8742766fe042/files/db0a2c39201b4816becb306ffd94d949.pdf.

[13] 中国石油天然气股份有限公司. 2016 年第三季度报告. [2016-10-29]. http://www.petrochina.com.cn/petrochina/rdxx/201610/047c6b384e844be0b60f05edb44b3c2a/files/05e52f09a28d4607aa9598104066a6a4.pdf.

[14] 中国石化股份有限公司. 2015 年年度报告. [2016-03-29]. http://www.sinopec.com/download/reports/2015/20160329/download/2016032917C.pdf.

[15] 中国石化股份有限公司. 2016 年半年度报告. [2016-08-28]. http://www.sinopec.com/download/reports/2016/20160828/download/2016082811c.pdf.

[16] 中国石化股份有限公司. 2016 年第三季度报告. [2016-10-27]. http://www.sinopec.com/download/reports/2016/20161027/download/201610271c.pdf.

[17] 中国海洋石油有限公司. 2015 年年报. [2016-04-06]. http://ltd.cnooc.com.cn/module/download/down.jsp?i_ID=2314801&colID=3881.

[18] 中国海洋石油有限公司. 2016 年中报. [2016-09-02]. http://ltd.cnooc.com.cn/module/download/down.jsp?i_ID=2417301&colID=3891.

[19] 中国海洋石油有限公司. 2016 年三季度主要经营指标概览. [2016-10-26]. http://ltd.cnooc.com.cn/attach/0/1610261624037275186.pdf.

[20] Bjorn Hem.Global Upstream Spending. [2016-08-10]. http://www.ihs.com.

[21] U.S. Energy Information Administration. Annual Energy Outlook 2016 With Projections to 2040. [2016-08]. http://www.eia.gov/forecasts/aeo.

[22] 曹湘洪, 宁彬. 中国炼化技术与装置“走出去”大有可为. 中国石化，2016（3）：43-44.

[23] 华尔街见闻.全美盈亏平衡降至30+：页岩油把不可能实现了. [2016-08-24]. http://wallstreetcn.com/node/259404.

[24] JBC. Refining Outlook.JBC Energy,2016 (4).

[25] FGE. Middle East Oil Product Balances Outlook. Facts Global Energy,[2016-09-25].

[26] FGE. Asia Pacific Databook3: Oil Product Balances,2016(Fall).

[27] IHS Energy. Global Refining and Product Markets Strategic Workbook.IHS,2016.

[28] 吴康. 亚太地区炼油工业与油品贸易新格局. 国际石油经济,2016, 24（7）:93-98.

[29] 中国人民大学一带一路建设进展课题组. 坚持规划引领，有序务实推进:“一带一路”建设三周年进展报告.2016-09-26：4,15,16.

[30] 金云, 朱和. 调整结构, 化解过剩, 提质增效任重道远——2015年中国炼油行业回顾与“十三五”展望. 国际石油经济，2016（5）：37-43.

免责声明

本报告所载资料的来源及观点的出处皆被认为可靠，但中国石油经济技术研究院不对其准确性或完整性做出任何保证。报告内容仅供参考，报告中的信息或所表达观点不构成所涉证券买卖的出价或询价或者其他投资的决策依据。中国石油经济技术研究院不对因使用本报告的内容而引致的损失承担任何责任，除非法律法规另有明确规定。

读者不应以本报告取代其独立判断或仅根据本报告做出决策。中国石油经济技术研究院可发出其他与本报告所载信息不一致及有不同结论的报告。本报告反映研究人员的不同观点、见解及分析方法，并不代表中国石油经济技术研究院的立场。报告所载资料、意见及推测仅反映研究人员于发出本报告当日的判断，可随时更改且不予通告。未经中国石油经济技术研究院事先书面许可，任何机构或个人不得以任何形式翻版、复制、刊登、转载或者引用，否则由此造成的一切不良后果及法律责任由私自翻版、复制、刊登、转载或者引用者承担。